O PAPA CONTRA HITLER

O PAPA CONTRA HITLER

A GUERRA SECRETA DA IGREJA CONTRA O NAZISMO

MARK RIEBLING

Tradução: Carlos Szlak

eYa

Título original: *Church of Spies*
Copyright © 2015 by Mark Riebling
© 2018, Casa da Palavra/LeYa
© 2020, Casa dos Mundos/LeYa

Todos os direitos reservados e protegidos pela Lei 9.610, de 19.02.1998. É proibida a reprodução total ou parcial sem a expressa anuência da editora e do autor.

Direção editorial: Martha Ribas
Editora executiva: Fernanda Cardoso
Gerência de produção: Maria Cristina Antonio Jeronimo
Produção editorial: Guilherme Vieira
Preparação: Alvanísio Damasceno, Breno Barreto
Indexação: Jaciara Lima
Diagramação: Filigrana
Revisão: Eduardo Carneiro
Capa: Sérgio Campante
Fotos de capa: Pio XII (Universal History Archive/Getty Images), Adolf Hitler (Bundersarchiv/Wikimedia Commons)

Dados Internacionais de Catalogação na Publicação (CIP)
Angélica Ilacqua CRB-8/7057

Riebling, Mark
  O papa contra Hitler : a guerra secreta da Igreja contra o nazismo / Mark Riebling ; tradução de Carlos Szlak. – São Paulo : LeYa, 2020.

  ISBN: 978-85-441-0764-5
  Título original: Church of spies

  1. História – Nazismo – Igreja católica. 2. Pio XII, papa, 1876-1958. 3. Movimento antinazista – Vaticano. 4. Igreja católica – Relações internacionais – Alemanha. 5. Guerra Mundial, 1939-1945. I. Título. II. Szlak, Carlos.

18-1568   CDD 282.09044

Índices para catálogo sistemático:
1. História – Igreja católica – Alemanha

Todos os direitos reservados à
EDITORA CASA DOS MUNDOS
Rua Avanhadava, 133 | cj 21
01306-001 – São Paulo – SP
www.leya.com.br

Para Robin

Como representamos nossa religião? Como um sistema ou como um fogo incandescente?
– Alfred Delp, padre jesuíta alemão

SUMÁRIO

Prólogo 11

1. Trevas sobre o mundo 13
2. O fim da Alemanha 39
3. Zé Boi 46
4. Tiranicídio 61
5. Alguém para matá-lo 74
6. Uma sorte dos diabos 81
7. A Rede Negra 89
8. Segredo absoluto 94
9. O Relatório X 103
10. Advertências ao Ocidente 110
11. Os pássaros marrons 115
12. Forjando o ferro 124
13. O Comitê 131
14. Conversas na cripta 141
15. Tiroteio na catedral 146
16. Duas garrafas de conhaque 154

17. As plantas arquitetônicas de Siegfried 166
18. O cavaleiro branco 172
19. Prisioneiro do Vaticano 184
20. Deve acontecer 198
21. Sagrada Alemanha 203
22. O tesouro 209
23. Inferno 218
24. A forca 226
25. Um homem morto 237
26. O lago cor de esmeralda 241
Epílogo 253

Agradecimentos 265
Abreviaturas 267
Notas 273
Fontes 333
Índice 353

PRÓLOGO

Em abril de 1945, os nazistas tentaram quebrar a resistência do homem que consideravam "o melhor agente do serviço de inteligência do Vaticano na Alemanha".[1] Na aparência, Josef Müller era apenas um editor de livros bávaro com orelhas de abano, que pitava cachimbo e colecionava selos. No entanto, desde sua prisão pela entrega de documentos falsos e dinheiro aos judeus,[2] ele passou a figurar num caso de importância surpreendente.[3] A Gestapo sustentou que Müller tinha conspirado para assassinar Hitler "usando o serviço de espionagem do clero católico".[4]

No entanto, ele se recusou a confessar.[5] "Müller tinha nervos de aço e dominou a situação", lembrou um agente penitenciário.[6] Quando os guardas tiravam suas algemas, ele os derrubava usando golpes de jiu-jítsu.[7] Sua determinação assombrava os outros prisioneiros, que o tinham julgado mal, considerando-o um homem comum. Um espião britânico preso com Müller escreveu: "Na aparência, ele era apenas um homenzinho comum, algo corpulento, com pele rosada e cabelos claros sem brilho cortados à escovinha; o tipo de homem que você não reconheceria se o encontrasse uma segunda vez em outro lugar, e, no entanto, um dos homens mais corajosos e determinados que se pode imaginar."[8]

O *Sturmführer* Kurt Stavitzki entrou na cela de Müller. O imenso SS perneta acorrentou os pés de Müller a uma barra. Então, os vizinhos de Müller no campo de concentração de Flossenbürg o viram forçado a comer sua comida como um cão, de um prato no chão, com as mãos amarradas atrás das costas.[9]

Revistando a mala de Müller, Stavitzki encontrou um envelope. Continha uma carta da mulher de Müller, na qual tentava descobrir o que tinha acontecido com ele. Ela havia incluído uma carta da filha deles, informando que ela faria a primeira comunhão no domingo vindouro. Stavitzki pegou as cartas e as rasgou.[10]

Ele queria obter mais informações a respeito das ligações de Müller com o Vaticano. A pasta do caso classificava Müller como "um homem extraordinariamente intrépido da ordem jesuíta", por meio de quem os generais alemães dissidentes "mantinham contato com o papa". Pio XII dissera a Müller, como os planos do golpe de Estado registraram,[11] que a condição prévia para a paz seria uma mudança de regime na Alemanha.

Stavitzki confrontou Müller com um dos planos do golpe de Estado. Sua sentença principal dizia: "Alemães decentes decidiram negociar com a Inglaterra por intermédio do Vaticano." Stavitzki leu o texto em voz alta, e, sempre que chegava às palavras "alemães decentes", dava um tapa com as costas da mão na boca de Müller. Os dentes de Müller começaram a cair. Finalmente, Stavitzki o golpeou com tamanha força que derrubou tanto Müller como sua cadeira. Então, Stavitzki o pisoteou, gritando:

– Fale ou morra![12]

No domingo, 8 de abril, o rosto de Müller estava machucado e inchado. Enquanto ele caminhava pela cela, arrastando os pés para se manter aquecido, a porta se abriu com violência. "O espetáculo está acabando", afirmou Stavitzki. E gritou na direção do corredor: "O ajudante está no pátio de execução?"[13]

O patíbulo ficava no campo de manobras. Seis degraus conduziam até uma fileira de ganchos de onde pendiam laços. "Em geral, as pessoas enforcadas eram despidas", revelou um relatório de crimes de guerra em Flossenbürg. "Com frequência, elas apanhavam antes de serem enforcadas, até as infelizes vítimas implorarem pelo enforcamento para aliviar de uma vez a dor. Suspender uma pessoa pelos pulsos, com um barril pesado pendurado nos tornozelos, era outro método de execução. Isso dilacerava as entranhas da pessoa, e ela morria."[14]

Um prisioneiro soviético, o general Pyotr Privalov, viu Müller ser conduzido na direção do patíbulo. Privalov gritou, esperando trocar um último olhar com Müller. No entanto, falou em russo, e Müller não reagiu inicialmente. Quando Müller finalmente levantou os olhos, pareceu "preparado". Então, saiu do campo de visão de Privalov.[15]

Capítulo 1
TREVAS SOBRE O MUNDO

Seis meses antes do início da Segunda Guerra Mundial, os cardeais da Igreja católica se reuniram em Roma. As portas da Capela Sistina se fecharam, e os homens da Guarda Suíça posicionaram suas alabardas contra todos aqueles que tentassem entrar ou sair do conclave, antes que a maior religião do mundo tivesse escolhido seu novo líder. No dia seguinte, 2 de março de 1939, milhares de pessoas lotaram a Praça de São Pedro, vigiando a chaminé no telhado da capela. Por duas vezes, ela soltou fumaça preta, indicando uma votação sem decisão. O suspense aumentava, como de costume, enquanto a fumaça branca não surgia. No entanto, pela primeira vez na história, o espetáculo atraiu uma grande quantidade de jornalistas estrangeiros, cujas teleobjetivas lembravam bazucas. Com a Europa rumando para a guerra, as palavras do novo papa talvez mudassem as opiniões; sua diplomacia discreta talvez alterasse o rumo dos acontecimentos. "Nunca, desde a Reforma protestante, a eleição de um pontífice fora aguardada com tanta expectativa pelo mundo."[1]

Às 17h29, a chaminé do telhado soltou uma coluna de fumaça branca. Os chapéus voaram, os canhões estrondearam, os sinos ressoaram. No balcão do Palácio Apostólico, o cardeal decano inclinou-se na direção do microfone e informou:

– Anuncio aos senhores uma grande alegria. Temos um papa! O reverendíssimo cardeal Eugenio Pacelli, que adotou o nome de Pio XII.[2]

Com passos hesitantes, o novo papa alcançou o parapeito. Pacelli era majestosamente alto e extremamente pálido, com olhos semelhantes a diamantes negros. Ele ergueu a mão. A multidão silenciou e ficou de joelhos. O novo papa fez o sinal da cruz três vezes. A multidão se ergueu e exclamações de *Viva il Papa!* se misturaram com as repetições ritmadas de *Pacelli! Pacelli! Pacelli!* No balcão, ele fez gestos de bênção, com as mangas da roupa desfraldadas como asas brancas. Então, de repente, Pacelli se virou e desapareceu no interior da Basílica de São Pedro.[3]

No palácio, Pacelli ingressou no quarto de um amigo enfermo. O cardeal Marchetti-Selvaggiani tentou se erguer, murmurando: "Santo Padre." Consta que Pacelli pegou a mão do amigo e disse: "Hoje à noite, deixe-me ainda ser Eugenio." No entanto, o manto de Sumo Pontífice, atribuído a 257 santos e patifes, já tinha envolvido Pacelli. Desde o primeiro momento de sua eleição, ele escreveu posteriormente, "senti todo o grande peso da responsabilidade".[4]

Ao voltar para o seu aposento, Pacelli encontrou um bolo de aniversário com 63 velinhas. Ele agradeceu à governanta, mas não tocou no bolo.[5] Após rezar o rosário, chamou seu companheiro de longa data, monsenhor Ludwig Kaas. Eles deixaram o aposento papal e só retornaram às duas da manhã.[6]

Um dos primeiros biógrafos autorizados do papa descreveu o que aconteceu.[7] Pacelli e Kaas atravessaram as passagens nos fundos do palácio e entraram num nicho na parede sul da Basílica de São Pedro. Entre as estátuas de santo André e santa Verônica, chegaram a uma porta, que dava para um túnel, que levava a outra porta, pesada e de bronze, com três fechaduras. Kaas destrancou a porta com suas chaves, trancou-a de novo atrás deles e seguiu Pacelli, que desceu uma escada metálica rumo à cripta do Vaticano.

Além de quente e abafado, o ambiente era úmido pela proximidade do rio Tibre. Uma passagem em curva levava à câmara mortuária, cujas prateleiras abrigavam papas e reis mortos. Pacelli recolheu sua batina e se ajoelhou diante de uma estrutura baixa, semelhante a uma caixa, que revestia um buraco na terra.[8] Ali, ele meditou e, logo depois, fez sua primeira escolha como papa. Posteriormente, seu subsecretário de Estado considerou a decisão uma das "estrelas que iluminaram seu árduo caminho... Da qual ele tirou força e constância, e que deu origem, de certo modo, ao programa de seu pontificado".[9] Por meio dessa escolha, Pacelli procurou solucionar o mais problemático dos mistérios do Vaticano – e os fantasmas que ele encontrou nessa busca se tornariam seus guias.

O enigma a que Pacelli decidiu responder era tão antigo quanto a Igreja. Em algum momento do século I, são Pedro foi para Roma, liderou uma Igreja que perturbou o Estado e morreu numa cruz no Vaticanum, pântano conhecido por suas grandes cobras e péssimo vinho.[10] Então, a Igreja nascente teve de cair na clandestinidade, escondendo-se literalmente nas catacumbas. Prudentemente, os sucessores do primeiro papa mantiveram em segredo o lugar do túmulo de Pedro.[11] No entanto, os romanos sussurraram por longo tempo que ele foi enterrado sob o altar-mor da basílica que ostentava seu nome. Os boatos se concentravam sobre uma estrutura de alvenaria e outros materiais, com seis metros de largura e doze de profundidade. Ninguém sabia o que havia sob ou no interior desse núcleo misterioso.[12] Alguns diziam que continha ouro e prata, que os peregrinos medievais despejaram pelo poço.[13] Outros diziam que ocultava um caixão de bronze, contendo os ossos de Pedro.[14] Ninguém jamais organizou uma expedição para verificar essas histórias.[15] Pelo próprio relato do Vaticano, uma maldição milenar,[16] detalhada em documentos secretos e apocalípticos, ameaçava com as piores desgraças possíveis quem quer que perturbasse o suposto local do túmulo de Pedro.[17]

No entanto, em 1935, Pacelli quebrara o tabu. Pio XI pediu um terreno para seu túmulo sob o altar-mor. Era necessário ampliar a cripta para acomodar seu caixão. Pacelli, que, entre outros cargos, era grão-chanceler do Instituto Pontifício de Arqueologia Cristã, decidiu aumentar a altura livre da cripta mediante o rebaixamento de seu piso em quase um metro. Em 0,75 metro, os engenheiros papais roçaram em algo inesperado: a face de um mausoléu, decorado com frisos de grous e pigmeus – uma alegoria pagã do duelo entre a vida e a morte. A cripta do Vaticano se situava sobre uma necrópole, uma cidade dos mortos, intocada desde os tempos imperiais.[18]

Pacelli, acreditando que os ossos de Pedro talvez estivessem ali, pediu para cavar mais fundo. Pio XI negou o pedido. Seus cardeais consideraram sacrílego o projeto; seus arquitetos acharam perigoso. Se as escavadeiras danificassem as pilastras que suportavam o pesado domo de Michelangelo, a maior igreja do mundo poderia desmoronar.

Contudo, Pacelli, mais do que qualquer papa anterior, acreditava na ciência. Como católico devoto numa escola secundária liberal, sentindo-se insultado pela injustiça cometida contra Galileu, aprendeu uma reverência compensatória para as aventuras da razão.[19] "Oh! Exploradores dos céus!", exclamou ele. "Gigantes quando vocês medem estrelas e nomeiam nebulosas."[20] Pacelli louvava tanto a ciência pura quanto seus usos: os panegíricos dele a ferrovias e fábricas são como cenas editadas do filme *A revolta de Atlas*.[21]

Nenhum problema de engenharia o amedrontava, nenhuma maldição devota impedia uma busca. "Os heróis da pesquisa", disse Pacelli, não temiam "os obstáculos e os riscos". Naquele momento, em sua primeira noite como papa, ajoelhado na boca escura da escavação interrompida, Pacelli decidiu realizar uma investigação completa.[22]

A busca prenunciou, em pequena escala, a iniciativa épica secreta de seu pontificado. Ali, no local daquele projeto audacioso, seus assistentes se encontrariam, com sua bênção, para tramar um projeto ainda mais audacioso. Essa segunda iniciativa, como a primeira, revelou as marcas do governo de Pacelli. Os dois projetos revelavam um fetiche pelo segredo. Os dois recorriam a exilados alemães, agentes seculares alemães e jesuítas alemães. Os dois envolviam declarações públicas e atos secretos. Os dois colocaram a maior Igreja do mundo em risco. E os dois culminariam em controvérsia, fazendo o reinado de Pacelli parecer desafortunado a ponto de alguns acharem que ele tinha realmente ficado sujeito à maldição do invasor do caixão de Pedro.

Enquanto Pacelli rezava na cripta do Vaticano, as luzes mantinham-se acesas até tarde no mais temido endereço da Alemanha. Outrora, o palacete de cinco andares, no número 8 da Prinz-Albrecht Strasse, em Berlim, fora uma escola de artes. Os nazistas transformaram seus ateliês para escultores em celas de prisão. Na grandiosa escadaria dianteira, ficavam dois guardas com pistolas e cassetetes. No último andar, trabalhava Heinrich Himmler, o *Reichsführer* da Schutzstaffel (SS), a unidade paramilitar de terror de Hitler. Num escritório próximo, o especialista em Vaticano de Himmler trabalhava numa máquina de escrever, elaborando um dossiê a respeito do papa recém-eleito.[23]

O major SS Albert Hartl era um padre que foi expulso da Igreja. Ele tinha o rosto redondo, óculos redondos e um tufo de cabelo que parecia um topete moicano. Sua mulher o descreveu como "taciturno, severo, evasivo... muito mal-humorado".[24] Hartl tinha se tornado padre após a morte de seu pai, que era um livre-pensador, para satisfazer sua mãe devota. Surgiram problemas quando seus superiores o consideraram "inadequado para lidar com garotas".[25] Ele deixou a Igreja de modo misterioso, após denunciar seu melhor amigo, um colega padre, aos nazistas.[26]

"Ele disse que certa manhã, em janeiro de 1934, acordou no quartel-general da Gestapo,²⁷ em Munique", um interrogatório do pós-guerra revelou, "coberto com manchas pretas e azuis e sentindo muitas dores. Um pé tinha uma grande ferida e a cabeça estava completamente inchada e supurativa. Os lábios estavam arroxeados e intumescidos, e lhe faltavam dois dentes. Ele fora espancado sem piedade, mas não se lembrava de nada, como afirmou". Parado acima de Hartl estava um homem alto, de rosto oval como o de um "anjo caído".²⁸ Reinhard Heydrich, chefe dos espiões da SS, explicou que Hartl fora "espancado e envenenado por fanáticos da Igreja".²⁹

Heydrich convidou Hartl a se juntar ao serviço secreto nazista. Como chefe da Unidade II/B, Hartl lideraria uma equipe de ex-padres, que espionava católicos antinazistas, "para atormentá-los e cercá-los, e, finalmente, destruí-los".³⁰ Como o próprio Hitler afirmara: "Não queremos nenhum outro Deus além da Alemanha."³¹ Hartl se uniu à SS imediatamente. Como um colega recordou, ele então serviu "com todo o ódio de um renegado".³² Hartl escreveu em seu currículo atualizado: "A luta contra o mundo que conheci tão bem é agora meu trabalho de toda uma vida."

A eleição do novo papa deu a Hartl a oportunidade de brilhar. Ele esperava que a alta liderança, até mesmo Hitler, lesse o dossiê a respeito de Pio XII.³³ Hartl coletou fontes secretas e públicas, filtrou os fatos por meio de sua experiência e utilizou um formulário abreviado, mas rico em detalhes, como as autoridades preferiam.³⁴

Papa Pio XII (Cardeal Pacelli)
Biografia:
Nasceu em Roma, em 2 de março de 1876
1917 – Núncio apostólico em Munique
1920-1929 – Núncio apostólico em Berlim
1929 – Cardeal
1930 – Cardeal secretário de Estado – Viagem aos Estados Unidos e à França

Atitude em relação à Alemanha – Pacelli sempre foi a favor dos alemães [sehr deutschfreundlich] *e conhecido por seu excelente conhecimento da língua alemã. No entanto, sua defesa da política oficial da Igreja o levava frequentemente a duelar com o nacional-socialismo por princípio.*³⁵

O duelo começara com um acordo. Em 1933, quando os nazistas chegaram ao poder, Pio XI elogiou o anticomunismo de Hitler[36] e aceitou sua oferta de formalizar os direitos da Igreja. Pacelli negociou uma concordata, financiando a Igreja com uma arrecadação fiscal anual de quinhentos milhões de marcos.[37] "O papa, ao assinar essa concordata, apontou o caminho para Hitler em relação a milhões de católicos até então indiferentes",[38] escreveu Hartl. No entanto, em meados da década, Hitler considerou a concordata um obstáculo. Pacelli bombardeou Berlim com 55 notas protestando contra o rompimento do acordo.[39] Ficou claro, como um oficial SS afirmou, que "seria absurdo acusar Pacelli de ser a favor dos nazistas".[40]

As declarações públicas de Pacelli incomodaram Berlim. Em 1937, a encíclica *Mit brennender Sorge* [Com ardente preocupação] acusava o Estado alemão de tramar para exterminar a Igreja. As palavras mais duras, os analistas nazistas observaram, vinham dos protestos de Pacelli: "ódio", "maquinações", "lutas até a morte".[41] Com essas palavras, Hartl pensou, Pacelli "convocou o mundo todo para lutar contra o Reich".[42]

Pior de tudo, Pacelli pregou a igualdade racial. "Provavelmente, o cristianismo reuniu todas as raças, negros ou brancos, numa única e grande família de Deus",[43] zombou Hartl. "Portanto, a Igreja católica também rejeita o antissemitismo." Falando na França, Pacelli condenara a "superstição de raça e sangue".[44] Em consequência, os cartunistas nazistas desenharam um Pacelli com nariz aquilino, cabriolando com Jesse Owens e rabinos,[45] enquanto Hartl afirmava que "toda a imprensa judaizada dos Estados Unidos louvava Pacelli".[46]

Essas doutrinas eram perigosas porque não eram apenas retóricas. A polícia secreta nazista considerava os católicos "ideologicamente não educáveis",[47] em seu contínuo apoio aos comerciantes judeus. Como a SS constatou, "naquelas regiões onde o catolicismo político ainda tem força, os camponeses estão tão contagiados pelas doutrinas do catolicismo que são surdos a qualquer discussão a respeito do problema racial".[48] Os fazendeiros católicos trocaram uma placa que dizia "Judeus não desejados aqui" por outra que dizia "Judeus muito desejados aqui".[49]

Hartl delineou a posição dura em relação a uma causa sombria. Um amigo de sua turma de ordenação, o padre Joachim Birkner, trabalhava nos Arquivos Secretos do Vaticano, pesquisando aparentemente a diplomacia da Igreja no século XVI.[50] Na realidade, Birkner era espião da SS. Ele se fixou em Robert Leiber, assistente jesuíta de Pacelli, que alguns chamavam de "o espírito maligno do papa".[51]

"O padre Leiber disse ao informante que a maior esperança da Igreja é que o sistema nacional-socialista seja destruído num futuro próximo por uma guerra", relatou a SS. "Se a guerra não acontecer, a diplomacia do Vaticano espera uma mudança na situação da Alemanha, no máximo após a morte do Führer."[52] O relatório de Birkner coincidiu com um apelo de Pacelli para que os heróis cristãos "salvem o mundo" dos "falsos profetas" pagãos, que Hartl considerou um chamado para resistir a Hitler.[53]

Então, Pacelli se viu no próprio centro de uma guerra contra o Reich. A guerra não terminaria em pouco tempo. "Enquanto existir uma Igreja[54] católica, suas declarações políticas eternas vão combater qualquer estado étnico-consciente." Não estava em questão se o novo papa combateria Hitler, mas como.

Hitler tinha a mesma opinião. Como Joseph Goebbels, ministro da Propaganda, registrou: "4 de março de 1939 (sábado). Ao meio-dia, com o Führer. Ele está considerando se devemos revogar a concordata com Roma devido à eleição de Pacelli como papa. Sem dúvida, isso acontecerá quando Pacelli realizar seu primeiro ato hostil."[55]

No domingo, 5 de março, Pio ergueu o fone do aparelho em sua mesa para dizer a seu assistente mais confiável que o estava esperando. O padre Robert Leiber ingressou na habitação papal. Conhecido em Roma como "o pequeno asmático",[56] o jesuíta bávaro de 51 anos tinha a aparência de um elfo melancólico. Ainda que Leiber conversasse com Pio duas vezes por dia e lesse quase tudo que passava pela mesa do papa, ninguém conhecia seu cargo. De modo variado, ele era descrito como "agente para questões alemãs",[57] "bibliotecário papal", "professor de história da Igreja" e uma "espécie de secretário científico".[58]

De fato, ele não tinha nenhum cargo. "O padre Leiber nunca foi funcionário do Vaticano",[59] afirmou um colega jesuíta. "Ele era um colaborador próximo do papa, mas jamais foi oficialmente admitido como membro do Vaticano." Leiber tinha um escritório no Vaticano, mas não aparecia em seu catálogo telefônico. Ele era um funcionário informal.

A falta de um cargo no Vaticano tornou Leiber ideal para a realização de atividades secretas. Como um padre que trabalhou para o serviço de inteligência americano durante os anos do nazismo explicou posteriormente: "É evidente que autoridades oficiais não podem ser corresponsabilizadas se cometermos erros ou falharmos. Devem poder declarar que nunca souberam o que está sendo dito e feito."[60] Como Leiber não trabalhava para o Vaticano, o Vaticano poderia negar envolvimento em tudo o que ele fizesse.

De modo conveniente, Leiber sabia como se manter calado,[61] como colegas jesuítas notaram. Sobretudo a respeito da política da Igreja. Um padre que o conhecia disse: "O padre Leiber adota uma posição de sigilo absoluto."[62] Nesse aspecto, ele parecia o próprio modelo de um assistente papal, como descrito pelo papa Sisto V, no século XIV: ele deve saber tudo, ler tudo e entender tudo, mas não deve falar nada.[63]

Quando falava, Leiber era direto,[64] sem rodeios. "Sua palavra brilha como aço polido", afirmou um diplomata.[65] Na década de 1920, quando Pacelli era núncio apostólico em Munique, Leiber tinha até criticado o futuro papa por morar com uma freira bávara, Pascalina Lehnert. Quando um cardeal inspecionou a nunciatura, Leiber descreveu os arranjos da moradia como inadequados; Lehnert gostava de ver Pacelli "em traje de equitação, que combinava muito bem com ele".[66] Sabendo que o cardeal transmitiu a queixa para Pacelli, Leiber sugeriu sua demissão, mas Pacelli disse:

– Não, não, não. Você é livre para pensar e dizer tudo o que quiser. Não vou demiti-lo.[67]

Mas a sinceridade que atraiu Pacelli afastava outras pessoas. Um colega padre classificou o jeito de Leiber como mordaz, até ofensivo, adicionando: "Sabe, ele se tornou um pouco estranho."[68] A asma fez Leiber tentar uma "terapia de células vivas", ou seja, injeções de tecidos finamente moídos de cordeiros recém-abatidos.[69] Alguns o descreviam com um gracejo em latim: *Timeo non Petrum sed secretarium eius* [Não temo Pedro [o papa], mas seu secretário me assusta].[70]

Naquela manhã de domingo, Leiber entregou um memorando urgente para Pio. Michael von Faulhaber, cardeal de Munique, tinha pressionado por longo tempo o Vaticano a resistir abertamente ao nazismo, que violava princípios que deviam permanecer, como as estrelas eternas, acima do compromisso. No entanto, naquele momento, numa carta intitulada "Sugestões mais respeitosas", Faulhaber encorajava uma trégua.

Sua preocupação era que Hitler desligasse a Igreja alemã de Roma.[71] Muitos católicos alemães "tinham fé" no Führer; não como católicos, mas como alemães.[72] "Os católicos admiram *Herr* Hitler como um herói, apesar de seu ódio à Igreja", o próprio Pacelli tinha constatado.[73] Faulhaber viu o perigo de cisma no "país que nos deu a Reforma". Forçados a escolher entre Hitler e a Igreja, muitos católicos alemães escolheriam Hitler. "Os bispos devem prestar atenção às iniciativas de estabelecimento de uma Igreja nacional", advertiu Faulhaber.[74] A menos que o Vaticano buscasse uma acomodação, "Hitler talvez nacionalizasse a Igreja, como o rei Henrique VIII tinha feito outrora na Inglaterra".

Enquanto isso, o nazismo tinha, ele mesmo, se tornado uma Igreja. "Sua filosofia é de fato uma religião", afirmou Faulhaber. Tinha ritos sacramentais próprios para batismo, crisma, casamento e funerais. Mudou a Quarta-Feira de Cinzas para o Dia de Odin, o Dia da Ascensão para o Dia do Martelo de Thor.[75] Coroava a árvore de Natal não com uma estrela, mas com uma suástica.[76] Os nazistas até fizeram "a afirmação blasfema de que Adolf Hitler é basicamente tão grande quanto Cristo".

Faulhaber queria discutir esses maus pressentimentos com o papa. Como ele e os outros três cardeais do Reich tinham vindo a Roma para o conclave, Pio os convidou para "trazer à tona algumas ideias", numa audiência no dia seguinte. A reunião, porém, impôs um problema para Pio: ele desconfiava de um dos cardeais convidados para o encontro.

No ano anterior, o primaz de Viena tinha causado um escândalo. Quando Hitler anexou a Áustria, o cardeal Theodor Innitzer afirmara que a Igreja apoiava os nazistas. Pacelli, então secretário de Estado do Vaticano, chamou Innitzer a Roma e o obrigou a assinar uma retratação.[77] Agora, como papa, Pacelli continuava inseguro a respeito de Innitzer.[78] O austríaco afável e sentimental parecia vulnerável à pressão.[79] Com a guerra se aproximando, todos os que entravam na biblioteca do papa queriam sair dela dizendo que Deus estava do lado de seus países. Se Innitzer não deturpasse abertamente as palavras privadas do papa, os propagandistas nazistas talvez fizessem isso por ele.[80]

Portanto, Pio decidiu fazer uma gravação privada da audiência com os cardeais. Um registro palavra por palavra o ajudaria a refutar qualquer distorção de seus pontos de vista. Com esse intuito, cedo em seu pontificado, Pio equipou sua biblioteca com um sistema de espionagem por áudio.[81]

A vigilância papal por áudio permaneceu um dos segredos mais bem guardados do Vaticano. Somente sete décadas depois, o último membro vivo da Igreja do movimento secreto da era nazista, o padre jesuíta alemão Peter Gumpel, confirmou isso. Até então, Gumpel tinha passado quarenta anos cuidando do caso em favor da santidade de Pacelli.

"Havia um buraco na parede", Gumpel revelou. "Por um acaso, eu soube disso, e num nível muito alto (...) A coisa é certa. Eu investiguei isso junto ao círculo imediato do papa."[82]

A espionagem por áudio alcançou a maturidade exatamente quando Pacelli se tornou papa.[83] Nos anos seguintes, Hitler, Stalin, Churchill e Roosevelt fariam gravações secretas;[84] somente alguns dias antes, uma varredura na Capela Sistina tinha descoberto um ditafone escondido;[85] e a própria perícia de áudio do Vaticano se equiparava à de qualquer poder secular. A Santa Sé foi equipada por Guglielmo Marconi, inventor do rádio.[86]

O próprio Pacelli contratara Marconi para modernizar a sede da Igreja. Marconi construíra, sem cobrar nada, uma central telefônica, uma estação de rádio e uma ligação em onda curta com a residência de verão do papa.[87] Roma, por sua vez, anulou o casamento de Marconi, permitindo-lhe casar-se de novo e ter uma filha, apropriadamente batizada de "Electra".[88] Alguns engenheiros de Marconi ainda trabalharam para o papa, sob o comando de um físico jesuíta que dirigia a Rádio Vaticano. Eles faziam o que os documentos da Igreja denominam "missões institucionais",[89] como gravar os discursos do papa,[90] e "serviços extraordinários",[91] como grampear a conversa dos visitantes.[92]

Teoricamente, o trabalho não parecia difícil. A equipe da Rádio Vaticano conhecia e podia controlar o acesso ao local.[93] O papa recebia os visitantes na biblioteca papal, que dividia uma parede com duas antessalas, onde os técnicos de Marconi e jesuítas podiam trabalhar despercebidos.[94] No entanto, como a audiência com os cardeais alemães estava marcada para 6 de março, os instaladores só tinham um dia para vistoriar o alvo, criar uma entrada, inserir um microfone, passar os fios para o posto de escuta e testar o sistema.[95]

Na biblioteca, a equipe estudou os lugares para ocultar os microfones. Molduras de quadros, lâmpadas de mesa, suportes abaixo das pernas da mesa, o telefone, luzes suspensas: todos esses lugares ofereciam possibilidades. No fim, como o padre Leiber lembrou, a equipe escolheu um sistema que funcionava "por meio de um único microfone, que possibilitava escutar tudo na sala ao lado".[96] Eles fizeram um furo e colocaram um microfone nele.

Muito provavelmente na noite de 5 para 6 de março, os técnicos da Rádio Vaticano começaram a trabalhar.[97] Para não sujar o piso da antessala e testar o equipamento para uma saída rápida, eles desenrolaram uma esteira de borracha, sobre a qual puseram as ferramentas: furadeiras, brocas, empurradores de tubos, escadas dobráveis. Como as ferramentas elétricas chamariam atenção, a equipe utilizou furadeiras manuais. Os técnicos trabalharam em turnos; cada homem, depois de furar, descansava daquele árduo trabalho, enquanto outro o substituía. No ritmo máximo, porém, mesmo as furadeiras manuais faziam um barulho revelador. Os técnicos decidiram que lubrificar as brocas reduziria o ruído. Consta que um jesuíta foi buscar azeite de oliva, talvez nos aposentos papais. Então, a equipe lubrificou suas brocas, e o trabalho progrediu em silêncio. Contudo, conforme as brocas aqueciam, o mesmo acontecia com o lubrificante. Em pouco tempo, o local ficou com cheiro de fritura.[98] Para remover o cheiro, a equipe teve de fazer uma pausa e abrir uma porta que dava para o Pátio do Papagaio.[99]

Finalmente, após algumas horas tensas e cansativas, os técnicos abriram caminho até a parede da biblioteca. Usando uma broca fina, fizeram um furo estreito, criando uma passagem para um captador de áudio e um fio. As lombadas dos livros, na parede da biblioteca, ofereciam cavidades naturais de esconderijo. Permanece incerto se os técnicos esconderam o microfone num livro vazado, que o padre Leiber possuía,[100] ou se alargaram o lado deles da parede para encaixar o equipamento. De qualquer forma, utilizaram aparentemente um microfone condensador em forma de mamilo.[101] Eles o conectaram num pré-amplificador que parecia uma pasta de couro marrom.[102]

Do pré-amplificador, os técnicos estenderam fios até o posto de gravação. Uma conexão fixa de cabos coaxiais passava através de um túnel sob um bosque de carvalhos, nos Jardins do Vaticano, alcançando uma torre fortificada do século IX.[103] Ali, em meio aos afrescos de naufrágios com Jesus acalmando a tempestade, os jesuítas operavam o maior gravador de áudio já construído. Maior do que duas geladeiras juntas, o gravador Marconi-Stille registrava o som em fita metálica, que podia se romper e decapitar os operadores. Eles operavam o equipamento só por controle remoto, num recinto separado.[104] Uma gravação de meia hora utilizava quase três quilômetros de aço enrolado em carretel.[105]

Na manhã de 6 de março, sugere a evidência disponível, um operador acionou um interruptor de parede. Uma lâmpada branca na máquina se acendeu. O operador esperou um minuto completo para aquecer os cátodos e, em seguida, moveu a alavanca de controle para a posição de "gravação".[106]

Faltando seis minutos para as nove da manhã, Pio entrou na biblioteca papal.[107] Naquele momento, de um cubículo no pátio de San Damaso, monsenhor Enrico Pucci viu os quatro cardeais ingressarem no Palácio Apostólico. Cada um usava um barrete vermelho, uma faixa vermelha e uma cruz peitoral dourada.[108] Os cardeais atravessaram diversos corredores e pátios e, em seguida, pegaram um elevador rangente. Saíram numa sala de espera com as paredes revestidas de veludo vermelho e decorada com medalhões dos papas mais recentes. Arborio Mella, *maestro di camera* papal, conduziu os cardeais até a biblioteca.

A sala de canto tinha uma visão panorâmica da Praça de São Pedro.[109] Estantes de livros ocupavam as paredes e, acima delas, doze quadros retratavam animais. Um lustre de cristal pendia do teto. O recinto tinha um tapete de *plush*. Três retratos escuros, de pintores holandeses, ocupavam os nichos. Uma mesa de mogno se estendia na direção de três janelas, com as cortinas meio abertas para deixar entrar a luz do dia.

Pio estava sentado junto à mesa, com as mãos entrelaçadas e traçado em silhueta pelos raios de sol. Usava um solidéu branco e sapatilhas vermelhas sem saltos. Apenas a cruz dourada sobre o peito adornava os paramentos brancos como a neve. Alternadamente, os cardeais se inclinaram para beijar o anel de Pio: Adolf Bertram, de Breslau; Faulhaber, de Munique; Josef Schulte, de Colônia; e Innitzer, de Viena.

Eles se acomodaram nas cadeiras com encosto de palhinha dispostas diante do papa. Um crucifixo compartilhava o tampo da mesa com diversos documentos. Nas proximidades, havia um telefone com disco folheado a ouro e furos para o dedo em azul-royal. Uma placa ornamental de prata revelava que a mesa era um presente dos bispos alemães pelos doze anos de Pio como representante papal na Alemanha.

– Vamos aproveitar que Vossas Eminências estão aqui – começou Pio a falar – para considerar como podemos ajudar a causa da Igreja católica na Alemanha no momento atual.[110]

Em latim, ele leu uma carta para Hitler. No meio das cordialidades protocolares, havia a frase: "Deus o proteja, respeitável senhor".[111]

Pio perguntou:

– Os senhores consideram esse documento apropriado, ou devemos adicionar ou mudar alguma coisa? – Três dos cardeais o aprovaram. Faulhaber, porém, levantou uma questão.

– Precisa ser em latim? Considerando sua aversão a outras línguas que não o alemão, talvez o Führer preferisse não ter de pedir a ajuda a um teólogo.

– Podemos escrever em alemão – respondeu Pio. – Devemos considerar o que é justo para a Igreja na Alemanha. Essa é a questão mais importante para mim.

O papa mudou de assunto e passou a falar sobre o conflito entre a Igreja e o Reich. Ele leu em voz alta uma lista de queixas compiladas pelo cardeal Bertram. Os nazistas tinham cerceado os ensinamentos da Igreja, proscrito suas organizações, censurado sua imprensa, fechado seus seminários, confiscado suas propriedades, despedido seus professores e fechado suas escolas.[112] O conflito pressagiava uma perseguição total. Os dirigentes do partido alardeavam que "após a derrota do bolchevismo e do judaísmo, a Igreja católica será o único inimigo restante".

Então, Pio deu a palavra para Faulhaber, que fez um relato ainda mais sombrio. "O preconceito contra o catolicismo não desaparecerá",[113] advertiu Faulhaber. Ele mencionou o recente discurso de Hitler ao Reichstag, que incluíra uma frase arrepiante: "O padre como inimigo político dos alemães deve ser exterminado."[114] Os militantes da SA, milícia paramilitar nazista, consideraram essas palavras uma licença para decapitar estátuas de catedrais, utilizar crucifixos para tiro ao alvo e sujar altares com excrementos. Recentemente, uma multidão tinha cercado a residência de Faulhaber, quebrado todos os vidros das janelas e tentado incendiar o edifício.[115]

Faulhaber delineara o problema para a encíclica papal de 1937. Ele mesmo tinha rascunhado o protesto papal contra as políticas nazistas, mas Pacelli, como secretário de Estado, tinha elevado o tom das críticas.[116] Onde Faulhaber enfatizara o sofrimento, Pacelli convertera para combate. Ele modificou o título do documento, de *Com considerável preocupação* para *Com ardente preocupação*. O texto mais crítico dizia que o "nacional-socialismo tinha planejado a perseguição à Igreja desde o início e como princípio". Hitler dissera em seu primeiro discurso como chanceler que queria a paz com a Igreja e, assim, "ficou furioso com as palavras da encíclica e cortou relações com as autoridades da Igreja quase completamente desde então". Embora Faulhaber parasse de repente de dizer isso, Pacelli, o cardeal, tinha ajudado a criar a crise agora enfrentada por Pacelli, o papa.

Faulhaber questionou outra farpa de Pacelli na encíclica. O documento afirmava que a Alemanha "celebrava a apoteose de uma cruz que é hostil à cruz de Cristo".[117] Faulhaber protestou: "A suástica não foi escolhida pelo Führer como alternativa à cruz cristã, e não é considerada dessa maneira pelo povo." Um Estado tinha o direito de escolher sua bandeira, e "uma rejeição a essa bandeira seria percebida como hostil". Nesse caso, novamente, Faulhaber sugeriu, o cardeal Pacelli não tinha alimentado o fogo que agora o papa Pacelli devia apagar?

– O eminente cardeal Faulhaber tem razão – afirmou Pio.

Foi o único momento na reunião em que o papa escolheu um dos cardeais para elogiar. Com isso, enviou um sinal sutil que transferiria para Faulhaber – e não para Bertram, o líder nominal da Igreja alemã – a tarefa de traçar a política em relação a Hitler.

A política preferida de Faulhaber tinha duas partes. A primeira era a aquiescência pública. "Eles [os nazistas] são combatentes que dão a impressão de que preferem procurar motivos para lutar. Especialmente se for contra a Igreja! No entanto, também acredito que nós, bispos, devemos agir como se estivéssemos inconscientes disso." Os bispos não deviam se envolver numa guerra de palavras com Hitler – nem o papa. "Falando de um ponto de vista prático, o papa terá de fazer algumas concessões."

– Proibi polêmicas – disse Pio. Ele já havia pedido ao *L'Osservatore Romano*, jornal diário do Vaticano, que parasse de atacar a política alemã. – Informei a eles que não deveria mais haver palavras incisivas.

A segunda parte da política envolvia a mediação secreta. Reagir ao nazismo exigia "contatos pessoais", e não protestos formais. Os colaboradores de confiança podiam solucionar o conflito nos bastidores, se eles mesmos se mantivessem informados. "Os bispos alemães devem achar uma maneira de enviar ao papa informações oportunas e exatas."[118] Se necessário, os bispos podiam contornar as burocracias formais.

– Não preciso dizer – Pio retomou, pois gostava de manter as linhas de discussão importantes nas mãos – que a questão alemã é a mais importante para mim. Reservo-me seu cuidado."[119]

Essa perspectiva pareceu perturbar os cardeais.

– Devemos ter certeza de que Sua Santidade goza de boa saúde – afirmaram alguns simultaneamente.

– Estou bem de saúde – tranquilizou Pio. – Eminências, talvez possamos nos reunir de novo.

Quando os cardeais se preparavam para sair, o papa procurou firmar a determinação deles.

– Não podemos renunciar aos princípios – declarou o papa. – Se eles querem guerra, não sintamos medo. Mas ainda queremos ver se de algum modo é possível alcançar uma solução pacífica... Depois que tivermos tentado tudo, e eles ainda quiserem guerra, nós nos defenderemos. – Ele repetiu: – Se eles recusarem, então deveremos lutar.[120]

No quartel-general da SS, Albert Hartl ainda trabalhava duro. Seus superiores tinham lhe pedido que ampliasse seu dossiê a respeito do novo papa, para que pudessem publicar partes dele em panfleto. Estabeleceria a linha do partido em relação a Pio, que seria transmitida à imprensa em meados de março. Hartl desenvolveu seu retrato com cenários de batalha. Se Pacelli continuasse a lutar, era fundamental conhecer as armas e as táticas que ele usaria.

Pacelli não agiria impulsivamente. Suas declarações públicas contra o nazismo refletiam mais o estilo arrebatado de Pio XI que o seu próprio. O novo papa não era um místico vociferante, mas um observador cuidadoso e perspicaz das coisas que personalidades mais grosseiras deixavam escapar.[121] "O que ele faz, ele esconde. O que ele sente, não mostra. A expressão em seus olhos não muda."[122] Pacelli media cada palavra e controlava cada movimento. Isso podia fazê-lo parecer superficial, pedante ou presunçoso.[123] Só raramente, com americanos ou crianças, seus olhos brilhavam e sua voz se elevava.

Mas Pacelli não evitava o combate direto apenas por uma questão de estilo. Realista político, evitaria demonstrar uma posição de fraqueza. A Igreja parecia "antiquada, frouxa e impotente"[124] contra os movimentos de massa autoritários. A conquista da Abissínia pela Itália e a anexação da Áustria pela Alemanha já tinham exposto divisões profundas entre o Vaticano pacifista e os bispos nacionalistas.¹²⁵ Pacelli descobriria que seu poder sobre as igrejas locais era total na teoria, mas parcial na prática.

Assim, lutaria indiretamente. "Sempre que a Igreja não se sente com poder, aplica naturalmente métodos mais astuciosos."¹²⁶ Hartl destacou três deles: a militância, o motim e a espionagem, sendo a espionagem o mais importante.

"A rigor, não há serviço de inteligência do Vaticano", escreveu Hartl.¹²⁷ Mas a Igreja tinha "agentes secretos", ou seja, clérigos que apresentavam relatórios. Ao analisar esses relatórios para tomada de decisão, o Vaticano dava-lhes "tratamento de serviço de inteligência". Além disso, os assessores do papa designavam "missões de agentes secretos" para clérigos e representantes seculares. Como o Vaticano tinha agentes secretos, analistas, relatórios e missões, o papa tinha "de fato, um serviço de inteligência".

Uma militância quase medieval caracterizava algumas das supostas missões. Por exemplo, Hartl relatou que o cardeal Faulhaber escondeu armas para forças políticas de direita em Munique. Enquanto trabalhava no seminário de Friesing, de 1919 a 1923, Hartl ficou sabendo que "uma quantidade considerável de armas e munições estava sendo mantida escondida com a permissão de Faulhaber (...) Eram rifles, metralhadoras e duas pequenas peças de artilharia". Hartl relatou que ele mesmo viu essas armas. "Algumas delas estavam armazenadas num esconderijo... que podia ser alcançado por meio de uma escada secreta, situada sob uma laje de pedra próxima do altar principal."¹²⁸ Os reacionários bávaros utilizavam as armas em exercícios militares secretos e talvez em operações contra terroristas de esquerda. A Igreja poderia encorajar a violência contra os nazistas utilizando métodos similares, se pressionada.

Então, a militância viraria motim. "Basicamente, a Igreja católica reivindica para si o direito de depor chefes de Estado",¹²⁹ declarou Hartl, e prosseguiu: "E já atingiu esse objetivo diversas vezes." Na Contrarreforma, os representantes jesuítas supostamente assassinaram os reis franceses Henrique III e Henrique IV e conspiraram para destruir o Parlamento britânico.¹³⁰ Hartl já sabia que o padre Leiber, assistente jesuíta de Pacelli, não tinha objeções *morais* em relação a ações semelhantes contra Hitler. Portanto, a SS precisava descobrir os militantes católicos alemães ligados a Leiber e "liquidar a disposição de luta deles".¹³¹

Descobrir essas ligações era "extremamente difícil",[132] admitiu Hartl. Somente o círculo íntimo do papa conhecia os detalhes das operações secretas.[133] Além disso, rastrear os espiões papais era responsabilidade do serviço de inteligência militar alemão (Abwehr), unidade de espionagem rival, acusada de abrigar adversários conservadores de Hitler. Em consequência, a SS tinha apenas um conhecimento "escasso" das "pessoas do serviço de inteligência do Vaticano".[134]

Hartl esperava que o sexo abrisse janelas em relação ao mundo secreto do Vaticano. Segundo boatos, Conrad Gröber,[135] arcebispo de Freiburg, tinha uma amante meio judia, e havia cooperado com a SS, "por medo de seu caso de amor ser trazido à tona", pensou Hartl. A SS prendera monges em clubes noturnos gays.[136] O padre Johann Gartmeier, presidente da Caritas, organização humanitária católica, fora pego se apropriando indevidamente de 120 mil marcos quando um *ménage à trois* deu errado: "Ele caiu nas mãos de duas mulheres casadas, que haviam terminado seus casamentos e, em seguida, o tinham chantageado", relatou um dos homens de Hartl.[137] No entanto, a exploração desses deslizes não havia exposto os espiões da Igreja.

Restava um caminho. Todos os agentes secretos acabam enviando informações para seus serviços de inteligência. Era o momento de maior perigo para qualquer espião: a maior parte dos agentes que fracassavam era pega durante a tentativa de se comunicar. Como precaução, os agentes e seus serviços de inteligência utilizavam intermediários denominados "interceptores" como mensageiros.[138] Portanto, Hartl procurou, como a SS observou, "quebrar o sistema de envio de mensagens operado pela Igreja católica".[139]

Inicialmente, achou que havia penetrado no sistema. Como ele relatou, um certo doutor Johannes Denk "dirigia uma unidade de envio de mensagens do serviço de inteligência do Vaticano, em Munique, e era, ao mesmo tempo, agente da Gestapo em Berlim".[140] No entanto, as cartas que passavam pelas mãos de Denk não revelavam os agentes. Hartl deduziu que a Igreja possuía um sistema de envio de mensagens ainda desprotegido, e, tendo falhado em se infiltrar em sua extremidade alemã, dirigiu a atenção de seus agentes para Roma.

Em 9 de março, Pio voltou a se encontrar com os cardeais do Reich. A transcrição *esatta* (palavra por palavra) revelou que o círculo íntimo do papa nunca os viu. Relaxados após mais de uma semana na Itália, os príncipes

da Igreja alemã gracejaram como se estivessem numa espécie de vestiário clerical.[141] Animados quase até a irreverência, brincaram a respeito de suas perspectivas em relação a Sua Santidade.[142] Bertram riu acerca de como Pio talvez devesse se dirigir a Hitler: "O Santo Padre também diz *Heil, Heil!*"[143]
— Quando Vossas Eminências se acalmarem, gostaria de prosseguir com a questão alemã. É muito importante — afirmou o papa.

Pio abordou o item principal da pauta, destacando sua importância. Naquela manhã, a primeira parte da questão alemã que carecia de atenção não tinha ligação com o drama espiritual de cada católico *per se*. Relacionava-se, sim, com o problema das operações clandestinas.

— A primeira questão — disse o papa — envolve o serviço de envio de mensagens entre a Santa Sé e os bispos alemães. — E acrescentou: — O tópico é fundamental, pois um serviço dessa natureza é a única maneira de obtermos mensagens secretas.

O secretário político de Faulhaber, monsenhor Johannes Neuhäusler, havia enviado duas propostas. Pio as leu em voz alta:

> a) Periodicamente (a cada mês ou a cada dois meses), a Santa Sé envia um diplomata com quem os reverendíssimos bispos podem discutir questões e para quem eles também podem entregar material escrito destinado a Roma. Nesse caso, a rota poderia ser: Roma, Viena, Munique, Freiburg, Colônia, Berlim, Breslau, Roma (via Viena ou Munique).
>
> b) Um serviço de envio de mensagens duplo seria utilizado. Primeiro, aquele já funcionando entre Roma e Berlim (dúvida quanto a se deveria haver uma escala intermediária em Munique). Segundo, um interno na Alemanha: Berlim, Munique, Freiburg, Colônia, Berlim. Nos pontos intermediários, os materiais destinados a Roma seriam coletados e um mensageiro os traria para Berlim, de onde seriam enviados para Roma por meio do serviço de envio de mensagens mencionado em primeiro lugar. Além disso, o serviço no interior da Alemanha teria de ter status diplomático para ter garantia de acesso.

Então, Pio comentou em termos claros o que chamou de assunto "técnico".
— Envolve um mensageiro, não oficialmente da Santa Sé, mas bastante confiável. Ele viajará uma vez por semana. No sábado, deixará Roma e, na

segunda-feira, chegará a Berlim. No sentido inverso, a Santa Sé receberá mensagens de Berlim na segunda-feira. Essa ligação semanal Roma-Berlim é segura. Temos a melhor prova da condição sigilosa dessa ligação da época da encíclica *Mit brennender Sorge*. Ninguém tomou conhecimento de nada.

A rede no interior da Alemanha era mais problemática. Agentes episcopais tinham de se esquivar do Sicherheitsdienst (SD), o serviço de espionagem da SS. "O SD é o grande mal",[144] observou o cardeal Bertram. O grupo discutiu como ligar diversas dioceses com Berlim.

CARDEAL BERTRAM: Temos de fazer isso de forma clandestina. Quando são Paulo foi descido num cesto[145] pelo muro da cidade, em Damasco, ele também não tinha permissão da polícia.

PAPA: Sim, nesse caso, temos um bom precedente. Pio XI já tinha aprovado o pagamento dos custos do mensageiro de Munique, Breslau e Colônia para Berlim por meio do óbolo de são Pedro. O serviço de envio de mensagens é possível e fácil dessa maneira.

CARDEAL INNITZER: Sim, e ele certamente também deve ser confiável.

CARDEAL SCHULTE: O serviço de envio de mensagens nem sempre foi prestado pela mesma pessoa. Seria melhor se fosse sempre a mesma pessoa.

CARDEAL FAULHABER: Na Baviera, mudamos os mensageiros com frequência, pois a polícia pode capturá-los. Em Munique, isso é fácil de fazer. O Europäische Hof[146] é onde os clérigos em viagem se hospedam; quase sempre se encontra alguém de Berlim no albergue.

PAPA: Que tal Viena?

CARDEAL INNITZER: Basicamente, funciona igual a partir dali.

CARDEAL FAULHABER: Os bispos não sabem quando o mensageiro vai de Berlim para Roma.

PAPA: Todo sábado, semanalmente.

CARDEAL FAULHABER: Podemos dizer isso aos bispos?

PAPA: Sem dúvida. Sempre recebo a mala postal de Berlim na segunda ao anoitecer. De modo bastante regular, certo e seguro. Como já mencionei, Pio XI me disse que as despesas dos bispos com os mensageiros podem ser pagas de imediato com o óbolo de são Pedro.

Ligações seguras seriam fundamentais se a Igreja tivesse de combater o Partido Nazista. Pio perguntou:

– Há algum sinal perceptível de que o outro lado queira fazer um acordo de paz com a Igreja?

Innitzer considerava a possibilidade como "bastante ruim". Na zona rural, o partido tentou impedir os padres de dar aulas de religião. No entanto, alguns agricultores haviam resistido.

– A escola, eles disseram, pertence a nós. Se não tivermos mais aulas de religião, vamos nos rebelar.

– Não devemos nos apavorar – afirmou Pio. – Não podemos entregar os pontos.

– O perigo é grande – advertiu o cardeal Bertram.[147]

No domingo, 12 de março, às seis da manhã, uma procissão avançou na direção das portas de bronze da Basílica de São Pedro. Os homens da Guarda Suíça encabeçavam a fila, seguidos por frades descalços com cintos de corda. Pio tomou o seu lugar no fim da procissão, acomodado numa cadeira gestatória. Plumas de avestruz se moviam silenciosamente em cada lado, como aspas.

Pio entrou na basílica ao som de trompetes de prata e aplausos. Através de colunas de incenso, abençoou os presentes. No altar-mor, os criados posicionaram sobre seus ombros uma faixa de lã entrelaçada com cruzes negras.

Do lado de fora, a polícia continha a multidão. As pessoas escalavam peitoris e se equilibravam em chaminés, esforçando-se para enxergar o balcão da basílica.

Ao meio-dia, Pio surgiu. O protodiácono ficou ao lado dele. Sobre a cabeça de Pacelli, o cardeal pôs uma coroa de pérolas, em forma de colmeia. "Receba a tiara", disse ele, e prosseguiu: "E saiba que o senhor é o pai dos reis, o soberano do mundo."[148]

Segundo boatos, Diego von Bergen, embaixador alemão junto à Santa Sé, teria dito a respeito da cerimônia: "Muito emocionante e bela, mas será a última."[149]

Enquanto Pacelli era coroado, Hitler comparecia a uma cerimônia cívica em Berlim. No dia da homenagem aos combatentes alemães mortos em ação, num discurso na casa de ópera do Estado, o almirante Erich Raeder afirmou: "Sempre que conquistarmos uma cabeça de ponte, vamos mantê-la. Sempre que uma brecha aparecer, vamos construir uma ponte... A Alemanha golpeia com rapidez e força."[150] Hitler passou em revista a guarda de honra e, em seguida, depositou uma coroa de flores no Memorial ao Soldado Desconhecido. Naquele mesmo dia, deu ordens para seus soldados ocuparem a Tchecoslováquia.[151]

Em 15 de março, o exército alemão entrou em Praga. Através de neve e neblina,[152] em estradas cobertas de gelo, Hitler seguiu em seu Mercedes de três eixos, com as janelas à prova de balas levantadas.[153] Uma gangue de oitocentos homens da SS de Himmler caçava os indesejáveis.[154] Um agente papal mandou um telegrama para Roma, com "detalhes obtidos confidencialmente", relatando as prisões de todos os que "tinham falado e escrito contra o Terceiro Reich e seu Führer".[155] Em pouco tempo, 487 jesuítas tchecos e eslovacos acabaram em campos de prisioneiros, onde era "uma visão comum", uma testemunha afirmou, "ver um padre vestido em trapos, exausto, puxando um carro, e atrás dele um jovem com uniforme da SA (Tropa de Assalto) e com um chicote na mão".[156]

O ataque de Hitler contra a Tchecoslováquia pôs a Europa em crise. Ele quebrou a promessa dada em Munique seis meses antes de respeitar a integridade tcheca, que, como afirmara Neville Chamberlain, primeiro-ministro britânico, garantia a "paz para o nosso tempo". Naquele momento, Londres condenou "a tentativa alemã de obter o domínio mundial, que tornou do interesse de todos os países resistir".[157] O governo polonês, encarando o ultimato alemão a respeito do contestado corredor de Dantzig, mobilizou suas tropas. Em 18 de março, em Varsóvia, o agente papal relatou "um estado de tensão" entre o Reich e a Polônia, "que poderia ter consequências muito sérias".[158] Outro relatório do serviço de inteligência que chegou ao Vaticano classificou a situação como "extremamente grave".[159]

Talvez nenhum papa em quase um milênio tenha assumido o poder em meio a um medo tão generalizado. O cenário se comparava com aquele de 1073, quando o antigo império de Carlos Magno implodiu e a Europa precisou apenas de uma centelha para pegar fogo. "Até a eleição do papa ficou sob a sombra da suástica",[160] alardeou Robert Ley, líder trabalhista nazista. "Tenho certeza de que só falaram a respeito de como achar um candidato para a Cátedra de São Pedro que fosse mais ou menos capaz de lidar com Adolf Hitler."

De fato, a crise política produziu um papa político. Em meio a uma ameaça de tempestade, os cardeais elegeram o candidato mais qualificado politicamente, no conclave mais rápido em quatro séculos. Por sua longa carreira no serviço de relações exteriores papal, Pacelli era o decano dos diplomatas da Igreja. Tinha caçado a cavalo com generais prussianos, aturado em jantares festivos as fanfarrices de reis exilados, confrontado revolucionários com apenas sua cruz enfeitada com joias. Como cardeal secretário de Estado, tinha se aliado discretamente com Estados amigos e obtido direitos para a Igreja dos Estados hostis. Útil para todos os governos, lacaio de nenhum, Pacelli foi considerado por um diplomata alemão "um político de altíssimo nível".[161]

A política estava no sangue de Pacelli. Seu avô fora ministro do Interior dos Estados Pontifícios, aglomerado de territórios maior que a Dinamarca, que os papas tinham governado desde a Idade Média. Acreditando que esses territórios mantinham os papas politicamente independentes, os Pacelli lutaram para preservá-los contra os nacionalistas italianos. Os Pacelli perderam.[162] Em 1870, o papa só governava a Cidade do Vaticano, reino em forma de diamante, do tamanho de um campo de golfe. Nascido em Roma seis anos depois, criado à sombra da Basílica de São Pedro, Eugenio Pacelli herdou um sentido de missão altamente político. Como coroinha, rezou pelos Estados Pontifícios; nos trabalhos escolares, defendeu direitos seculares; e como papa, viu a política religiosa por outros meios.

Alguns consideraram uma contradição[163] sua mesclar a atividade clerical com a política. Pacelli encerrava diversas contradições. Ele visitou mais países e falava mais línguas do que qualquer papa anterior, mas permaneceu uma pessoa caseira, que morou com a mãe até os 41 anos. Ávido para se encontrar com crianças, sem medo de lidar com ditadores, era tímido com bispos e padres. Levou uma das vidas mais públicas do mundo, e uma das mais solitárias. Era familiar para bilhões de pessoas, mas seu melhor amigo era um pintassilgo. Era aberto aos estranhos e meditativo com os amigos. Seus assistentes não conseguiam divisar sua alma. Para algumas pessoas, ele não parecia "um ser humano com impulsos, emoções, paixões", mas outras se lembram dele pranteando a respeito do destino dos judeus. Um observador o considerou "patético e extraordinário"; outro, "despótico e inseguro". Metade dele, parecia, estava sempre agindo contra a outra metade.

Uma devoção dupla por religiosidade e política o dividia profundamente. Ninguém podia considerá-lo um mero papa maquiavélico da casa dos Médici: ele celebrava missa diariamente, comungava com Deus por horas, relatava visões de Jesus e Maria. Os visitantes comentavam sua aparência de santo; um deles o considerou "um homem que irradia luz".[164] No entanto, aqueles que achavam que Pio não era desse mundo estavam enganados. A hiperespiritualidade, ou seja, um recolhimento à esfera do puramente religioso, não tinha sua simpatia. Em Roma, um agente secreto americano notou a quantidade de tempo que Pio dedicava à política e como ele supervisionava rigorosamente todos os aspectos do Ministério das Relações Exteriores do Vaticano.[165] Embora elaborando uma encíclica a respeito do Corpo Místico de Cristo, Pio também avaliava o provável impacto estratégico das armas atômicas. Ele as julgava "meios úteis de defesa".[166]

Mesmo alguns que gostavam de Pacelli antipatizavam com sua preocupação em relação ao poder mundano. "Ficamos tentados a dizer que a atenção à política é excessiva", escreveu Jacques Maritain, embaixador francês do pós-guerra junto ao Vaticano, "considerando o papel essencial da Igreja".[167] O papel essencial da Igreja, afinal, era salvar almas. No entanto, na prática, o propósito espiritual envolvia um propósito temporal: a obtenção de condições políticas sob as quais as almas podiam ser salvas. Os padres deviam batizar, celebrar missas e sagrar casamentos sem a interferência do Estado. O medo do poder do Estado estruturou o pensamento da Igreja: os césares tinham assassinado Pedro, Paulo e Jesus.

Portanto, o papa não tinha apenas um papel, mas dois. Ele tinha de entregar a Deus o que era de Deus e manter César sob controle. Em parte, todo papa era um político; alguns lideraram exércitos. O papado que Pacelli herdou era tão bipolar quanto ele, que meramente abrangeu, de forma comprimida, o problema existencial da Igreja: como ser uma instituição espiritual num mundo material e altamente político.[168]

Não era um problema solucionável, apenas administrável. E se era um dilema que provocou vinte séculos de guerra entre a Igreja e o Estado, culminando exatamente quando Pacelli se tornou papa, também era um dilema que, durante seu papado, pôs o catolicismo em conflito consigo mesmo. Porque a tração tectônica de opor tensões, em relação a imperativos espirituais e temporais, abriu uma fissura nas fundações da Igreja que não podiam ser fechadas. Idealmente, a função espiritual do papa não devia conflitar com sua função política. Mas se e quando conflitava, qual função devia prevalecer? Sempre era uma questão difícil, mas nunca mais difícil do que durante os anos mais sangrentos da história, quando Pio XII teria de escolher sua resposta.

Em 1º de setembro de 1939, Pio acordou por volta das seis da manhã, em Castel Gandolfo, sua residência de verão, uma fortaleza medieval adjacente a um vulcão inativo. Sua governanta, irmã Pascalina, tinha acabado de soltar os canários de Pio de suas gaiolas quando o telefone ao lado da cama tocou. Respondendo de sua maneira habitual, "*E'qui Pacelli*" [Pacelli falando], escutou a voz trêmula do cardeal Luigi Maglione retransmitindo as informações do núncio papal em Berlim: quinze minutos antes, a Wehrmacht invadira a Polônia.[169]

No início, Pio se comportou normalmente, como um papa. Ele se dirigiu à capela privada e se curvou em oração. Em seguida, após tomar um banho frio e fazer a barba, celebrou uma missa que foi acompanhada por freiras bávaras. No entanto, no café da manhã, irmã Pascalina recorda, ele provou os pãezinhos e o café cautelosamente, "como se abrindo uma pilha de contas na correspondência". Pio comeu pouco nos seis anos seguintes. No final da guerra, embora tivesse mais de 1,80 metro de altura, pesava somente 57 quilos. Com os nervos em frangalhos por causa da aflição moral e política, ele lembrava, para Pascalina, um "pintarroxo faminto ou um cavalo exausto". Com um suspiro de grande tristeza, Domenico Tardini, seu subsecretário de Estado, refletiu: "Esse homem, que era amante da paz por temperamento, educação e convicção, estava para ter o que pode ser chamado de pontificado de guerra."[170]

Na guerra, o Vaticano procurou permanecer neutro. Como representava os católicos de todos os países, o papa tinha de parecer imparcial. Tomar partido obrigaria alguns católicos a trair seus países, e outros a trair sua fé.[171]

Contudo, a Polônia era especial. Durante séculos, os poloneses tinham sido um anteparo católico entre a Prússia protestante e a Rússia ortodoxa. Pio reconheceria o governo polonês no exílio, e não o protetorado nazista.

A "neutralidade" descrevia sua posição oficial, mas não sua posição real. Como ele disse ao embaixador francês quando Varsóvia caiu: "Você sabe de que lado minha simpatia está. Mas não posso revelar isso."[172]

Conforme as notícias a respeito da agonia da Polônia se difundiam, Pio se sentiu compelido a falar. Em outubro, o Vaticano recebera relatos sobre judeus assassinados a tiros em sinagogas e enterrados em valas. Os nazistas, além disso, também estavam visando a católicos poloneses. No fim, eles matariam 2,4 milhões de católicos poloneses em "operações de assassinato não militares". A perseguição aos gentios poloneses não alcançou os números do genocídio em escala industrial dos judeus europeus, mas teve características quase genocidas e preparou o terreno para o que se seguiu.[173]

Em 20 de outubro, Pio emitiu uma declaração pública. Sua encíclica *Summi Pontificatus*, conhecida em inglês como *Darkness over the Earth* [*Trevas sobre o mundo*], começava denunciando os ataques ao judaísmo. "Quem, entre 'os Soldados de Cristo', não se sente incitado a uma resistência mais determinada quando percebe que os inimigos de Cristo quebram de forma imoral as Tábuas dos Mandamentos de Deus, para substituir por outras tábuas e outros padrões despojados do conteúdo ético da Revelação no Sinai?" Mesmo ao custo dos "tormentos ou martírio", ele escreveu, "devemos confrontar essa maldade, afirmando: '*Non licet*; não é permitido!'". Então, Pio enfatizou a "unidade da raça humana". Ao ressaltar que essa unidade refutava o racismo, afirmou que iria sagrar bispos de doze afiliações étnicas na cripta do Vaticano. Pio se aferrou à questão, insistindo que "o espírito, o ensino e a obra da Igreja jamais podem ser diferentes do que aqueles que o Apóstolo dos Gentios pregou: 'Nem gentios nem judeus'".[174]

O mundo considerou a encíclica um ataque à Alemanha nazista. "Papa condena ditadores, violadores de tratados e o racismo", veiculou o jornal *The New York Times* em manchete de primeira página.[175] "A condenação irrestrita feita pelo papa Pio XII às teorias de governo totalitárias, racistas e materialistas, em sua encíclica *Summi Pontificatus*, provocou profunda comoção", relatou a Jewish Telegraphic Agency. "Embora se esperasse que o papa atacaria ideologias hostis à Igreja católica, poucos observadores esperavam um documento tão sem rodeios."[176] Pio até prometeu se manifestar de novo, se necessário. "Não temos maior dívida com o nosso cargo e com o nosso tempo do que testemunhar a verdade", escreveu ele. "No cumprimento disso, de nosso dever, não deixaremos nos influenciar por considerações mundanas."

Era uma promessa audaz, mas vã. Ele só voltaria a usar a palavra "judeu" em público em 1945. As agências de notícias dos Aliados e judaicas ainda o saudavam como antinazista durante a guerra. Mas, com o tempo, seu silêncio estremeceu as relações entre católicos e judeus e reduziu a credibilidade moral da fé. Discutidas ainda no século seguinte, as causas e o significado do silêncio se tornariam o principal mistério tanto da biografia de Pio como da história da Igreja moderna.

Ao julgar Pio por aquilo que ele não disse, só se pode condená-lo. Com imagens de pilhas de cadáveres diante de seus olhos; com mulheres e crianças pequenas compelidas, por tortura, a matar umas às outras; com milhões de inocentes enjaulados como criminosos, abatidos como gado e queimados como lixo, ele deveria ter falado abertamente. Ele tinha esse dever, não só como pontífice, mas como pessoa. Depois de sua primeira encíclica, Pio reeditou distinções entre ódio racial e amor cristão. Mas com a moeda ética da Igreja, ele se mostrou frugal; em relação a aquilo que privadamente chamou de "forças satânicas", exibiu moderação pública; onde nenhuma consciência podia permanecer neutra, a Igreja deu a impressão de fazer isso. Durante a maior crise moral do mundo, seu maior líder moral pareceu não saber o que dizer.

No entanto, o Vaticano não trabalhou apenas por meio de palavras. Em 20 de outubro, quando assinou a *Summi Pontificatus,* Pio estava enredado numa guerra por trás da guerra. Aqueles que posteriormente investigaram a confusão de suas políticas, sem um indício de suas ações secretas, perguntaram-se por que ele pareceu tão hostil ao nazismo e, em seguida, permaneceu tão calado. Contudo, quando seus atos secretos são mapeados, e sobrepostos a suas palavras públicas, emerge uma correlação completa. O último dia durante a guerra em que Pio publicamente disse a palavra "judeu" também foi, de fato, o primeiro dia em que a história pôde documentar sua escolha por ajudar a matar Adolf Hitler.[177]

Capítulo 2
O FIM DA ALEMANHA

Em 22 de agosto de 1939, dez dias antes de a Alemanha invadir a Polônia, Hitler convocou alguns generais e almirantes para uma reunião em seu refúgio na Baviera. Após passarem pelos postos de controle, os militares entraram no Berghof, o chalé alpino de Hitler, e se acomodaram em cadeiras na sala de espera. Uma janela panorâmica abaixou hidraulicamente, abrindo o recinto para uma paisagem dos Alpes tão imensa que os convidados pareciam suspensos no espaço. A distância, brilhava o relevo do Untersberg, protegendo a suposta sepultura de Carlos Magno. Hitler, inclinado sobre um piano de cauda, falava olhando de relance para as anotações em sua mão esquerda.[1]

No fundo da sala, estava sentado um homem semelhante a um camundongo, nervoso e intenso, com olhos azuis penetrantes e tufos de cabelos brancos. Ele apanhou um bloco de papel e um lápis. Como chefe do serviço de inteligência militar alemão (Abwehr), o almirante Wilhelm Canaris podia tomar nota a respeito de instruções militares secretas alemãs.[2] Posteriormente, outras pessoas presentes confirmaram a enorme exatidão de sua transcrição, que se tornaria prova documental no tribunal de crimes de guerra de Nuremberg.[3]

– Convoquei os senhores para lhes dar alguma ideia dos fatores em que me baseei para decidir agir. Ficou claro para mim que um conflito com a Polônia tinha de acontecer – afirmou Hitler.

A Alemanha só recuperaria sua honra, ou restauraria seu prestígio, se recuperasse todas as terras perdidas na última guerra. Portanto, Hitler decidira atacar. Embora os britânicos tivessem prometido proteger a Polônia, provavelmente não interviriam: "Nossos inimigos são *kleine Würmchen* [pequenos vermes]." Referindo-se ao apelo da Rádio Vaticano por conversações de paz, que o papa tinha feito em Roma naquela manhã, Hitler disse que se aborreceu com o fato de "que, no último instante, uns cães ainda me sugeriram um plano de mediação".[4]

Hitler falou por mais uma hora, apresentando detalhes operacionais, e, em seguida, todos foram almoçar. Após consumirem caviar no terraço, servido por oficiais da SS em uniformes de verão brancos como a neve, Hitler retomou a conversa de modo ainda mais fanático. Canaris voltou a fazer anotações. "Devemos assumir esse risco... Estamos diante de alternativas duras: atacar ou sofrer uma aniquilação certa... Oitenta milhões de pessoas devem obter o que é seu direito. Sua existência deve ser segura... O momento é favorável para uma solução. Assim, ataquemos!... Execução: dura e implacável! Fechem seus corações para a compaixão!"[5]

O que Hitler disse a seguir chocou seus generais. Canaris não teve coragem de pôr no papel, mas o marechal de campo Fedor von Bock, tempos depois, confidenciou os detalhes a um colega. Unidades especiais da SS, Hitler revelou, extinguiriam a menor centelha de resistência polonesa, liquidando milhares de padres católicos. Como um dos coronéis de Von Bock relatou, Hitler afirmou "que os poloneses seriam tratados com severidade impiedosa após o fim da campanha... Ele não queria sobrecarregar o Exército com 'liquidações' derivadas de motivos políticos, mas tinha a SS para empreender a destruição da elite polonesa; isto é, acima de tudo, a destruição do clero polonês".[6]

"O vencedor não será posteriormente questionado se suas razões eram justas", continuou a transcrição de Canaris. "O que importa não é ter o direito do nosso lado, mas sim a vontade de vencer." Hitler terminou, afirmando: "Eu cumpri meu dever. Agora cumpram o seu."[7]

Seguiu-se um longo tempo do que Von Bock se lembrou como "silêncio glacial".[8] Finalmente, Walther von Brauchitsch, comandante em chefe do Exército, afirmou: "Cavalheiros, regressem aos seus postos o mais breve possível." Canaris fechou seu bloco de papel e começou a descer a montanha para voltar a Berlim.[9]

Naquela noite, Hitler caminhou pelo terraço, contemplando o horizonte. "Um turquesa lúgubre coloriu o céu ao norte, virando primeiro violeta e, depois, vermelho como sangue", recordou seu ajudante. "Inicialmente, achamos que devia ser um grande incêndio atrás da montanha Untersberg, mas, então, a incandescência cobriu todo o céu setentrional, como uma aurora boreal. Esse fenômeno é muito raro no sul da Alemanha. Fiquei muito comovido e disse a Hitler que aquilo pressagiava uma guerra sangrenta."[10]

"Se for para ser, quanto antes, melhor", respondeu Hitler. "Não sei quanto tempo vou viver. Portanto, melhor um conflito agora... Basicamente, tudo depende de mim, de minha existência, por causa de meus talentos políticos. Provavelmente, o povo alemão jamais voltará a confiar em alguém como confia em mim. Assim, minha existência é um fator de grande valor, mas posso ser eliminado a qualquer momento."[11] Hitler temia que "algum fanático armado com uma arma dotada de mira telescópica" atirasse nele.[12]

Hitler não achava que um agressor agisse sozinho. Se suspeitasse que havia uma conspiração para derrubá-lo, ele disse ao seu auxiliar Martin Bormann, tomaria medidas urgentes contra a facção que suspeitava que patrocinaria um golpe. "Os fatores espirituais são decisivos", afirmara Hitler em seu discurso naquele dia.[13] Nem burgueses, nem marxistas conseguiriam motivar os idealistas verdadeiros, fazendo-os arriscar suas vidas para matá-lo. Em vez disso, o maior perigo viria dos "assassinos estimulados pelos corvos de preto dos confessionários".[14] Os "tolos" que se opunham a ele, disse Hitler, incluíam, "em particular, [os líderes] do catolicismo político".[15] Se alguém tentasse um golpe de Estado, ele prometeu, "tiraria todos os líderes do catolicismo político de suas casas e os executaria".[16]

No dia seguinte, já em Berlim, Canaris refletiu em seu escritório do Abwehr. Enquanto seus bassês dormiam sobre um catre guarnecido com mantas, Canaris convertia suas anotações em resumo codificado a respeito dos comentários do Führer. Então, em reunião com seus colegas mais próximos, Canaris leu em voz alta os trechos fundamentais com sua característica pronúncia defeituosa do "s".[17] Só então seus colegas perceberam o grau de seu desespero. "Ele ainda estava completamente horrorizado", Hans Gisevius, oficial do Abwehr, escreveu. "Sua voz tremia enquanto ele lia. Canaris estava bastante consciente de que testemunhara uma cena monstruosa."[18]

Canaris odiava Hitler com o fervor de alguém que outrora o tinha amado. Hitler prometera preservar as tradições religiosas e militares da Alemanha, mas o que ofereceu foi uma zombaria pagã a respeito dos antigos ideais.[19] Canaris teve a epifania em 1938, quando Hitler afastou dois generais depois de criticar suas honras sexuais.[20] Em vez de renunciar em protesto, Canaris se agarrou ao seu posto como chefe da espionagem, dando aos inimigos conservadores de Hitler uma arma secreta para destruir o monstro que tinham ajudado a criar.[21] No comando de atividades secretas, a par de segredos de Estado, Canaris e seus companheiros estavam perfeitamente posicionados para prejudicar os nazistas.[22] Eles podiam atacar Hitler a partir de dentro.[23]

Após Canaris ler suas anotações aos colegas, eles discutiram sobre o que fazer. Seu auxiliar Hans Oster quis vazar o texto da fala de Hitler. Talvez estimulasse os adversários do regime a um golpe de Estado capaz de preservar a paz. Se Londres e Paris reagissem rispidamente, os generais alemães talvez seguissem o conselho de Franz Halder, chefe do estado-maior, que tinha dito ao embaixador britânico em Berlim: "Temos de arrancar a mão de Hitler com um machado."[24]

Parecia merecer uma tentativa. Em 25 de agosto, Oster contrabandeou o documento para Alexander C. Kirk, encarregado de negócios da embaixada americana em Berlim, que disse: "Ah, tire isso daqui... Não quero me envolver."[25] Então, Oster enviou uma cópia para um funcionário da embaixada britânica, mas o texto não assinado, escrito em papel comum, não o impressionou. Ao lidar com potências estrangeiras, Oster decidiu, os conspiradores deviam procurar algum imprimátur, algum selo de legitimidade, alguma maneira de garantir a boa vontade alemã.

Enquanto isso, Canaris buscou medidas mais efetivas. Ele se ligou a Ernst von Weizsäcker, secretário de Estado do Ministério das Relações Exteriores, que escreveu em seu diário após tomar conhecimento que a guerra se aproximava: "É uma ideia terrível que meu nome se associe a esse acontecimento, sem falar dos resultados imprevisíveis para a existência da Alemanha e de minha família."[26] Em 30 de agosto, Weizsäcker se encontrou com Hitler na Chancelaria do Reich e implorou pela paz. Em seu bolso, levava uma pistola Luger, carregada com duas balas. Tempos depois, disse que teve a intenção de matar Hitler e, em seguida, se suicidar. Porém perdeu a coragem.[27] Como Weizsäcker disse ao intermediário de Canaris: "Lamento que não exista nada em minha formação que me habilite a matar um homem."[28]

Hitler deu ordem para atacar a Polônia em 24 horas. Hans Gisevius, oficial do Abwehr, dirigiu-se ao quartel-general, subiu correndo as escadas e topou com Canaris e outros oficiais descendo. Canaris deixou seus companheiros prosseguirem e levou Gisevius até um corredor. Engasgado com as lágrimas, Canaris afirmou: "Isso significa o fim da Alemanha."[29]

Em 1º de setembro de 1939, um milhão de soldados alemães ocuparam a Polônia.[30] Dois dias depois, Hitler embarcou num trem para inspecionar a linha de frente. Ali, seus seguidores fiéis começaram a liquidar o que ele tinha dado o nome de "fatores espirituais", que podiam inspirar resistência. "Deixaremos os peixinhos de fora, mas os padres católicos devem ser todos mortos", afirmou Reinhard Heydrich, chefe dos espiões da SS.[31]

Canaris voou até a Polônia para protestar. Em 12 de setembro, alcançou Illnau, onde o trem de Hitler tinha parado,[32] e se encontrou com o general Wilhelm Keitel no vagão para reuniões. "Comentei que sabia que grandes execuções estavam planejadas na Polônia", registrou Canaris, observando que "o clero era para ser exterminado." "Esse é um assunto que já foi resolvido pelo Führer", respondeu Keitel.[33]

Então, o próprio Hitler entrou na reunião.[34] Uma testemunha, o tenente-coronel Erwin Lahousen, recordou que Hitler considerava "especialmente necessário eliminar o clero". Lahousen acrescentou: "Não me lembro do termo exato que ele usou, mas não era ambíguo e significava 'matar.'"[35] Para agilizar seus planos, Hitler colocaria a Polônia sob o controle de um amigo íntimo, o advogado Hans Frank. "A missão que lhe dou, Frank, é satânica", ouviu Canaris por acaso Hitler dizer. "Outra pessoa para quem esses territórios fossem entregues perguntaria: 'O que vamos construir?' Eu perguntaria o contrário. Perguntaria: 'O que vamos destruir?'"[36]

Em pouco tempo, Canaris viu pessoalmente os resultados dessas ordens. Em 28 de setembro, percorreu as ruínas de Varsóvia, onde ratos consumiam cadáveres e a fumaça deixava o sol vermelho.[37] Um velho judeu, ao lado do corpo de sua mulher, gritava: "Deus não existe! Hitler e as bombas são os únicos deuses! Não há graça nem misericórdia no mundo!"[38] Do telhado de um estádio, Hitler observava sua artilharia bombardear a cidade, "e com os olhos esbugalhados, se transformou numa pessoa diferente. De repente, estava possuído pelo desejo de sangue".[39] Canaris voltou ao seu alojamento e vomitou.[40] Um amigo revelou que ele retornou a Berlim "completamente destroçado".[41]

Naquela altura, Hitler tinha decidido invadir a França. "Por sua natureza, as revoluções podem ser aceleradas, mas não podem diminuir de velocidade", refletiu um dos colegas de Canaris. "Tornava-se cada vez mais claro que, da mesma forma que um ciclista só não cai se continuar pedalando, Adolf

Hitler só podia continuar no poder mediante a continuação da guerra."[42] Com o ataque contra a França marcado para o final de outubro, aqueles que se opunham tinham uma janela de quatro semanas para deter as rodas da revolução. Em sua maioria, os generais "lutavam com unhas e dentes contra a campanha da França",[43] recordou o general Dietrich von Choltitz, enquanto os destemidos entre eles desviavam tropas para realizar um golpe de Estado em Berlim.[44]

Canaris apoiou o plano do golpe. Duas divisões de tanques ocupariam Berlim, enquanto sessenta comandos do Abwehr atacariam a Chancelaria. Embora a ordem determinasse que Hitler "fosse rendido ileso",[45] os comandos pretendiam matá-lo como um cachorro louco.[46] Os militares empossariam uma junta civil, marcariam eleições e abririam conversações de paz. Para dramatizar a mudança, os novos governantes suspenderiam o blecaute do tempo de guerra e as luzes se acenderiam em toda a Alemanha.[47]

O plano apresentava obstáculos evidentes. Exigia o conhecimento da agenda e dos movimentos de Hitler, que ele próprio muitas vezes decidia no último minuto. Os generais, além disso, teriam de quebrar seus juramentos a Hitler e se sublevar contra a autoridade civil. Dificilmente tomariam uma ação tão sem precedentes se isso pudesse causar derrota e escravização. Afastariam Hitler só se os Aliados concordassem de antemão com uma paz justa.

A ligação de planos domésticos com forças estrangeiras impunha um desafio adicional. Nesse caso, os conspiradores encaravam um dilema duplo: convencer os Aliados de que eles falavam a verdade e impedir os nazistas de saber a verdade. Precisavam de credibilidade e precisavam de cobertura. Canaris achou a resposta para ambos os quebra-cabeças na pessoa do papa.

Canaris tinha visões românticas e fantasiosas a respeito da Igreja. Criado como evangélico, passou a admirar a religião Católica Apostólica Romana, sua organização, a força de sua fé. Ele tangenciava um vago misticismo, que o levou a frequentar catedrais góticas em reverência muda.[48] "Ele era muito influenciado pela Itália e pelo Vaticano", recordou um colega, e "muitas de suas atividades conspiratórias remontam a essa influência."[49] Segundo alguns relatos, o complexo de cruz e espada de Canaris datava da Primeira Guerra Mundial, quando ele organizou uma missão secreta na Itália, na companhia de um padre.[50] Numa versão da história, ele teria escapado de uma cadeia italiana matando o capelão da prisão e vestindo sua batina.[51] Mas não foram essas associações talvez confusas que fizeram a cabeça de Canaris a respeito do papa. Sua decisão se baseou numa avaliação realista.[52]

Canaris conhecia e confiava em Pacelli. Na década de 1920, quando o futuro papa era o "diplomata mais bem informado de Berlim",[53] eles tinham compartilhado passeios a cavalo na propriedade de um amigo comum. Canaris admirava o realismo e a discrição de Pacelli, bem como sua aversão a Hitler. Se o papa se juntasse à conspiração, Canaris pensou, os conspiradores teriam, ao menos, uma audiência no Ocidente. Inversamente, se Pio fosse capaz de intermediar os termos da paz com antecedência, isso talvez estimulasse o Exército a derrubar o regime.[54]

No final de setembro, Canaris resolveu aliciar Pio para a conspiração. No entanto, ele precisava criar um assunto sensível para discutir com o papa. Canaris não podia viajar ao Vaticano sem despertar suspeitas, mesmo se Pio concordasse em recebê-lo. Os conspiradores precisavam de um intermediário, um "interceptor". Como o Abwehr era adjunto das Forças Armadas prussianas dominadas por protestantes, os auxiliares de Canaris dificilmente saberiam onde procurar intermediários. Por acaso, porém, um dos contatos católicos do Abwehr em Munique descobriu o nome e, em seguida, o arquivo de um homem que pareceu nascido para a missão.[55]

Capítulo 3
ZÉ BOI

Advogado que venceu por esforço próprio, de ascendência camponesa, Josef Müller era um bávaro amante de cerveja, com olhos azuis bem claros e herói da Primeira Guerra Mundial condecorado com a Cruz de Ferro. Como ele ia à escola conduzindo um carro de boi, os amigos o apelidaram jocosamente de *Ochsensepp*, ou seja, Zé Boi. Apropriadamente, o apelido captou a compleição robusta, as raízes rurais e a vontade poderosa, que lhe trouxe boa e má sorte.[1]

Sua vida era uma mistura extravagante de proezas. Müller comandou tropas, contrabandeou documentos, fez política, tramou um assassinato, escreveu sermões, salvou judeus, resgatou bispos, evitou sua captura, sofreu traição, suportou tortura, confundiu seus captores, casou com seu amor verdadeiro e baixou à sepultura com graça. O papa Pio XII afirmou, sem rodeios, que o doutor Müller "operava milagres".[2] Os colegas do Partido Popular Bávaro raramente o apresentavam sem dizer que "com 21 anos, Zé Boi venceu as forças [comunistas] predominantes da Baviera em dois dias".[3] Os rivais políticos, como Konrad Adenauer, o primeiro chanceler da Alemanha Ocidental do pós-guerra, consideravam-no um mero "aventureiro".[4] No entanto, um obituário bávaro expressou a visão mais geral: "Esse democrata pitoresco, jovial, sagaz, sociável e beberrão era um bom homem."[5]

O doutor Müller era um personagem importante da Munique católica.[6] Por meio de seu trabalho jurídico, integrou o conselho e controlou diversas empresas: alternadamente, foi cervejeiro, impressor, banqueiro, editor de livros e importador de tabaco. Num dia qualquer, sua sala de espera podia incluir um abade belga, um cônsul português, um professor de cosmologia, o líder de um sindicato trabalhista proscrito, um comerciante de pedras preciosas e um barão Metternich sofrendo um colapso. Seu escritório de advocacia ficava ao lado do ex-palácio de Wittelsbach, naquele momento o quartel-general bávaro da SS, e alguns de seus clientes deviam suas vidas ou sustentos a Zé Boi. Eles retribuíam com amizade, o jovial apelido

Ochsensepp e presentes modestos – um barril de cerveja Ettaler, um recipiente de *pretzels* assados só para ele. Estava implícito que ele poderia algum dia pedir um pequeno serviço em troca. Para aqueles que se metiam em apuros com os nazistas, ele era um reparador e um benfeitor, um guardião e um defensor; meio Oskar Schindler, meio Vito Corleone.

Em 1939, Müller tinha vinculado centenas de pessoas a ele. Ele era "um sujeito popular",[7] como os registros da Gestapo diziam, e não só porque fazia favores. Ele tinha o que um espião americano denominou "uma reputação impressionante de convivência inesgotável".[8] Certa vez, ele ganhou três trens carregados de prisioneiros de guerra alemães numa aposta com o diplomata soviético Leonid Georgiev de quem bebia mais.[9] No entanto, se seus olhos azuis brilhavam até certo ponto por causa da cerveja de trigo, ele não era alcoólatra, ao menos não para os padrões bávaros do tempo de guerra. Müller bebia muito, mas prestava atenção a suas palavras. Quando dava vazão aos sentimentos irrestritamente, ou enchia o copo com muita frequência, era entre amigos de confiança, como os frequentadores antinazistas de um bar próximo do hotel Kaiserhof, em Berlim.[10] Em círculos mais sóbrios ou menos seguros, falava num código de gestos sugestivos. Às vezes, por exemplo, Müller pegava o retrato de Hitler que parecia decorar cada recinto do Reich, depositava-o sobre uma mesa com a face voltada para baixo e dizia: "Ele está pendurado torto. Ele merece ser pendurado corretamente."[11]

Enquanto encarava as expressões radiantes, Müller pensava: estará tudo acabado se esse fogo se espalhar. "Senti pela primeira vez o que significa o coletivo transformar indivíduos numa massa anônima",[12] lembrou. "Não era um fogo literal que fora desencadeado", mas um inferno humano – o calor do ódio.

Cinco semanas depois, o fogo se espalhou na Baviera. Num encontro no Clube de Pilotos Esportivos Bávaros, o chefe do campo de aviação local revelou a Müller que o governo nacional fecharia a pista de pouso e decolagem no dia seguinte. Algo iria acontecer. O desconforto de Müller aumentou quando um membro do clube articulou para expulsar o tesoureiro judeu. Argumentando que eles não deviam renunciar à lealdade e à camaradagem por motivos políticos, Müller ameaçou renunciar. No entanto, não teve o apoio que esperava. A filiação ao Partido Nazista tinha se tornado um caminho para a ascensão profissional. A articulação prosseguiu e Müller deixou o clube.[13]

Naquele dia, mais tarde, Müller se encontrou com um amigo banqueiro que mantinha ligações com a SS. Como os nazistas nunca tinham vencido eleições na Baviera, seu amigo afirmou, eles tomariam o poder ali pela força. E isso aconteceria "amanhã". Müller correu até a casa de Heinrich Held, primeiro-ministro da Baviera, que, por muito tempo, tinha recorrido a ele em busca de assessoria jurídica. Enquanto ajudava o diabético Held a injetar insulina, Müller o encorajava a mobilizar a defesa estadual. No entanto, o primeiro-ministro hesitou, pois não queria inflamar a situação.[14]

Na manhã seguinte, enquanto Müller tomava café com Held, no gabinete do primeiro-ministro, a porta se abriu de repente. Heinrich Himmler, chefe da SS, golpeou a mesa com um chicote e exigiu que Held abrisse mão do poder. Para tornar a renúncia "voluntária" de Held mais palatável, Himmler ofereceu-lhe a função de embaixador bávaro junto ao Vaticano. Quando Held pediu duas horas para pensar, Himmler saiu de modo arrogante, prometendo mobilizar "a vontade do povo".[15]

Müller encorajou uma ação drástica. Como chefe de um estado sob cerco, Held tinha autoridade para destacar uma guarda especial, que poderia prender Himmler e colocá-lo diante de um pelotão de fuzilamento.[16] No entanto, Held não quis provocar uma guerra civil.

A situação ficou desesperadora. Os homens da SA, milícia paramilitar nazista, lançaram-se às ruas. Müller pôs Held num carro sem identificação. Eles se dirigiram para a casa da noiva de Müller, Maria, onde Held admitiu que "o diabo está solto na Baviera". Após escurecer, Müller conduziu o primeiro-ministro para o exílio na Suíça.[17]

Nos meses seguintes, os melhores amigos de Müller começaram a desaparecer. Por meio de investigações discretas, o advogado soube que eles tinham sido levados para o primeiro campo de concentração do Reich, em Dachau. Em pouco tempo, histórias de atrocidades cruzaram o espaço entre Dachau[18] e Munique. Secretamente, a SS assassinou judeus e humilhou "políticos católicos", Müller escutou do chefe do campo, um antigo companheiro da Primeira Guerra Mundial. Ele tirou uma foto mostrando o filho de Held com a cabeça raspada, puxando um rolo compressor, num traje listrado de preso.¹⁹ Müller pôs a foto sobre a mesa de Hans Frank, ministro da Justiça bávaro e outro antigo amigo, o qual pediu a Hitler que fechasse Dachau.²⁰ Hitler manteve o campo aberto.²¹

No início de 1934, as intrigas de Müller tinham irritado a polícia secreta. Seu nome apareceu na lista da SS de católicos inimigos do regime. O diretor de Dachau advertiu que o próprio Müller logo "chegaria" ao campo. Algumas semanas depois, em 9 de fevereiro, a Gestapo prendeu Müller em Munique e o acusou de "conspiração traiçoeira, punível com a morte".²²

Heinrich Himmler conduziu o interrogatório. Com os olhinhos movendo-se rapidamente por trás dos óculos sem aro, de unhas feitas e acariciando o queixo pequeno, ele parecia mais um professor do que um carrasco. Adepto de formalidades, ordenou a transcrição do interrogatório.²³ Iniciou-o dizendo que não podia haver conciliação entre a Igreja e o Reich, pois cada um demandava "a alma inteira do homem". Müller concordou.²⁴ Então, o interrogador observou que Müller havia defendido inimigos do regime. Müller respondeu que não havia nenhuma lei contra a prática da advocacia.²⁵

Himmler quis saber que conselho Müller dera a Held durante a tomada do poder. Müller contou a verdade. Admitiu que encorajara a prisão de Himmler e seu fuzilamento. Como chefe do governo na ocasião, Held podia ter ordenado legalmente isso. Himmler não teria dado o mesmo conselho na posição de Müller?²⁶

A coragem de Müller desconcertou Himmler. Tempos depois, um agente do serviço de inteligência dos Aliados postulou que Müller, "um lutador político duro, forte e vigoroso", era "o tipo de homem saído do povo que os nazistas gostavam de reivindicar como seu, e que, como adversário, os amedrontava". Um tanto espantado com a vontade do prisioneiro, Himmler o convidou para se juntar à SS. Müller recusou a oferta. "Filosoficamente, sou o contrário do senhor. Sou católico praticante, e meu irmão é padre católico. Nesse caso, onde posso achar a possibilidade de conciliação?"²⁷ Himmler parabenizou Müller por sua "defesa corajosa" e o liberou.²⁸

Pouco depois da soltura de Müller, um homem da SS ligou para ele. Hans Rattenhuber, ex-policial de 37 anos, comandava os guarda-costas de Hitler. Homem de estatura elevada, com valores simples, ele via a maior parte dos chefões nazistas como bajuladores corruptos, e admirou Müller pelo fato de este ter enfrentado Himmler. Desde o momento em que se espalhou a notícia de que Müller tinha admitido que aconselhou a execução de Himmler, Rattenhuber quis conhecer Zé Boi.

Unidos pelo consumo de canecas de cerveja, Rattenhuber e Müller se tornaram amigos. Rattenhuber apreciava a confraria da cerveja, que lhe dera a chance, tão rara numa ditadura, de abrir o coração.[29] Müller saboreou o discurso inflamado de Rattenhuber, pois revelava planos nazistas contra a Igreja.[30] Dessa maneira, desenvolveu-se uma das amizades mais singulares da Segunda Guerra Mundial, em que o chefe da segurança pessoal de Hitler revelava segredos da SS para um espião do Vaticano.

Na realidade, Michael Faulhaber, cardeal de Munique, não pediu que Josef Müller espionasse. Embora fossem irmãos de fraternidade, e se tratassem com o íntimo *du*, Faulhaber utilizava um intermediário – um monsenhor vigoroso, com óculos de armação de tartaruga e nariz de batata – que também, parece, não pediu *diretamente* que Müller se envolvesse em espionagem.[31] Em vez disso, monsenhor Johannes Neuhäusler, que utilizava o codinome de "Casanova", pediu a Müller que ajudasse a salvar a Leo Haus, empresa insolvente da mídia católica. Dessa maneira, Müller se tornou o que os funcionários do Vaticano chamaram de "colaborador confiável".[32] O trabalho se tornou mais secreto e mais perigoso, até que, segundo o relato de Müller, pareceu "quase sacrílego".[33] No entanto, em longas caminhadas através do Englischer Garten, o parque central de Munique, Neuhäusler ajudou Müller a entender a doutrina da Igreja da *Disciplina Arcani*, ou seja, o Caminho do Segredo.

O Caminho resultou da prática do próprio Cristo. Pregando em ambiente hostil, ele ordenou que seus discípulos ocultassem dos não iniciados[34] suas identidades, suas palavras e suas ações. Ele formou seus apóstolos em células clandestinas, lideradas por Tiago e João, que ele chamava de "Filhos do Trovão",[35] e os levou a uma montanha, com seu protegido Pedro, para discutir assuntos secretos. Eles se reuniam em casas seguras, que Jesus acessava por entradas separadas ocultas[36] e cujos locais eles revelavam uns aos outros por meio de mensagens cifradas, como seguir um homem com um jarro de água por Jerusalém.[37] Cristo adotou essas medidas não para evitar as autoridades políticas romanas, mas para se esquivar da classe sacerdotal judaica, então comandada pela família de Anás, de quem o Talmude registra: "Uma praga sobre a Casa de Anás: uma praga em sua espionagem."[38]

Os Pais da Igreja seguiram o Caminho do Segredo após a morte de Jesus. Inicialmente, a fé sobreviveu somente como movimento clandestino em Roma; e como os autores do Evangelho achavam o retorno de Jesus iminente, os primeiros cristãos talvez devessem permanecer operantes secretos até o fim dos tempos. Durante três séculos, até o cristianismo se tornar a religião de Roma, a Igreja escondeu o batismo, a crisma, o pai-nosso, a Santíssima Trindade, a eucaristia, os credos e as Sagradas Escrituras, não só dos pagãos, mas até dos convertidos à fé, que, como uma autoridade da Igreja explicou tempos depois, "poderiam ser espiões que desejavam ser instruídos somente para que pudessem trair".[39]

O preço da traição era alto. "Alguns cristãos eram pregados em cruzes, outros eram costurados nas peles de animais selvagens e expostos à fúria dos cães; outros, ainda, eram untados com materiais combustíveis e usados como tochas para iluminar a escuridão da noite", escreveu Tácito a respeito das perseguições de Nero.[40] Os primeiros papas foram martirizados sem exceção: os imperadores enviaram alguns deles para a Sardenha, onde cada um tinha o nervo do dorso do joelho direito cortado, o olho direito arrancado e a cavidade cauterizada com ferro fundido; e, em seguida, se tivesse menos de trinta anos, sofria castração. Nos séculos seguintes, dificilmente passava um ano em que a Igreja não estivesse em guerra no mundo. Os usurpadores levaram um pontífice para fora da cidade 177 vezes, e 33 papas foram mortos.[41] Só nos séculos IX e X, João XII foi decapitado, João XIV morreu de fome, Adriano III foi envenenado, Bento VI estrangulado, Estêvão VIII desmembrado, Leão V morto a golpes de porrete, Estêvão VI asfixiado, Estêvão VII garroteado, João VIII morto a golpes de porrete, João X sufocado com um travesseiro e Bonifácio VII espancado, deixado sob a estátua de Marco Aurélio e esfaqueado até a morte por um transeunte.

Portanto, os papas aprenderam a se defender.[42] No século VII, o papa Martinho I colocou espiões para informá-lo contra possíveis raptores;[43] e desde então informações de agentes secretos papais salvaram dezenas de papas da morte ou da captura. A Igreja justificou essas e outras operações secretas não apenas pelo exemplo de Jesus, mas também pela doutrina de Tomás de Aquino, que permitia emboscadas e outros meios secretos na condução de uma guerra justa.[44] Na Contrarreforma, os jesuítas expandiram o ensino de Tomás de Aquino para justificar conspirações contra reis protestantes;[45] e durante a unificação italiana, o Vaticano utilizou agentes provocadores para atrair rebeldes até Perúgia, onde as tropas suíças papais os decapitaram.[46]

Em comparação, o que Neuhäusler propôs pareceu inofensivo. Ele queria que Müller retivesse alguns arquivos. Como Neuhäusler tinha contratado Müller para salvar a Leo Haus, poderiam invocar o direito legal que preserva a confidencialidade da relação entre advogado e cliente se os nazistas tentassem confiscar os documentos. Quando concordou, Müller se tornou agente do serviço secreto contra os nazistas.

– Precisamos estar preparados para uma batalha árdua – dissera o cardeal Faulhaber na primeira reunião do Ordinariato de Munique após Hitler assumir o poder. – Será importante que nossas medidas de defesa e resistência sejam direcionadas de forma uniforme, e que toda informação seja coletada num único lugar. – Faulhaber pediu que Neuhäusler assumisse esse "trabalho sério e perigoso",[47] e coordenasse os planos com o Vaticano.

Em abril de 1933, Neuhäusler viajou para Roma. Embora o cardeal secretário de Estado Pacelli apenas começasse a negociar a concordata com o Reich, ele já antevia a necessidade de um registro central das violações referentes à concordata. Neuhäusler descreveu a situação como perigosa: brutamontes batiam em coletores de caridade nas ruas, chicoteavam fiéis que saíam das missas, invadiam gráficas católicas e jogavam bandejas de tipos de impressão quebradas nas ruas. Exceto esses atos flagrantes, Neuhäusler trouxe histórias em vez de provas. "Envie-nos relatórios confiáveis", ele relatou o pedido de Pacelli. "Caso contrário, não poderemos ajudá-lo."[48]

O escritório de advocacia de Müller se tornou o registro central desejado por Pacelli. Zé Boi organizava os relatórios de violações da concordata da arquidiocese de Munique e dos jesuítas bávaros, por cuja sede na Kaulbachstrasse ele passava no caminho para o trabalho. Embora Neuhäusler pedisse que suas fontes mantivessem "os olhos e os ouvidos abertos para qualquer coisa",[49] eles se concentraram em dez alvos prioritários:

(1) Decretos anticristãos
(2) Censura à imprensa
(3) Obstáculos contra o clero
(4) Supressão de clubes
(5) Dissolução de reuniões

(6) Profanação de cruzes
(7) Pressão sobre escolas católicas
(8) Processos judiciais contra ordens religiosas e claustros
(9) Insultos e detenção de católicos proeminentes
(10) Julgamentos secretos de oficiais nazistas por crimes financeiros e sexuais

Muito material desse tipo afluía, tanto que Neuhäusler e Müller tinham de espalhá-lo diariamente para outros locais, no caso de a SS realizar uma busca ilegal.

Avaliar as informações se mostrou mais difícil do que coletá-las e armazená-las.[50] Como Müller sabia que o material iria para Roma e apoiaria a visão do Vaticano, ele não queria retransmitir dados não apurados ou falsos. "Queria verificar a veracidade dos relatórios para enviar ao cardeal secretário de Estado", afirmou ele. "Sentia-me no dever de fornecer informações para Eugenio Pacelli com avaliações, tais como 'probabilidade beirando a certeza' ou somente 'provavelmente'."[51]

Para verificar as informações, Müller criou uma rede de agentes. Ele ouvia amigos do Exército, da faculdade e da Escola de Direito com acesso a oficiais nazistas; uma comunidade de gente bem informada, que trabalhava em jornais, bancos e até mesmo, como era o caso de Hans Rattenhuber, na própria SS. Um dos informantes mais pitorescos de Müller, a "irmã" Pia Bauer, dirigia uma instituição beneficente para veteranos nazistas e se apresentava como freira nazista. O preço da informação dessa harpia era beber com ela numa sala do banco Eidenschink, e sempre que Müller a encontrava, ele observou, "ela erguia a saia e mostrava uma cicatriz no traseiro desnudo", que ganhara como única mulher a marchar com Hitler durante seu fracassado *Putsch* da Cervejaria, em 1923, e que ela exibia frequentemente para mostrar que não estava usando calcinha.[52]

Uma dificuldade final residia em enviar as informações para Roma. A concordata com o Reich deu à Santa Sé "liberdade total (…) em sua correspondência com os bispos",[53] mas os nazistas não deram aos bispos liberdade total em sua correspondência com a Santa Sé. Os espiões da SS de Albert Hartl abriam a correspondência dos bispos e grampeavam seus telefones,[54] mantendo uma vigilância especial por temer que suas denúncias alcançassem o mundo inteiro.[55] Cesare Orsenigo, núncio em Berlim, via Hitler como um Mussolini alemão, e, assim, "não podia realizar operações normais", como Müller lembrou, "nem mesmo em seus relatórios ao Vaticano".[56] Esses obstáculos para a comunicação representavam um problema especial, clássico, pois para disseminar a fé, a Santa Sé era "caracteristicamente dependente da liberdade de expressão e escrita", afirmou Müller.[57] Paulo e Pedro difundiram a fé escrevendo cartas; e talvez Pedro tenha construído a Igreja em Roma porque todos os caminhos levavam até lá; e assim, entre suas outras funções, o papa era, num sentido não trivial, o carteiro do Ocidente. Para enviar e receber mensagens, o Vaticano tinha recorrido há muito tempo a dispositivos engenhosos. No Renascimento, criou as comunicações codificadas, inventando uma chave mnemônica para misturar um alfabeto cifrado;[58] uma prática que os poderes seculares copiaram tempos depois. Na Reforma protestante, o Semáforo da Santa Sé enviava mensagens através da Europa, de um topo de colina para outro, com espelhos de dia e chamas à noite.[59] Na década de 1930, uma torre de rádio, logo apelidada de "o dedo do papa",[60] surgiu nos Jardins do Vaticano e era, na ocasião, o transmissor mais poderoso do mundo. Após alguma deliberação, porém, Neuhäusler optou pelo meio mais antigo e simples de todos.

Ele confiava nas pessoas. Uma delas era a crítica de cinema e autora de livros infantis Ida Franziska Sara Schneidhuber (nascida Wasserman, pseudônimo Thea Graziella),[61] uma convertida ao catolicismo a quem um representante da Igreja descreveu mais tarde, com um suspiro intenso, como "judia, divorciada e, provavelmente, lésbica, mas devotada à fé".[62] Relatórios muito importantes chegavam a ela por meio do padre jesuíta Rupert Mayer, de Munique, "que era capaz de visitar *Frau* Schneidhuber discretamente", como Neuhäusler notou, de modo que "muita informação valiosa encontrava seu caminho... para Roma. Durante muitos anos, esse canal de informações funcionou bem e rápido",[63] até que, por fim, em 1941, a SS prendeu Schneidhuber como não ariana e, em 1942, assassinou-a no campo de concentração de Theresienstadt.[64]

O mensageiro principal, porém, era Zé Boi. "Ele fez muitas coisas perigosas",[65] afirmou um padre jesuíta posteriormente a respeito de Müller. "Ele era um homem corajoso e tinha caráter firme. Voava naqueles aviões minúsculos da Alemanha para a Itália, trazendo documentos para Merano, e, ali, os entregava para alguém que os levava para Pacelli, no Vaticano."

Neuhäusler chamava Müller de "meu carteiro valente", adicionando: "Devo admitir com gratidão que sem Müller eu não teria sido capaz de cumprir minha missão de informar constantemente o Santo Padre a respeito de todos os assuntos importantes... Ele era um dos inimigos mais dedicados do Terceiro Reich. Isso lhe dava coragem, frieza e destreza. Não conseguia cuidar de tudo. 'Dê isso aqui', ele dizia, e, frequentemente, colocava cartas com vinte ou mais documentos em sua mala ou pasta, que guardava na cabine de pilotagem." Embora Müller ocultasse os itens mais confidenciais no meio de materiais inofensivos da Igreja, isso dificilmente tranquilizava seu encarregado episcopal. "Mal conseguia dormir quando Müller estava a caminho de Roma com materiais perigosos", recordou Neuhäusler. "Sabia que, se aquele material fosse descoberto, nós dois teríamos nossas cabeças cortadas."[66]

Os serviços secretos de Müller logo chamaram a atenção de Pacelli em Roma. Como retribuição, Pacelli providenciou o casamento de Müller com sua noiva, Maria, sobre o suposto túmulo de são Pedro, na cripta do Vaticano.[67] Em 29 de março de 1934, o padre Neuhäusler envolveu seu xale em torno das mãos dadas de Josef e de sua noiva, firmemente e por um longo tempo, para enfatizar a força da união do casal.

Pacelli utilizava os relatórios de Müller para escrever notas de protesto a Berlim. Em seguida, o padre Leiber escondia os relatórios numa estante elevada da biblioteca de Pacelli, numa cavidade secreta de um grande livro de capa vermelha.[68] Um dos relatórios escondidos dentro do livro de capa vermelha assombrava especialmente Pacelli.

Hitler tinha criado escolas especiais para sua nova elite. Ele as denominava "castelos da ordem" e as dotou de professores da SS confiáveis. Em 1937, discursando no Castelo da Ordem de Sonthofen, Hitler prometeu: "Vou esmagar a Igreja católica como esmagaria um sapo!" Um dos cadetes, católico prescrito, numa crise de consciência, relatou o comentário numa carta para seu bispo. Pouco depois, o cadete e um amigo de simpatias parecidas morreram numa queda supostamente acidental do trem expresso entre Munique e Berlim. Hans Rattenhuber, a nova fonte secreta do Vaticano na SS, afirmou que a tragédia combinava com os métodos conhecidos de Himmler de lidar com traidores suspeitos.[69]

Himmler também tinha suspeitas em relação a Müller. Rattenhuber advertia o amigo com frequência. Embora a SS parecesse desconhecer o trabalho de Müller junto ao Vaticano, sabia que seu escritório de advocacia tinha muitos judeus como clientes, que procuravam emigrar após a Noite dos Cristais,⁷⁰ em novembro de 1938.

Müller se perguntava se não deveria partir também, mas não queria que sua família se tornasse dependente e indigente. Ele decidiu ficar e lutar,⁷¹ e fez um pacto com Pacelli.⁷² Müller trabalharia duro para ele, oferecendo aquele trabalho a Deus, e Pacelli rezaria por ele todos os dias. Esse pacto confortou Müller, sobretudo depois que Pacelli se tornou papa. Aparentemente, o Santo Padre tinha posto um talismã em sua mão. Müller tirou forças dele na quarta-feira, 27 de setembro de 1939, que começou para ele como outro dia qualquer, mas se converteu no mais decisivo de sua vida.

Por volta das oito da manhã, Müller beijou a mulher e a filha, despedindo-se. Acendeu o cachimbo, deixou a casa geminada de cor mostarda e caminhou para seu escritório na Amiraplatz. Mais tarde, recebeu um telefonema de William Schmidhuber, um duvidoso importador/exportador. Schmidhuber⁷³ disse que o gabinete do almirante Canaris queria vê-lo imediatamente.

Müller pegou um avião para Berlim, perguntando-se o que o chefe dos espiões de Hitler poderia querer dele. Ele caminhou sobre as folhas que cobriam a Landwehrkanal, preocupado com o fato de que seu trabalho secreto para a Igreja tivesse posto em perigo sua família. Na Tirpitzufer 74/76, as portas sanfonadas de um antigo elevador se fecharam ruidosamente atrás dele, e Müller subiu até o segundo andar. Guardas destrancaram a porta do elevador, e ele se aventurou por um corredor que ecoava o som de botas de soldados paraquedistas e sotaques estrangeiros.⁷⁴

Um vistoso oficial da cavalaria se aproximou. O coronel Hans Oster, chefe da Seção Z, introduziu Müller num escritório e fechou a porta. Os dois homens se estudaram. Então, como Müller recordou, Oster começou dizendo, cautelosamente:

– Como estamos numa organização de espionagem, sabemos muito mais a seu respeito do que o senhor a respeito de nós.⁷⁵

Ele abriu um dossiê e assinalou particularidades. Oster sabia que Müller tinha viajado com frequência a Roma, para discutir "assuntos de negócios"⁷⁶ com Pacelli. Sabia que, por meio das graças de Pacelli, Müller tinha se casado no suposto túmulo de são Pedro. Uma transcrição na pasta registrava a prisão de Müller e o interrogatório de Himmler. Finalmente, Oster notou que Müller tinha dado assessoria jurídica grátis para líderes da Igreja, que enfrentavam o partido em jogos de xadrez legais.[77]

Naquele momento, aqueles jogos dos tempos de paz deviam acabar, afirmou Oster. O partido estava em estado de guerra e não teria piedade. O que seria da mulher e da filha de Müller se as coisas não acabassem bem para ele? Se, em contraste, ele cooperasse, todos ganhariam. De fato, suas conexões na Igreja o tornavam singularmente valioso para o Abwehr na Cidade do Vaticano. O almirante Canaris precisava de um agente com acesso ali. O Abwehr ignoraria o passado de Müller se ele visitasse Roma como agente secreto para buscar os pontos de vista do papa a respeito de "certas questões".[78]

Müller recusou. Precisamente porque o Abwehr tinha informações tão acuradas a seu respeito, afirmou ele, deveriam saber que ele não espionaria contra o Vaticano ou o papa.

Oster insistiu que tinha exatamente o tipo contrário de projeto em mente. Ele fez uma pausa, como se deixasse as implicações se infiltrarem. Finalmente, disse que considerava Müller tão confiável que falaria sem rodeios. "Agora, doutor Müller,[79] eu vou lhe dizer algo que pressupõe minha grande confiança no senhor, pois se não o conhecesse tão bem com base nas informações que temos a seu respeito, não seria capaz de lhe dizer o que estou prestes a lhe dizer sem me expor a um perigo incalculável."

As palavras que vieram a seguir marcaram a passagem entre mundos. "Após essa introdução[80] – ainda podem ter existido uma ou duas outras frases –, Oster disse para mim: 'Bem, doutor Müller, o senhor está aqui, na sede do serviço de inteligência militar alemão. Até esperamos que algum dia o senhor seja parte da liderança desse serviço. A liderança desse centro de operações do Abwehr é, ao mesmo tempo, o quartel-general da oposição militar alemã a Hitler.'" Oster acrescentou: "Eu mesmo apoio liquidar esse criminoso assassinando-o."[81]

Na primeira semana de outubro, Josef Müller contemplava a linha do horizonte romana, dominada pela cúpula da Basílica de São Pedro. Ele se sentia seguro no hotel Albergo Flora, na via Veneto. Era o ponto de parada favorito dos oficiais alemães, dissera Oster, e alguns funcionários do hotel estavam na folha de pagamentos do Abwehr. Müller conseguira um quarto com vista para o pátio, de modo que ficara livre do barulho da rua. No entanto, à medida que ele reprisava seu encontro com Oster, não conseguia dormir.[82]

"A sorte estava lançada", Müller se lembrou de ter pensado. "Realmente, Oster tinha posto a corda em volta do pescoço, por assim dizer, e havia dito claramente: Sim, de fato, ele queria derrubar Hitler... Ele queria derrubar Hitler porque ele tinha perseguido as Igrejas cristãs e queria exterminar os judeus."[83]

Oster sabia a respeito do assassinato dos judeus na Polônia.[84] Ele abrira um dossiê a respeito dos crimes nazistas ali, para justificar o assassinato de Hitler.[85] Como a SS havia assassinado padres católicos, além de judeus poloneses, Oster achava que o Vaticano também deveria saber acerca das atrocidades.[86] Ele pediu que Müller apresentasse algumas provas para Pio.[87]

Os alemães deviam se unir em Cristo para restaurar a paz, prosseguiu Oster. Ele mesmo era protestante, filho de pastor; mas os cristãos deviam fazer algo mais do que simplesmente rezar. "Um criminoso como Hitler só pode ser afastado pela força. E os únicos que podem se opor à força com força são os militares da oposição."[88] No entanto, os militares só derrubariam Hitler se soubessem que, ao fazer isso, gerariam uma paz justa com o Ocidente.

Era aí que o papa entrava. Ninguém seria capaz de conectar de modo mais discreto e confiável os inimigos internos e externos de Hitler do que Pio. Como talvez a figura de maior prestígio na Europa, acima das pressões dos partidos políticos,[89] ele podia mais do que qualquer governante, pois era o único poder confiável no meio de poderes em que ninguém podia confiar.[90] Somente ele tinha a influência e a reputação para intermediar a paz e persuadir os Aliados de que a resistência alemã não era, como um espião britânico afirmou, "uma criatura tão lendária quanto o centauro e o hipogrifo".[91] Se a Europa caísse sob o controle do Eixo, talvez o neutro Vaticano ainda oferecesse aos conspiradores um canal para o Ocidente. Müller abordaria o papa em nome deles?[92]

Após uma conversa de três horas com Oster, Müller aderiu à conspiração. Selaram o pacto com um aperto de mãos, em juramento de honra. Ou Hitler morreria, ou eles. Mas, se fossem capturados, Müller morreria antes de trair algum outro conspirador. Ele iria para a forca sozinho.[93]

Depois que fez essa promessa, Müller se sentiu eufórico e livre. No entanto, depois que seu avião decolou, sentiu um nó na barriga. "Uma sensação de lutar contra poderes diabólicos tomou conta de mim quando ocupei meu assento no avião, quando decolamos e quando procurei juntar os pensamentos ali no alto", diria ele depois.[94]

Em sua segunda noite em Roma, Müller sentou-se à sombra das videiras de um jardim, com vista para a capela Quo Vadis, na via Ápia. Ali, ele se reuniu com um velho amigo, monsenhor Ludwig Kaas, um dos poucos que tinham as chaves dos aposentos papais. No passado, presidente do agora proscrito Partido do Centro Católico alemão, o solene Kaas aconselhava Pio a respeito de questões alemãs e vivia em sereno exílio como guardião da cripta do Vaticano.[95]

Müller e Kaas conversaram a respeito do que poderia acontecer se Hitler se tornasse o senhor da Europa. Ele cumpriria sua promessa de esmagar a Igreja como um sapo? Müller queria contar para Kaas acerca de seus contatos com a resistência alemã, mas o medo o deteve. Em vez disso, escutou a descrição de Kaas a respeito das escavações da cripta em busca do túmulo perdido de são Pedro. Enquanto saboreava a sobremesa, Müller recordou, ele fitou a iluminada capela Quo Vadis. Então, Kaas contou-lhe a lenda por trás daquele nome.[96]

Conforme consta, são Pedro tinha armado uma fuga da prisão. Enquanto fugia de Roma, Cristo apareceu para ele na via Ápia – supostamente onde agora se situava a capela. Pedro perguntou a Cristo "Quo vadis?" [Aonde vais?], e Cristo respondeu que vinha para sofrer uma segunda crucificação, pois Pedro não morreria em seu nome. Envergonhado, Pedro voltou para Roma às pressas e, então, pediu que seus verdugos o pregassem na cruz de cabeça para baixo, pois ele não merecia morrer como Jesus.[97]

Escutar essa singela lenda, Müller afirmou tempos depois, eliminou seu medo. Apesar das aulas de sociologia que teve com Max Weber,[98] apesar dos ternos de lã que usava e dos conselhos de administração que ocupava, Zé Boi mantinha seu credo de camponês. Certa vez, quando o então cardeal Pacelli quis saber como ele tinha mantido a calma sob o interrogatório da SS, Müller confessou que a teologia católica não tinha ajudado. Em vez disso, ele recorreu ao "catecismo rural" de seu pai, que, antes de cada jornada com a carroça, pegava o chicote e fazia na frente dos cavalos o sinal da cruz, dizendo: "Em nome de Deus."[99]

Müller passou a Kaas o pleito da resistência alemã. Pelo seu relato, também compartilhou o dossiê do Abwehr a respeito das atrocidades da SS na Polônia. Eles concordaram que Müller deveria dali em diante se considerar sujeito ao *Secretum Pontificatum*, ou seja, o voto de segredo papal. "Cortarei minha língua antes de revelar algo", disse ele.[100] Müller quis que essas palavras, ele afirmou posteriormente, fossem entendidas "de maneira bastante literal". Kaas prometeu informar o papa e retransmitir sua resposta.[101]

Capítulo 4
TIRANICÍDIO

Em meados de outubro de 1939, monsenhor Kaas pegou a via Ápia rumo a Castel Gandolfo, onde Pio estava burilando sua encíclica. O motivo pelo qual Kaas esperou duas semanas antes de fazer sua excursão permanece obscuro. A demora pode ter simplesmente resultado da *pazienzia*, o ritmo romano mais lento que Müller e outros alemães notaram. Ou talvez Müller não comunicou, ou não sabia, que Hitler pretendia atacar a França naquele mês. De qualquer forma, Kaas transmitiu o pleito dos conspiradores antes do dia 16 de outubro.[1]

O papa passou um dia refletindo. O padre Leiber se recorda que Pio sempre ponderava as coisas por um longo tempo antes de dizer sim ou não. Dessa maneira, Leiber mal pôde acreditar quando, após menos de um dia de meditação, o papa lhe apresentou a resposta para os conspiradores alemães, dada de forma resoluta.[2] Ao menos um historiador de seu pontificado achou a resposta "completamente em desacordo com o personagem".[3] Na realidade, estava de acordo com toda a sua carreira.

Trinta e oito anos antes de ser sagrado papa, Pacelli tornou-se espião. Assim dizia o dossiê do especialista nazista em Vaticano, Albert Hartl; embora longe de ser uma descrição completa das funções de Pacelli, não estava totalmente errada. Com 24 anos, Pacelli era um padre recém-ordenado, que vivia com os pais em Roma, e, ao que consta, estava tocando violino, acompanhado por sua irmã ao piano, quando uma criada assustada anunciou o "homem do Vaticano". As mãos finas agarraram o violino mudo; o solene monsenhor acendeu um charuto. Eles conversaram durante toda a noite perto do brilho tangerina do braseiro. Monsenhor Pietro Gasparri discorreu a respeito dos perigos socialistas e nacionalistas para a Igreja. Pacelli pediu uma carreira pastoral. Ao amanhecer, os sinos da Basílica de São Pedro lançaram em itálicos de bronze o apelo: "Precisamos de cães de guarda para afugentar os lobos que se alimentam do rebanho do Senhor."

Finalmente, o suspiro, o aceno de assentimento com a cabeça e, na sequência, o fluxo de dúvida tão grande quanto o que paralisou o apóstolo Tomé, vincando a alma do cansado padre recitando uma impressionante promessa de segredo.[4]

Alguns dias depois, Pacelli subiu os 294 degraus desde a Praça de São Pedro até o sótão do palácio. Em salas antiquadas, decoradas com mapas da Europa medieval, Pacelli sentou-se num cubículo sem tapete e começou a decodificar telegramas da Sagrada Congregação dos Negócios Eclesiásticos Extraordinários, o serviço papal de relações exteriores. Embora tivesse começado como escriturário, forças maiores o fizeram ascender rapidamente. Sua família proeminente o percebeu como alguém promissor, o apadrinhamento de Gasparri proporcionou proteção e o apoio do papa Leão XIII preparou-o para o poder.[5] Pacelli mal tinha começado a trabalhar quando Leão o escolheu para transmitir condolências a Londres pela morte da rainha Vitória. Apenas dois anos depois, ele causou forte impressão como monsenhor recém-nomeado: barrete preto, faixa violeta e sapatos com fivelas prateadas.[6] Em 1905, antes mesmo de completar trinta anos, ele dirigia o setor da França na Congregação. Ali, no entanto, viu-se no centro de uma crise, e as lições que tirou disso orientariam sua abordagem da política externa papal nas próximas quatro décadas.

Pio X tinha rompido relações diplomáticas com a França. Após os jornais católicos acusarem o oficial da artilharia judeu Alfred Dreyfus de traição, os socialistas franceses, que governavam o país, fecharam catorze mil escolas católicas e expulsaram o clero. Os jesuítas se livraram de seus trajes, e as freiras fugiram para a Bélgica com poucos minutos para empacotar suas coisas. Os padres sem paróquias passaram a se dedicar à apicultura.[7]

A nunciatura fechada de Paris foi deixada nas mãos de monsenhor Carlo Montagnini, aparentemente um zelador de mobília e arquivos. Na realidade, ele atuava como agente secreto do Vaticano, cultivando simpatizantes na polícia francesa e avisando os fiéis a respeito de perseguições iminentes. As tropas francesas, na Savoia, enviadas para remover monges e freiras de seus mosteiros e conventos, encontraram o caminho bloqueado por centenas de camponeses segurando varas afiadas.[8] Suspeitando de Montagnini por subversão, a polícia francesa fez uma batida na nunciatura e confiscou seus arquivos. Os documentos incluíam mensagens enviadas por Montagnini para

Pacelli. Um telegrama relatava que um político francês encorajava a Igreja a combater as leis anticlericais pagando subornos.⁹

Pacelli redigiu uma análise retrospectiva. Detalhando o que tinha dado errado na França, o documento expôs problemas do sistema de inteligência papal.¹⁰ Os núncios comandavam redes pequenas, dependendo principalmente de bispos, diplomatas amigos e funcionários públicos locais que cuidavam de questões religiosas.¹¹ Como consequência, os agentes do Vaticano mantinham Roma bem informada a respeito de questões religiosas locais, mas falhavam em cultivar fontes políticas bem posicionadas.¹² No entanto, a Congregação podia ampliar seus horizontes secretos, aproveitando o potencial do serviço de inteligência da laicidade católica. A Igreja podia cultivar agentes influentes dos partidos políticos e exercer influência indireta por meio dos sindicatos, da mídia e de outros grupos da "linha de frente", uma prática que os representantes da Igreja denominaram "Ação Católica".¹³

Inicialmente, Pio X adotou uma direção distinta. Ele se preocupava menos a respeito das ameaças externas e mais com os sinais modernistas no seio da Igreja. Ele pediu a monsenhor Umberto Benigni,¹⁴ subsecretário de Negócios Extraordinários, para criar uma comissão central de vigilância. Benigni implantou uma rede mundial de informantes, especialistas em caligrafia e decifradores de códigos, criando, Gasparri recorda, "uma associação de espionagem, fora e acima da hierarquia... Uma espécie de maçonaria na Igreja, algo sem precedentes na história eclesiástica". No entanto, uma reação adversa surgiu quando Benigni acusou jesuítas eminentes de tendências heréticas porque utilizavam luzes elétricas. Em 1914, Benigni demitiu-se de seu cargo e Gasparri foi nomeado cardeal secretário de Estado. Pacelli, que tinha permanecido prudentemente nas sombras da cúria, tornou-se subsecretário da Congregação e encontrou a oportunidade de tirar partido de agentes laicos durante a Primeira Guerra Mundial.

O papa Bento XV (1914-1922) se esforçou para manter a neutralidade do Vaticano. Ele esperava intermediar e influenciar os termos da paz e assegurar uma ordem pró-católica no pós-guerra. Dessa maneira, inicialmente, Pacelli planejou penetrar nos círculos políticos e militares dos quais um armistício emergiria. No entanto, os anos de Benigni tinham deixado a Congregação atrasada em relação aos acontecimentos, desprovida de observadores de talento, que podiam, de forma plausível, abordar homens ligados aos negócios de Estado e recrutá-los para a causa católica.[15]

Assim, Pacelli executou um jogo defensivo. Ele modernizou os códigos papais e criou um programa de treinamento formal para padres diplomatas. O Vaticano também caçou espiões estrangeiros e, em 1917, capturou um deles. Rudolph Gerlach, monsenhor alemão e *guardaroba* (responsável pelo guarda-roupa) do papa Bento, também trabalhava como agente secreto para o Kaiser, relatando o que via e escutava para Berlim. De maneira ainda mais escandalosa, Gerlach atuara como pagador dos sabotadores alemães que explodiram navios de guerra italianos.[16]

As preocupações do papa, e as políticas de Pacelli, voltaram-se contra a Alemanha. O braço secreto da Ação Católica logo acolheu Matthias Erzberger, líder do Partido do Centro Católico alemão, que ficara desiludido com a guerra. Ele se encontrava com Pacelli em mosteiros, criptas e até em ruelas de Roma. Pacelli começou a conspirar com Erzberger para deter o militarismo prussiano, propondo conversações de paz diretamente com o Parlamento e o povo alemão.[17]

No entanto, os acontecimentos interromperam o jogo quase antes de este começar. Desde que perceberam Pacelli favorecendo os Aliados, os clérigos das Potências Centrais fizeram intrigas contra ele. Querendo obter a paz na própria casa, principalmente após o assunto desagregador envolvendo Gerlach, o papa ordenou Pacelli bispo *in partibus infidelium* [nas terras do infiel] e o enviou para comandar as operações papais na Alemanha.[18]

Na Baviera, Pacelli passou diversos meses estudando o dossiê da Congregação. A nunciatura ali tinha uma tradição extraordinariamente rica de ações secretas. No século VIII, o primeiro núncio bávaro, são Bonifácio, tinha trocado tantas mensagens cifradas com Roma, que ele fez inovações fundamentais em criptografia, antes de os pagãos o assassinarem. Durante a Contrarreforma, o núncio de Munique, Pedro Canísio, um jesuíta, conteve o luteranismo com métodos que um cronista considerou "argutos e furtivos, como os passos de um gato".[19] No entanto, desde 1872, quando Bismarck expulsou os jesuítas por conspiração política, Roma tinha recorrido ao Partido do Centro Católico e a seu aliado, o Partido Popular Bávaro, para proteger os interesses da Igreja. Pacelli converteu a reabilitação dos jesuítas numa prioridade. Em 1917, por meio da influência de seu trunfo principal, Erzberger, o Reichstag revogou as leis antijesuítas.[20]

Pacelli reiniciou suas maquinações visando à paz. De acordo com um relatório do serviço de inteligência alemão do pós-guerra, Pacelli, em 1917, conspirou para frustrar uma ofensiva que o general prussiano Erich Ludendorff planejava na França. Erzberger visitou o superior-geral jesuíta na Suíça.[21] Pouco depois, Michael d'Herbigny, jesuíta francês, avisou os Aliados, que deslocaram tropas de reserva e impuseram uma derrota esmagadora a Ludendorff. O moral alemão desmoronou, o Kaiser abdicou e Erzberger assinou o armistício, encerrando a guerra.[22]

Pacelli permaneceu em Munique durante a tempestade que se seguiu.[23] "O estado das coisas parecia incerto e grave", telegrafou para o cardeal Gasparri após os marxistas declararem a Baviera uma república soviética.[24] Em abril de 1919, guardas vermelhos invadiram a nunciatura e apontaram uma arma para o peito de Pacelli; roubaram seu carro, mas pouparam sua vida.[25] Logo, grupos paramilitares de direita tomaram o poder, mas Pacelli considerou esses nacionalistas tão "hostis à fé" quanto os socialistas. Eles executaram trabalhadores católicos, considerando-os "simpatizantes do comunismo", e atacaram a nunciatura com tiros de canhão.[26] Quando o general Ludendorff, líder das forças de direita, visitou Pacelli e pediu ajuda para caçar os "vermelhos", Pacelli fez objeções.[27] Ludendorff começou a denunciar "a Igreja de Roma" como antialemã e antipatriótica, rotulando Erzberger de "criminoso de novembro", que conspirou pela paz e assinou a rendição.[28]

A polícia avisou a Erzberger que milícias de direita o tinham como alvo. Ele disse à filha antes que ela entrasse num convento: "A bala que vai me matar já foi forjada." Os amigos o instaram a carregar uma pistola Luger e aprender a atirar, mas Erzberger respondeu: "Não quero aprender como matar." Em agosto de 1921, seus inimigos o seguiram até Bad Greisbach, na Floresta Negra. Enquanto ele andava por um caminho ermo após a missa dominical, dois homens atiraram em seu peito. Erzberger rolou nove metros por uma ravina, agarrando-se em três raízes para interromper sua queda. Os assassinos deram mais três tiros, perfurando seus pulmões, estômago e perna. Ele procurou abrigo atrás de um pinheiro antes de desfalecer. Então, os homens desceram o declive, curvaram-se sobre Erzberger e o mataram com três tiros na cabeça. No fundo do declive, a polícia achou um anel que o papa Bento dera a Erzberger, que os assassinos arrancaram de seu dedo.[29]

Pacelli tinha perdido seu principal colaborador laico. Para reafirmar a influência política católica, ele se alinhou ao cardeal Michael Faulhaber, arcebispo de Munique-Freising, e com o deputado Franz Matt, do Partido Popular Bávaro. Eles buscaram ligações bávaras mais próximas com Roma, mas relatavam pouca coisa para seus assistentes de confiança; um dos confidentes de Pacelli considerou a colaboração de três vértices entre eles uma "peça de mistério diplomático".[30] Em 8 de novembro de 1923, enquanto os três homens jantavam na nunciatura, souberam que Adolf Hitler tinha se declarado líder de um novo governo.[31]

Pacelli sabia pouco a respeito de Hitler.[32] O cabo dispensado do Exército aparentemente fazia bons discursos, mas seu passado permanecia um mistério. No final de 1919, quando se tornou ativo politicamente, Hitler impressionou o padre jesuíta Rupert Mayer, mas logo se tornou malquisto por ele e pela maioria do clero por causa de sua retórica anticristã.[33] Em 1921, o bispo Clemens von Galen, de Münster, condenou as doutrinas nazistas. Em 1923, depois que Hitler estabeleceu uma aliança com o anticatólico general Erich Ludendorff, o cardeal Gasparri ordenou que Pacelli vigiasse com atenção os dois homens.[34] A vigilância de Pacelli falhou em detectar que o jovem cabo e o velho general tomariam o gabinete bávaro como refém numa cervejaria.

Pacelli enviou um relatório cifrado da situação para Roma. A influência de Ludendorff, se o golpe tivesse êxito, significaria um regime anticatólico e comprometeria as chances de uma concordata garantindo os direitos da Igreja na Baviera. A resposta do Vaticano revelou a quintessência da ação secreta católica, o modelo que Pacelli seguiria como papa. Como os poderes seculares tentavam quebrar os códigos da Congregação, essa linguagem significativa era rara no tráfego telegráfico, que tendia a generalidades e elipses, mas, como um arquivista do Vaticano escreveria tempos depois: "De vez em quando, um raio de luz ilumina a situação real." A mensagem de Gasparri revelava que Roma influenciaria os acontecimentos indiretamente, mantendo oculto seu próprio papel. Ele telegrafou a seguinte ordem: "Impeça os católicos de apoiar o *Putsch*. Abstenha-se de declarações públicas, mas permita que os padres locais falem. Deixe o envolvimento direto com o Partido Popular Bávaro (em alemão, Bayerische Volkspartei, BVP)[35] católico."

O deputado Matt, do BVP, estabeleceu um governo paralelo em Regensburg. Um certo padre Sextel espionou as reuniões dos oficiais rebeldes. Outro padre classificou Hitler publicamente como "bandido, patife e traidor".[36] No entanto, o padre jesuíta Mayer, ex-capelão do Exército, causou o maior impacto.[37] Os soldados bávaros o adoravam, pois ele salvou muitos homens feridos durante a guerra: Mayer perdeu uma perna no processo e usava a Cruz de Ferro em sua batina negra. Sua declaração amplamente divulgada de que "um católico não pode ser nazista" colocou os militares bávaros contra Hitler.[38]

O *Putsch* fracassou. Ludendorff e Hitler foram julgados por traição, mas receberam sentenças leves. O cardeal Gasparri se preocupou com o fato de que o clero bávaro tinha tomado partido de modo ostensivo e temia que os nazistas guardassem rancor.[39] Cheio de confiança, Pacelli telegrafou para Roma, prevendo ser improvável que Hitler alcançasse algum poder real.[40] Hitler, enquanto isso, tinha aprendido a importância de manter a Igreja em silêncio.

Em 18 de agosto de 1925, Pacelli embarcou num trem para Berlim. O papa Pio XI (1922-1939) o nomeara núncio para a Alemanha, e o incumbiu de melhorar a situação dos católicos na Prússia protestante. "Todos os olhares se voltaram imediatamente para a figura de estatura elevada, trajada de escarlate e púrpura", escreveu Bella Fromm, colunista social. "Sua expressão é ascética, seus traços se assemelham àqueles entalhados sobre um antigo camafeu, e só raramente a sombra de um sorriso aparece neles. Sua tranquilidade imparcial me encantou." Quando o tempo permitia, ele visitava novos amigos numa propriedade rural na floresta de Eberswalde e passeava a cavalo com personalidades militares alemãs: Wilhelm Canaris, Ludwig Beck e Hans Oster.[41]

No final de 1929, Pacelli voltou a Roma, para se tornar secretário de Estado. Nessa altura, ele tinha negociado uma concordata garantindo os direitos da Igreja na Prússia. Pela primeira vez desde que Bismarck unificara a Alemanha, os padres prussianos poderiam estudar em Roma. O Estado concordou em indenizar a Igreja pelas propriedades confiscadas na época de Martinho Lutero. Após quatrocentos anos, a Contrarreforma tinha oficialmente terminado.

No entanto, os problemas de Pacelli na Alemanha tinham apenas começado. Os nazistas estavam ascendendo ao poder já quando ele deixou Berlim. O *crash* financeiro de outubro de 1929 e a subsequente depressão mundial deram a Hitler sua oportunidade. Após o aparente fracasso do capitalismo, a maior parte dos eleitores alemães se sentiu instigada a tentar o socialismo. Dada a alternativa entre o socialismo internacional de Stalin e o nacional-socialismo de Hitler, os eleitores escolheram o de Hitler. Menos de um ano depois do início da crise econômica, os nazistas tinham mais que quadruplicado sua porcentagem de assentos no Reichstag, de 4,6% para 18,3%. Embora os bispos alemães proibissem a filiação ao Partido Nazista, seguindo a orientação de 1930 de Pacelli, inúmeros pastores e fiéis protestantes se filiaram ao nazismo, e os católicos se sentiam cada vez mais atraídos pela tendência nacional. Com o aprofundamento da Depressão, a data do triunfo final de Hitler passou a parecer meramente um problema matemático. Finalmente, em 30 de janeiro de 1933, ele alcançou seu objetivo.[42]

A nomeação de Hitler como chanceler consternou Pacelli. Ele considerou esse fato, como disse ao padre Leiber, como "mais agourento que uma vitória da esquerda socialista". Pacelli declarou-se de acordo com Konrad von Preysing, então bispo de Eichstätt, que observou: "Estamos agora nas mãos de criminosos e imbecis."[43]

Aturdido com a vitória de Hitler, o papa tentou trabalhar com ele. Em 20 de julho de 1933, às seis da tarde pelos sinos da Basílica de São Pedro, o cardeal Pacelli rubricou uma concordata com o Reich. Desenvolvida com base no acordo que ele tinha negociado com a Prússia, o tratado garantia os direitos católicos em toda a Alemanha. No entanto, qualquer ilusão do Vaticano acerca de Hitler desapareceu em 30 de junho de 1934, a Noite dos Longos Punhais.

Enquanto eliminava os rivais do partido, a SS também matou líderes católicos seculares.[44] Agentes da SS, protegidos com capacetes de aço, derrubaram as portas do escritório do vice-chanceler católico, Franz von Papen, arrombaram os cofres e feriram com um tiro seu secretário de imprensa. Executaram o presidente da Ação Católica, doutor Erich Klaussner, depois de fazê-lo assinar uma nota de suicídio falsa, e arrastaram o auxiliar de Klaussner, Edgar Jung, para uma mata suburbana e atiraram na parte posterior de sua cabeça. Espancaram até a morte o doutor Fritz Gerlich, devoto católico e editor da revista *Caminho Reto*, contrária a Hitler, e atiraram contra Adalbert Probst, diretor nacional da Associação Esportiva da Juventude Católica, enquanto ele "fugia para não ser preso". Quebraram a coluna e dispararam três balas no coração do padre Bernhard Stempfle, que tinha inicialmente apoiado Hitler e, depois, o denunciara. Cremaram suas vítimas, a despeito da doutrina católica, e os parentes dos homens assassinados receberam as cinzas pelo correio.[45]

No final de 1936, a Igreja e o Reich pareciam em rota de colisão. Os funcionários do Partido Nazista removeram os crucifixos das escolas católicas, considerando-os "símbolos de superstição",[46] e começaram a fundir os sistemas escolares católico e protestante. Apenas 3% das crianças de Munique frequentavam escolas católicas, em contraste com 65% três anos antes.[47] Nos feriados de Natal, o papa se sentia tão deprimido que, todos os dias, se sentava em silêncio durante horas perto da janela de seu quarto.[48]

Em janeiro de 1937, Pacelli chamou cinco bispos e cardeais alemães a Roma.[49] Indagado a respeito de como o Vaticano poderia aliviar a perseguição nazista, o cardeal Faulhaber sugeriu que somente um protesto papal, "uma palavra de verdade redentora", poderia reverter "um mergulho irreversível no abismo".[50]

O papa considerou que o momento era propício. Alemães respeitáveis se ressentiam com a perseguição aos católicos pelos nazistas. Pacelli não achava que Hitler, preocupado com a opinião internacional, reagiria com violência, desde que o documento se referisse simplesmente à Alemanha e evitasse mencionar o nazismo pelo nome.[51]

Doze gráficas secretas imprimiram o texto na Alemanha. Uma rede clandestina de entregadores transportou cópias para todas as paróquias.[52] A juventude católica utilizou mochilas e marchou através dos Alpes bávaros, da Floresta Negra e ao longo do Reno.[53] Coroinhas pedalaram bicicletas à noite. Atletas das escolas secundárias correram por fazendas de cevada. Freiras conduziram motocicletas até vilarejos remotos.[54] Nos confessionários, os entregadores deixaram suas cargas para os padres. Os padres trancaram o texto em seus tabernáculos e, no Domingo de Ramos, leram-no em cada púlpito do Reich.[55]

Os nazistas reagiram com severidade. "O Reich não deseja um *modus vivendi* com a Igreja, mas sim sua destruição", afirmou Himmler no julgamento espetacular de mil monges em Berlim. Brutamontes do partido invadiram o palácio cardinalício em Viena. Profanaram sua capela, queimaram as vestimentas e quebraram as pernas de um pároco jogando-o através de uma janela do segundo andar.[56]

Em 1939, o horizonte ficou ainda mais sombrio quando Pacelli se tornou papa. Apesar de uma aparente trégua, as ameaças e as pressões prosseguiram. "A eleição de Pacelli não é bem recebida na Alemanha, pois ele sempre foi hostil ao nacional-socialismo",[57] declarou Berlim, acrescentando de forma ameaçadora: "No fim, diferenças entre visões de mundo são decididas com armas."[58]

No entanto, os cardeais do Reich recomendaram que Pacelli evitasse o confronto. Falar alto só pioraria as condições para a Igreja no Reich, disseram eles. O que quer que ele fizesse contra Hitler, faria nas sombras.

Em Castel Gandolfo, Pio percorria o mesmo caminho todas as tardes, passando pelos jardins de rosas e pelas colunas quebradas de uma *villa* construída pelo imperador romano Domiciano.[59] Em meio a essas ruínas cobertas por videiras, o papa refletia a respeito da decisão mais importante de seu jovem pontificado.[60] Ele, o representante de Cristo na terra, podia se tornar cúmplice e agente de uma conspiração militar para afastar um líder secular?

O ensinamento da Igreja expressava as condições sob as quais os cidadãos podiam liquidar tiranos. A doutrina católica permitia a pena de morte; e ainda que um padre não pudesse derramar sangue, um cavaleiro cristão podia empunhar a espada da justiça à ordem de um padre. Consequentemente, ao longo dos séculos, os teólogos católicos desenvolveram uma doutrina nuançada de tiranicídio, abrangendo praticamente todo contexto concebível. Eles dividiram os tiranos em duas categorias: os usurpadores, que tomavam o poder ilegalmente, e os opressores, que utilizam o poder injustamente. Hitler, que ocupava o cargo legalmente, mas governava injustamente, tinha se tornado um opressor. Portanto, ele caía dentro da categoria dos malfeitores, que – como Tomás de Aquino e alguns teólogos jesuítas sustentaram – os cidadãos podiam matar.[61]

Contudo, a ética católica limitava rigorosamente a violência política. Os executores de um tirano deviam ter boas razões para acreditar que sua morte realmente *melhoraria* as condições e não causaria uma guerra civil sangrenta. O tirano não devia simplesmente se revelar como principal instigador de políticas injustas; seus assassinos deviam ter motivo suficiente para acreditar que aquelas políticas injustas acabariam com a morte do tirano. Se outro tirano estivesse propenso a dar continuidade àquelas políticas, os assassinos não teriam base moral para agir. Finalmente, os assassinos devem esgotar todos os meios pacíficos para derrubar o tirano.[62]

A conspiração contra Hitler parecia satisfazer essas condições. Em primeiro lugar, os conspiradores planejavam assegurar uma paz honrosa sob um governo forte, mas antinazista, de modo que o afastamento de Hitler não significaria caos ou mais nazismo sob Göring ou Himmler. Em segundo lugar, Hitler só poderia ser afastado por meio da violência, pois ele abolira o processo democrático por meio do qual chegou ao poder. Como Josef Müller relatou a afirmação do ideólogo nazista Alfred Rosenberg: "Nós, nacional-socialistas, criamos este Estado; vamos agarrar este Estado; e jamais abriremos mão deste Estado."[63] Finalmente, e de forma mais fundamental, a informação de Müller indicou não só que as políticas nazistas eram perversas, mas também que o próprio Hitler conduzia essas políticas.

A perversidade dessas políticas estava evidente no dossiê de Müller a respeito da Polônia. Como, tempos depois, um padre do Vaticano resumiu essa evidência: "Centenas de padres foram presos e mortos a tiros pelos alemães no primeiro mês, enquanto intelectuais católicos, religiosos e laicos foram presos e enviados ao campo de concentração de Oranienburg, próximo de Berlim... A base desse programa era a eliminação da elite intelectual e da influência tradicional do clero."[64] O dossiê de Müller também incluiu provas a respeito do "extermínio sistemático de judeus",[65] como "filmes, fotos, relatórios; por exemplo: homens, mulheres e crianças de religião judaica nus, amontoados em valas que tiveram de cavar, metralhados como sardinhas em lata; e, numa foto, um oficial da polícia atirando numa criança presa entre seus joelhos".[66]

Pio acreditava que Hitler comandava essas políticas. Alguns bispos alemães, como o papa posteriormente lamentou, ainda enxergavam Hitler como defensor de valores cristãos.[67] Na realidade, acreditando que o cristianismo tinha solapado as principais tradições tribais alemãs,⁶⁸ Hitler desejara que os muçulmanos tivessem conquistado a Europa: "Foi azar nosso ter a religião errada. O islamismo teria sido muito mais compatível conosco do que o cristianismo. Por que teve de ser o cristianismo, com sua docilidade e frouxidão?"⁶⁹ Como Hitler afirmou em outro lugar: "Toda a nossa deformidade e atrofia de espírito e alma jamais existiriam se não fosse essa fantasia oriental, essa mania rasa e abominável, esse universalismo amaldiçoado do cristianismo, que nega o racialismo e prega a tolerância suicida."⁷⁰ Pio não tinha se esquecido da promessa do Führer de esmagar a Igreja como esmagaria um sapo. Segundo boatos, Himmler esperava executar publicamente o papa ao inaugurar um novo estádio de futebol;⁷¹ e o livro de capa vermelha do padre Leiber estava cheio de indicações de que Hitler encorajava e patrocinava as atrocidades. Embora medidas duras fossem invariavelmente atribuídas ao "erro de algum subordinado",⁷² Müller apontou, acidamente, que "não eram um mero episódio ou um método tático temporário, mas sim um elemento fundamental do nacional-socialismo, algo sistemático e calculado". Assim, por volta dessa época, Pio escreveu ao cardeal Schulte, afirmando que era "o Partido" que dirigia o ataque contra a Igreja;⁷³ e, provavelmente, por esse motivo, Pacelli tinha supostamente descrito Hitler, de acordo com uma nota contemporânea de um diplomata dos Aliados, como "não só um patife indigno de confiança, mas também uma pessoa basicamente iníqua".⁷⁴

Na manhã seguinte, quando acordou, o papa tinha tomado uma decisão. Ele se engajaria na resistência militar alemã e estimularia uma contrarrevolução conservadora. Atuaria como agente secreto estrangeiro para a resistência, apresentando e garantindo seus planos para os britânicos. Ele se associaria aos generais não só para interromper a guerra, mas também para eliminar o nazismo mediante a destituição de Hitler.⁷⁵

A decisão surpreendeu seus assistentes e outros que tomaram conhecimento dela posteriormente.⁷⁶ "Jamais em toda a história um papa tinha se engajado de modo tão delicado numa conspiração para derrubar um tirano pela força", afirmou um historiador eclesiástico.⁷⁷ Um oficial do serviço de informações americano chamaria o rápido consentimento do papa de agir como intermediário conspirativo de "um dos acontecimentos mais surpreendentes da história moderna do papado".⁷⁸ O padre Leiber considerou que Pio tinha ido "longe demais".⁷⁹ Os riscos, tanto para o papa quanto para a Igreja, se aproximavam da imprudência. Se Hitler soubesse do papel de Pio, poderia punir os católicos, invadir o Vaticano e até sequestrar ou matar o papa.⁸⁰

No entanto, Leiber não conseguiu demover o papa de sua decisão. Pio lhe disse: "A oposição alemã deve ser ouvida na Grã-Bretanha."⁸¹ Leiber conformou-se. Ele começou a fazer anotações, de modo que podia falar a Müller: eis as palavras exatas do papa.⁸² O próprio Pio forneceu a frase diretiva, o *Leitmotiv* para os acontecimentos dos próximos cinco anos. Indagado a respeito do tipo de governo que a Alemanha deveria desenvolver, o papa respondeu, de acordo com as anotações de Leiber: "Qualquer governo, desde que sem Hitler."⁸³

Capítulo 5
ALGUÉM PARA MATÁ-LO

Em 17 de outubro, Josef Müller recebeu a resposta do papa. Monsenhor Ludwig Kaas, guardião da cripta do Vaticano, atualizou Müller, provavelmente numa taverna próxima da residência de verão de Pio.[1] No dia seguinte, quando Müller voou de volta para Berlim com a resposta de Pio,[2] sentiu o júbilo aflitivo do agente secreto bem-sucedido, levando uma boa notícia que não podia revelar para quase ninguém.[3]

Müller supôs que o pessoal do serviço de inteligência militar agiria com a devida discrição. Ele era um civil, e eles eram profissionais. Müller ficaria surpreso se soubesse que, em 20 de outubro, sexta-feira, um oficial do Abwehr compartilhou o segredo, registrando-o em forma escrita.

O major Helmuth Groscurth abriu seu cofre, retirou seus papéis e os espalhou sobre a mesa. Ele vinculou a célula Canaris-Oster a generais antinazistas; tinha conseguido explosivos para planos de assassinato; e transcreveu os resultados da missão de Müller, não a partir de qualquer compulsão teutônica de guarda de registros, mas sim por dois motivos considerados. Primeiro, os oficiais do serviço de inteligência militar eram treinados para registrar por escrito as informações dos contatos e armazená-las de forma segura para consulta, pois a memória de uma pessoa poderia pregar peças.[4] Segundo, alguns conspiradores desejavam provar para a posteridade que existia uma Alemanha Decente, de modo que, se falhassem em assassinar Hitler, eles ainda teriam mostrado a possibilidade de combater a tirania. Portanto, na própria derrota, teriam achado uma maneira de vencer.[5]

"O papa está muito interessado e considera possível uma paz honrosa", escreveu Groscurth. "Pessoalmente, garante que a Alemanha não será enganada como na floresta de Compiègne [onde um armistício pôs fim à Primeira Guerra Mundial]. Nessa proposta de paz, encontra-se a demanda categórica pelo afastamento de Hitler."[6]

Naquela mesma sexta-feira, em sua residência de verão, Pio assinou sua primeira encíclica. Embora supostamente a tivesse finalizado em 8 de outubro, o jornal *The New York Times* veiculou em 18 de outubro que sua publicação fora adiada. O jornal não deu nenhuma explicação, mas seu correspondente aprofundou o artigo em 17 de outubro, exatamente quando Pio prometeu ajudar a resistência alemã. Um comentário do tempo de guerra de Josef Müller sugere que as ações secretas de Pio atrasaram, mudaram e, finalmente, silenciaram sua posição pública a respeito dos crimes nazistas.

Os conspiradores pediram ao papa que não protestasse. De acordo com um documento encontrado entre os papéis do presidente Franklin Roosevelt, os planejadores do golpe de Estado recomendaram com insistência que Pio "se abstivesse de fazer qualquer declaração pública contra os nazistas",[7] como Müller revelou a um diplomata americano, pois "isso tornaria os católicos alemães ainda mais suspeitos do que já eram e teria limitado muito sua liberdade de ação em seu trabalho de resistência".[8]

No adiamento da divulgação da encíclica, Pio atenuou suas palavras. Diluiu ou excluiu frases criticando o "expansionismo desenfreado", a concepção de "relações entre pessoas como uma luta" e o "regime de força". Pio manteve a advertência de que, para propósitos de direitos humanos, "não há gentios nem judeus".[9] No entanto, essa foi a última vez que ele disse publicamente a palavra "judeus" durante a guerra.

No quartel-general do Abwehr, os mentores de Müller começaram a planejar o "show" do colaborador ligado ao Vaticano. No jargão da espionagem, um show significava o todo composto de duas metades: uma operação secreta e sua cobertura. Canaris encobriria os contatos do Vaticano de Müller como se fosse um projeto do Abwehr. Apesar do ataque iminente no front ocidental – naquela altura, adiado para novembro –, o objetivo não eram resultados rápidos, mas uma capacidade permanente sob uma capa de proteção. Os conspiradores não planejariam com base no acaso; ou melhor, eles planejariam apenas com base na falta de acaso. O nazismo era um problema que talvez levasse anos para ser solucionado, e, por mais tempo que isso levasse, o show devia ter alguma causa plausível para continuar.

A cobertura se basearia nas ideias preconcebidas do nazismo. Hitler via os italianos como aliados vacilantes, e os conspiradores tiraram proveito de seus receios. O Abwehr enviaria Müller a Roma para monitorar o movimento pacifista italiano. Ele fingiria ser um agente de alemães insatisfeitos, que procuravam a paz através de canais italianos. Isso lhe permitiria sondar ostensivamente italianos fofoqueiros por meio de funcionários do Vaticano bem informados. O Abwehr diria à Gestapo com antecedência que Müller estava fingindo ser um conspirador. Canaris poderia até enviar relatórios a respeito dos italianos irresponsáveis para Hitler. Sob todos os aspectos burocráticos, Müller ajudaria o esforço de guerra fingindo conversas a respeito da paz.

No entanto, ele só fingiria estar fingindo. Na realidade, ele seria o conspirador que estava fingindo ser. Seria um conspirador, coberto como espião, coberto como conspirador. Daria uma espécie de salto-mortal triplo sem mover um músculo.

Aquilo era típico de Canaris. Era seu movimento característico: o encobrimento à vista de todos. Ele usaria isso repetidamente, ainda que jamais da mesma maneira, para livrar os conspiradores de dificuldades. Os resultados até o último mês da guerra só podem ser descritos como mortalmente desafiadores. A eficácia da cobertura no caso de Müller parece evidente a partir de avaliação posterior da CIA, estimando que ele visitou o Vaticano ao menos 150 vezes para os pretensos assassinos durante os três primeiros anos da guerra, sempre com o consentimento do governo que ele buscava derrubar.[10]

Antes de voltar para Roma no final de outubro, Müller se reuniu com Canaris.[11] Assim que entrou na sala do almirante, ele se sentiu em casa. Viu um antigo tapete persa, e, num canto, um bassê dormindo num catre. Sobre uma mesa do século XIX manchada de tinta, situava-se um modelo do cruzador ligeiro *Dresden*. Canaris lhe estendeu a mão, como se fosse um velho amigo, e pediu que Müller se sentasse.[12]

Eles conversaram a respeito de Hitler. Ainda que o Führer tivesse se atribuído o título de maior chefe militar de todos os tempos, para Canaris ele era "o maior criminoso de todos os tempos". Canaris tinha advertido Hitler expressamente de que as potências ocidentais ficariam do lado da Polônia, mas Hitler começara a guerra independentemente disso.[13]

Pior ainda, ele estava planejando uma *Blitzkrieg* contra a Holanda, a Bélgica e a França. O desprezo de Hitler pelo direito internacional, observou Canaris, equivalia a uma negligência criminosa.[14]

Mas tudo isso diminuía em importância, afirmou o almirante, diante do que acontecia na Polônia.[15] Todas as províncias se defrontavam com a devastação empreendida por uma ralé que se assemelhava aos corvos que acompanhavam a marcha de qualquer exército. Como um bando de piratas, a SS agia sob nenhuma autoridade reconhecida pela lei. Mas, claramente, o partido e, sobretudo, Hitler estimulavam e patrocinavam isso.[16]

Canaris sabia disso por meio de seus espiões no sistema de segurança do partido. O investigador criminal chefe da Gestapo, Arthur Nebe,[17] com crise de consciência, entregara diversos relatórios secretos.

Portanto, Canaris sabia a respeito das ações planejadas contra a Igreja – não só na Alemanha, mas também em Roma. Quatro organizações distintas competiam para espionar o papa, seu círculo íntimo de conselheiros e a Secretaria de Estado da Santa Sé. O governo do Reich tinha quebrado os códigos diplomáticos papais,[18] e as instituições religiosas de Roma estavam repletas de informantes.[19] Canaris prometeu fornecer provas, para demonstrar sua disposição de ajudar o papa.[20]

Em seguida, o almirante começou a discutir as missões futuras de Müller. Ele enfatizou três pontos. Primeiro, ele não queria que o trabalho secreto de Müller sobrecarregasse sua consciência. Müller só receberia ordens se ele se voluntariasse para a missão.[21]

Segundo, Müller pediria ao papa que fizesse contato somente com os britânicos. Para evitar todas as suspeitas que jogavam os Aliados uns contra os outros, os conspiradores só deviam negociar com um governo por vez. Se podiam ter apenas uma ligação, devia ser com Londres. Os ingleses eram diplomatas mais confiáveis. Ainda que negociadores tenazes, mantinham a palavra.[22]

Finalmente, Canaris pediu que Müller incluísse, em cada relatório de Roma, uma seção intitulada "Possibilidades atuais para a paz". Só nessa seção, Müller faria referência codificada a respeito do afastamento de Hitler. Canaris separaria tudo escrito sob esse título e enviaria secretamente aos outros. Isso proporcionaria certa proteção se o relatório caísse alguma vez em mãos erradas.[23]

Então, Canaris falou com reverência a respeito de Pio.[24] A reverência surpreendeu Müller, mas foi de seu agrado.[25] Ele sentiu que Canaris e Oster, embora protestantes, consideravam o papa o cristão mais importante do mundo e depositavam nele uma confiança quase pueril. Procuravam o Santo Padre não só por apoio clandestino, mas por conforto e esperança.²⁶ Canaris citou a advertência velada do papa a Hitler, veiculada uma semana antes do início da guerra: "Os impérios não baseados na paz não são abençoados por Deus. Os políticos divorciados da justiça traem aqueles que a desejam."²⁷ O almirante destacou essa sabedoria papal vertendo *Schnapps* em copinhos e propondo um brinde: "*Wir gedenken des Führers, uns zu entledigen!*" [Estamos pensando no Führer, para que possamos nos livrar dele!]²⁸

A participação do papa nos planos de golpe de Estado deles excitou os conspiradores. Sobretudo na célula dos conspiradores civis, liderados pelo ex-prefeito de Leipzig Carl Goerdeler, a notícia provocou euforia. Goerdeler tinha preparado um discurso para transmitir pelo rádio ao povo alemão e havia começado a preencher cargos do gabinete de um governo paralelo. Müller considerou a excitação inadequada. Quando Oster lhe passou uma lista de ministros e secretários, ele a devolveu sem ler.

– Guarde isso, Hans – disse ele, suspirando. – Se tivermos êxito, teremos mais ministros e secretários de Estado do que o necessário. O que precisamos agora é de alguém para matá-lo.²⁹

Não só permanecia o problema de quem mataria Hitler, mas também de como ele seria morto. As discussões giravam em torno da ética de assassiná-lo, aprisioná-lo, colocá-lo em julgamento ou declará-lo insano.³⁰ Alguns conspiradores protestantes se opunham ao assassinato com base em motivos religiosos. Até generais e ex-generais, que tinham feito da violência sua profissão, opunham-se ao uso da força. "Em particular, os cristãos luteranos dentro da oposição militar se recusavam a apoiar o assassinato por motivos religiosos", recordou Müller. "Eles se referiram a uma frase de são Paulo, que dizia que 'toda autoridade emana de Deus'; assim, ele [Hitler] podia, portanto, exigir obediência."³¹ Baseando suas alegações predominantemente em Romanos 13, Martinho Lutero e João Calvino discorreram contra a resistência aos governantes.³² "Prefiro tolerar um príncipe que se porta mal do que pessoas que fazem o bem", escreveu Lutero.³³ Como ele disse: "A desobediência é um pecado maior que o assassinato."³⁴

Os católicos se inspiravam numa tradição distinta. Seguindo Tomás de Aquino, os teólogos jesuítas consideraram a violência política não só admissível de vez em quando, como até necessária.³⁵ "Só uma coisa é proibida ao povo", escreveu o jesuíta francês Jean Boucher em 1594, "a saber, aceitar um rei herético."³⁶ Nesses casos, afirmou o jesuíta espanhol Martin Anton Delrio, o cristão deve "converter o sangue do rei numa libação para Deus".³⁷ Com certa lógica, então, os conspiradores procuraram Roma em busca de sanção moral e acharam nos católicos laicos seus assassinos. Os católicos iriam aonde os protestantes temiam pisar.³⁸ Assim, um contato do Abwehr pediu a Müller que buscasse a bênção formal do papa para o tiranicídio.

Müller sabia que o Vaticano não funcionava dessa maneira. Ele dissuadiu seus colaboradores protestantes de suas expectativas de que o papa endossaria diretamente a violência. Preocupado, como disse tempos depois, a respeito do "uso impróprio da autoridade e posição papal",³⁹ ele considerou o tiranicídio "uma questão de consciência individual". Pressionado a responder se falaria do problema com seu confessor, Müller afirmou que preferia matar Hitler como se ele fosse um cachorro louco e deixar o assunto esfriar.⁴⁰

Enquanto isso, um importante general católico pareceu pronto para se associar aos conspiradores. Sabendo que o comandante em chefe e o chefe do estado-maior do Exército se opunham ao ataque planejado no front ocidental, o coronel-general Ritter von Leeb assegurou-lhes: "Nos próximos dias, estarei preparado para apoiá-los pessoal e completamente e para encaminhar toda conclusão necessária e desejada."⁴¹ No entanto, como o devoto Leeb tinha certa vez afrontado publicamente Alfred Rosenberg, o apóstolo nazista do anticristianismo, Himmler tinha posto Leeb sob vigilância da SS. Essa vigilância impediu os conspiradores de colocar Leeb em seus planos.⁴²

Não obstante, no final de outubro, a dinâmica prenunciava um golpe de Estado. O clero católico alemão, que conhecia Müller, começou a murmurar a respeito da iminente morte de Hitler. Em 24 de outubro, após um longo telefonema para a casa de Müller, o abade beneditino Corbinian Hofmeister disse a um padre amigo que a guerra terminaria perto do Natal, pois uma poderosa conspiração militar teria naquela altura livrado o país de Hitler.⁴³ No final do mês, um conspirador católico do Ministério das Relações Exteriores, o doutor Erich Kordt, tinha decidido matar Hitler.⁴⁴

A decisão conscienciosa de Kordt se originou de um comentário de improviso. "Se pelo menos [os generais] não tivessem feito um juramento os vinculando à vida de Hitler", especulou Oster quando eles saíram de um encontro secreto.[45] Ocorreu a Kordt que a morte de Hitler liberaria os generais de seu juramento. Ele não compartilhava as perplexidades de seus amigos protestantes acerca do tiranicídio.[46] Uma frase de Tomás de Aquino virou seu lema: "Quando não há remédio, aquele que libera seu país de um tirano merece o maior aplauso."[47]

Em 1º de novembro, Kordt continuava conversando com Oster. "Não temos ninguém para lançar uma bomba e liberar nossos generais de seus escrúpulos", lamentou Oster. Kordt afirmou que ele tinha vindo pedir a bomba para Oster. Como assistente de Joachim von Ribbentrop, ministro das Relações Exteriores, Kordt tinha acesso à antessala de Hitler. Ele conhecia o hábito de Hitler de sair para saudar os visitantes ou dar ordens.[48]

Oster prometeu lhe entregar o explosivo em 11 de novembro. Hitler tinha programado seu ataque no front ocidental para o dia 12. Kordt começou a visitar a Chancelaria inventando pretextos, para acostumar os guardas com sua presença.[49]

Capítulo 6
UMA SORTE DOS DIABOS

Os generais alemães não queriam expandir a guerra. Em 5 de novembro, Walther von Brauchitsch, comandante em chefe do Exército, tentou mostrar o pessimismo dos militares a Hitler. Perturbado com a proximidade do Führer, Brauchitsch não foi tão longe. "Quando encaro aquele homem, sinto como se alguém estivesse me sufocando e não consigo achar outra palavra",[1] disse ele a respeito de Hitler certa vez.

Brauchitsch havia preparado um documento a respeito do plano de ataque.[2] O moral da tropa não aconselhava uma nova ofensiva, advertiu ele. Na Polônia, os oficiais tinham perdido o controle dos homens sem patente de oficial, que organizaram "orgias com bebedeira" nos trens de transporte das tropas.[3] Os relatórios das cortes marciais descreveram "rebeliões".[4]

Hitler explodiu de raiva, dando uma bronca, que, Brauchitsch recorda, "uma pessoa não daria nem mesmo ao recruta mais estúpido".[5] Até as secretárias do lado de fora da sala escutaram seus berros. Que unidades careciam de disciplina? Onde? Ele pegaria um avião até lá amanhã para aplicar sentenças de morte. Não, gritou Hitler, as tropas lutariam; apenas seus líderes o preocupavam. Como eles podiam condenar todo o Exército por causa de alguns excessos? "Nenhum comandante da linha de frente mencionou qualquer falta de espírito bélico na infantaria para mim. Mas agora tenho de escutar isso, depois que o Exército alcançou uma vitória magnífica na Polônia!"[6]

Brauchitsch propôs renunciar. Gritando, Hitler respondeu que o general devia cumprir seu dever como qualquer outro soldado. Aludindo ao complexo militar fora de Berlim, onde o estado-maior do Exército trabalhava, Hitler advertiu que não ignoraria o "espírito derrotista de Zossen".[7] Ele amaldiçoou a covardia do Exército até sentir falta de ar. Então, agarrou o memorando de Brauchitsch, jogou-o dentro de um cofre e saiu da sala, batendo a porta, com o barulho ecoando pelo grande corredor.[8]

Cambaleando, Brauchitsch saiu da sala. Franz Halder, chefe do estado--maior, esperando-o na antessala, lembra-se de Brauchitsch surgindo "pálido como cera e com a fisionomia transtornada", incoerente e apavorado, sufocado e com os dentes cerrados,⁹ "parecendo estarrecido".¹⁰ Brauchitsch relacionou a ameaça de Hitler com a possibilidade de esmagar os derrotistas.¹¹ Hitler tinha tomado conhecimento dos planos de golpe de Estado? Em qualquer momento, a SS podia aparecer em Zossen. Ninguém tinha se esquecido da Noite dos Longos Punhais.¹² Ao regressar ao quartel--general, Halder ordenou a queima de todos os papéis relacionados ao planejamento do golpe.

Porém, logo ficou claro que Hitler não sabia nada a respeito da conspiração.¹³ No entanto, Hans Gisevius, colega de Oster, advertiu Müller para não contar com um esforço renovado por parte dos generais. "Eles só estão jogando xadrez com as pessoas", afirmou Gisevius, bebendo uma cerveja no hotel Kaiserhof, pouco antes de Müller embarcar no trem de volta para Munique. "Esses respeitáveis cavaleiros vão direto até o obstáculo, mas nunca o saltam!" Ele recomendou que Müller não supervalorizasse os militares no Vaticano.¹⁴

Em Roma, em 7 de novembro, Müller entrou no apartamento do padre Leiber, no número 13 da via Nicola da Tolentino.¹⁵ Ao contrário do caloroso e sincero Kaas, Leiber – um sussurro de padre numa batina preta – revelava pouco de si atrás de um sorriso enigmático e terreno, nascido da experiência em assuntos secretos. Expressando preocupação com o fato de Pio ter decidido se associar à conspiração, a eminência parda jesuíta instruiu Müller a respeito das regras do jogo.¹⁶

Pio não podia se encontrar com Müller enquanto a conspiração se desenrolava. Os espiões da SS de Hartl rondavam as escolas e as reitorias da Roma papal. E se um deles descobrisse a cobertura de Müller? Para manter a negação plausível, Pio devia ser capaz de afirmar que jamais se encontrou com Müller durante a conspiração.¹⁷ Em vez disso, Müller se ligaria com Pio por meio do padre Leiber, sua "boca comum".¹⁸ Müller considerou essas palavras uma "ordem cortês, mas cuidadosamente planejada".¹⁹

Finalmente, Pio quis o controle pessoal do canal entre Londres e Berlim. Ele não queria delegar a responsabilidade para a Igreja de nenhuma maneira. Os conspiradores podiam envolver o Santo Padre, mas não a Santa Sé. A dinâmica devia ter uma simetria simples: da mesma forma que Hitler, e não o Estado alemão, era o alvo da conspiração, Pio, e não a fé romana, seria o cúmplice dela. "Leiber afirmou, por ordem do papa, que ele pediu que, ao se discutir a autoridade para convocar as conversações de paz, eles [os conspiradores militares] deveriam citar o 'papa' e não o 'Vaticano'", relatou Müller. "Porque ele mesmo [Pio] tinha defendido a ideia de estabelecer uma distinção clara entre o papa, que, em certo sentido, tinha o direito e era obrigado a fazer tudo pela paz, e o Vaticano, que tinha um status mais político." O que podia parecer uma discussão escolástica de minúcias para observadores externos tinha uma lógica irrefutável para Pio. Os generais alemães, e seus prováveis interlocutores britânicos, eram protestantes; eles gostavam de Pacelli e confiavam nele, mas mantinham uma certa reserva em relação à Igreja Católica Apostólica Romana e, em especial, ao Vaticano. Portanto, Pio achou oportuno dizer, em essência: vocês, de ambos os lados da guerra, me conhecem; sabem que sou confiável. De minha parte, sei que vocês têm algumas dúvidas ou alguns problemas com o Vaticano. Então, deixem esse assunto delicado ser tratado por mim, em quem vocês confiam, em vez de por minha instituição, de que vocês duvidam. Assim, para que essa proposta seja levada a sério, quer seja bem-sucedida, quer não, ofereço minha reputação pessoal como garantia. A rigor, então, as intrigas que surgissem não seriam uma campanha secreta da Igreja contra o Reich, mas sim a guerra secreta do papa contra Hitler.

Pio assumiu um interesse pessoal pelos detalhes operacionais, incluindo os codinomes. Müller seria "*Herr* X". O padre Leiber, que lecionava na Pontifícia Universidade Gregoriana, usaria o apelido de "Gregor".[20] Os dois chamariam Pio de "Chefe". Müller perguntou a Leiber se o papa sabia seu próprio codinome. "Claro", respondeu Leiber. "Mas não é um pouco sacrílego?", perguntou Müller. "Como ele entendeu?" Leiber garantiu que o Santo Padre apenas sorriu e até aparentou satisfação.[21] O codinome "Chefe" mostrava, ele achou, que o papa retribuía a confiança que os conspiradores depositaram nele.[22]

Enquanto Müller permanecia com Leiber em Roma, Hitler estava indo para Munique em seu trem privado. Todos os anos, em 8 de novembro,[23] ele discursava na cervejaria Bürgerbräukeller, marcando o aniversário do *Putsch* da Cervejaria, em 1923. No entanto, Hitler se sentia intranquilo acerca dos riscos de segurança envolvidos nas cerimônias públicas anuais, acreditando que uma rotina irregular era a melhor defesa contra um atentado.

Quando Hitler chegou a Munique, sua polícia de fronteira fez uma prisão. Georg Elser, relojoeiro suábio de 36 anos, tentara cruzar ilegalmente a fronteira entre a Alemanha e a Suíça, no lago de Constança. Em seus bolsos, a polícia achou um alicate, peças de um detonador de bombas e um cartão-postal do interior da Bürgerbräukeller. Oculto sob sua lapela, os policiais descobriram um distintivo do antigo movimento comunista "Front Vermelho". Só depois de alguns dias, Elser revelou aos interrogadores da SS o motivo pelo qual ele tinha tentado deixar a Alemanha naquela noite. Sabendo que Hitler falava todo 8 de novembro na cervejaria, Elser tinha escondido uma bomba ali.[24] Ele não era membro do grupo de Canaris. Elser trabalhava sozinho. Não obstante, ele planejou o atentado com habilidade. Empregava-se numa pedreira para roubar o explosivo que ele queria. Durante 35 noites conseguiu se esconder na cervejaria sem ser descoberto. Na coluna revestida de lambris atrás do palco, ele fez um furo e, em seguida, disfarçou-o fazendo uma porta a partir de uma peça adequada do revestimento de madeira. No interior do furo, colocou uma bomba improvisada a partir de um cartucho de 75 milímetros roubado. Em 5 de novembro, Elser instalou dois relógios, encaixados em cortiça para abafar o tique-taque.[25]

Às oito da noite, Hitler entrou na cervejaria. Três mil nazistas o ovacionaram quando ele surgiu no palco decorado com bandeiras. Quando o recinto ficou em silêncio, Hitler falou por apenas uma hora, em vez das habituais três. Ele criticou acidamente a Inglaterra. Em pouco tempo, Londres aprenderia: "Nós, nacional-socialistas, sempre fomos guerreiros. Essa é uma época grandiosa. E, nela, provaremos que somos ainda mais guerreiros." Em seguida, Hitler saudou os dirigentes do partido que se amontoavam na frente do palco. Algumas pessoas da plateia permaneceram na cervejaria bebendo, enquanto outras procuraram a saída.[26]

Oito minutos mais tarde, às 21h20, a coluna atrás do palco desapareceu atrás de uma labareda branca. A explosão virou mesas e lançou veteranos do partido no chão. As vigas do teto em colapso esmagaram e mataram oito pessoas e feriram mais de sessenta, incluindo o pai da amante de Hitler, Eva Braun. O dono da cervejaria se recorda de "uma enorme explosão, que fez o forro do teto cair e se despedaçar com um estrondo impressionante. Ouviram-se muitos gritos e o ar ficou cheio de poeira e com um cheiro ácido. Os corpos jaziam sob os escombros e os feridos tentavam lutar pela vida enquanto os ilesos tentavam achar uma saída".[27]

Hitler tinha deixado o edifício oito minutos antes. Ele já tinha embarcado em seu trem de volta para Berlim quando a informação de que algo tinha acontecido chegou ao seu vagão. Na estação de Nuremberg, novos detalhes foram transmitidos. Hitler considerou "um milagre" ele ter escapado, um "sinal claro" de que a Providência protegia sua missão. O incidente também mostrou, como seu ajudante anotou, "que Hitler tinha inimigos que não mediriam esforços para se livrar dele".[28]

Josef Müller passou a noite de 8 de novembro em Roma. Ele estava com monsenhor Johannes Schönhöffer, nas dependências da Sagrada Congregação para a Propagação da Fé, quando chegou a notícia de que Hitler tinha sobrevivido a um atentado a bomba. "Na sala, um padre italiano e um francês, que estavam conosco, encararam-me de modo inquiridor", recordou Müller. Os olhares sugeriram que Müller tinha, no mínimo, estabelecido sua "cobertura" como agente dos dissidentes alemães. Ele mesmo se perguntou se seus amigos tinham colocado a bomba.[29]

Quatro dias depois, em Berlim, Müller encontrou seus companheiros confusos. O atentado tinha surpreendido totalmente o grupo de Oster. Até onde conseguiram coletar informações, Elser era um lobo solitário comunista. Como ele trabalhou sozinho, não poderia haver traição; a SS não teve como descobrir sua trama. Se Hitler não tivesse encurtado inexplicavelmente seu discurso, a bomba de Elser o teria matado. Não pela última vez, Müller pegou-se pensando que Hitler tinha "uma sorte dos diabos".[30]

O atentado na cervejaria arruinou o plano de Erich Kordt.[31] Antes do anoitecer de 11 de novembro, ele foi até à casa de Oster para pegar a bomba que pretendia usar naquela noite. Embora Hitler tivesse adiado sua ofensiva no front ocidental, mencionando motivos climáticos, Kordt permaneceu determinado a atacar. Oster o recebeu com palavras melancólicas: "Sou incapaz de lhe dar o explosivo." Após o atentado, a polícia do partido tinha posto todos os depósitos de munição, incluindo o do Abwehr, sob vigilância. Em voz baixa, Kordt disse:

– Então, terei de tentar com uma pistola.

Nervoso, Oster responde:

– Kordt, não cometa uma loucura. Você não teria uma chance em cem. Não vai conseguir ficar sozinho com Hitler. E na antessala, na presença de ajudantes, ordenanças e visitantes, você dificilmente terá uma chance de atirar.[32]

O atentado de Munique perturbou os homens do papa. Monsenhor Kaas o considerou "inexplicável", um "enigma", sobretudo porque Müller só conseguiu relatar as conjecturas do Abwehr. Kaas achou que os próprios nazistas tinham encenado o ataque, como eles presumivelmente fizeram em relação ao incêndio do Reichstag, para seus próprios propósitos. Que ninguém desse a impressão de considerar o acontecimento surpreendente ou anormal mostrava, Kaas achou, que Hitler e Stalin tinham convertido o banditismo num estado de coisas geralmente aceito.

Em Berlim, o núncio papal levou uma carta ao Ministério das Relações Exteriores. O secretário de Estado do Vaticano retransmitiu congratulações do papa ao Führer por sobreviver a um atentado contra sua vida. Hitler duvidou da sinceridade do papa.

– Ele preferiria muito mais que o plano tivesse tido êxito – disse Hitler aos convidados num jantar pouco tempo depois. Hans Frank, governador-geral da Polônia, protestou, afirmando que Pio sempre tinha demonstrado ser um bom amigo da Alemanha. – É possível, mas ele não é meu amigo – completou Hitler.[33]

A tentativa fracassada de assassinato teve um bom resultado para os conspiradores: animou os britânicos acerca da mudança de regime. As mensagens de Josef Müller através dos canais do Vaticano ganharam credibilidade. Neville Chamberlain, primeiro-ministro britânico, dissera que para Londres apoiar os antinazistas, "a Alemanha deve realizar alguma ação como prova de boa-fé". Naquele momento, um alemão tinha realizado uma ação. Um dia depois do atentado, portanto, os britânicos enviaram dois espiões para um encontro com um oficial alemão, que prometeu detalhar um plano para derrubar Hitler e terminar a guerra.[34]

Eles se encontraram na cidade de Venlo, na fronteira entre os Países Baixos e a Alemanha. Os espiões britânicos Payne Best e Richard Stevens não sabiam o nome verdadeiro do homem que encontrariam. Eles o conheciam apenas pelo codinome: "Schaemel".

Uma sentinela ergueu a cancela e o carro dos britânicos se dirigiu para a área de fronteira. Só algumas árvores ladeavam a alfândega e um café. Schaemel surgiu na varanda do café exatamente quando a cancela do lado alemão se ergueu. Ele acenou indicando que estava tudo bem.[35]

De repente, um carro atravessou a cancela alemã. Oficiais da SS nos estribos do automóvel apontaram submetralhadoras na direção dos ingleses. Schaemel ordenou que Best e Stevens saíssem do carro. O motorista holandês dos ingleses, Dirk Klop, sacou o revólver e saiu correndo, atirando contra os homens da SS. Os alemães reagiram e Klop caiu morto junto à fileira de árvores. Schaemel desarmou Best e Stevens e os conduziu para a Alemanha.[36]

Os britânicos caíram na armadilha nazista. Um oficial da inteligência da SS, Walter Schellenberg, fez-se passar por um general oposicionista – Schaemel – para alimentar a desinformação britânica. Após o atentado na cervejaria, Himmler viu uma chance de arregimentar os alemães em torno de Hitler, afirmando que Elser tinha trabalhado para o serviço de inteligência britânico. Ele ordenou que Schellenberg prendesse os agentes britânicos e os declarasse operadores de Elser. Com isso, os nazistas esperavam conseguir apoio popular para um ataque no front ocidental, enquanto desacreditavam qualquer resistência verdadeira aos olhos dos Aliados. Fracassaram no primeiro objetivo, mas tiveram êxito no segundo: Londres se tornou automaticamente cética[37] acerca de supostas conspirações para derrubar Hitler.

O caso de Venlo também desanimou o Vaticano. Em 21 de novembro, D'Arcy Osborne, embaixador britânico na Santa Sé, telegrafou para Londres após conversar com monsenhor Kaas. O guardião da cripta do Vaticano pareceu "amistoso como sempre"[38] e deixou claro seu ódio em relação a Hitler e ao regime nazista. No entanto, "Kaas tinha um ponto de vista muito sombrio" a respeito das perspectivas de mudança de regime. Os alemães eram "por natureza, subservientes", e, após longa arregimentação, quase incapazes de organizar uma revolta. Predominantemente, permaneciam unidos apoiando Hitler, ainda que muitos deplorassem os princípios e os métodos nazistas. O sucesso da campanha contra os odiados poloneses tinha deslumbrado até os críticos do regime. Os nazistas tinham golpeado e espancado os demais até a aquiescência.³⁹

Osborne apreciou o realismo de Kaas. Ao esperar manter o canal do Vaticano aberto, ele pediu que sua conversa com Kaas fosse mantida em segredo. O nome de monsenhor "não devia de maneira nenhuma ser mencionado". Percebendo que Kaas tinha contatos com a resistência dentro da Alemanha, Osborne encorajou seus superiores do Foreign Office (Ministério das Relações Exteriores do Reino Unido) a perseguir quaisquer pistas oferecidas pelo Vaticano, esperando por provas que não levassem os britânicos a "outro Venloo" [*sic*].⁴⁰

Josef Müller passou a segunda metade de novembro procurando essa prova em Berlim. Ele achou difícil obtê-la. Franz Halder, chefe do estado-maior do Exército, apoiava os planejadores do golpe de Estado, mas permanecia paralisado por causa da promessa de Hitler de derrotar "o espírito de Zossen". Müller recebeu a informação de Hans Rattenhuber, chefe dos guarda-costas de Hitler, da maior quantidade de patrulhas de segurança nos jardins da Chancelaria, um novo posto de comando fora dos aposentos de Hitler.⁴¹ Em parte por esse motivo, Kaas disse a Osborne que um "fatalismo entorpecedor" afligia os conspiradores.⁴² Então, o quadro mudou de novo. A situação dos conspiradores passou de sombria para catastrófica. Um espião da SS tinha descoberto o papel do papa na conspiração.

Capítulo 7

A REDE NEGRA

Era só uma questão de tempo. Muita gente tinha conhecimento de muita coisa. Muita gente dizia e fazia muita coisa para não chamar a atenção de Albert Hartl e seus espiões.[1] O padre expulso da Igreja, que dirigia a Unidade II/B da SS, tinha vigiado Josef Müller por anos. Hartl não só suspeitava que Müller era um jesuíta secreto,[2] do tipo que outrora tinha se infiltrado na Inglaterra elisabetana em roupas civis, mas também que Pacelli tinha concedido a Müller uma dispensa, permitindo-lhe ter uma mulher e uma família. No terceiro mês da guerra, aproximadamente, um dos agentes de Hartl tomou conhecimento das missões romanas de Müller.

Hermann Keller tinha nascido com sopro no coração.[3] Dispensado do serviço militar, tornou-se monge beneditino na abadia de Beuron, que controlava o Danúbio como um castelo. Por oito séculos, os monges vestidos de negro de Beuron tinham obedecido à Regra de São Bento, rezando sete vezes durante o dia e uma vez à noite. Entediado por essa rotina, o irmão Keller procurou excitação no álcool, nos casos amorosos e na espionagem. "Keller (...) era um dos melhores agentes externos do departamento de Vaticano da SS",[4] recordou Hartl. Ainda mais proveitosamente para Hartl, o monge odiava Müller, e não precisou de estímulo para vigiá-lo.

A rixa era antiga e envolvia os judeus. Em 1933, Raphael Walzer,[5] arquiabade de Beuron, enviara a Roma um apelo em favor de Edith Stein, judia convertida ao catolicismo que se tornou freira carmelita. Ela alegou: "A campanha de destruição sendo conduzida contra o sangue judeu não é uma profanação da mais sagrada humanidade de nosso Salvador?"[6] Após Pacelli transmitir o texto ao papa, os nazistas tramaram para afastar Walzer. Hartl forneceu prova forjada de que o arquiabade tinha violado leis financeiras. Enquanto Walzer permanecia fora do alcance da SS, na Suíça, os colegas de Keller o colocaram no comando de Beuron.[7]

Líderes beneditinos desconfiados pediram a Müller que investigasse. De um amigo promotor público, Müller soube que o Estado não tinha planos de processar Walzer. A SS tinha forjado as acusações para empossar seu agente, Keller, no lugar de Walzer. Furiosos, os beneditinos transferiram Keller para a abadia deles em Monte Sião,[8] na Palestina.

No entanto, Müller sentiu que a história com o monge nazista não tinha terminado. "Keller pode se tornar perigoso para mim", lembrou-se Müller de ter pensado na ocasião. "Inteligente como era, ele tinha descoberto que eu havia frustrado seus planos e inocentado o arquiabade Walzer. Keller estava determinado a se vingar."[9]

O monge continuou a espionar para Hartl. Na Palestina, ele se infiltrou no círculo antissemita do grão-mufti de Jerusalém.[10] Em 1937, ao voltar para a Alemanha, Keller também começou a passar informações para a unidade de Stuttgart do Abwehr. "Era seu costume disfarçar sua atividade de agente do serviço de inteligência fingindo ser colecionador de cópias de manuscritos medievais", recordou Hartl.[11] Em novembro, ele estava na Suíça, seguindo Alfred Etscheit, advogado de Berlim e amigo de Müller.[12]

Etscheit era um agente da resistência secundário, mas sério. Convidado frequente à casa do general Halder, ele tinha facilitado o ingresso de Müller no grupo de conspiradores. Canaris tinha enviado Etscheit para sondar diplomatas dos Aliados na Suíça, sob a cobertura da missão de comprar leite para crianças alemãs.[13] Ali, Etscheit se deparou com Keller, talvez não por acaso. Durante uma noite agradável de conhaque e charutos, Etscheit deixou escapar que a guerra acabaria logo, pois certos generais planejavam um golpe. Eles já tinham enviado um emissário ao Vaticano, para buscar condições para um acordo de paz por intermédio do papa.

Em busca de um grande "furo", Keller correu para Roma. Interrogando alguns contatos beneditinos, soube que sua antiga nêmesis, Zé Boi, estivera na Cidade do Vaticano diversas vezes nas últimas semanas. Os boatos o ligavam aos generais dissidentes. Keller, porém, demonstrou tanto interesse em Müller que os líderes beneditinos ficaram desconfiados de novo. Eles preveniram Müller a respeito das investigações quando ele esteve em seguida em Roma.[14]

Naquela altura, Pio tinha tomado conhecimento da investigação de Keller por outra fonte. Seu núncio em Berna, monsenhor Filippo Bernardini, recebeu uma dica de um dos ex-irmãos de Keller em Beuron. Carl Alexander Herzog von Württemberg, conhecido como dom Odo, era um personagem digno da literatura de Evelyn Waugh,¹⁵ cheio de planos ambiciosos e reivindicando contatos pessoais com o presidente Roosevelt, cujo nome ele não conseguia soletrar. Em Berna, dom Odo se deparou com Keller e relatou a conversa deles para o núncio. Em 22 de novembro, Bernardini telegrafou para o cardeal Maglione, em Roma:

> Com grande circunspecção, transmito a seguinte informação para Vossa Eminência: A pessoa nomeada na mensagem n° 5.152 de Vossa Eminência, de 18 de agosto último, [dom Odo] me pede de modo insistente [frase incompleta] que o informe de que uma importante conspiração militar está sendo organizada na Alemanha para derrubar Hitler e o nacional-socialismo e firmar um acordo de paz com a Grã-Bretanha e a França. Por prudência, não estou colocando no papel os nomes e os detalhes a mim fornecidos.¹⁶

Keller já tinha voltado para a Alemanha e informado seus superiores. Como o caso tinha conexões externas, o relatório do monge acabou no quartel-general do Abwehr. Quando Müller voltou para Berlim, Oster lhe mostrou o relatório de Keller.

"Avaliamos que eles o caçariam de todas as direções possíveis, mas não achamos que teríamos de protegê-lo dos clérigos", recordou Müller do que Oster lhe dissera.¹⁷ Pior ainda, Keller tinha elaborado um segundo relatório para Hartl, afirmando que Müller tinha acesso aos aposentos papais e pressupondo que ele trabalhava como mensageiro do serviço de inteligência papal.¹⁸ Esse relatório provocou tal comoção que Heydrich chegou a convocar o monge a Berlim para interrogá-lo. O chefe dos espiões da SS teria comentado que Müller seria preso em poucos dias.¹⁹ Oster advertiu Müller para evitar Roma até que o Abwehr solucionasse a violação das normas de segurança. Era melhor eles falarem com Canaris.

Müller temeu o pior, mas o almirante simplesmente acariciou seus cachorros. Ele afirmou que iria falar com seus amigos da SS. Inicialmente, Müller não entendeu o que o almirante pediu que ele fizesse. Canaris lhe pediu que se sentasse e escrevesse o que ele ditou: um "relatório do serviço secreto do Vaticano" ostensivo, detalhando planos para um golpe militar "pouco antes da guerra".²⁰ Referindo-se ao relatório de Keller, Canaris advertiu que alguns generais queriam derrubar o Führer. Fontes do Vaticano, continuou Canaris, não tinham conhecimento do tamanho da conspiração, mas tinham ouvido o nome do general Werner von Fritsch (posteriormente morto na campanha da Polônia, portanto não havia perigo). Canaris disse para Müller acrescentar o nome do general Walter Reichenau, conhecido apoiador de Hitler. Quando Müller objetou que Reichenau jamais se oporia a Hitler, Canaris afirmou que aquele era o ponto forte. Hitler apoiaria Reichenau e rejeitaria o relatório, duvidando das acusações de Keller.

Alguns dias depois, Müller perguntou sobre o falso relatório. Canaris relatou como tinha apresentado a Hitler "o relatório de um agente particularmente confiável no Vaticano". Quando Hitler leu o nome de Reichenau, descartou o documento e exclamou: "*Schmarren* [Absurdo]!"[21] Em seguida, Canaris ligou para a casa de Heydrich.

– Imagine – disse Canaris num tom desalentado, e prosseguiu: – Achei que estava trazendo ao Führer algo realmente importante na forma de um relatório do doutor Josef Müller, meu homem no Vaticano, a respeito dos planos de um golpe militar. Então, quando ele estava terminando a leitura, o Führer atirou o relatório longe.

Por enquanto, os conspiradores tinham evitado o desastre. No entanto, o susto produziu ecos inconvenientes. Um jornal suíço afirmou que Halder e outros generais tentariam afastar Hitler em breve.[22] Na maior parte de dezembro, Müller manteve distância de Roma. A conspiração arrefeceu.

O irmão Keller manteve a pressão. Com a ajuda de Hartl, enviou outro beneditino, Damasus Zähringer, a Roma. Zähringer sondou o padre Leiber acerca das atividades de Müller e até tentou descobrir com a irmã Pascalina Lehnert, chefe da vida doméstica de Pio, se Müller frequentava os aposentos do papa. Pascalina respondeu que não podia dizer nada acerca das visitas feitas ao papa.[23]

Sem perder o ânimo, Keller enviou um segundo espião para a Santa Sé. Gabriel Ascher, jornalista sueco e judeu convertido ao catolicismo, tinha ficado sujeito à influência e ao controle nazista de Hartl.[24] Ascher conseguiu ser apresentado a monsenhor Kaas, que Keller suspeitava de atuar como fonte de informações de Müller a Pio. No entanto, Kaas não confiou em Ascher e o mandou embora.

Então, Hartl enviou o próprio Keller de volta para Roma. Os contatos de Müller viram o monge bebendo pesadamente na Birreria Dreher,[25] taverna frequentada pelos aliados alemães de Mussolini. Para despistar Keller, dois beneditinos disseram que não confiavam em Müller por causa de seus "pontos de vista pró-nazistas". Finalmente, Keller se traiu, vangloriando-se muito abertamente de suas ligações com o serviço de inteligência alemão. Canaris relatou a indiscrição para Heydrich, que transferiu Keller para Paris, onde mais nenhuma notícia a respeito das maquinações de Müller o alcançou.[26]

No entanto, Heydrich continuou desconfiado. Certa noite, convocou seu auxiliar, Walter Schellenberg, e pediu que ele se sentasse. "Por quase um minuto ficamos sentados junto à mesa em silêncio", recordou Schellenberg.[27] Em seu tom agudo, nasal, Heydrich iniciou a conversa, perguntando: "Que tal a investigação a respeito daqueles homens de Munique: Josef Müller... e os outros? Não é bastante claro que esse é o círculo que começou as propostas de paz por meio do Vaticano?"

Schellenberg só sabia o que Keller tinha relatado. Müller tinha acesso direto aos níveis mais altos da hierarquia papal. Ele era "um homem muito inteligente e, embora ninguém pudesse confiar totalmente nele, seus relatórios não eram carentes de interesse".

Heydrich assentiu pensativamente. "Assegure-se de que todo esse círculo seja vigiado com muita atenção." A pasta do caso tinha o codinome de *Schwarze Kapelle*, ou Rede Negra, em homenagem à cor da batina clerical. Como *Kapelle*[28] também significa "capela", esse duplo sentido se tornou uma metáfora da SS para a traição referente ao Vaticano. Heydrich guardou o que denominou seu "pacote de munição" referente à Rede Negra até o momento apropriado para o golpe mortal.[29]

Capítulo 8
SEGREDO ABSOLUTO

Quando o perigo da descoberta dava indícios de desaparecer, Pio revitalizou a conspiração. No final de 1939, começou a revelar seus segredos para Londres. Em 1º de dezembro, após almoçar com monsenhor Kaas, o embaixador britânico D'Arcy Osborne telegrafou para Londres, informando acerca de uma conspiração para afastar Hitler e de conversações de paz por intermédio do papa.

Kaas disse que um agente dos círculos militares alemães tinha se aproximado dele. O agente, a quem Kaas evidentemente conhecia e em quem confiava, tinha solicitado a ajuda do Vaticano como intermediário para assegurar uma "paz justa e honrosa". Se a Alemanha pudesse ter a garantia de um tratamento justo, os conspiradores "subsequentemente assumiriam o controle do país derrubando o regime nazista".

Pio "sempre acolheu favoravelmente" o que os conspiradores propuseram. No entanto, exigiu o maior cuidado por parte do Vaticano, e evitou a intervenção política direta. O comentário de Osborne para Londres, como o telegrama de Gasparri para Munique, em 1923, trouxe um raro raio de luz a respeito da política secreta papal: "É a asserção usual do princípio apolítico do Vaticano; na prática, acho que sempre pode ser superado, desde que não haja lapso *óbvio* de imparcialidade" [grifo nosso].

Então, Kaas compartilhou seu ponto de vista. Ele achava prematura a sugestão de conversações de paz. As negociações exigiriam garantias convincentes não só da intenção dos conspiradores de afastar Hitler, mas também de sua capacidade de fazer isso. Como eles propunham lidar exatamente com Hitler permanecia incerto.

Osborne concordou que o plano parecia "nebuloso". De qualquer forma, antes que conversações proveitosas ocorressem, Londres precisava da garantia de que a Alemanha abandonaria sua presente política de violação. "Ao mesmo tempo, não exclui a eventual possibilidade do estabelecimento de contato por intermédio do Vaticano, ou, ao menos, por intermédio dos círculos do Vaticano", registrou Osborne. Ele esperava que Kaas relatasse quaisquer outros contatos com os conspiradores. Quando Osborne perguntou se poderia relatar a conversa deles para Londres, Kaas consentiu, "desde que o segredo seja cuidadosamente guardado".[1]

Enquanto isso, as ligações entre Müller e o Vaticano contrariavam Hitler de formas surpreendentes. Em janeiro, um relatório chegou ao quartel-general do Abwehr de que ele talvez invadisse a Suíça para cobrir seu flanco esquerdo. Müller percebeu Canaris quase engasgar de ira. "Esse idiota agora também quer ocupar a Suíça", disse o almirante. A Alemanha jamais recuperará a honra, afirmou ele, se o maior rufião do mundo [*Weltlump*], já conspirando para invadir os Países Baixos, agora também atacar o Estado iconicamente neutro da Europa. Se isso acontecesse, Canaris prosseguiu, ninguém, no futuro, "aceitaria um pedaço de pão de qualquer alemão".[2]

Canaris considerou maneiras de prevenir a Suíça. O movimento militar visível suíço poderia ser estimulado para dissuadir o ataque de Hitler? Müller sugeriu utilizar o agente Hans Bernd Gisevius, que tinha uma missão em Zurique e conhecia a cena suíça. No entanto, isso se opunha aos princípios operacionais de Canaris. "Você deve ter alguma coisa em mente", afirmou Canaris, e prosseguiu: "Se quer ser útil a um país, você não deve fazer nada no próprio país. Se um dos meus homens da Suíça fizer isso, ficará muito exposto depois. Assim, Gisevius não poderá cumprir a missão tão bem quanto você." Müller aceitou a missão, mas enfatizou que ele deveria evitar fazer algo que pudesse comprometer o Vaticano.

Em Roma, Müller tentou diversas maneiras de abordar o problema. Em primeiro lugar, encontrou-se com Paul Krieg, capelão da Guarda Suíça. No entanto, Krieg quis saber muita coisa,[3] e Müller se esquivou. Então, Müller decidiu trabalhar com Galeazzo Ciano, ministro das Relações Exteriores italiano, cujo pacifismo relativo e a desconfiança de Berlim eram bem conhecidos do Abwehr.[4] Müller enviou uma mensagem para Ciano por meio de um intermediário. Ciano enviou um aviso para Berna, e a Suíça iniciou manobras militares.

Canaris exagerou essas manobras, informando a Hitler que eram uma "mobilização parcial". Sabendo como a mente de Hitler funcionava, Canaris prosseguiu, enviando relatórios a respeito das defesas alpinas, observando que vinham de uma "alta autoridade eclesiástica". As informações teriam vindo do abade Corbinian Hofmeister, de Metten, amigo e companheiro frequente de viagem de Müller. Ele estava na Suíça por causa de negócios da Igreja, muitas vezes o suficiente para fazer essa atividade lateral parecer plausível, e, por meio de seus estudos fictícios das medidas de defesa suíças, Hofmeister apareceu nos registros do Abwehr como "agente secreto".[5] Ao utilizar esses relatórios, Canaris sustentou que a conquista total da Suíça levaria mais do que as seis semanas sugeridas por alguns. Então, Hitler abandonou o plano de invasão da Suíça.[6]

Em 8 de janeiro, monsenhor Kaas ficou sabendo que Müller tinha retornado para Roma. Nesse mesmo dia, Kaas alertou Osborne, reiterando "a disposição do Vaticano de agir como intermediário", como Osborne registrou. O planejamento do golpe pareceu novamente urgente, pois Robert Ley, líder trabalhista nazista, que estivera recentemente em Roma, tinha arrotado que Hitler lançaria um grande ataque.[7]

Três dias depois, Pio se reuniu com Osborne. "Ele me informou que havia recebido a visita de um representante alemão", escreveu Osborne para Londres. O agente falou em nome dos comandantes do Exército alemão, cujos nomes o papa preferiu manter em segredo. Pio sentiu a obrigação de retransmitir aquilo de que tinha tomado conhecimento. "De qualquer maneira, ele sentiu que sua consciência não ficaria tranquila se não me informasse", escreveu Osborne. "Uma grande ofensiva alemã foi preparada até os últimos detalhes para meados de fevereiro, ou, possivelmente, até mesmo antes", parafraseou a afirmação de Pio. O ataque ocorreria através da Holanda. "Será violento, amargo e completamente inescrupuloso."

Contudo, não precisava ocorrer. Se recebessem a garantia de uma paz justa com a Grã-Bretanha – eles não mencionaram a França –, os generais substituiriam o presente governo alemão por um *verhandlungsfähige Regierung*, ou seja, um governo capaz de negociar. Eles gostariam de manter a Áustria, mas devolveriam a Polônia e a Tchecoslováquia, e também "negociariam com" a União Soviética. Nesse caso, Osborne subentendeu a quebra do pacto de Hitler com Stalin.

Osborne permaneceu cético. Os planos vagos o lembraram do caso de Venlo. "Sua Santidade afirmou que podia se responsabilizar pela boa-fé do intermediário", escreveu Osborne, mas ele não podia garantir a boa-fé dos chefes. Ainda menos, o papa podia garantir que eles conseguiriam efetivar a mudança de governo que indicaram ou que seriam mais confiáveis que Hitler se conseguissem.

No entanto, Pio procedeu como se acreditasse nos conspiradores. Ele assegurou a Osborne que os chefes alemães não estavam de forma alguma ligados ao Partido Nazista. Se Londres desejasse enviar ao papa qualquer mensagem para os conspiradores alemães, Osborne poderia pedir para vê-lo a qualquer hora. Além disso, "o papa me pediu que considerasse [o assunto] absolutamente secreto. Se algo se tornasse conhecido, custaria a vida dos generais não nomeados".

Osborne prometeu discrição. Ele informaria a respeito da audiência em carta confidencial somente a lorde Halifax, ministro das Relações Exteriores, enviada por meio de mala postal, de modo que nenhum funcionário especializado em escrita cifrada ou estenógrafo a visse. O próprio Osborne datilografaria a carta e não manteria uma cópia.[8]

Embora agisse discretamente, Pio não escondeu os planos de ataque de Hitler. Na segunda semana de janeiro de 1940, um medo generalizado tomou conta dos diplomatas ocidentais em Roma quando os assistentes do papa os informaram da ofensiva alemã, que Hitler tinha acabado de remarcar para o dia 14. No dia 10,[9] um prelado do Vaticano alertou o embaixador belga junto à Santa Sé, Adrien Nieuwenhuys, que os alemães logo atacariam no front ocidental. No dia seguinte, Nieuwenhuys ligou para o Vaticano e questionou o subsecretário de Estado, Giovanni Montini, o futuro papa Paulo VI.

Inicialmente, Montini limitou-se a generalidades. Quando o belga o pressionou, porém, Montini cedeu. "De fato, recebemos algo", o subsecretário afirmou. Por causa da sensibilidade da fonte, ele incitou o embaixador a levar a questão a um nível superior. Aceitando esse conselho, Nieuwenhuys visitou o cardeal secretário de Estado, Luigi Maglione. Tratando o assunto com cuidado, Maglione sugeriu que um ataque alemão se aproximava, mas atribuiu seu ponto de vista a conjecturas particulares, e não a conjecturas de agentes secretos. Nieuwenhuys e o embaixador francês na Santa Sé, François Charles-Roux, suspeitaram que Pio recebera algum relatório especial em 9 ou 10 de janeiro, mas estava procedendo com cuidado para proteger a fonte alemã.[10]

Charles-Roux fez uma sondagem diplomática. Em 16 de janeiro, visitou o subsecretário de Negócios Extraordinários, Domenico Tardini, que, com habilidade, evitava revelações a qualquer serviço secreto. Tardini referiu-se somente a boatos vindos de Berlim: Hitler se encontrava preso numa armadilha, com seu prestígio exigindo que atacasse os Aliados na primavera ou até antes.[11] O circunlóquio de Tardini só aprofundou a crença de Charles-Roux de que o papa possuía informações de uma célula secreta na Alemanha.[12]

Na realidade, Pio já tinha compartilhado a advertência, mas protegendo sua fonte. Em 9 de janeiro, o cardeal Maglione instruiu o agente papal em Bruxelas, monsenhor Clemente Micara, a informar os belgas acerca de um ataque alemão iminente.[13] Seis dias depois, Maglione enviou uma mensagem similar ao seu agente em Haia, monsenhor Paolo Giobbe, pedindo-lhe que alertasse os holandeses.[14]

Naquele mesmo mês, Pio fez um protesto público. Ele deu novos detalhes a respeito das atrocidades na Polônia em boletins da Rádio Vaticano.[15] No entanto, quando o clero polonês protestou, afirmando que os programas de rádio acirravam a perseguição, Pio se recolheu novamente ao silêncio público e à ação secreta.[16]

Novamente, o papa abordou os britânicos como agente dos conspiradores. Em 7 de fevereiro, convocou Osborne para outra audiência. O Vaticano tinha imposto novas e esmeradas medidas de segurança. "Dessa vez, foi tudo muito Phillips Oppenheim", escreveu o embaixador, mencionando o nome de um escritor de livros de espionagem popular na época. O *maestro di camera* do papa, ou seja, o chefe de seu domicílio privado, ligou primeiro para o apartamento de Osborne. Ele pediu que o embaixador fosse ao escritório do Vaticano à meia-noite e meia. O *maestro* esperaria nos aposentos papais, aos quais um intermediário levaria Osborne. Então, discretamente, o *maestro* o conduziria ao papa. Osborne não devia se vestir para uma audiência. A Igreja não divulgaria sua visita e não manteria registro dela. Se alguém perguntasse, Osborne deveria dizer que tinha vindo para ver o *maestro*. Para tornar essa mentira tecnicamente verdadeira, Osborne poderia perguntar ao *maestro* algo que Londres pudesse querer saber de forma plausível.

Na hora marcada, Osborne mostrou suas credenciais a uma guarda de honra. O *maestro* aproximou-se silenciosamente, caminhando sobre um tapete espesso. Indicando que Osborne deveria imitá-lo, o embaixador se ajoelhou pouco depois de ingressar numa porta adjacente. Osborne se viu numa sala de canto repleta de livros, com três janelas altas, com vista para a Praça de São Pedro.

Sua Santidade estava sentado junto a uma mesa de carvalho, ladeado por uma máquina de escrever branca e um telefone branco. Ele falou de quatro páginas de notas datilografadas em alemão. "O papa me revelou que fora abordado de novo pelo 'intermediário confiável' dos círculos militares alemães", relatou Osborne. "Eu o pressionei para identificá-los, mas ele não deu nenhum nome; o papa só disse que um general conhecido e importante estava envolvido. Ele sonegou o nome, pois não queria, de forma não intencional, ser a causa da morte dele se o seu nome fosse revelado. Mas o papa me assegurou que ele era de importância suficiente para ser levado muito a sério."

Pio dissecou um incidente misterioso para sublinhar a importância do agente. Num amanhecer enevoado de 10 de janeiro, dois desorientados oficiais da Luftwaffe fizeram um pouso de emergência num campo belga. Um dos oficiais carregava documentos secretos, que só conseguiu destruir parcialmente. Os oficiais belgas recuperaram planos de um ataque alemão através dos Países Baixos.[17] Os comandantes aliados suspeitaram de um truque alemão; Osborne achou que o episódio fora encenado para pressionar a Bélgica.

O agente dos conspiradores descreveu os documentos como autênticos. Hitler se recusou a cancelar a invasão, apesar da violação das normas de segurança. Somente o frio intenso o atrasou. Ele atacaria na primavera, o papa advertiu: "Hitler está blasonando que estará no Louvre no verão e que uma de suas primeiras preocupações será achar um lugar mais digno para expor a Vênus de Milo [sic]!"

Naquele momento, Pio chegou ao xis da questão. "Uma parte do Exército (proporção e influência indefinidas) gostaria de mudar de governo e se livrar de Hitler." Eles não começariam o golpe na Berlim de maioria protestante, mas em Munique, Colônia e Viena, de maioria católica.[18] Inicialmente, o Reich teria dois governos e, provavelmente, uma guerra civil. O grupo contra Hitler instalaria uma ditadura militar e, depois, a substituiria por um Estado democrático. Assim que o novo regime conseguisse falar com autoridade, promoveria a paz. Os patrocinadores do plano queriam saber se "a existência contínua do Reich, mais a Áustria" proporcionava uma base para conversações.[19]

Osborne permaneceu cético. Ele disse a Pio que a nova abordagem parecia aberta a todas as antigas críticas. Não continha garantias de autenticidade, ou de sucesso, ou de que um novo governo alemão seria mais confiável ou menos agressivo. A questão fundamental – se os revoltosos queriam iniciar conversações antes do golpe – parecia obscura.

Pio não discordou. No máximo, o plano equivalia a uma esperança. No entanto, "sua consciência não lhe permitiria ignorá-lo completamente, com receio de que talvez houvesse uma chance em um milhão de ele servir ao propósito de poupar vidas".

O papa destacou novamente a necessidade de segredo absoluto. Ele insistiu para que Osborne não colocasse nada no papel, exceto um relatório para Londres, que o próprio embaixador datilografaria, e do qual ele não faria nenhuma cópia. Além disso, Pio pediu que Neville Chamberlain, primeiro-ministro britânico, informasse os franceses apenas oralmente. O papa afirmou que até seu secretário de Estado não sabia de nada. Se os britânicos quisessem enviar alguma mensagem para os conspiradores, Osborne deveria repetir o balé clandestino daquela noite, fazendo contato por intermédio do *maestro*.

Sem dúvida, Pio assumiu a conspiração com toda a seriedade. "Acho que a insistência de Sua Santidade a respeito do segredo mais absoluto é uma medida de sua própria crença na confiabilidade de seus informantes", escreveu Osborne. O papa parecia tão comprometido com a conspiração que dava a impressão de quase agressividade. Ele até perguntou se lorde Halifax não podia pessoalmente garantir a integridade territorial da Alemanha pós--Hitler: "Ele era o mais relutante em abandonar esse ideia."

A paixão do papa causou impacto. "Fiquei com a impressão de que a iniciativa alemã era mais importante e verdadeira do que eu tinha pensado", datilografou Osborne. Pio tinha agido a favor do golpe de modo tão intenso, Osborne sentiu, que Londres teria provavelmente de responder.[20]

O pleito do papa foi levado em consideração nos escalões mais altos de Londres. Lorde Halifax enviou uma cópia do relatório de Osborne para o rei Jorge VI. Sua Majestade considerou que algo parecia em andamento na Alemanha: duas semanas antes, ele tinha sido informado por sua prima, a rainha Maria da Iugoslávia, a respeito de uma conspiração para "liquidar" Hitler.[21] Em 15 de fevereiro, Chamberlain anotou orientações para futuros contatos por intermédio do papa: "A Grã-Bretanha está disposta a discutir quaisquer condições pedidas se convencida de que o assunto está destinado a acontecer", escreveu o primeiro-ministro.[22]

Enquanto esperava uma resposta formal, Pio deu outro pequeno empurrão. Dessa vez, utilizou um rito oficial em favor de assuntos clandestinos. Em 16 de fevereiro, a mulher e o filho de lorde Halifax visitaram Roma; Pio concedeu-lhes uma audiência, da qual Osborne também participou. O Santo Padre "puxou-me para o lado no fim", escreveu Osborne, e prosseguiu, "para me dizer que os círculos militares alemães mencionados em minhas cartas anteriores confirmaram sua intenção, ou seu desejo, de realizar uma mudança de governo". No entanto, mesmo se o regime mudasse, Osborne não achava que a Grã-Bretanha poderia deixar a máquina de guerra alemã intacta. Além disso, se os conspiradores realmente quisessem uma mudança de regime, por que eles não "davam prosseguimento" a isso? Pio respondeu que eles esperavam garantias britânicas. Então, o papa interrompeu a conversa, pois lady Halifax estava esperando. Contudo, Osborne cumpriu a promessa de relatar o que Pio lhe disse.[23]

No dia seguinte, Halifax deu sinal verde para Osborne. "Refleti a respeito de sua carta [7 de fevereiro] e a discuti com o primeiro-ministro." Esse acorde inicial mostrou que Londres agora levava a conspiração a sério. Um sinal ainda mais seguro que os britânicos endossavam o plano era que propuseram não dar aos franceses "qualquer relato do que se passava".

Halifax mencionou o empenho pessoal do papa como motivo para avançar. "Em vista da importância atribuída por Sua Santidade à abordagem que me foi apresentada, achamos que você deve entrar em contato com ele novamente por meio do canal indicado a você, e lhe transmitir uma indicação de nossa reação." Se os chefes na Alemanha tinham tanto a intenção quanto o poder de realizar o que prometiam, o governo de Sua Majestade consideraria quaisquer consultas que eles quisessem fazer. Halifax convidou os conspiradores a desenvolver a ideia em termos concretos. Ele propôs uma troca de ideias com a resistência alemã por intermédio do papa.[24]

Na última semana de fevereiro, Osborne retransmitiu a resposta britânica.[25] "Hoje O esteve com o Chefe e lhe disse algo que o induzirá a retornar à casa imediatamente", rabiscou o padre Leiber num cartão de visita, no hotel em que Josef Müller estava. "Devemos ter uma conversa ainda hoje."[26] Quando eles se encontraram naquela noite, o jesuíta sussurrou: "Está progredindo."[27]

Capítulo 9
O RELATÓRIO X

Após meses de diplomacia por meios indiretos de comunicação, Pio tinha ligado os inimigos internos e externos do Reich. Em março de 1940, ele arbitrou a discussão. Cada lado fez sete propostas.[1] As negociações se desenvolveram em atmosfera tensa, pois Hitler podia atacar no front ocidental a qualquer momento.[2]

O papa estabeleceu uma complexa cadeia de comunicações. Oster apresentou perguntas que exigiam respostas sim ou não para Müller, que as passava para Pio, que as compartilhava com Osborne, que as telegrafava para Londres. As respostas britânicas retornavam no sentido inverso. O Vaticano continuou sendo o cruzamento na conspiração para assassinar Hitler: todos os caminhos realmente levavam a Roma, para a mesa com um simples crucifixo contemplando do alto as fontes na Praça de São Pedro.[3]

Como "interceptores", Pio contava com seus auxiliares mais próximos. O padre Leiber administrava o canal alemão, encontrando-se com Müller no terraço do Colégio dos Jesuítas ou em obscuras igrejas romanas.[4] Em geral, Leiber lhe transmitia mensagens orais. No entanto, quando Leiber se encontrava com o papa tarde da noite, e Müller precisava partir no dia seguinte, Leiber deixava anotações numa folha de papel de um bloco, com as iniciais "R.L." (Robert Leiber), no hotel em que Müller estava.[5] Essa prática não punha em risco o jesuíta. Na maior parte dos casos, ele conseguia sintetizar as respostas britânicas em respostas breves, sob os títulos numerados das perguntas alemãs, e Müller queimava as mensagens depois da leitura.[6]

Monsenhor Kaas cuidava do lado britânico. Seu apartamento ficava ao lado do apartamento do embaixador Osborne, nos jardins do Vaticano, e, assim, eles podiam se encontrar sem grande temor de detecção. No final de fevereiro, eles iniciaram conversações diretas.

Kaas destacou um ponto como muito importante. Se, após a eliminação de Hitler, os conspiradores aceitarem condições de paz humilhantes, a posição deles será precária. Osborne registrou: "A eliminação do *furor Germanicus* do hitlerismo deixará particularmente entre a geração mais jovem e inquieta um vácuo espiritual, que terá de ser preenchido para que outra explosão seja evitada." Como princípio de ordem alternativo, o Vaticano propôs a unificação europeia. Uma federação econômica, Kaas sustentou, impediria autocracias, patriotismo exacerbado, agressão e guerra.[7]

Em Londres, algumas autoridades permaneciam céticas. Em 28 de fevereiro, Alexander Cadogan, subsecretário do Foreign Office, criticou severamente a "história ridícula e velha de uma oposição alemã pronta para derrubar Hitler; se formos fiadores, não 'obteremos vantagem'". Ele disse que era "a centésima vez, mais ou menos", que ouvia aquela história.[8] Quatro dias depois, o Foreign Office advertiu contra outro episódio semelhante ao ocorrido em Venlo: "Temos motivos para acreditar que a Gestapo tem monsenhor Kaas sob controle."[9] Londres enviou a Osborne um aviso superconfidencial de que o monsenhor talvez estivesse sujeito à influência nazista por meio dos seminaristas alemães em Roma.[10]

"Conheço monsenhor Kaas muito bem", respondeu o embaixador, e "resta pouca dúvida de que ele é firmemente antinazista". Para Osborne, Kaas, pelo fato de administrar a Basílica de São Pedro, não dispunha de tempo para ver seminaristas alemães, que não pareciam em nada com espiões: "Eles andam vestidos com o escarlate mais brilhante possível, da cabeça aos pés, o que não condiz com o trabalho de agentes secretos."[11]

Pio recebeu os termos finais de Londres em 10 ou 11 de março.[12] Entre as condições que os britânicos exigiam para negociar com a Alemanha pós-Hitler, incluía-se uma *conditio sine qua non*: "a eliminação do regime nacional-socialista".[13] Leiber entregou a Müller um resumo de página inteira num papel de carta do Vaticano, assinalado com a marca-d'água "P.M.", de "*Pontifex Maximus*", e, no canto superior esquerdo, o símbolo de um peixe, uma referência a são Pedro, que foi pescador.[14]

A expectativa de Leiber era de que Müller queimasse aquela folha de papel após fazer anotações codificadas em taquigrafia do conteúdo. No entanto, Müller achou que todo o plano dependeria do impacto que as condições britânicas causariam na Alemanha. Acreditando que o futuro do mundo estava em jogo, Müller tomou a decisão de conservar o documento com marca-d'água, em vez de queimá-lo. Em 14 de março, aproximadamente, ele levou as anotações do papa, junto com o cartão de visita de

Leiber, até o quartel-general do Abwehr, onde os aspirantes a assassino de Hitler exultaram.[15] Müller considerou aquele momento o clímax de suas tramas com o Vaticano.[16]

– Sua folha de papel [*Zettel*] foi muito útil para mim – disse Müller a Leiber, em sua viagem seguinte a Roma. O jesuíta irritou-se.

– Mas você me prometeu que iria destruí-la – protestou Leiber, exigindo sua devolução. Müller revelou que tinha repassado a folha de papel e não tinha mais controle em relação a ela. Por causa daquele material, Müller afirmou, ele se sentiu mais otimista acerca do impacto em Berlim: "Os resultados da mediação são considerados como mais favoráveis na Alemanha." O golpe poderia acontecer já em meados de março. Müller pareceu tão positivo que Leiber se acalmou. O papa e os poucos funcionários do Vaticano que estavam a par de tudo sossegaram e esperaram.[17]

Os conspiradores prepararam um pacote da ação final para os generais. A folha de papel única do padre Leiber e uma apresentação oral não seriam suficientes para o estratagema decisivo. Uma tentativa final para instigar os militares à rebelião merecia um relatório final abrangendo toda a operação.

O documento surgiu de um esforço frenético que atravessou toda a noite. Müller se refugiou na casa de Hans von Dohnanyi, auxiliar de Oster. No quarto de hóspedes, Müller espalhou os resultados das manobras do papa na cama normalmente reservada para o cunhado de Dohnanyi, o pastor evangélico Dietrich Bonhoeffer. Além da folha de papel do padre Leiber, Müller tinha anotações próprias codificadas em taquigrafia segundo o sistema Gabelsberger, assim como uma pilha de anotações de Dohnanyi. Dohnanyi ditou um relatório para sua mulher até tarde da noite. Na manhã seguinte, Müller revisou o resultado, que totalizou cerca de doze páginas datilografadas.[18]

Por motivos de segurança, o documento não tinha título, data e assinatura, referindo-se a Müller apenas como "*Herr X*". Entre os conspiradores, o documento ficou conhecido como "Relatório X". Ele descrevia as condições britânicas para as conversações de paz com "a Alemanha Decente".[19] Eram sete: (1) afastamento de Hitler; (2) "Estado de direito" na Alemanha; (3) nenhuma guerra no front ocidental; (4) a Áustria fica com a Alemanha; (5)

a Polônia é liberada; (6) outros territórios se autodeterminam por meio de plebiscito; e (7) um armistício por intermédio do papa.[20] Posteriormente, as entrelinhas dessas condições tornaram-se assunto de discussão: Moscou alegaria, por exemplo, que o relatório continha um acordo vaticano-anglo--alemão para abrir caminho a um ataque contra a União Soviética.[21] No entanto, num ponto, todos que tiveram acesso ao relatório concordaram. O papa, como um leitor observou, tinha "ido espantosamente longe" para ajudar os conspiradores.[22] Pio tinha persuadido Londres a se reunir com os conspiradores e protegido os termos britânicos com o manto de sua autoridade. O papa trouxera o plano até a margem da ação. O general Halder começou a esconder uma pistola no bolso quando avistou Hitler.

Contudo, no final de março, Hitler ainda continuava vivo. Em 27 de março, Osborne viu Kaas, cujos "contatos militares alemães parecem ter abandonado seus planos de paz por enquanto", registrou o embaixador. Um Kaas desanimado retratou seus compatriotas como muito obedientes para organizar uma revolta.[23]

Três dias depois, o papa convocou Osborne. Quando o embaixador quis saber se Sua Santidade tinha alguma informação a respeito dos conspiradores, o pontífice afirmou que não sabia de nada desde que retransmitiu os termos finais britânicos, cerca de vinte dias antes. Pio disse que percebia que Londres tinha começado a perder a esperança. Osborne admitiu que apenas o afastamento de Hitler poderia agora assegurar "a confiabilidade dos chefes alemães". Porém insistiu que Londres "sempre receberia com interesse, e trataria com respeito" quaisquer mensagens que os conspiradores enviassem através dos canais do Vaticano. Osborne sentiu que Pio "estava muito decepcionado".[24]

Durante o encontro, Osborne recebeu uma mensagem de Halifax. Ele a transmitiu para Pio, que pareceu "muito satisfeito", e pediu que Osborne enviasse seus votos de felicidade e agradecimentos.[25] Essa anotação, talvez destruída posteriormente a pedido do Vaticano, pode ter simplesmente repetido a disposição de Londres de negociar com os militares alemães após a morte de Hitler. Três dias depois, exatamente uma garantia assim chegou aos conspiradores por intermédio de Müller.[26]

No momento decisivo, porém, os conspiradores de religião protestante hesitaram. Os escrúpulos cristãos tocavam seus corações, mas detinham suas mãos. Halder, chefe do estado-maior, tocou na pistola em seu bolso, mas, "como cristão", não foi capaz de atirar contra um homem desarmado.[27] Para abrandar as restrições luteranas, Müller pediu ao ex-príncipe herdeiro saxão Georg Sachsens, agora um padre jesuíta, para falar com Halder. Sachsens, conhecido por bater os calcanhares diante da hóstia da comunhão, enfatizou o direito moral cristão à rebelião e pareceu incutir alguma coragem no general. Após repelir abordagens iniciais, Halder finalmente concordou em ler o Relatório X.[28]

Então, um problema ocorreu com quem traria e resumiria o texto. Os conspiradores escolheram primeiro Ulrich von Hassell, ex-embaixador alemão em Roma, que tomou conhecimento dos planos do golpe antes da guerra. Em 16 de março, como escreveu em seu diário, Hassell viu "papéis muito interessantes a respeito de conversas de um agente secreto católico com o papa... Naturalmente, a suposição geral é uma mudança de regime e um compromisso com a moralidade cristã".[29] No entanto, Hassell, naquele momento, ficou sujeito à desconfiança da SS, e os conspiradores tiveram de deixá-lo de lado.[30]

Então, a missão de influenciar Halder coube ao general Georg Thomas. Em 4 de abril, Thomas levou os documentos para Halder.[31] Naquela altura, o pacote incluía uma declaração do Vaticano de que os britânicos aderiram aos seus termos e também um memorando de Dohnanyi destacando a necessidade de dissociar o Exército dos crimes da SS.[32]

Todo esse material excitou a curiosidade de Halder, mas o deixou confuso. O relatório lhe pareceu prolixo e mesmo assim vago nos pontos principais. Ele se sentiu incapaz de avaliar a credibilidade das figuras alemãs envolvidas, pois o relatório não as identificava, nem seu "interceptor" ligado ao Vaticano, "*Herr X*".[33]

Contudo, Halder considerou que o Relatório X merecia atenção. Ele o levou ao seu superior, Walther von Brauchitsch, comandante em chefe do Exército, e lhe pediu que o lesse durante a noite.

Na manhã seguinte, Halder encontrou seu chefe de mau humor. "Você não devia ter mostrado isso para mim", afirmou Brauchitsch, devolvendo o relatório. "Estamos em guerra. Em tempo de paz, aquele que estabelece contato com uma potência estrangeira pode ser levado em consideração. Na guerra, isso é impossível para um soldado." Apontando o Relatório X, Brauchitsch prosseguiu: "O que encaramos aqui é traição nacional pura

[*Landesverrat*]." Como Halder se recorda, Brauchitsch "então exigiu que eu prendesse o homem que tinha trazido aquele documento... Na mesma hora, respondi-lhe: 'Se alguém deve ser preso, então, por favor, me prenda'".[34]

Brauchitsch ficou calado, pensativo. Olhando para o Relatório X, suspirou: "O que vou fazer com esse pedaço de papel [*Fetzen*], que está sem data e sem assinatura?"[35] Após algumas lamúrias, ele e Halder decidiram estudar o material do Vaticano por mais dez dias.[36] Nesse período, porém, as perspectivas para a ação mudaram drasticamente.

Durante alguns meses, Hitler tinha planejado invadir a Noruega. Prevendo uma guerra longa contra os Aliados, sobretudo após a invasão da França, Hitler quis assegurar acesso aos metais escandinavos e a outros recursos estratégicos antes dos britânicos. A nascente crise norueguesa concedeu aos planejadores do golpe uma nova oportunidade:[37] uma advertência aos Aliados talvez estimulasse uma demonstração britânica da força naval que poderia deter Hitler ou lhe impor uma derrota. Assim, Zé Boi avisou ao papa acerca dos planos de Hitler por meio de uma ligação telefônica protegida a monsenhor Johannes Schönhöffer.[38] No final de março, Kaas advertiu Osborne a respeito de um possível ataque alemão contra a Noruega, e Osborne retransmitiu a informação para Londres.[39] No entanto, os ingleses só responderam em 9 de abril, quando Hitler atacou.

No quartel-general do Abwehr, Josef Müller e outros estudaram um mapa do mar do Norte. Fizeram apostas entre eles quanto a exatamente onde a frota britânica afundaria os navios alemães. Canaris, porém, previu que os britânicos só arriscariam sua frota quando um momento existencialmente crítico chegasse. Os acontecimentos confirmaram a previsão de Canaris: os ingleses não reagiram com força total.[40]

A popularidade de Hitler disparou. Ele tinha conquistado outra vitória quase sem nenhum custo evidente. Os generais veteranos que tinham rejeitado Hitler, considerando-o um cabo da Boêmia, começaram a rever suas opiniões. Halder se apavorou e se enredou numa rede pegajosa de desconfianças. Em meados de abril, ele devolveu o Relatório X ao general Thomas sem comentários.

Por volta dessa época, um desanimado Müller voltou para Roma. Os generais, disse ele, careciam da vontade de dar um golpe de Estado. "Tudo estava pronto", disse ao padre Leiber. "Outro dia sentei-me à mesa às cinco da tarde e esperei por uma ligação. Em vão."⁴¹

A notícia decepcionou Pio. Meses de intrigas não tinham produzido nada.⁴² No entanto, nos últimos dias antes que Hitler finalmente atacasse no front ocidental, os conspiradores arriscaram uma nova e destemida missão para restabelecer a confiança do Santo Padre.

Capítulo 10

ADVERTÊNCIAS AO OCIDENTE

Finalmente, Hitler tinha definido uma data para sua guerra no front ocidental. Tomando conhecimento no final de abril de 1940 que o ataque aconteceria no início de maio, os inimigos secretos alemães do nazismo se sentiram novamente obrigados[1] a informar as vítimas por intermédio do papa.

No entanto, naquele momento, aparentemente, as apostas tinham de ser mais altas. Como as intrigas do Vaticano ainda não tinham desencadeado um golpe, os conspiradores alemães precisavam recuperar sua confiabilidade. A menos que recompensassem pelo otimismo exagerado que tinham gerado, Londres poderia supor que os conspiradores eram realmente agentes nazistas. Então, não só os britânicos talvez fechassem os canais com o Vaticano, mas também o papa. Se, em vez disso, eles conseguissem alertar efetivamente os Aliados a respeito dos planos de guerra de Hitler, os conspiradores poderiam, ao menos, manter o canal papal aberto para um futuro golpe. Portanto, Canaris se deu conta da necessidade de recompensar a missão romana. Como um de seus auxiliares expressou: "Devemos nos colocar ali com as mãos limpas."[2]

Em 1º de maio, Josef Müller chegou a Roma. Ele viajou com o abade Corbinian Hofmeister, de Metten, supostamente por causa de negócios da Igreja.[3] O grupo de Canaris tinha formulado cuidadosamente a mensagem que Müller deu ao padre Leiber para este entregar ao papa. "As discussões não podem continuar sem alguma perspectiva de sucesso. Infelizmente, os generais não podem ser persuadidos a agir", lembrou-se Müller do conteúdo do texto. "Hitler atacará, e essa ação está situada mais adiante."[4]

Após entregar a mensagem a Leiber, Müller correu para outro endereço. Ele queria alertar Hubert Noots, amigo íntimo belga e abade-geral da Ordem Premonstratense, que aguardava o que iria acontecer com seu país. Dois dias depois, Müller deu a Noots um quadro ainda mais detalhado e, em seguida, partiu de Roma a bordo de um avião, em 4 de maio.

Numa escala em Veneza, a paranoia tomou conta dele. Sentindo quão profundamente tinha se exposto ao perigo vazando os planos de guerra, Müller tentou encobrir seus rastros. Em Veneza, cidade por onde passou centenas de vezes durante os anos nazistas, tinha feito amizade com um inspetor de alfândega subornando-o por meio de cigarros e outros presentes. Desse inspetor, Müller, naquele momento, pegou emprestado um carimbo de borracha.[5] Ele o usou para borrar em seu passaporte as datas em que ele tinha entrado e saído da Itália.

Enquanto isso, Hitler continuava mudando as datas do ataque. Em 1º de maio, ele o definiu para o dia 5; em 3 de maio, ele o transferiu para o dia 6; em 4 de maio, para o dia 7; em 5 de maio, para o dia 8.[6] Conforme a situação evoluía, Canaris sentiu a necessidade de atualizar o papa. Mas, em 4 ou 5 de maio, Müller tinha acabado de regressar a Berlim, e pareceu fazer sentido retransmitir algumas palavras, sobretudo porque outro agente do Abwehr, Wilhelm Schmidhuber, estava prestes a partir para Roma. Müller entregou-lhe um bilhete para Leiber, dizendo somente a data então definida para a ofensiva: 8 de maio. Se a data voltasse a ser mudada, Müller telefonaria para Schmidhuber, no hotel Flora. Como os dois eram membros do conselho do banco Eidenschink, Müller faria referência a supostas datas de reuniões do conselho como maneira codificada de transmitir as datas de ataque.[7]

Schmidhuber voou para Roma e alertou Leiber em 6 de maio. Nos dias 7 e 8, Schmidhuber recebeu ligações telefônicas de Müller, mudando as datas das "reuniões do conselho".[8] Em cada caso, o padre Leiber informava o papa.[9]

Pio reagiu rapidamente. Como ele comentou com um assistente, a exatidão do recente alerta a respeito da Noruega o levou a aceitar imediatamente a última palavra do serviço de inteligência.[10] A violação de países neutros que se avizinhava provocou sua indignação especial. Em 3 de maio, Pio orientou o cardeal secretário de Estado, Luigi Maglione, a enviar telegramas de advertência aos agentes papais em Haia e Bruxelas.[11] Para dar maior peso a seus alertas, o papa retransmitiu pessoalmente a amarga previsão numa audiência privada, em 6 de maio, com a princesa belga Maria José.[12]

Mais importante foi sua advertência às potências aliadas. Como elas tinham declarado guerra à Alemanha, o Vaticano não podia transmitir alertas para essas potências como gestos humanitários. Denunciar os planos de Hitler para Paris e Londres significava tomar partido na guerra.

Para essa ação delicada, o papa escolheu um assistente que, tempos depois, se tornaria papa. Em 7 de maio, monsenhor Montini, o futuro papa Paulo VI, falou formalmente com Osborne e o diplomata francês Jean Rivière. Antes do término da semana, ele afirmou, a Alemanha invadiria os Países Baixos. Montini forneceu informações a respeito do estilo previsto das operações, incluindo o uso de soldados paraquedistas e sabotagem.[13]

O padre Leiber abriu ainda outra linha de alerta. Ele repassou a informação ao padre jesuíta Theodor Monnens, colega belga da Pontifícia Universidade Gregoriana. Monnens foi a toda a pressa procurar o embaixador belga Adrien Nieuwenhuys,[14] que tinha recebido quase o mesmo alerta do abade-geral Noots. O embaixador prestou atenção na informação e enviou, em 2 de maio, um telegrama cifrado advertindo Bruxelas a respeito de um ataque na semana seguinte. O ministro belga das Relações Exteriores pediu mais detalhes, e, assim, Nieuwenhuys enviou um relato mais completo para Bruxelas, em 4 de maio, exatamente quando Josef Müller estava borrando seu passaporte em Veneza. O alerta, Nieuwenhuys enfatizou, não era mera opinião, mas informação secreta de um "compatriota" – um belga – fornecida por um "personagem que deve extrair sua informação do estado-maior".

> Essa pessoa, que deixou Berlim em 29 de abril e chegou a Roma em 1º de maio, no anoitecer da sexta-feira teve uma nova discussão de diversas horas com nosso compatriota [Noots], a quem confirmou que o chanceler [Hitler] tinha decidido irrevogavelmente invadir a Holanda e a Bélgica, e que, de acordo com ele, o sinal desse ataque será dado muito em breve sem declaração de guerra (...) Ele acrescentou que a guerra será conduzida mediante todos os meios: gás, bactérias, pilhagem total, incluindo caixas de depósito bancário (...) Até o ponto que aspectos externos permitem um julgamento, acho difícil acreditar que esse avanço esteja próximo.[15]

Os receptores descartaram todos esses alertas do Vaticano.[16] "Não boto fé específica na presente previsão deles", observou Osborne quando telegrafou o alerta do papa. "Eles tiveram expectativas iguais antes."[17] Em 19 de março, por exemplo, Osborne tinha esperado um ataque em menos de um mês; a informação mais recente de Pio situou o ataque em meados de abril, aproximadamente.[18]

Após seis meses de maquinações do Vaticano, lorde Halifax, aparentemente, arquivou na memória os alertas de maio, colocando-os sob o título referente ao papa que dava alarmes falsos.

Em 10 de maio, Hitler invadiu a Holanda e a Bélgica e, em seguida, retalhou a França. Depois de cinco dias, a França se considerou vencida. Os Aliados começaram uma retirada de cinco semanas, que culminaria com a evacuação britânica em Dunquerque e terminaria com a suástica tremulando na Torre Eiffel.

Quando tomou conhecimento da invasão, Pio preparou um protesto. O cardeal Maglione redigiu uma declaração breve com sua assinatura, que poderia ser veiculada naquela noite na edição no jornal diário do Vaticano, *L'Osservatore Romano*. Pio a rejeitou, considerando-a muito branda. Uma segunda versão preliminar, também de autoria de Maglione, recebeu o mesmo veredicto. Às oito da noite, o prazo final para um fechamento de edição atrasado do jornal havia quase passado. Então, o papa tomou providências mais diretas de redigir condolências com extensão de um parágrafo para os soberanos invadidos, condenando as "crueldades" da invasão como algo "contra toda a justiça", e ordenou que fossem publicadas na próxima edição do jornal. Ele datilografou o texto em sua máquina de escrever Olivetti branca e o corrigiu sozinho. Por causa do adiantado da hora, falsificou a contra-assinatura de Maglione.[19]

O artigo provocou uma reação adversa no Eixo. Talvez pressionado por Berlim,[20] Mussolini tentou intimidar o papa. Em 13 de maio, uma audiência que Pio concedeu ao embaixador italiano Dino Alfieri foi dominada pelo rancor. Mussolini considerou não só o texto, mas também sua publicação no jornal do Vaticano, "uma ação contra suas políticas", afirmou Alfieri. Pela raiva nas hostes fascistas, Alfieri não podia excluir "a ocorrência de coisas sérias". Em resposta a essa ameaça velada, Pio disse que não temia "acabar num campo de concentração ou cair em mãos hostis".

Então, Pio fez uma advertência. Como papa, ele "deveria falar, de fato, contra o que está acontecendo na Polônia", registrou sua fala um assistente. "Gostaríamos de proferir palavras de fogo contra essas ações, e a única coisa que nos impede de falar é o temor de tornar o drama das vítimas ainda pior."[21]

O triunfo de Hitler deixou o Vaticano como uma ilha num mar do Eixo. Em junho, quando a Itália entrou na guerra ao lado da Alemanha, Pio ofereceu aos diplomatas dos Aliados um refúgio em sua cidade-Estado, onde Osborne se sentia "como um animal aprisionado".[22] Mussolini enxergava a Santa Sé, com seus inúmeros diplomatas, como "um covil de espiões" [*un covo di spie*],[23] e arrotava que poderia invadir o Vaticano a qualquer hora. Müller alertou o padre Leiber a respeito de uma trama da SS para colocar o papa em prisão preventiva. Depois que o jornal do Vaticano publicou o artigo de Pio de solidariedade aos países neutros invadidos, fascistas bateram nos jornaleiros e jogaram os jornais na Fontana di Trevi.[24] Quando Pio se aventurou pelas ruas de Roma para celebrar uma missa, os fascistas armaram uma cilada num cruzamento, balançando o limusine papal e gritando: "Morte ao papa!"[25]

Pio restringiu seu perímetro de ação. A polícia do Vaticano criou uma seção especial de contraespionagem. Os homens da Guarda Suíça mantiveram seus elmos emplumados e espadas antigas, mas estocaram máscaras contra gases e submetralhadoras. Os engenheiros do Vaticano construíram abrigos antiaéreos e uma sala blindada com aço para proteger livros e manuscritos raros.[26]

No Vaticano, a ansiedade cresceu por causa das ligações de Pio com a resistência alemã. As ações clandestinas do padre Leiber geraram certo pânico nos alojamentos dos jesuítas de alto escalão. Quando o superior-geral da Ordem objetou que a "intriga nebulosa e ambígua"[27] de Leiber prejudicava os jesuítas no Reich, Pio transferiu os encontros de Leiber com Müller para uma paróquia suburbana.[28] A fumaça subia acima das chaminés romanas quando os contatos de Müller queimavam seus papéis.[29] No entanto, quando Leiber e, mais tarde, monsenhor Kaas sugeriram que Pio deveria cortar todos os contatos com os conspiradores, Pio ordenou-lhes que "não se intrometessem".

Pio insistia que não temia por sua segurança. Aparentemente referindo-se aos comunistas que atacaram sua nunciatura em Munique, em 1919, disse para Alfieri:

– Não fiquei amedrontado com as pistolas apontadas para mim e ficarei ainda menos amedrontado da próxima vez.

No entanto, nos meses vindouros, quando suas ligações com a resistência o colocaram de novo na mira da SS, Pio se daria conta de quão perigosa sua posição tinha se tornado.[30]

Capítulo 11
OS PÁSSAROS MARRONS

Um oficial da SS chamou de "o caso mais importante de alta traição da guerra".[1] Em 17 de maio de 1940, Josef Müller tomou conhecimento disso, quando recebeu um telefonema preocupante na rede protegida especial do Abwehr, em Munique. Um confidente de Canaris pediu a Müller que fosse imediatamente a Berlim. Ele devia viajar de carro, evitando trem e avião, para impedir o rastreio posterior de seus movimentos.[2]

Müller telefonou para monsenhor Johannes Neuhäusler, e eles combinaram um encontro no Englischer Garten, em Munique.

– Giovanni – disse Müller, utilizando o apelido italiano de seu amigo –, acho que estou perdido.[3]

Ele pediu ao padre que cuidasse de sua família, principalmente de sua filha. Ele se afligia pela dureza que seria a vida para a filha de um traidor condenado.

Em Berlim, Müller foi para a casa de Hans Oster. O chefe da Seção Z do Abwehr olhou para ele tristemente. Müller se recorda dele perguntando:

– Você se lembra do que prometemos a nós mesmos? Se algum de nós fizesse alguma besteira, iria para a forca sozinho.

Quando Müller disse que se lembrava, claro, Oster afirmou:

– Bem, agora nós dois estamos em apuros. – Ele não forneceu mais detalhes. – Mas não desanime. Talvez Deus nos ajude –, completou Oster.[4]

Müller se dirigiu para o quartel-general do Abwehr, onde se deparou com Canaris. Naquele momento, o almirante estava indo para a reunião diária dos chefes de departamento. Imediatamente, Müller percebeu que Canaris estava agitado. Ele sussurrou e utilizou o íntimo *du*. "Os pássaros marrons", disse Canaris. "Leia os pássaros marrons." A confusão de Müller ficou ainda maior quando Canaris lhe perguntou com os olhos semicerrados:

– Você é o tal?

Müller respondeu:

– Quem eu devo ser?

Canaris se virou sem responder à pergunta.[5]

Finalmente, na sala do auxiliar de Oster, Müller tomou conhecimento da verdade. Anos antes, Hans von Dohnanyi explicou, Hermann Göring, chefe da Luftwaffe, tinha criado o escritório de investigação do Ministério de Aviação do Reich para ler comunicações estrangeiras. O escritório interceptava e decodificava mensagens e enviava os resultados para os departamentos interessados. Como as mensagens decodificadas circulavam em papel pardo, marcado com a águia do Reich, os oficiais do Abwehr as denominavam "pássaros marrons".

O escritório decodificara dois telegramas enviados pelo embaixador belga junto ao Vaticano. Transmitidas por Adrien Nieuwenhuys em 2 e 4 de maio, as mensagens detalhavam os planos de guerra de Hitler. Um texto atribuía a fonte do alerta a um "compatriota" belga, fornecida por um "personagem" que "deixou Berlim em 29 de abril e chegou a Roma em 1º de maio".[6]

– É você? – perguntou Canaris depois que voltou. Müller respondeu calmamente:

– Talvez.

Canaris disse:

– Por Deus, você tem de saber!

Em seguida, sorriu, pôs uma das mãos no ombro de Müller e elogiou a calma dele em meio ao caos. O almirante perguntou:

– Você está preparado para receber uma ordem de mim?

Müller respondeu que dependia da ordem.

– Eu o ordeno a ir a Roma, numa missão especial, e investigar esse vazamento – afirmou Canaris.

Müller devia viajar imediatamente. Assim que o avião decolou, Canaris lançou uma perseguição ao "personagem" e impôs controles de fronteira para todos que viajavam à Itália: "Devo tomar conta disso antes que Heydrich o faça." Em Roma, Müller deveria telefonar para o escritório do Abwehr, onde o coronel no comando teria ordens para ajudá-lo. Toda a investigação ficaria sob responsabilidade de Müller. Para Canaris, só restava garantir a Hitler, quando ele exigisse uma investigação a respeito do vazamento, que tinha o homem certo para aquilo; um tal Josef Müller, com ligações incomparáveis dentro do Vaticano.[7] Como Müller afirmou tempos depois: "O almirante tinha me convertido no líder da investigação contra mim mesmo."[8]

Uma vez mais, Müller voou para Roma. Ele telefonou primeiro para o padre Leiber e o informou. Eles concordaram que o autor do telegrama, o embaixador belga Nieuwenhuys, devia desaparecer por um tempo no interior do Palácio Apostólico, que possui uma infinidade de aposentos. Em seguida, Müller e Leiber deviam achar alguma maneira de desviar a atenção em relação ao abade-geral Noots, que tinha retransmitido o alerta de Müller para Nieuwenhuys. Müller procuraria a residência do abade-geral depois do anoitecer.

Depois, Müller visitou o escritório do Abwehr.[9] Ali, pediu ao coronel Otto Helferich a pasta que resumia a investigação do vazamento até aquela data. Para alívio de Müller, não continha nada de interesse urgente. Em seguida, Müller pediu e recebeu uma lista dos agentes do Abwehr e da SS que espionavam o Vaticano. Finalmente, sabendo que seus amigos estavam preocupados a seu respeito, e precisando impressionar Helferich a respeito da importância de sua missão, Müller telefonou para Canaris, na presença do coronel, e disse que Helferich estava realizando uma boa investigação e que eles tiveram uma "conversa muito satisfatória".[10] Helferich, um sujeito descontraído, pareceu satisfeito com o fato de Müller ter assumido o trabalho extra. Dessa maneira, Müller recrutou o dispositivo do Abwehr local para avançar em seu propósito: a investigação de si mesmo.

As coisas se ajeitaram. Müller visitou Noots e o advertiu para se manter discreto. Naquela mesma noite, Müller se encontrou com Leiber e lhe entregou uma lista dos espiões nazistas, incluindo Damasus Zähringer, amigo beneditino de Keller; Gabriel Ascher,[11] o judeu convertido ao catolicismo; e o padre Joachim Birkner, agente de Hartl nos Arquivos Secretos do Vaticano.

Na manhã seguinte, Müller se reuniu com o radiante Leiber.

– Tive uma ideia – disse o jesuíta com certa malícia.[12] – Um dos nossos padres, um belga, partiu para o Congo e está fora de alcance. Por que não dizemos que ele é o "compatriota" ao qual Nieuwenhuys se referiu? Isso deve servir para desviar a atenção de Noots.

Naquele momento, Müller tinha uma história plausível para contar para Berlim. Ele tinha incriminado alguém falsamente para o papel de Noots como "compatriota" belga. Müller voltou a se reunir com o coronel Helferich, demonstrando uma satisfação genuína. Ele tomara conhecimento por meio de suas conexões no Vaticano que um jesuíta belga, Theodor

Monnens, tinha fugido de Roma para se esconder. Ele, sem dúvida, era o "compatriota" belga mencionado na interceptação.

No entanto, o problema só tinha sido solucionado pela metade. Müller ainda tinha de incriminar falsamente alguém para seu próprio papel como o "personagem" que alertou o "compatriota". Nesse caso, o abade Noots ajudou a forjar uma história que tiraria partido das ideias preconcebidas nazistas. Heinrich Himmler, chefe da SS, odiava Joachim von Ribbentrop, ministro das Relações Exteriores alemão, e também não gostava de Galeazzo Ciano, ministro das Relações Exteriores italiano. Supostamente, Ciano comandava um círculo de espionagem social em circuitos de coquetéis e jantares de Roma. Müller creditaria aos espiões de Ciano a bisbilhotice a respeito dos planos de guerra junto ao séquito de viagem de 35 pessoas de Ribbentrop, que incluía especialistas jurídicos e econômicos, dois cabeleireiros, um massagista, um médico e um instrutor de ginástica.[13] A partir de Ciano, a informação pode ter chegado à herdeira do trono belga, Maria José, que circulava em seu circuito social, e, a partir da princesa belga, pode ter alcançado o jesuíta belga Monnens.

Contudo, o perigo não tinha passado. O coronel Joachim Rohleder, oficial da contraespionagem do Abwehr, tinha tomado conhecimento das mensagens interceptadas. Ele não pertencia ao grupo de conspiradores de Canaris. Rohleder estudou a lista de 36 pessoas que cruzaram a fronteira rumo à Itália no período em questão. Ele viu o nome de Josef Müller.[14]

Rohleder decidiu pôr um agente no encalço de Müller. Ele soube que Gabriel Ascher tinha ajudado anteriormente Hermann Keller a coletar informações a respeito de Müller.[15] Como Ascher ainda tinha amigos em altos cargos no Vaticano, Rohleder lhe deu dinheiro e o enviou para Roma.

Duas semanas depois, Ascher voltou com um relatório condenatório. Continha o que Rohleder denominou evidência "logicamente convincente" contra Müller. Ascher citou uma lista impressionante de supostos agentes, incluindo padres em Milão e Gênova, e uma personalidade do Vaticano que conhecia o padre Leiber. Munidos desses dados, Rohleder procurou Oster, que não deu importância às afirmações de Ascher, considerando-as fofocas insignificantes de um grupo clerical rival, com inveja do acesso que Müller dispunha. Então, Rohleder recorreu a Canaris, que considerou o caso "inconclusivo".[16]

Novamente, os conspiradores chamaram Müller a Berlim. Num recanto, próximo da estação ferroviária principal, Müller teve uma conversa confidencial com Hans Dohnanyi, que lhe mostrou o relatório de Ascher e a acusação resultante de Rohleder.[17] Oficialmente, Müller devia assinar e jurar uma declaração contrária. Müller foi ao escritório de um advogado amigo, Max Dorn, que lhe devia um favor. Enquanto Dorn datilografava, Müller ditava uma refutação para entregar a Canaris.[18]

O almirante chamou Rohleder. Depois de considerar todos os ângulos, ele achava aconselhável encerrar todo o caso e se livrar de Ascher. O coronel protestou, sobretudo contra o uso contínuo de Müller por parte de Oster. Quando Canaris insistiu, Rohleder não teve escolha senão obedecer.

O quase desastre refreou Pio. Por meio de Müller, ele implorou aos conspiradores para que destruíssem quaisquer papéis implicando a Igreja em seus planos. No entanto, Ludwig Beck, general reformado, hesitou em queimar quaisquer documentos da resistência, que seu protegido Oster mantinha num cofre em Zossen. Beck queria preservar provas para a posteridade de que uma Alemanha Decente tinha existido. Por intermédio de Oster, Müller protestou, afirmando que aquilo colocaria em perigo os conspiradores, tanto em Roma quanto na Alemanha. Ele pediu que Oster prometesse, com sua palavra de honra, destruir os papéis de Leiber. Na presença de Müller, Oster pediu que um subalterno fizesse isso. Só posteriormente Müller se deu conta que Oster não tinha, realmente, dado sua palavra de honra.[19]

A vitória de Hitler no front ocidental desmoralizou seus inimigos externos e internos. Os conspiradores salvaram sua honra, mas perderam seu momento. Em vez de atacar Hitler, a Wehrmacht tinha atacado os Aliados: primeiro no front norte e, em seguida, no front ocidental. O gabinete britânico, agora sob o governo de Winston Churchill, não negociaria mais até que os alemães afastassem Hitler. As massas alemãs, inebriadas com a vitória, não queriam o afastamento do Führer. A Batalha da Grã-Bretanha azedou ainda mais Churchill a respeito da ideia de uma "Alemanha Decente". Para a resistência alemã, ele avisou: "Nossa atitude (...) deverá ser de silêncio absoluto."[20]

Contudo, Pio manteve o canal aberto. Embora não conseguisse melhorar os compromissos britânicos, ficou em contato com os conspiradores alemães.[21] Müller continuou sua missão junto ao Vaticano, posicionando a resistência para alguma virada feliz da roda da fortuna.[22] Talvez já em setembro de 1940, Müller informou Myron Taylor, representante pessoal de Roosevelt junto ao papa, a respeito dos fundamentos da conspiração.[23]

Com Leiber sob suspeita da SS, Müller passou a se encontrar mais com Kaas. Como o perigo de vigilância aumentou após a queda da França, eles começaram a se reunir na cripta do Vaticano, onde as escavações em busca do túmulo de Pedro continuavam. Müller descia as escadas e atravessava um corredor estreito nas fundações da igreja – uma jornada de poucos segundos o levava para a Roma dos séculos II e III. Nos mosaicos nas paredes, ele não podia deixar de ver alusões à sua própria vida e missão. Numa cena pastoral, dois bois esperavam seu condutor, presos a uma carroça carregada de uvas. Um emblema vermelho, branco e azul, inserido no desenho de uma abóbada de aresta, evocava a bandeira britânica. Debaixo dela, o liberto Flávio Agrícola tinha inscrito: "Quando a morte chega, a terra e o fogo devoram tudo." Próximo, Jonas caía de um barco na boca da baleia. Nas profundezas da cripta, diretamente abaixo do altar-mor da basílica, alguém tinha inscrito: *Petr* [*os*] *en*[*i*], "Pedro está aqui dentro".[24]

No verão de 1940, Josef Müller aprendeu mais a respeito da liderança dos conspiradores. Ele começou a se encontrar com o general reformado Beck.[25] Esses encontros colocaram o agente político mais confiável do papa em contato direto com o chefe designado do regime pós-Hitler da Alemanha Decente. Em longas conversas, Müller convenceu Beck a respeito da ideia de "uma União Econômica Europeia como passo fundamental rumo a uma Europa unida, que impossibilitaria o nacionalismo exagerado e a guerra entre Estados distintos".[26] A ideia passou a integrar os planos da resistência para a Europa pós-Hitler.[27]

Uma segunda ideia desenvolvida com Beck foi a necessidade de tornar a resistência mais ecumênica. Como os generais luteranos mantinham mais rigidamente seus juramentos de lealdade, os possíveis aliados da Alemanha enxergavam o golpe como um plano do Partido do Centro Católico; e como o papa tinha apoiado a conspiração, os possíveis amigos estrangeiros a enxergavam como um projeto do Vaticano. Como Müller relatou, Beck quis "modular" aquela "ressonância" predominantemente católica.

Com esse intuito, a resistência recrutou o teólogo protestante Dietrich Bonhoeffer.[28] Sua irmã, Christel, era mulher de Hans von Dohnanyi, e Bonhoeffer tinha tomado conhecimento dos contornos da conspiração por intermédio de seu cunhado. Bonhoeffer se ligou ao escritório de Munique do Abwehr, e Müller se tornou seu encarregado. Em outubro de 1940, ele tinha instalado Bonhoeffer além do alcance da Gestapo, na abadia beneditina em Ettal, ao redor da qual os ventos dos Alpes quebravam.

As montanhas bloqueavam o sol, que só alcançava a abadia ao meio-dia. O padre Johannes Albrecht – mestre-cervejeiro que trajava uma túnica negra com capuz – entregou a Bonhoeffer uma chave da biblioteca.[29] Ali, ele passava a maior parte de cada manhã escrevendo sua obra *Ética*, que fundia preceitos católicos e protestantes.

Por volta dessa época, Bonhoeffer adotou o ponto de vista católico a respeito do tiranicídio. O padre jesuíta Rupert Mayer, então abrigado em Ettal, pode ter incentivado Bonhoeffer a abandonar a doutrina protestante de não resistência. De qualquer forma, da estada de Bonhoeffer em Ettal veio a primeira prova clara de que ele abandonou aquela doutrina. O abade Hofmeister e monsenhor Neuhäusler, contatos de Müller do serviço da inteligência, tornaram-se os companheiros mais próximos do pastor. Bonhoeffer começou referindo-se a temas católicos, como a "Unidade da Cristandade";[30] e, em cartas aos seus colegas de confiança, passou a falar de forma elíptica, usando termos gregos do Novo Testamento para estimular "a coragem ligada à prudência".[31] Ecoando os *Exercícios espirituais*, de Inácio de Loyola, ele escreveu a respeito de "Cristo [como] o destruidor", que enxergava os inimigos como "perfeitos para queimar". Em "situações graves", Bonhoeffer agora sustentava, com casuística jesuíta, a traição se tornava "verdadeiro patriotismo", e o que normalmente passava por patriotismo tinha se tornado traição.[32]

No Natal de 1940, os agentes da resistência cristãos se encontraram em Ettal para planejar o próximo movimento.[33] Eles se reuniram na sala de jantar privada do abade e ficaram sentados metade da noite ao redor da lareira: Müller, Dohnanyi, o padre Mayer, o padre Albrecht e o pastor Bonhoeffer, juntamente com Schmidhuber e o capitão Heinrich Ickhardt, do Abwehr de Munique. Segundo alguns relatos, o Vaticano enviou três prelados para o encontro, incluindo Leiber, e, possivelmente, o padre jesuíta Ivo Zeiger, reitor do Colégio Alemão em Roma.

Consumindo vinho de gelo franconio, a conversa deles sofreu uma sóbria reviravolta. Eles se perguntaram se o papa conseguiria renovar os contatos com os britânicos. Os jesuítas esperavam isso, mas Müller alertou seus amigos para que não esperassem muita coisa. Naquele momento, todo o ambiente tinha mudado. Com a Itália na guerra ao lado dos nazistas e os britânicos numa guerra real contra a Alemanha. O momento para conversações tinha passado. Os alemães decentes deviam agir. Se fizessem isso, o papa os ajudaria. Caso contrário, nenhuma ajuda do papa importaria. Com Hitler triunfante em todos os lugares, a Europa estava se tornando um império pagão. Martin Bormann, auxiliar do Führer, tinha acabado de lançar o *Klostersturm* [*Tempestade no claustro*], confiscando propriedades religiosas, removendo crucifixos das escolas e fundindo sinos de igrejas para produção de munição.³⁴ O padre Albrecht compartilhou a profunda preocupação do papa, que temia "o equivalente de uma sentença de morte para a Igreja na Alemanha".³⁵

Quando os padres foram dormir, os espiões avaliaram suas opções. Eles teriam de continuar tentando estabelecer contato com os Aliados. No entanto, a iniciativa real, todos concordaram, devia partir da Alemanha. Müller já tinha discutido com Bonhoeffer a respeito de como criar pequenas comunidades de cristãos comprometidos. Então, Dohnanyi buscaria uma maneira de ligar essas células de cristãos com círculos de trabalhadores e militares, numa frente popular combativa.³⁶

Na Baviera rural, já existiam focos de revolta. Quando os chefes do Partido Nazista removeram os crucifixos das escolas rurais, mulheres devotas lançaram uma onda de desobediência civil. Muitas vezes elas marchavam juntas para recolocar um crucifixo após uma missa por um soldado morto em batalha. No vilarejo de Veiburg, quinhentas mulheres cercaram a casa do prefeito, imobilizaram-no quando ele tentou pegar uma pistola e forçaram sua mulher a entregar as chaves das escolas.³⁷ Em outros vilarejos, as mulheres se reuniam com seus maridos, onde as praças públicas se enchiam de agricultores brandindo forcados.³⁸ Percebendo "uma frente de resistência psicológica" e "quase um estado de espírito revolucionário", o governo bávaro restaurou o uso das cruzes nas escolas.³⁹

Mulheres desarmadas tinham confrontado os nazistas conquistadores do mundo. O episódio inspirou e envergonhou os conspiradores de Ettal. Naquele momento, eles se sentiram obrigados a encabeçar uma ação direta dentro da própria Alemanha.

Mas uma guerra de guerrilha não era uma atividade para senhores de idade. "Os velhos preferem deixar tudo do jeito que está, e gostam de evitar aborrecimentos a todo custo", escreveu um padre jovem de Passau, naquele mês, para o presidente dos bispos alemães de 81 anos, expressando o novo estado de espírito combativo. "Como é necessário e importante, nesses cargos de grande responsabilidade, ter a determinação e a energia de realizar intervenções vigorosas e intrépidas e até ter a coragem de estar preparado para morrer."[40] Exatamente dentro desse espírito, enquanto o ônus da ação católica mudava do Vaticano para a Igreja alemã, os conspiradores de Ettal se alinhariam com os grupos dos padres mais jovens e mais ousados, numa nova rodada de conspirações contra Hitler.[41]

Capítulo 12

FORJANDO O FERRO

A França parecia "atingida em intervalos por um punho", refletiu Helmuth James von Moltke, oficial do Abwehr. Em agosto de 1940, visitando o front ocidental ocupado, inspecionando a Linha Maginot, Moltke lamentou "o desperdício de dinheiro e o desperdício de terra" gastos em postos de guarda, barricadas, armadilhas para tanques, fortalezas e alojamentos, estendendo-se entre a Bélgica e a Suíça. "Em toda essa região", escreveu ele para sua mulher, Freya, "nada cresce, exceto cardos e outras ervas daninhas, e o vento que sopra carrega uma infinidade de sementes maduras de cardo, que se disseminam como uma praga." Depois de observar o vento espalhar essa planta com espinhos, Moltke refletiu: "Esse sistema de defesa não é orgânico nem saudável. Se não conseguirmos nos arranjar sem essas coisas na Europa, então não merecemos nada melhor."[1]

Misturando-se com os franceses, a melancolia de Moltke aumentou. Ele os achou "enjoativamente amigáveis". Ao confiar em suas fortificações físicas, eles fracassaram em cultivar as qualidades espirituais requeridas para a luta. Descrevendo o "colapso moral", Moltke lamentou que as mulheres francesas "estivessem fazendo fila para levar um soldado alemão para a cama, evidentemente por causa da sensação de que ele era o mais forte e que fazer amor era mais divertido com um homem mais forte". Os soldados franceses, enquanto isso, tinham virado "refugiados uniformizados, que, quando escutavam um avião inimigo se aproximando, saltavam gritando de seus veículos, jogavam para o lado mulheres, crianças e velhos e se abrigavam nos campos".[2]

Moltke tirou a lição que "a guerra totalitária destrói os valores espirituais. Sente-se isso em todos os lugares. Se destruísse valores materiais, as pessoas, cujo pensamento é limitado predominantemente pelas percepções, saberiam como e contra o que se defender. Do jeito que é, a destruição interior não tem correlação com o mundo percebido das coisas, da matéria. Assim, elas não conseguem compreender o processo e os possíveis meios de reagir ou de se renovar".[3]

Ao retornar para Berlim, Moltke começou a trabalhar em prol da mudança do regime. Em 14 de agosto, encontrou-se pela primeira vez com Hans von Dohnanyi, arquivista do Abwehr, que estava, na ocasião, elaborando um texto a respeito do direito de desobedecer a ordens imorais. Inicialmente, procedendo de maneira reflexiva e, depois, recrutando amigos confiáveis, um de cada vez, Moltke construiu um círculo que, no final de 1941, aproximadamente, transformou a oposição alemã. Para Moltke, a luta contra Hitler não era principalmente militar ou política, mas sim metaética: sua permanência passageira na França o convencera de que a resistência à tirania dependia de "como a imagem do homem pode ser replantada no espírito de nossos compatriotas".[4]

A busca por uma nova imagem do homem levou o protestante Moltke para a Igreja católica. Ele conhecia e gostava de Josef Müller, tinha perdido o sono a respeito da missão de seu amigo junto ao Vaticano, e viu um "raio de esperança" quando os inimigos de Hitler fizeram amizade com o papa. Procurando uma base espiritual para um governo pós-Hitler, Moltke descobriu que as encíclicas sociais papais não só ofereciam um programa coerente, mas também o preenchiam com uma serenidade profunda, íntima. No entanto, ao olhar em volta em busca de parceiros para seu projeto, constatou que ministros não católicos importantes ainda se opunham à resistência. "Enquanto [o bispo de Muenster Clemens von] Galen e o bispo de Trier [Franz Rudolf Bornewasser] pregaram corajosamente em oposição, não há liderança do lado evangélico", registrou um dos contatos protestantes de Moltke. Dessa maneira, em 28 de setembro de 1941, num jantar com o general Beck, Moltke encorajou – e Beck aprovou – um "forjamento do ferro" ao longo das linhas católicas.[5]

Em 13 de outubro de 1941, um padre jesuíta entrou no quartel-general do Abwehr em Berlim.[6] Baixinho e atarracado, filho de um maquinista, padre Augustinus Rösch tinha lutado na Primeira Guerra Mundial. Um fogo de barragem de artilharia o tinha temporariamente enterrado vivo, e, às vezes, seus membros tremiam e se contraíam, como se ainda tentassem desenterrá-lo. Inquieto, agitado, sempre em movimento, o padre Rösch tinha talento para tecer redes e fazer alianças. O padre Leiber o aclamaria como "o homem mais forte do catolicismo na Alemanha".[7] Sobre seus ombros se apoiava o fardo de liderar os jesuítas bávaros numa época de perseguição.

O padre Rösch tinha vindo ver um amigo de Munique. Ludwig von und zu Guttenberg, ex-editor da *Weisse Blätter*, revista monarquista católica proscrita, tinha se ligado ao serviço de inteligência militar, onde, como seu bom amigo Josef Müller, executava missões para o grupo de resistência de Oster.[8] Naquele momento, enquanto o padre Rösch visitava os escritórios do Abwehr em Berlim, aparentemente para discutir o status dos capelães do Exército, Guttenberg se ofereceu para apresentá-lo a outro membro da resistência.[9]

Guttenberg impôs medidas de segurança severas. Ele iria na frente até o *Treffpunkt*, o ponto de encontro, com Rösch seguindo cerca de cinquenta metros de distância. Quando Guttenberg parasse diante do portão de um jardim e acendesse um cigarro, o padre deveria seguir até o próximo portão daquele jardim. Ele deveria se encaminhar a uma grande garagem, contornar o prédio e subir uma escada na parede dos fundos. Um apartamento oculto estava situado acima da garagem, informou Guttenberg. "Toque a campainha. Meu nome é a senha." Rösch obedeceu a essas instruções, lembrando-se de que "tinha de olhar ao redor um pouco para achar a escada". Ele subiu a escada correndo e tocou a campainha.[10]

Helmuth von Moltke abriu a porta. "Jamais esquecerei aquele primeiro encontro", escreveu Rösch. Ele se lembrava de Moltke como "um homem magro, com uma cabeça com traços bem definidos", tão alto que tinha de se curvar para atravessar a porta. Cordialmente, Moltke levou Rösch a uma grande sala, mobiliada de forma simples, mas com "uma biblioteca magnífica".[11] Numa parede estava pendurado um cartaz de propaganda da Wehrmacht bem conhecido, que incluía a seguinte legenda: "O inimigo está escutando."[12]

Guttenberg se juntou a eles. Moltke sentou seus convidados junto a uma mesa de madeira lustrada e sumiu. Ele voltou com xícaras, pratos, café, pães, um fogareiro a álcool e massa de farinha, ovos e leite. Enquanto Moltke preparava panquecas de maçã, Guttenberg previa que a perseguição à Igreja logo se intensificaria, já que a guerra parecia quase ganha. Moltke interrompeu para discordar. "Na realidade, a guerra está quase perdida para a Alemanha (...) se a liderança não for tirada das mãos de Hitler."[13]

Então, Moltke apresentou seus planos para um golpe de Estado. "Nossos oficiais podem declarar um cessar-fogo e fazer um acordo de paz no front ocidental. Assim, pode haver uma paz aceitável e a Europa será salva." Rösch recorda-se dessa afirmação de Moltke. "Devemos estar prontos para tirar a liderança militar de Hitler (...) Na realidade, ele é um insano (...) E se nossos oficiais nos desapontarem – eu ainda não acredito nisso –, então a Alemanha estará perdida."[14]

Eles discutiram a guerra nazista contra a religião. Moltke admitiu o "ódio satânico de Hitler contra as Igrejas, sobretudo a católica", a fúria contra os jesuítas, contra tudo o que é cristão. Ele lamentou que, enquanto a Igreja católica tinha proibido a filiação ao Partido Nazista, seguindo a orientação de 1930 do então cardeal Pacelli, muitos ministros protestantes tinham se filiado ao nazismo.[15] Por causa da atitude mais disciplinada da Igreja católica, que se mantinha precisamente *por causa* de sua estrutura hierárquica e da supremacia do papa, Moltke acreditava que a Igreja católica devia liderar a resistência cristã a Hitler.[16] De acordo com Rösch, Moltke sublinhou a ideia, afirmando: "Quero lhes dizer a conclusão a que cheguei como cristão protestante. Na Alemanha, o cristianismo só pode ser salvo pelos bispos alemães e pelo papa."[17]

Moltke tinha ideias ambiciosas nesse sentido. Ele queria que Rösch trouxesse a Igreja católica para o planejamento de uma ordem pós-nazista. Supondo que os militares deporiam Hitler, a segurança pública exigiria um governo provisório, que deveria se basear nas visões sociais cristãs. "Devemos pensar como cristãos e devemos planejar e nos preparar para reconstruir (...) Devemos lutar e fazer tudo para salvar o que pode ser salvo", teria afirmado Moltke. O certo é que as palavras causaram uma grande impressão em Rösch, que, tempos depois, as repetia com frequência. "E agora eu pergunto ao senhor, padre provincial: o senhor está pronto para isso? O senhor está disposto a cooperar dessa maneira? O senhor vai cooperar?"[18]

Rösch pediu um tempo para pensar. Ele não podia simplesmente concordar de imediato, pois Moltke claramente "esperava bastante ajuda direta da Igreja católica".[19] A estrutura hierárquica que Moltke aclamou obrigaria o provincial jesuíta a consultar Roma. Moltke viajava com frequência para Munique; eles concordaram em continuar as conversas ali.[20] Quando acompanhou seus convidados até a saída, Moltke disse: "*Guten Tag.*" Rösch respondeu: "*Grüss Gott*" [Vá com Deus].[21] De acordo com Rösch, aquilo agradou tanto Moltke que ele disse: "De agora em diante, também sempre falarei "*Grüss Gott*". Aquelas palavras, selando a parceria entre o conde Moltke e o padre Rösch, marcaram o início formal do envolvimento católico numa segunda rodada de conspirações contra Hitler em tempo de guerra.

Um segundo conjunto de conspirações tinha se consolidado até antes de 22 de junho de 1941, quando três milhões de soldados do Eixo atacaram o império de Stalin. Canaris já tinha informado ao Vaticano a respeito do que Hitler intitulou "Operação Barbarossa". O padre Leiber se lembra daquele alerta com muita clareza; ele recebera diversas atualizações conforme os planos se desenvolviam, remontando ao final de 1940. Em cada caso, os jesuítas asseguravam ao papa que a informação vinha de Canaris.[22]

No final de abril de 1941, uma notícia alarmante chegou. Josef Müller foi ao quartel-general do Abwehr e Oster lhe entregou uma ordem do Führer, para divulgação dali a dois meses. Nas instruções, uma sentença se destacava: "Na luta contra o bolchevismo, não devemos supor que a conduta do inimigo se baseará em princípios humanitários ou do direito internacional." Duas outras sentenças também chamaram a atenção de Müller: "Os comissários políticos introduziram métodos bárbaros, asiáticos, de guerra. Consequentemente, serão tratados com o máximo de severidade. Como questão de princípios, serão mortos a tiros imediatamente, quer sejam capturados durante as operações, quer apresentem resistência." Os apoiadores de guerrilheiros e civis suspeitos, que, na linguagem do Partido Nazista, significavam principalmente judeus, deviam ser assassinados imediatamente.[23]

Naquele momento, o Exército devia fazer na Rússia o que a SS tinha feito na Polônia. Brauchitsch, embora indignado, não bateria de frente com Hitler nem renunciaria. Como Halder, ele permaneceria no cargo, para impedir que algo pior acontecesse. Eles talvez salvassem alguns milhares de vidas por ordem especial, concordaram Müller e Oster. No entanto, mesmo a aparência de aquiescência manchava a honra do Exército.[24]

Oster levou Müller até Canaris. Seus cachorros latiram para eles, e Canaris entrou, vindo do terraço sobre o Tiergarten, onde estivera alimentando pássaros. Por meio de um gesto, Canaris indicou um assento para Müller e afundou numa poltrona bem gasta. Preocupado com a possibilidade de a nova ordem relativa aos comissários soviéticos arruinasse os militares para sempre, Canaris pediu a Müller que buscasse, por intermédio de Pio, "as antigas formulações" em prol da paz.²⁵ Ele se referiu às condições britânicas de março de 1940. Enquanto acariciava seus bassês, Canaris previu: "Ao contrário das fantasias dos sonhadores", os quais acham que a Rússia será derrotada em seis semanas, Hitler encontrará sua ruína ali, exatamente como Napoleão.²⁶

Hitler se isolou em seu *bunker*. Assim que a campanha da Rússia começou, ele raramente deixava a Toca do Lobo, seu posto de comando próximo de Rastenburg, na Prússia Oriental. Um perímetro triplo, numa mata escura, isolava-o do mundo. Só se ele viajasse alguém poderia pegá-lo.²⁷

Oster tinha planejado o assassinato de Hitler durante a parada da vitória, em Paris.²⁸ No entanto, quando Hitler chegou, em 23 de junho de 1940, ele visitou o Louvre e não compareceu à parada. Em maio de 1941, durante outra parada das divisões alemãs pela Champs-Elysées, dois oficiais planejaram matar a tiros Hitler, enquanto um terceiro jogaria uma bomba da varanda de um hotel. No entanto, quando a data da parada se aproximou, Hitler cancelou a viagem. Ele ficou em seu refúgio na montanha bávara para planejar a guerra contra a Rússia.²⁹ Só no final de 1941, quando as atrocidades da campanha russa emergiram, um novo grupo de militares mais jovens decidiu resistir a Hitler.³⁰

Como oficial de operações no front oriental, o general de divisão Henning von Tresckow, liderava o grupo de conspiradores. Vendo a Wehrmacht como "um mero sopro de vento nas vastas estepes russas",³¹ Tresckow considerava a derrota alemã "tão certa quanto o amém numa igreja".³² Contudo, ele também acreditava, disse Tresckow a um auxiliar, que os crimes de Hitler pesariam sobre os alemães por cem anos – "não só sobre Hitler sozinho, mas sobre você e eu, sobre sua mulher e a minha, sobre seus filhos e os meus filhos, sobre a mulher atravessando a rua agora e sobre o garoto jogando bola lá adiante".³³ Em setembro de 1941, pouco depois de os nazistas começarem a obrigar os judeus a usar estrelas amarelas nas roupas, Tresckow enviou um emissário ao grupo de Canaris.³⁴

Canaris se aliou a Tresckow, mas temia uma guerra civil. Eles deviam assegurar o preenchimento do vácuo do poder, concordou Tresckow, "como alguém que navega num redemoinho".³⁵ Antes de afastar Hitler, eles deviam fundir os "núcleos" militar, civil e religioso, criando as condições prévias para um golpe.³⁶

Exatamente naquele momento, e exatamente com aquela finalidade, Moltke se aliou com o padre Rösch. Conforme suas cartas revelam, Moltke, com certeza, tinha muita fé no jesuíta provincial e também no Vaticano. Menos claro é se Moltke sabia que Rösch trazia mais do que o ponto de vista católico a respeito da Igreja e do Estado. Em todo caso, Rösch forneceu um serviço de espionagem eclesiástico pronto para uso, rapidamente adaptável à causa da morte de Hitler.

Capítulo 13
O COMITÊ

As origens da rede de espionagem bávaro-jesuíta – e suas ligações com Pacelli – remontavam aos primeiros anos do Reich. O sistema cresceu a partir do acervo de informações secretas de Josef Müller em Munique.[1] O padre Rösch, que duelava diariamente com a SS a respeito de prerrogativas da Igreja, informara Müller a respeito dos planos nazistas, e Müller transportara pelo ar os relatórios de Rösch para Roma.[2] Portanto, no Natal de 1940, quando o local da resistência católica se mudou de Roma para a Alemanha, uma fonte de informações secreta e segura já ligava Pio às ordens religiosas do Reich.[3]

Essa mudança deveria ter significado maior dependência em relação à nunciatura de Berlim. No entanto, Pio considerava seu agente em Berlim tolerante em relação ao nazismo, e até suspeitava que o auxiliar do núncio espionava para a SS. Portanto, o papa recorreu aos bispos alemães. Mas os espiões de Albert Hartl também tinham se infiltrado no episcopado, obtendo até minutas de suas conferências a portas fechadas, em Fulda.[4]

Restava uma opção. Os ramos alemães das ordens religiosas católicas, tais como a dos jesuítas, a dos dominicanos e a dos beneditinos, atuariam como representantes papais. Essas ordens não se subordinariam aos bispos locais, mas sim aos líderes das ordens religiosas em Roma – que, por sua vez, respondiam somente ao papa.[5] Ainda que os beneditinos parecessem suscetíveis à cooptação nazista, os dominicanos e, em especial, os jesuítas demonstravam um espírito marcial.[6] Rotulados de "inimigos do Reich", eles temiam a deportação para o Leste. De suas fileiras, surgiu um grupo mais jovem e mais combativo de clérigos, que aceitou aquilo que o Vaticano denominou, no título de um texto a respeito do martírio, *Convite ao heroísmo*.[7]

Eles aceitaram esse convite numa reunião a portas fechadas, em Berlim. Em 26 de maio de 1941, a liderança dos jesuítas e dominicanos alemães comprometeu-se "a preservar nossa honra católica, perante nossas consciências, perante o povo, a história, a Igreja e o Nosso Senhor".[8] Nesse espírito, criaram um grupo de sete homens, oficialmente inexistente, mas que apenas serviu para encobrir um "serviço de inteligência da Igreja" [*kirchliche Nachrichtenwesen*].[9] Entre eles, chamaram isso de Comitê das Ordens, ou, simplesmente, o Comitê.[10]

O padre Rösch era a força motora do Comitê. Ele viajava através da Alemanha, organizando um serviço de envio de mensagens entre os bispos, transmitindo alertas, aconselhando a respeito de contramedidas e criando um grupo de homens com ideias afins.[11] Eles tomavam conhecimento dos planos nazistas a partir de secretárias, telefonistas, servidores públicos, oficiais militares e até membros da Gestapo. O serviço de inteligência se reunia no provincialado jesuíta de Munique. Depois que Rösch se ligou a Moltke, seus padres trabalharam conjuntamente com os conspiradores militares.

Os agentes do Comitê trabalhavam por meio de camuflagem e disfarce. Recebiam dispensas especiais para usar trajes não clericais e viver, se necessário, "além das regras da ordem". O mensageiro dominicano, padre Odlio Braun, ocultava sua batina sob um guarda-pó de cor clara; os jesuítas usavam casacos de lã cinza-escuro. Alguns agentes mantinham em segredo segundas residências; Braun tinha um quarto na casa de uma amiga em Berlim, onde escondia documentos. Passaram a interpretar papéis para evitar detecção, como quando o mensageiro jesuíta, padre Lothar König, e a secretária de Braun, Anne Vogelsberg, passeavam sob um guarda-chuva na estação ferroviária de Berlim, fingindo ser namorados para burlar a vigilância da Gestapo. Ou Vogelsberg comprava uma passagem e guardava um assento para um padre do Comitê num trem prestes a partir, enquanto ele, para evitar viajar sob o próprio nome, simplesmente obtinha um passe para a plataforma; então, pouco antes de o trem partir, o padre embarcava, Vogelsberg desembarcava e eles trocavam os bilhetes discretamente quando se cruzavam no corredor. Quando os padres se correspondiam ou se falavam por telefone, faziam isso em código; referiam-se ao bispo Johannes Dietz, por exemplo, como "*Tante Johanna*" [tia Joana].[12]

Rösch definia a estratégia, mas deixava a maior parte das operações táticas para um assistente-chave. Seu secretário e mensageiro, padre König, tornou-se um intermediário decisivo entre os grupos de resistência em todo o Reich. Em fevereiro de 1941, König descobriu um câncer no estômago, mas recusou os pedidos de Rösch para descansar na paróquia, insistindo que "a luta vem em primeiro lugar". Só naquele ano, ele viajou 77 mil quilômetros a serviço do Comitê, principalmente por meio de trens noturnos. Sua atitude gentil, apaziguadora, ocultava desejos nada clericais. Certa vez, enquanto König dirigia um caminhão, o comboio de Hitler o ultrapassou, e ele sentiu a pele arrepiar quando pensou a respeito de quanto mal ele evitaria se conseguisse atropelar Hitler.[13]

Rösch já tinha entrado em contato com os conspiradores militares em nome do papa. Já em abril de 1941, ele e seus jesuítas de Munique tinham começado a visitar o general Franz Halder,[14] chefe do estado-maior da Wehrmacht. Eles discutiram como afastar Hitler, como Halder recordou, e se os métodos militares "seriam apropriados". O sempre hesitante Halder afirmou que concordava com tudo que os jesuítas planejavam, nas não podia fazer nada sozinho; ninguém ao redor dele cooperaria. "Após essa observação desalentadora", recorda-se Halder, "falamos acerca dos métodos que a Igreja católica tinha à disposição para a luta contra Hitler (...) Isso sempre ficou na minha memória, pois não conseguia conceber como aqueles dignitários espirituais podiam ser eficazes contra um ditador."[15]

Em abril de 1942, o Comitê recrutou seu agente mais carismático e indispensável. Alfred Delp, noviço jesuíta, usava trajes seculares, terno e gravata, o que lhe dava uma aparência séria e desgrenhada, e ele raramente aparecia sem um cigarro na mão e uma espiral de fumaça ao redor da cabeça. Ele se tornou importante na resistência como uma espécie de tribuno do povo. Os paroquianos anotavam seus sermões de forma taquigráfica, compartilhando-os em folhas de papel dobradas até o tamanho de um dedal para escapar de detecção.[16]

Delp tinha o espírito de um livre-pensador. Antes de se converter do luteranismo, tinha flertado com o nazismo; suas raízes protestantes e seus interesses políticos lhe davam uma perspectiva única entre os jesuítas bávaros. Em seu primeiro livro, ele considerou os cristãos Lutero e Kant responsáveis pela "desintegração total da personalidade humana"; o ateu Nietzsche, por outro lado, havia preparado o caminho para novos desenvolvimentos cristãos. Delp achava, por exemplo, que as Igrejas tinham estimulado erradamente uma visão "coletivista" da democracia. Ele se entediava com questões e teorias, mas adorava discutir. Muitas vezes, Delp falava a respeito de são

Pedro, vendo nele uma combinação de impetuosidade, fragilidade e confiança arrebatada – qualidades que definiam o próprio Delp e provocavam algumas dores de cabeça em seus superiores jesuítas.[17]

Seu jeito combativo incomodava alguns outros jesuítas, e até seus amigos o consideravam uma pessoa difícil. "Não deixe minha mãe contar quaisquer 'lendas devotas' a meu respeito", escreveu ele a um amigo. "Eu era um moleque." Quando o provincialado adiou seus votos finais, por motivos desconhecidos, as pessoas segredaram a respeito das amizades de Delp com mulheres. Um raro rebelde na organizada ordem jesuíta, ele encorajou seus contatos civis a agir contra Hitler. "Quem não tem coragem de fazer história está condenado a se tornar seu objeto. Temos de agir",[18] escreveu ele.

O Comitê das Ordens se manteve em contato próximo com o Vaticano. Josef Müller proporcionava a ligação principal. Seis dos sete clérigos do Comitê o utilizaram como mensageiro desde meados da década de 1930. A maior parte dos membros do grupo também tinha linhas próprias de comunicação com Roma. Em muitos casos, o padre Rösch utilizava seu colega jesuíta, padre Leiber, como meio de comunicação com o papa.[19] O Vaticano tomava conhecimento por meio dessas fontes de informações acerca do trabalho do Comitê. O padre Rösch aceitou a oferta de Moltke só depois de "discutir isso com gente importante",[20] enquanto as cartas de Moltke faziam referência com alegria ao "grande hino de Roma em louvor de Rösch: ele era o homem mais forte do catolicismo na Alemanha".[21]

Pio tinha um interesse mais do que casual no trabalho do Comitê. Em 30 de setembro de 1941, dois dias depois de o general Beck aprovar o "forjamento do ferro" ao longo das linhas católicas de Moltke, Pio forneceu ao Comitê orientação por escrito, pedindo a colaboração da Igreja com a resistência militar. Especificamente, a carta do papa encorajava o Comitê a buscar uma "unidade de convicções e ações" contra o nazismo por meio da "concentração de todas as forças".[22] Uma vez que a aliança Tresckow-Beck tinha acabado de convidar para participar do Comitê daquele projeto, a diretiva do papa chegou num momento fundamental. A julgar pelos acontecimentos posteriores, a carta do papa evidentemente não inibiu o Comitê de Rösch de conspirar para afastar Hitler.

No outono de 1941, durante uma audiência geral de quarta-feira com cerca de oitenta pessoas, incluindo soldados alemães, Pio recebeu um judeu alemão exilado. De acordo com um relato do tempo de guerra do jornal *Palestine Post*, de orientação sionista, um visitante não ariano pediu à Santa Sé que ajudasse judeus italianos, vítimas de naufrágio, a alcançar a Palestina. Após convidá-lo para voltar no dia seguinte com um relatório por escrito, Pio teria dito: "Você é um jovem judeu. Eu sei o que isso significa e espero que você sempre sinta orgulho de ser judeu!"[23]

Naquela altura, Pio tinha começado a se arrepender de não dizer tais palavras de maneira mais aberta. Em 7 de outubro, difundiram-se relatos a respeito de um capelão católico que celebrou uma missa na catedral de Santa Edwiges, em Berlim, com uma estrela amarela sobre seu paramento, exatamente como os judeus eram naquele momento obrigados a usar.[24] Encontrando-se três dias depois com o diplomata papal Angelo Roncalli, o futuro papa João XXIII, Pio demonstrou preocupação com a possibilidade de seu "silêncio a respeito de o nazismo ser mal julgado".[25]

Talvez por culpa ou frustração, então, Pio teria levantado a voz para o emissário judeu: "Meu filho, só Deus sabe se você tem mais valor que os outros, mas, acredite-me, você é, pelo menos, tão digno quanto qualquer outro ser humano que vive em nosso mundo." De acordo com a imprensa, Pio encerrou o encontro, dizendo ao seu visitante: "Vá com a proteção do Senhor."

Então, como depois de toda audiência, irmã Pascalina desinfetou o anel episcopal de Pio. Tinha um diamante nele, e podia puncionar sua pele quando as pessoas pressionavam seus dedos; "e havia um motivo particular para ser desinfetado", afirmou tempos depois um postulador da santidade de Pio. "A saber, as pessoas pegavam sua mão com muita firmeza e pressionavam o anel, e, não raramente, o papa voltava ao seu aposento privado com sangue nas mãos."[26]

O padre Rösch e Helmuth Moltke formavam uma boa equipe. De um início tranquilo em 1941, eles, em dezoito meses, levaram os acontecimentos a um clímax abalador. Nesse espaço de tempo, a segunda conspiração contra Hitler foi mais longe e mais rápido do que a primeira. Sem o serviço de inteligência de Rösch, a conspiração talvez não tivesse avançado.

O Comitê tornou-se a comissão de planejamento do pós-guerra dos conspiradores. Moltke decidiu reunir importantes pensadores sociais em Kreisau, em sua propriedade rural na Silésia, para redigir uma plataforma política. O padre Rösch concordou em moderar o diálogo e tentar obter consenso, muito como Alexander Hamilton fizera durante a Revolução Americana. Moltke, imerso nos *Federalist Papers*, estimulou o paralelo.[27]

Rösch se impôs a difícil tarefa de intermediar acordos em relação a todas as questões com antecedência. Como as preocupações de segurança impediam o uso do telefone e do contato postal, o padre König, secretário de Rösch, tornou-se um agente-chave, chegando e partindo de noite e em meio à neblina, nunca dizendo para onde ia ou de onde vinha, elevando os espíritos com máximas como "não existe essa coisa de eu não posso".[28]

O padre König abriu uma nova fronteira de resistência, que prometia pela primeira vez atrair apoio das massas para um golpe. "Um grande problema, insolúvel até agora, é onde podemos achar nomes que tenham influência junto aos trabalhadores", escreveu o conspirador Ulrich von Hassell em outubro de 1941.[29] No final daquele mês, König tinha ligado as redes de Berlim e Munique com líderes do proscrito Movimento dos Trabalhadores Católicos de Stuttgart e Colônia.[30] Os chefes trabalhistas, por sua vez, recrutaram figuras-chave do proscrito Partido do Centro Católico.[31]

Os planos avançaram tão sem percalços que, em novembro, Beck e o almirante Canaris aprovaram uma tentativa de diálogo com o presidente Roosevelt. Como canal, os conspiradores escolheram Louis Lochner, chefe da sucursal da Associated Press em Berlim. Ao encontrar uma dúzia de líderes da resistência na casa de um adepto do Partido do Centro, Lochner enxergou a conspiração quase como um evento social da Igreja; Jakob Kaiser, líder trabalhista católico, impressionou-o como a figura principal do círculo. Os conspiradores deram um código secreto para Lochner, de comunicação via rádio entre Roosevelt e o general Beck, e Lochner concordou em se aproximar da Casa Branca perto do Natal.[32]

Em dezembro, a dinâmica tinha levado a um ponto de convergência. Walther von Brauchitsch, comandante em chefe do Exército, inquieto com a perseguição aos judeus, começou a convocar os líderes da resistência para chás.[33] Hasso von Etzdorf, oficial de ligação entre o Ministério das

Relações Exteriores e o alto-comando, descreveu uma cena carregada durante aquele primeiro Natal da guerra contra a Rússia. Num discurso para oficiais, suboficiais e homens do quartel-general, Brauchitsch apontou para uma árvore de Natal no meio da praça e declarou: "Vocês terão de escolher entre esses dois símbolos: as chamas ardentes do fogo teutônico da época natalina ou a árvore de Natal luminosa. Para mim, escolhi o símbolo do cristianismo." Em conclusão, ele pediu que a plateia "pensasse no homem sobre cujos ombros repousa toda a responsabilidade". A insinuação não passou em branco. Houve gritos de "vergonhoso" e "o homem [Hitler] deve ser morto".[34]

As peças em favor do golpe se encaixaram tão harmoniosamente que Müller enviou Charlotte Respondek, agente católica laica, ao padre Leiber, em Roma.[35] Então, Oster chamou Müller a Berlim, para coordenar o papel do Vaticano na mudança do regime. Segundo um relato, não muito documentado, mas não implausível, Dohnanyi fizera planos para uma noite na Ópera, e, quando Müller chegou, ele rapidamente lhe conseguiu uma reserva. Quando deixaram o camarote, no intervalo, encontraram Oster no corredor. O coronel sugeriu que eles saíssem por um instante. Do lado de fora do teatro, onde os caminhos para pedestres eram cruzados por canteiros de roseiras secas, Oster disse que tinha acabado de receber uma notícia de um mensageiro do Abwehr: os japoneses tinham bombardeado a frota americana em Pearl Harbor.[36]

A entrada dos Estados Unidos na guerra tanto condenou quanto salvou Hitler. A longo prazo, como os conselheiros de Pio logo perceberam, o Eixo só podia perder. No entanto, a curto prazo, a resistência alemã não podia ganhar.[37] A declaração de guerra de Hitler contra os Estados Unidos fez a Casa Branca rejeitar a aproximação de Lochner, recordou ele, considerando-a "muito embaraçosa".[38]

A conspiração do Natal desmoronou. Já cambaleante por causa desse golpe, a resistência sofreu outro, em 19 de dezembro, quando Hitler culpou o cada vez mais oposicionista Brauchitsch pela ofensiva fracassada contra Moscou e o afastou do cargo de comandante em chefe.[39] No entanto, aquelas perdas só por curto tempo debilitaram os conspiradores. Eles se recuperaram porque o padre Rösch replantou, em seus espíritos, "a imagem do homem".[40]

Aconteceu entre 22 e 25 de maio de 1942, em Kreisau, na propriedade de Moltke na Silésia. No fim de semana de Pentecostes, os conspiradores viveram durante três dias no novo mundo que buscavam. Os 24 convidados de Moltke se lembrariam com unânime entusiasmo do cenário idílico: os lilases ao sol, as ovelhas e as beterrabas, as conversas até tarde da noite junto à lareira. A festa de Pentecostes estimulava o espírito de renovação, com a tradição do Espírito Santo surgindo, entre línguas de fogo, aos apóstolos reunidos secretamente em Jerusalém. Os conspiradores se viam como apóstolos modernos, numa nova Babilônia, e o padre Rösch os orientava. Ele lhes ensinou a maneira de resistir a um interrogatório, com base em suas mais de cem confrontações com a Gestapo. Ele ofereceu o simples conselho de "rezar para seu anjo da guarda".[41] Isso fixou o tom cristão primitivo que inspirou o fim de semana: o *éthos* das catacumbas, a pureza rejuvenescedora de um retorno às raízes. A mulher de Moltke escreveu a respeito do padre Rösch: "Realmente, nós nos sentimos totalmente renascidos por causa dele."[42]

Rösch foi muito habilidoso e discreto para sugerir que ele se dirigiu ao papa. No entanto, o Vaticano coordenou e aprovou previamente a agenda de Kreisau, como os textos secretos de Moltke revelaram. Em 8 de maio, "um homem veio em nome de Rösch querendo saber diversas coisas; além disso, vindo de encontros com o papa [*Besprechungen beim Papst*]", registrou Moltke, e "uma das principais perguntas de Roma era: 'O que o senhor pode falar a respeito da questão da ordem econômica?'".[43] Moltke teve um dia inteiro de conversas, desde a manhã até a meia-noite, com o enviado do Vaticano, que ele identificou somente como "o desconhecido". Por meio de Moltke, o desconhecido retransmitiu perguntas a respeito da ordem pós--Hitler ao bispo de Berlim, Konrad von Preysing;[44] e por meio de Moltke, por sua vez, Preysing respondeu ao papa. No fim, fizeram "muito progresso". Moltke pensou: "P[reysing] ficou evidentemente satisfeito, assim como eu."[45] O manifesto resultante da conferência, redigido pelo padre jesuíta Delp e editado por Rösch,[46] estava estritamente em conformidade com o ensinamento social católico, como estabelecido na encíclica de Pio XI, *Quadragesimo anno*, de 1931, que Moltke admirava há muito tempo.[47]

Quando Rösch leu o manifesto para o grupo, causou impacto. Rejeitando grande quantidade do pensamento político que remontava ao século XIV, o documento denunciava o "endeusamento do Estado" [*Staatsvergöttung*] e lamentava sua progressiva expansão num "abraço de píton, que tivera êxito em exigir direitos sobre o homem inteiro". Em oposição a esse monstro anônimo, Roma propôs um localismo comunitário, "o maior número possível das menores comunidades possíveis".⁴⁸ A *Christenschaft*, a união dos cristãos, se tornaria a unidade básica dessa nova ordem. A Alemanha retornaria à teoria do "Estado orgânico", que tinha desaparecido com Carlos Magno.⁴⁹ Rösch persuadiu os líderes da resistência protestantes e os chefes dos sindicatos socialistas de que esse modelo era apropriado para o futuro alemão. Quase como se o fogo pentecostal tivesse descido sobre suas cabeças, um romantismo reacionário se estabeleceu. Rösch transmitiu a visão de uma nova cristandade, construída sobre bases social-democráticas, em vez de feudo-militares; e essa nostalgia política alimentou a sensação de que a Reforma protestante foi um erro grave, pois o declínio da Igreja católica permitiu a ascensão do Estado absoluto. Embora fosse uma explicação algo monística da situação difícil da Alemanha, orientou os conspiradores em seu mundo arruinado. A energia que tinham dedicado antigamente a explicar Hitler podia ser dedicada agora a combatê-lo.

Rösch analisou o ponto de vista católico a respeito do tiranicídio. Tomás de Aquino tinha enfatizado que o afastamento de um tirano não deve provocar uma guerra civil.⁵⁰ Nesse sentido, o grupo de Kreisau, criado exatamente para impedir a agitação após o afastamento de Hitler, legitimava a conspiração.⁵¹ "Havia conversas de que outro atentado contra a vida de Hitler tinha acontecido, do qual nada se tornara público", recordou Rösch.⁵²

Os conspiradores se comprometeram como irmãos na guerra e em Cristo. Quando o fim de semana se encerrou, selaram sua honra com uma insígnia secreta. Assim como os primeiros cristãos rabiscaram o símbolo do peixe nas catacumbas romanas, os membros do grupo de Kreisau se reconheceriam por um símbolo próprio: um círculo encerrando uma cruz. O círculo representava seu *Freundkreis*, o circuito fechado de amigos que confiavam uns nos outros com suas vidas. A cruz correspondia à crença em Cristo. Juntos, o círculo e a cruz, sua fé e sua amizade, formavam uma mira.⁵³

O êxtase religioso de Kreisau reanimou a resistência. A conspiração avançou nos meses seguintes. No entanto, as realidades que abalaram os conspiradores tomaram forma assim que o Círculo se constituiu. Acontecimentos em Praga, exatamente do outro lado das montanhas que protegiam Kreisau, tinham, pela terceira vez, posto a SS no rastro das ligações dos conspiradores com o papa. Tendo escapado duas vezes antes, o grupo de Canaris, naquele momento, cometeu erros bobos que levaram alguns de seus membros, com o tempo, a porões de tortura e, finalmente, à morte na forca.

Capítulo 14

CONVERSAS NA CRIPTA

Em julho de 1942, Josef Müller trouxe Dietrich Bonhoeffer a Roma para conversas com os auxiliares do papa. O diálogo visava a construir pontes e fechar lacunas inter-religiosas, de modo que os cristãos pudessem coordenar sua luta contra Hitler. Müller apresentou Bonhoeffer ao padre Leiber e a monsenhor Kaas, que, com sutileza, fizeram proselitismo, apresentando ao protestante a busca ao túmulo de Pedro.[1]

As conversas na cripta evocaram a perspectiva de uma cristandade reconciliada. Bonhoeffer apreciou o ensinamento católico: a respeito da Igreja no mundo, a respeito de Cristo tomando forma nos acontecimentos correntes, a respeito do lugar da Igreja no vale da morte. Recomeçando de onde as conversas de Kreisau pararam, os participantes concordaram que a divisão entre protestantes e católicos tinha ido "muito além daquilo a que os reformadores tinham realmente aspirado". O padre Leiber admitiu que a Igreja católica tinha "perdido algum equilíbrio quando perdeu o norte da Europa, pois, então, ficou sujeita à influência dos romances italianos acerca do amor entre mãe e filho, que criou todo o culto da Madona".[2] Bonhoeffer, por seu lado, admitiu que os príncipes protestantes tinham se aproveitado da Reforma para confiscar os bens da Igreja. Ele ainda disse que os padres católicos, como celibatários, combatiam melhor Hitler, pois não tinham dependentes contra os quais os nazistas podiam se vingar.[3]

O relatório de Müller a respeito dos diálogos na cripta influenciaram a resistência da Igreja na Alemanha. Uma declaração de missão revisada do Comitê destacou que os católicos deviam "agir em favor não só das Igrejas cristãs, em questões puramente sectárias, canônicas ou espirituais, mas sobretudo na defesa das pessoas como seres humanos".[4] O padre Delp considerou essas palavras como um chamado para salvar a vida de pessoas não arianas. Ele escreveu na agenda aprovada pelo Vaticano para a segunda conferência de Kreisau, em outubro de 1942: "Restauração dos direitos humanos básicos (sobretudo dos judeus)."⁵ Sua paróquia em Munique se tornou uma base na rota de fuga secreta para a Suíça.⁶

Müller e outros integrantes do grupo de Canaris também estavam ajudando os judeus. Nos primeiros meses da guerra, seu círculo do Abwehr tinha conseguido levar o proeminente rabino ortodoxo Joseph Isaac Schneersohn, do movimento Chabad, de Varsóvia para o Brooklyn;⁷ e, em 1942, Dietrich Bonhoeffer estava levando judeus para a Suíça por meio de uma operação especial do Abwehr, com o codinome U-7. Ansioso para salvar alguns conhecidos judeus, Canaris tinha dado a Hans von Dohnanyi a missão de supervisionar a fuga deles, sob o pretexto de que o Abwehr poderia utilizá-los como agentes, aparentemente para infiltração nos Estados Unidos. Müller e Wilhelm Schmidhuber, agente do Abwehr em Munique, arranjaram uma "*ratline*",⁸ ou seja, rota de fuga para os refugiados, que era agilizada por dólares que Schmidhuber contrabandeava para o apoio temporário aos judeus, e que utilizava uma rede de mosteiros que se espalhavam da Eslováquia à Itália.⁹

No entanto, essa *ratline* podia se converter numa armadilha.¹⁰ No Pentecostes de 1942, a alfândega alemã começou a descobrir o plano de resgate quando prendeu, na estação ferroviária de Praga, um operador do mercado paralelo de câmbio por troca ilegal de divisas. Ao inspecionar a pasta do homem, a polícia descobriu pedras preciosas. O suspeito confessou que Schmidhuber tinha lhe pedido que trouxesse as pedras preciosas e o dinheiro para acertar algumas pendências com judeus.¹¹ O inspetor-chefe da alfândega telefonou a um colega e lhe pediu que prendesse Schmidhuber em Munique. Mas o colega, que era simpatizante da resistência, telefonou para Schmidhuber e Müller. Eles avisaram Canaris de que uma avalanche estava caindo sobre eles.¹²

Schmidhuber tinha lavado dinheiro para resgatar judeus. Dohnanyi tinha lhe pedido que contrabandeasse cem mil dólares para doze U-7 de Berlim, para quem Bonhoeffer tinha assegurado refúgio na Suíça. Schmidhuber, porém, tinha visto a chance de ganhar algum dinheiro como atividade paralela, colocando em risco o círculo mais amplo. Embora não tivesse conhecimento do papel do papa nas conspirações de assassinato,¹³ Schmidhuber ajudou Pio a vazar os planos de guerra de Hitler – recebendo chamadas de Müller do hotel Flora e passando a Leiber os dados atualizados do ataque.¹⁴

Se Schmidhuber falasse, Hans Oster advertiu Canaris, ele "poderia levar todos nós à forca facilmente".[15]

Enquanto isso, o drama dos judeus colocava Pio à beira do protesto. Em 20 de janeiro de 1942, Reinhard Heydrich, chefe dos espiões da SS, presidiu uma reunião no subúrbio berlinense de Wannsee, para planejar o extermínio do judaísmo europeu.[16] Cinco semanas depois, o padre Pirro Scavizzi relatou que os alemães tinham começado a exterminar populações inteiras. Como capelão militar da Ordem de Malta, Scavizzi tinha acompanhado um trem italiano convertido em hospital militar através da Polônia e da Rússia ocupadas, onde oficiais com a consciência pesada lhe contaram a respeito de "deportações para campos de concentração, dos quais, eles disseram, poucas pessoas voltam vivas (...) Nesses campos, milhares e milhares de pessoas são assassinadas sem qualquer processo judicial". Perto de Auschwitz, os informantes do capelão revelaram que conseguiam sentir o cheiro nauseabundo da fumaça do crematório.[17] Scavizzi fez um relatório para o arcebispo de Cracóvia, que o mandou destruí-lo, com medo de que os alemães descobrissem o texto e "matassem todos os bispos e talvez outras pessoas".[18] O padre obedeceu, mas primeiro fez uma cópia em segredo, para o papa tomar conhecimento.[19] Em 12 de maio, quando Scavizzi entregou o relatório, o padre afirmou tempos depois, Pio descontrolou-se, elevou as mãos ao céu e "chorou como uma criança".[20]

Naquele verão, o mundo ainda só tinha escutado rumores a respeito do genocídio, mas Pio tinha uma pilha de relatórios.[21] Da Eslováquia, o núncio Giuseppe Burzio telegrafou que oitenta mil judeus morreram na Polônia. Angelo Rotta, núncio em Budapeste, escreveu que os judeus eslovacos tinham "partido para uma morte certa". Gerhard Riegner, representante do Congresso Mundial Judaico em Genebra, falou ao núncio em Berna a respeito dos judeus exterminados por "gás e injeções letais". Mesmo Orsenigo, agente papal pró-Eixo em Berlim, considerou "hipóteses macabras" a respeito dos destinos dos deportados, acrescentando: "Todos os propósitos bem-intencionados de intervir em favor dos judeus são impossíveis."[22] Os bispos holandeses, porém, divulgaram uma condenação pública; e os nazistas reagiram, deportando quarenta mil judeus holandeses.[23]

A derrocada holandesa pôs Pio sob pressão. Certo anoitecer – provavelmente no final de julho ou começo de agosto de 1942 –, o padre Leiber entrou na cozinha dos aposentos papais e viu duas folhas de papel ostentando a escrita cursiva inconfundível do papa.²⁴ As páginas continham o protesto mais veemente do Vaticano até então contra a perseguição aos judeus. O papa planejava publicar o texto no *L'Osservatore* naquela mesma noite. No entanto, Leiber recomendou que Sua Santidade se lembrasse da carta pastoral dos bispos holandeses. Se o documento custou a vida de quarenta mil judeus, um protesto ainda mais veemente, de uma figura ainda mais proeminente, poderia custar a vida de um número muito maior de judeus. O papa agiria melhor mantendo silêncio público e fazendo tudo o que podia em segredo. Pio entregou as folhas de papel para Leiber, que as jogou na lareira da cozinha e as observou queimar.²⁵

No entanto, alguns meses depois, Pio protestou contra o genocídio. Em sua mensagem anual de Natal, denunciou "as muitas centenas de milhares de inocentes executados ou condenados à extinção lenta, às vezes simplesmente por causa de sua etnia".²⁶ Embora não dissesse "judeu", Pio utilizou uma palavra para "etnia" – *stirpe* – que os italianos usavam como eufemismo para judaísmo.²⁷ Embora achassem que Pio não fora longe o suficiente, os diplomatas dos Aliados não objetaram – ou pareceram não notar – que ele deixou de usar a palavra "judeu". Em vez disso, reclamaram, como os documentos do Vaticano registraram, que ele não tinha "mencionado os nazistas" pelo nome.²⁸

Os nazistas reagiram como se isso tivesse ocorrido. Ribbentrop, ministro das Relações Exteriores alemão, telefonou ao embaixador Diego von Bergen em Roma. Uma análise do serviço de inteligência da SS a respeito do texto do papa considerou-o "um longo ataque a tudo que defendemos (...) Deus, ele afirma, considera todas as pessoas e raças merecedoras da mesma consideração. Nesse caso, ele está falando claramente em favor dos judeus (...) Na prática, ele está acusando o povo alemão de injustiça em relação aos judeus e fazendo o papel de porta-voz dos criminosos de guerra judeus".²⁹ O pastor protestante François de Beaulieu, sargento operador de rádio em Zossen, foi preso por distribuir cópias clandestinas da mensagem natalina de Pio, em vez de destruí-la. Um tribunal militar acusou Beaulieu de difundir "documento subversivo e desmoralizante" e de "estar espiritualmente enfeitiçado por ambientes judaicos e ser favorável aos judeus". Poupado da pena de morte mediante a intervenção de seus superiores, Beaulieu, posteriormente, discordou daqueles que disseram que Pio deveria ter feito um gesto mais corajoso. "Que utilidade teria se o papa tivesse se imolado na frente do Vaticano? O necessário era a revolta de todos os pastores protestantes e padres da Alemanha."[30]

No final de 1942, os planos para uma revolta cristã estavam ganhando força. A unidade inter-religiosa tornou-se um axioma operacional à medida que a política secreta do papa crescia gradualmente em Munique, Colônia e Berlim. As conversas na cripta continuaram para apoiar a expansão do Comitê. "A Igreja está obrigada a recuperar contato com seus círculos alienados cada vez maiores por meio de nosso pessoal integrado e orientado ideologicamente", escreveu padre Delp. Marcando o novo ecumenismo que o inspirou a intermediar uma aliança entre líderes da resistência católicos e trabalhistas socialistas, ele ressaltou: "Devemos tentar coordenar as iniciativas de grupos extraeclesiásticos para a derrubada do sistema por forças suficientemente poderosas."[31]

Contudo, enquanto Delp coordenava essas forças, Canaris enfrentava um dilema moral.[32] Ao expor a *ratline*, Willy Schmidhuber pôs em perigo uma iniciativa capaz de salvar a vida de milhões de pessoas. Segundo alguns relatos, Oster encorajou Canaris a liquidar o não muito virtuoso Schmidhuber antes que ele os traísse. No entanto, Canaris recusou o pedido, assombrado pela sua cumplicidade posterior referente ao assassinato da revolucionária Rosa Luxemburgo, em 1919.[33] Em pânico, Schmidhuber fugiu para um hotel em Merano;[34] a polícia italiana o deportou para Munique algemado.[35]

Naquele momento, a areia começou a escorrer na ampulheta. "As próximas oito semanas serão cheias de tensão, como nunca antes em nossas vidas", escreveu Moltke para sua mulher, em 25 de outubro, quando suas reuniões com Müller e os jesuítas se tornaram bastante frequentes. "Estranho como uma infinidade de coisas depende subitamente de uma única decisão. São os poucos momentos em que um homem pode realmente contar na história do mundo."[36]

Capítulo 15
TIROTEIO NA CATEDRAL

Pouco depois do dia de Pentecostes, Praga estava silenciosa, tão silenciosa que alguém quase podia ouvir uma carruagem de um tempo perdido chacoalhando nas ruas calçadas com pedras.[1] O almirante Canaris chegara à cidade uma semana antes. Ele caminhara por suas ruas sinuosas e cercadas de muros, admirando as igrejas excessivamente adornadas; até os pináculos tinham seus próprios pináculos. Seus agentes lhe mostraram a cidade secreta; os restaurantes em porões que só os moradores locais conheciam. Após o consumo de algumas garrafas de vinho Tokaji, Praga ficava mais sinistra e mais bela, como um dos contatos jesuítas de Canaris recordou, "com suas sombras e espectros", com "suas lembranças de algo submerso" e apenas com os contornos embaçados das torres reluzindo através da névoa enluarada. "Era uma visão mágica, pois não se viam as paredes que apoiavam as cúpulas douradas, que pareciam flutuar no ar, envolvidas em mistério sagrado".[2]

Canaris convertera Praga numa ilha de seu arquipélago oculto. Ele passou quase dois anos construindo esse recife de resistência; a SS precisou de apenas um mês para destruí-lo. No entanto, no Protetorado tcheco, os inimigos secretos de Hitler encontrariam, quase antes de sua derrocada, um triunfo impressionante, em que Hitler afirmaria ver a mão secreta da Igreja católica. Como as cúpulas flutuantes de Praga, os acontecimentos pareceram mais fantásticos porque seu sistema de apoio permaneceu invisível, e os fatos pareceram pairar no ar, com as fundações ocultas num segredo santificado.[3]

Reinhard Heydrich, chefe dos espiões da SS, vivia em Praga. Do Castelo de Hradschin, ele comandava a campanha do partido contra a Igreja católica e o assassinato dos judeus europeus. Em 18 de maio, Canaris visitou Heydrich para discutir uma divisão do trabalho secreto entre os espiões militares e do partido, conhecido informalmente como os "dez mandamentos".[4] No encontro, Heydrich referiu-se ameaçadoramente a respeito dos "vazamentos através do Vaticano, em 1940".[5] Ele não encerrara seu dossiê a respeito da Rede Negra.

Cinco dias depois, os agentes da resistência tcheca tomaram conhecimento da agenda de deslocamentos de Heydrich.[6] Decidiram matá-lo quando ele se dirigisse ao seu castelo, numa curva fechada onde seu motorista teria de frear e reduzir muito a velocidade.

Em 27 de maio, às nove e meia da manhã, dois guerrilheiros tchecos se posicionaram no caminho.[7] Sob suas capas de chuva, Jan Kubiš e Jozef Gabčík ocultavam submetralhadoras e granadas. Um terceiro homem estava agachado atrás de uma cerca viva, para sinalizar com um espelho a aproximação do carro de Heydrich.

Às 10h31, o espelho reluziu. Quando o Mercedes verde-escuro de Heydrich ficou ao alcance da visão, Gabčík deu um passo à frente para atirar. No entanto, sua arma travou. Então, Kubiš jogou uma granada no carro. Heydrich, ferido, cambaleou para fora dos restos do carro, sacou sua pistola e, então, desfaleceu. Uma semana depois, morreu.[8]

Os agentes tchecos fugiram para a cripta da catedral de Praga. Dormiram nos nichos das paredes de pedra construídos para alojar os cadáveres dos monges. Os membros da resistência planejaram escapar para as montanhas da Morávia, de onde poderiam partir para a Inglaterra. Eles encenariam um serviço em memória dos mortos na catedral, homenageando as vítimas do expurgo da Gestapo que o assassinato de Heydrich provocou. Ninguém suspeitaria que os agentes seriam retirados da catedral dentro de caixões.[9]

No entanto, alguém os traiu. Como Heinz Pannwitz, investigador da SS, recordou, Atta Moravec, agente da rede de apoio aos assassinos, sucumbiu quando os interrogadores "mostraram a ele a cabeça de sua mãe flutuando num tanque de peixes".[10] Moravec confessou que lhe falaram para se esconder na catedral se ele alguma vez ficasse em apuros.

Pannwitz cercou a igreja com tropas da SS. Ele postou guardas em cada tampa de bueiro e telhado da região. Com a expectativa de descobrir o escopo total da conspiração, Pannwitz ordenou que os grupos de assalto capturassem os suspeitos vivos.

Às 4h15 da manhã, em 18 de junho, os alemães invadiram a catedral. "Reunimos os padres",[11] recordou Pannwitz, "mas eles negaram saber alguma coisa a respeito de agentes secretos." Porém, o capelão Vladimír Petřek não conseguiu explicar por que estava faltando uma das barras de ferro de sua janela. Os invasores levaram Petřek enquanto investigavam a catedral pouco iluminada. Depois de atravessar a nave ficaram sob o fogo dos tchecos, que vinha da galeria do coro.

Os tiros atingiram um dos investigadores na mão. A infantaria da Waffen-SS respondeu com pistolas automáticas. Os tchecos se abaixaram e não foram atingidos por nenhum tiro. Então, eles lançaram uma granada, pondo fogo nas cortinas do santuário. Os alemães tentaram atacar a galeria do coro, mas só podiam alcançá-la por uma escada em caracol estreita, colocando-os sob a mira dos guerrilheiros tchecos situados acima. Assim, os alemães arremessaram granadas, como Pannwitz recordou, até que os defensores "lentamente silenciassem".[12] Um grupo da SS, com capacetes de aço, subiu a escada cautelosamente.

Na galeria, encontraram três homens. Dois estavam mortos e o terceiro agonizava. O agonizante era Kubiš, que tinha lançado a granada que matou Heydrich. As tentativas de mantê-lo vivo fracassaram após vinte minutos. "A principal testemunha estava morta", afirmou Pannwitz, e ele considerou o fato "uma grande perda".[13]

Gabčík, o atirador da margem da estrada, continuava à solta. Mas os alemães ainda não tinham revistado as catacumbas. O capelão Petřek, naquele momento, admitia que tinha abrigado sete homens na igreja. Quatro estavam na cripta. Ao remover alguns esqueletos, eles converteram os esquifes em compartimentos de dormir. Os outros três só subiram para a galeria porque sentiram claustrofobia nos nichos dos esquifes. Petřek desenhou a planta dos túmulos e revelou que só havia um caminho de entrada e saída. Ele ergueu uma laje e mostrou aos alemães um alçapão.[14]

Pannwitz esperava que Petřek conseguisse convencer os guerrilheiros a sair. Os tchecos disseram que jamais se renderiam. "Eles estavam muito bem armados", recordou Pannwitz. "Quem quer que passasse uma única perna pelo alçapão seria imediatamente atingido por um tiro."[15]

Pannwitz chamou a brigada de incêndio para inundar a cripta com água. Os tchecos direcionaram as mangueiras para o lado de fora e descarregaram suas pistolas ferozmente contra os SS. Gás lacrimogêneo se mostrou problemático porque vazava através das juntas do piso e alcançava os investigadores da Gestapo. Finalmente, uma unidade de assalto de três homens tentou descer na cripta. Os tchecos dispararam contra o grupo e uma força de apoio teve de resgatá-lo. Com água na altura dos joelhos, as tropas da SS atiravam nos nichos dos caixões. Gabčík e seus amigos atiravam de volta, até que ficaram quase sem munição. No momento em que sobraram apenas os últimos cartuchos, um atirou no outro, e, finalmente, o último homem se matou.[16]

O fato de o clero esconder os assassinos enfureceu Hitler. Que os padres em questão fossem da Igreja ortodoxa e não da Católica Apostólica Romana importava pouco para ele. A diferença de denominação parecia apenas um disfarce engenhoso do Vaticano. De fato, o papa tinha veiculado um *motu proprio* secreto, permitindo que os padres ortodoxos mantivessem suas conversões ao catolicismo em segredo.[17] Hartl, o especialista em Vaticano da SS, revelou que o papa coordenava as operações com a Igreja ortodoxa tcheca por intermédio de um mosteiro situado na passagem de Dukla, na região leste da Eslováquia.[18] De acordo com Hartl, desde os anos 1920, Pacelli tinha supervisionado um plano de infiltração na Europa Central e na parte europeia da União Soviética, usando jesuítas disfarçados de padres ortodoxos.[19] Um desses padres, Hartl suspeitava, era Matěj Pavlík, que deixou o catolicismo em 1921 para fundar uma Igreja nacional tcheca.[20] Pavlík manteve a amizade com Roma, e os fundamentos de sua separação da Igreja pareciam superficiais: ele queria ajudar legionários tchecos que voltavam da Primeira Guerra Mundial com mulheres russas.[21] Ele se tornou bispo de Praga, e foi em sua catedral que os assassinos de Heydrich se esconderam.

Pavlík admitiu que ajudou os conspiradores. Mais tarde naquele ano ele foi executado, junto com Petřek, seu capelão. Robert Johannes Albrecht, tradutor militar alemão em Praga, que confessou ser secretamente um jesuíta, também foi executado por apoiar os assassinos.[22] Embora uma sindicância da SS tenha fracassado em ligar os conspiradores a Pio, Hitler mencionou o episódio para explicar por que pretendia fazer um "acerto de contas" com o papa.[23]

– Só precisamos nos lembrar da estreita cooperação entre a Igreja e os assassinos de Heydrich – disse Hitler a Martin Bormann. – Os padres católicos não só permitiram que eles se escondessem, mas também que se entrincheirassem no santuário do altar.[24]

Assassinos ligados à Igreja ocupavam os devaneios paranoicos de Hitler. Em 16 de novembro, ele afirmou a três oficiais que "existiam planos contra sua vida; até agora, ele tinha conseguido tornar miserável a vida para aqueles que estavam no encalço dele". Um dos oficiais se lembra de Hitler dizendo: "O particularmente triste a respeito de tudo aquilo era o fato de que eles não eram comunistas fanáticos, mas sim membros da *intelligentsia*, os supostos padres."²⁵

Em novembro de 1942, o doutor Manfred Roeder, promotor de justiça da Luftwaffe, começou a interrogar o agente do Abwehr Willy Schmidhuber. "Ele declarou que viajou para Roma sob ordens do escritório do serviço de inteligência militar de Munique, para estabelecer contatos com membros influentes do clero alemão no Vaticano", testemunhou o oficial da SS Walter Huppenkothen depois da guerra.

> A intenção não foi só a utilização desses relacionamentos para aquisição de informação de conteúdo militar e político, mas também para o estabelecimento de contato, por meio do Vaticano, com círculos de oposição para investigar as possibilidades de paz. Schmidhuber também revelou que o advogado de Munique e primeiro-tenente da reserva, o doutor Josef Müller, que tinha acesso muito bom ao Vaticano, realizava missões similares em Roma. Ele sabia que havia um "grupo de generais" por trás daquela atividade, mas não quem eram seus membros. O oficial responsável a respeito dessas questões era a autoridade judiciária do Reich Von Dohnanyi, do gabinete de Oster, que também tinha feito muitas viagens para Roma sozinho, onde Müller o colocava em contato com influentes personalidades do Vaticano. Schmidhuber forneceu todas essas informações por iniciativa própria, sem indução (...) Não obstante, a princípio, avaliamos essas informações de forma cautelosa. Pela personalidade insegura e fraca de Schmidhuber, tivemos de considerar que ele talvez estivesse nos manipulando para obter leniência no processo criminal, pondo pressão sobre personalidades em cargos superiores, incluindo Canaris, que também pode estar sujeito a investigação.²⁶

Por causa da posição de Canaris, seus inimigos tinham de se mexer com cuidado.²⁷ Himmler iria requerer ao general Wilhelm Keitel, do alto-comando, permissão para quebrar o sigilo dos escritórios do Abwehr, que Canaris tão ciosamente protegia. Uma mera irregularidade em troca de divisas não seria suficiente. Mas se o caso envolvesse mais do que isso, Roeder prometeu, ele o revelaria. Ele tinha reputação de ser sanguinário: sua recente acusação contra o Rote Kapelle, grupo de resistência comunista, tinha resultado em penas de morte para seus líderes.[28]

Em 27 de novembro, Dohnanyi voou para Roma.[29] Ali, em suas contínuas conversas no Vaticano,[30] havia esperado obter o apoio dos Aliados para um governo pós-Hitler.[31] Especificamente, ele buscava aprovação para uma lista de *Landesverweser*, ou comissários regionais, que assumiriam responsabilidade interina após o afastamento de Hitler.[32] No entanto, naquele momento, Dohnanyi teve de alertar os conselheiros do papa de que a prisão de Schmidhuber tinha colocado o grupo de Oster, e suas ligações com Pio, sob novo escrutínio. Novamente, o padre Leiber exigiu que os conspiradores militares queimassem todos os papéis que implicavam Pio, sobretudo o documento papal expondo as condições de paz dos britânicos. "Os documentos foram destruídos", teria dito Dohnanyi.[33] Uma mentira. Os militares tinham simplesmente escondido seus principais documentos num porão, no quartel-general do Exército em Zossen.[34]

Enquanto Dohnanyi estava em Roma, Müller tinha de responder a perguntas em Munique. Felizmente para ele, Karl Sauermann, promotor de justiça da Luftwaffe, pareceu cético a respeito do caso Schmidhuber.[35] Emergiu que Müller tinha emprestado dinheiro para Schmidhuber para a compra de selos postais eslovacos, mas Müller conseguiu demonstrar que seu passatempo filatélico encobria reuniões com fontes do Abwehr.[36] Quando Sauermann insinuou que alguns oficiais do círculo de Canaris podiam ser desleais, Müller fingiu indignação:

– O senhor acha que [o Führer] teria permitido que o almirante permanecesse em seu cargo se houvesse um grão de verdade nisso? O senhor acha que o Führer é ingênuo a esse ponto?[37]

Após o interrogatório, Canaris procurou Müller em Munique.[38] No saguão do hotel Regina, ao pé da grande escadaria em curva, Müller atravessou uma arcada, alcançou o restaurante e viu uma mesa reservada para o almirante e seus acompanhantes. Três homens da SS estavam sentados a uma mesa adjacente, observando a porta. Müller identificou um deles como o sucessor de Heydrich: Ernst Kaltenbrunner, chefe dos espiões da SS, mais alto que os outros SS, com uma grande cicatriz no rosto.[39]

Müller subiu até o quarto de Canaris. O almirante não parecia ele mesmo, e o relato da presença de Kaltenbrunner pareceu perturbá-lo profundamente.

Ele começou a socar as paredes, procurando microfones ocultos. Tirou os quadros das paredes e examinou as molduras. Em seguida, passou as mãos sob as beiradas das mesas e das cadeiras. Aparentemente satisfeito, Canaris cobriu o telefone com seu casaco e perguntou a respeito do interrogatório.[40] Müller respondeu que quiseram saber a respeito de suas missões junto ao Vaticano, mas ele tinha se livrado de todas as suas pastas antes da chegada de Sauermann. Eles não encontraram nada. No entanto, Canaris estava preocupado com o dinheiro que Dohnanyi tinha dado a Schmidhuber para os U-7. Eles pareciam aprisionados na armadilha. O almirante afundou numa cadeira e murmurou, meio para si mesmo: "É uma tensão constante." Os nervos dele pareciam em frangalhos.[41]

Müller só via uma saída. Canaris deveria reconsiderar a oferta de Keitel para deixar o serviço de inteligência militar criar uma unidade própria de controle interno, de modo que Canaris pudesse investigar os crimes dentro de seu próprio serviço. Na situação difícil de então, isso certamente os ajudaria a controlar a investigação.[42]

Canaris não levaria em consideração aquilo. O caso de Rosa Luxemburgo o assombrava. Em 1919, após o assassinato de Luxemburgo por *Freikorps* paramilitares, Canaris tinha atuado como oficial subalterno na corte marcial, a qual fez um julgamento estranhamente benevolente dos assassinos. Alguns suspeitaram da cumplicidade dele na morte de Luxemburgo. Ele não queria ter nada a ver com "caçadas humanas", disse a Müller. Já tinha suficientes fardos emocionais referentes aos "velhos tempos". Levantando-se abruptamente, sugeriu que eles descessem para comer.[43]

Müller sugeriu que eles comessem em outro lugar, em virtude da vigilância da SS. Canaris discordou. Eles sempre deviam fazer o inesperado. Quando um franco-atirador tinha alguém em sua mira, afirmou ele, o alvo devia sair do esconderijo para confundi-lo. Quando eles desceram as escadas, porém, Canaris agarrou Müller para se firmar. "Aquele criminoso ainda está sacrificando milhões de pessoas apenas para prolongar sua vida miserável", disse ele, baixinho.[44] Assustado, Müller levou-o de volta ao quarto para se recompor. Quando voltaram para o hall, Canaris passou um braço em torno dos ombros de Müller e disse: "Meus nervos, meus nervos! Não aguento mais." Ninguém sabia o que o almirante tinha suportado desde 1933. Ele murmurou a respeito de um nó se apertando e, então, forçou-se a assumir uma expressão de normalidade. Juntos, eles se dirigiram ao restaurante para encontrar o inimigo num lauto banquete.[45]

Canaris sentou-se e fez um gesto de cabeça para Kaltenbrunner. Müller sentou-se ao lado de Canaris. Todos conversaram como velhos amigos. O jantar surreal deu a sensação de uma trégua entre gregos e troianos. Quando terminou, a guerra recomeçou. Nos meses seguintes, Müller voltou ao Vaticano, e o papa voltou a se tornar um conspirador ativo, pois os conspiradores aceleraram seus planos para eliminar Hitler antes que ele pudesse eliminá-los.[46]

Capítulo 16

DUAS GARRAFAS DE CONHAQUE

"Por favor! Vamos! Acordem!" O padre jesuíta Alfred Delp dizia essas palavras em seus sermões do Advento, em 1942, e as falava com tanta frequência em sua vida diária que poderiam ter sido seu lema. Ele desejava uma "sacudida que chegasse ao coração e atingisse diretamente os ossos", recordou um paroquiano. "Um despertar súbito. Algo que forçaria as pessoas a acordar e recuperar o juízo."[1]

Na maior parte de 1942, os alemães procederam como sonâmbulos em relação a Hitler. Quando a Wehrmacht ocupou o Cáucaso, quando Rommel avançou na direção do Cairo, Hitler pareceu invencível. Então, no final do ano, tudo mudou.[2]

Em Stalingrado, os tanques russos cercaram o VI Exército alemão. No Natal, a SS relatou murmúrios de descontentamento doméstico. Naquele momento, o alemão comum sentia que um recuo tinha começado e que não pararia nas fronteiras alemãs.[3]

Os conspiradores perceberam a oportunidade.[4] O general de divisão Tresckow planejou atrair Hitler ao Grupo de Exércitos Centro, em Smolensk.[5] Ali, os conspiradores controlavam o terreno e podiam iludir melhor os guarda-costas de Rattenhuber.[6] O ajudante de Tresckow, Fabian von Schlabrendorff, visitou Berlim para entrar em contato com Oster e Müller e – por meio deles – com os Aliados, por intermédio do Vaticano. Um espião americano que conheceu Schlabrendorff durante a guerra o considerou "muito inteligente", notando que, quando ele falava acerca de algo que o interessasse, seus olhos "cintilavam como os de uma cobra".[7] Na vida civil, advogado, ele ganhou, na resistência, o codinome *Der Schlager*, ou seja, "assassino de aluguel".[8]

Oster reuniu os membros da resistência em sua sala e desenhou um círculo ao redor de Stalingrado, em seu mapa militar. Ele enviou um emissário para Tresckow, que falou da "prisão" de Hitler, eufemismo para assassiná-lo, quando ele visitasse Smolensk em breve. Pouco depois disso, Tresckow chegou a Berlim, com a informação de que o general Friedrich Olbricht, chefe do Escritório Geral do Exército, comprometeu-se a estabelecer uma organização militar secreta capaz de tomar o poder assim que Hitler morresse.[9]

Os conspiradores civis se precipitaram para renovar seus planos. Em dezembro, Josef Müller e Helmuth Moltke passaram a se encontrar quase diariamente com os jesuítas de Munique.[10] Os padres do Comitê enxergaram a necessidade de uma coalizão política para fortalecer a aglutinante conspiração militar. Mas a resistência civil, sustentou padre Delp, tinha um problema considerável.

Seu nome era Carl Goerdeler. Reconhecidamente, ele não carecia de coragem ou carisma. Usando chapéu cinza-claro e um sobretudo amarrotado, carregando uma bengala retorcida, Goerdeler parecia um pregador itinerante e exibia um fervor missionário.[11] Em 1937, renunciou ao cargo de prefeito de Leipzig quando os nazistas destruíram a estátua do compositor judeu Felix Mendelssohn. Em 1939, Goerdeler até tinha escrito para Pacelli, pedindo-lhe ajuda para derrubar Hitler e Mussolini.[12]

No entanto, como suposto chanceler da Alemanha Decente, Goerdeler era uma praga. Antigos líderes de sindicatos e partidos políticos proscritos o consideravam reacionário. Outros também o consideravam um risco à segurança.[13] Apresentando-se a Konrad Preysing, bispo de Berlim, Goerdeler disse, enquanto eles apertavam as mãos: "O regime nazista terá de ser erradicado."[14] Michael Faulhaber,[15] cardeal de Munique, e Theodor Innitzer,[16] cardeal de Viena, relataram encontros semelhantes. Müller não acreditava que Goerdeler se manteria discreto o suficiente para que os conspiradores alcançassem os objetivos compartilhados.[17] Dessa maneira, Moltke e Delp tentaram manter os barões trabalhistas fora do campo de Goerdeler.[18]

Contudo, Delp achava que Goerdeler ainda poderia se mostrar útil; até essencial. O grupo de Kreisau precisava desencadear uma centelha, incluindo uma liderança política unida e da confiança dos generais.[19] Como os generais confiavam em conservadores mais velhos, como Goerdeler, todos tiveram de aceitá-lo.[20] Delp havia trabalhado muito para provocar o golpe e efetivar o assassinato de Hitler, e não ia deixar aquela chance fugir.[21]

Assim, encorajou e conseguiu uma abordagem diferente. Em um lance, a facção mais nova estendeu a mão para o grupo de Goerdeler e uniu forças contra ele. O padre dominicano Laurentius Siemer tornou-se o agente de ligação com Goerdeler, coordenando as células trabalhistas católicas em relação aos seus planos de golpe.[22] Enquanto isso, Delp negociou um pacto entre os chefes católicos e trabalhistas socialistas, de forma que Goerdeler se viu alinhado com forças que o sobrepujavam.[23] No fim, elas liderariam o líder.

Mas como eles o liderariam? Delp respondeu a essa pergunta em sua Declaração dos Ideais de Paz Alemães, que se alinhava com as doutrinas expostas por Churchill e Roosevelt na Carta do Atlântico,[24] de 1941. "A coragem de uma reviravolta interna na Alemanha" traria paz só se os Aliados não receassem que os "elementos militaristas reacionários" ainda mandavam. Para neutralizar essa desconfiança, os alemães deviam aceitar "uma união igual de todos os Estados europeus" e restabelecer os "direitos humanos básicos, sobretudo dos judeus".[25]

Então, Delp encorajou um encontro para unir as forças civis.[26] Em 8 de janeiro de 1943, o grupo mais jovem de Moltke se reuniu com a facção mais velha de Beck, em Berlim. Delp ajudou a organizar a reunião na casa de Peter Yorck, conspirador do grupo de Kreisau, mas não compareceu.[27]

Beck dirigiu o encontro e deixou a facção mais velha falar primeiro. Ulrich von Hassell, ex-embaixador alemão em Roma, lamentou que eles já tivessem esperado tanto tempo, e qualquer novo regime se tornaria "um síndico de massa falida". Goerdeler manifestou otimismo e crença, e tentou evitar se aprofundar em questões controversas, que poderiam dificultar o consenso.[28] Recusando-se a caracterizar seus planos como assassinato ou golpe de Estado, Goerdeler sugeriu que eles atuassem sob a hipótese de que ele, Goerdeler, poderia convencer Hitler a renunciar.[29]

Moltke e seu grupo mais jovem acharam Goerdeler evasivo e ingênuo. Eles queriam um arejamento crítico de ideias realistas: a respeito de Igreja e Estado, capitalismo e socialismo, ditadura e democracia.[30] O pastor protestante Eugen Gerstenmaier respondeu com severidade ao que ele posteriormente denominou "obscuridade pedagógica das questões" de Goerdeler. Moltke ofendeu os mais velhos, murmurando "Kerensky", comparando Goerdeler implicitamente ao governante sem autoridade do qual V.I. Lênin se aproveitou e, depois, descartou durante a Revolução Russa.[31] Como Moltke confessou à sua mulher, no dia seguinte: "Disparei uma flecha envenenada que mantive em minha aljava por muito tempo."[32]

A unidade da facção mais jovem agiu de forma destemida. Adam von Trott zu Solz, funcionário do Ministério das Relações Exteriores, articulou o pleito de Delp em prol de uma Europa unida. Moltke encorajou a cooperação entre as Igrejas e os sindicatos nos termos que Delp tinha delineado.[33] O grupo mais jovem fez como queria. Como Moltke registrou: "O assunto terminou de forma dramática, mas, felizmente, não categórica." Os participantes ratificaram a declaração de ideais de Delp em favor de um front civil unificado. O Círculo de Kreisau e o grupo de Beck-Goerdeler trabalharam como uma unidade com os conspiradores militares.[34] Consumindo sopa de ervilhas com fatias de pão, Beck afirmou, fatidicamente, que eles deviam avaliar o poder operacional de suas forças.[35] Todos concordaram em que um golpe de Estado deveria ocorrer logo.[36]

Enquanto os jesuítas forjavam consensos, seus aliados militares construíam bombas. Tresckow encarregou o oficial do serviço de inteligência *Freiherr* Von Gersdorff de obter explosivos no front oriental. Gersdorff visitou os arsenais do Abwehr e pediu uma demonstração dos explosivos plásticos do tipo concha capturados dos comandos britânicos. Os explosivos utilizavam detonadores silenciosos ativados por ácido não maiores que Bíblias de bolso. Durante um teste, um explosivo destruiu a torre de um tanque russo e a arremessou a uma distância de quase vinte metros.[37]

Gersdorff pegou quatro explosivos e Tresckow se preparou para ocultá-los no Mercedes de Hitler. Se não funcionasse, ele introduziria clandestinamente um pacote no avião de Hitler.[38] Os conspiradores só precisavam levar Hitler a Smolensk.

Tresckow maquinou para fazer isso acontecer. "Hitler tinha de ser persuadido a deixar seu quartel-general na Prússia Oriental", recordou o ajudante de Tresckow, e visitar o Grupo de Exércitos Centro. "Tresckow queria levar Hitler a um lugar familiar para nós, mas desconhecido para ele, criando, assim, uma atmosfera favorável para a fagulha inicial planejada."[39]

Em fevereiro, Müller se dirigiu para o palacete de Beck, em Berlim-Lichterfelde.[40] Durante a conversa, Hans von Dohnanyi se juntou a eles. No entanto, Beck enviou Dohnanyi para o jardim, dizendo que queria falar a sós com Müller.[41]

Eles conversaram durante três horas. Beck considerou que a exigência dos Aliados de rendição incondicional da Alemanha, enunciada em Casablanca, em 23 de janeiro, mudava tudo. Como Müller recordou a conversa deles: "Então, a questão era: podemos usar Casablanca em nosso proveito, evitando uma invasão por meio de um golpe de Estado? A derrubada do regime teria de acontecer antes de qualquer invasão. Esse também era um dos principais motivos pelos quais a tentativa de assassinato promovida por Tresckow não podia tardar."[42] Beck aprovara o plano de Tresckow.[43] "Baseados em fundamentos éticos, os generais se sentiam obrigados a agir. Conto com isso", afirmou Beck. "Agora tenho meu dedo sobre o botão [*ich habe jetzt den Finger auf dem Knopf*]; finalmente acontecerá."[44]

Eles discutiram como entrar em contato novamente com Londres por meio do Vaticano. Müller enfatizou que as chances de sucesso tinham se reduzido desde 1930-1940. No entanto, Beck decidiu que eles deviam tentar conseguir o apoio de Londres. Ele deu a Müller a missão de informar Pio a respeito do golpe iminente... e de pedir ao Santo Padre para atuar, de novo, como agente secreto estrangeiro deles.[45]

Müller passou as duas semanas seguintes em Roma. A evidência extrínseca sugere que ele partiu num voo de Berlim pouco depois de 9 de fevereiro e não voltou antes do dia 22 – talvez sua mais longa permanência em Roma durante a guerra.[46] Além de informar Pio a respeito dos planos do golpe, Müller realizou duas outras missões importantes.

A primeira foi transmitir um relatório urgente da situação de autoria do padre Rösch.[47] Endereçado ao padre Leiber, referia-se aos planos do Comitê contra o regime. Durante os "acontecimentos graves e iminentes das próximas semanas", relatou Rösch, seus jesuítas não só coordenarão "forças trabalhistas", mas também atuarão como "tropas de choque do papa". Se fracassassem, Rösch esperava que fossem "deportados como judeus". Ele manteria o padre Leiber informado, e, se os planos parecessem muito arriscados, "permita-me revogá-los". Na verdade, Rösch confessou com toda a franqueza, ele preferia usar menos orientação de Roma, sobretudo desde que "círculos bem conectados" tinham ficado "em silêncio acerca do destino dos judeus".

A segunda missão de Müller em Roma dizia respeito a bombas atômicas. "Obtive um relatório detalhado de alguém que era empregado pelo Vaticano e pelos Estados Unidos, a respeito da situação da pesquisa atômica", afirmou ele posteriormente.[48] "Também tinha discutido com Canaris. Nós dois conversamos acerca da circunstância de Hitler ter provocado a emigração de pesquisadores e engenheiros químicos judeus para os Estados Unidos, e como eles retaliariam Hitler." Müller pode ter recebido o "relatório detalhado" de um dos cinco físicos americanos que informaram a Pontifícia Academia de Ciências, onde, em 21 de fevereiro, Pio descreveu uma explosão nuclear que talvez ocorresse – mencionando tantos detalhes que sua previsão atraiu a atenção estupefata tanto da unidade da SS de Hartl quanto do serviço secreto britânico.

No entanto, o principal assunto de Müller na Santa Sé era a iminente queda do regime. Ele se aproximou do papa por intermédio de Leiber e, provavelmente, também por intermédio de Kaas.[49] "O general Beck me deu a ordem de avisar o Santo Padre a respeito da iminente revolução na Alemanha e de lhe pedir novamente o esforço para se obter uma paz aceitável", lembrou-se Müller de ter dito a Leiber. "Os generais se sentem obrigados a eliminar essa organização criminosa, que mergulhou a humanidade inteira no infortúnio." A Alemanha Decente quer que Pio conheça seus novos planos para depois da guerra,[50] que Müller resumiu da seguinte maneira:

> Será necessário estabelecer uma ditadura militar na Alemanha por um ano após a queda de Hitler, até que grupos democráticos possam ser criados, que não se assemelharão mais aos partidos políticos na acepção antiga. As tropas alemãs permanecerão temporariamente nos países ocupados, até conseguirem estabelecer contato com os movimentos de resistência, que constituirão as novas forças governantes. Isso não servirá de pretexto para a ocupação contínua dos territórios conquistados. De certa forma, o almirante Canaris possui informação precisa (por exemplo, do chefe de polícia de Paris) de que um movimento anarquista incontrolável se desenvolverá após qualquer retirada abrupta das tropas alemãs.

Müller não só compartilhou os planos subsequentes dos conspiradores, mas também seus preparativos.[51] Como Leiber disse a um espião americano no ano seguinte: a conspiração "resultou diretamente do desastre de Stalingrado", e, em comparação com as iniciativas anteriores, era

(...) muito mais séria e contava com muito mais apoio. O líder era o general Ludwig Beck, e seus partidários civis incluíam (...) todos os núcleos políticos da República de Weimar, exceto a extrema direita e a extrema esquerda. [Konrad] Adenauer, ex-prefeito centrista de Colônia, recusou-se a se juntar ao movimento, pois acreditava que o regime nazista devia arcar com o ônus de perder a guerra antes que a oposição tentasse sua derrubada. As figuras-chave da conspiração eram para ter sido os generais do front oriental, sob a liderança do marechal [de campo] [Erich] von Manstein. Imediatamente após a derrota de Stalingrado, esses generais tinham se desesperado para manter o front coeso.

Leiber não acreditou que os generais fossem fazer alguma coisa. Mas agradeceu a Müller, "em nome da velha amizade", pela mensagem e prometeu transmiti-la.[52]

Prontamente, Pio respondeu em três frentes. Em primeiro lugar, deu sua sanção moral, concordando que os conspiradores enfrentavam "poderes diabólicos", enfatizando, como Müller recordou, que eles teriam uma justificativa moral em explodir o avião de Hitler, "pois temos de travar nossa guerra contra os poderes do mal".[53] Portanto, Müller poderia tranquilizar o general Beck, assegurando que o assassinato seria admissível "numa emergência moral, para ajudar a preservar o livre-arbítrio do povo, que fora dado a ele pelo seu Criador".

Em segundo lugar, Pio fez planos práticos para reconhecer o regime pós-Hitler. Ele sugeriu acelerar a questão, buscando o *agrément* formal costumeiro – a declaração de disposição para aceitar um embaixador designado – antes de um golpe de Estado real.[54] Ele propôs que, no caso de uma queda do regime, Müller deveria ser reconhecido como emissário especial ao Vaticano do governo pós-Hitler, com o título e o status de embaixador designado. Isso mostraria ao mundo que a Alemanha tinha recomeçado em novas bases. Então, o novo regime deveria enviar Müller para pedir a Pio que atuasse como mediador de um acordo de paz.

Em terceiro lugar, Pio buscaria uma paz em separado com os Aliados ocidentais.[55] Embora a declaração de Casablanca considerasse a mediação papal indesejável,[56] Pio se opunha à política de rendição incondicional proposta pelos Aliados: "Nenhum país aceitaria isso", lembrou-se Leiber das palavras do papa.[57] "Ameaçar a Alemanha com isso só prolongará a guerra."

Pio procurava uma paz rápida por diversos motivos, incluindo o de impedir o avanço soviético na Europa. Ele garantiu a Müller que as chances de um acordo de paz seriam boas se eles derrubassem Hitler antes de uma invasão dos Aliados.⁵⁸ Talvez com base nessa garantia, o general Tresckow logo falou a respeito de acordos com as potências ocidentais para uma rendição em separado no front ocidental.⁵⁹

Os britânicos não fizeram esse acordo com Pio. Monsenhor Kaas abordou o embaixador Osborne, mas os termos do Relatório X de 1940 não estavam mais disponíveis. Churchill, que se sentiu restringido pela declaração unilateral de Roosevelt em Casablanca, poderia ter sinalizado positivamente para a proposta de Müller. No entanto, Churchill nunca teve a chance, pois um espião soviético no serviço de inteligência britânico, Kim Philby, compartilhou a proposta com seus superiores em Moscou, em vez de com seus superiores em Londres.⁶⁰

Washington recebeu a tentativa de diálogo com mais simpatia – ou, ao menos, a recebeu. Em 11 de fevereiro, Leiber tinha começado a transmitir as mensagens de Müller a um jesuíta americano em Roma, o padre Vincent McCormick, que as retransmitiu para o diplomata americano Harold Tittmann, que atuava junto ao Vaticano.⁶¹ Por meio de uma distinta série em cadeia de intermediários, incluindo Friedrich Muckermann, padre jesuíta alemão exilado, Müller informou a Allen Dulles, diretor da Office of Strategic Services (OSS – Agência de Serviços Estratégicos) americana em Berna. Um relatório da OSS do pós-guerra a respeito de Müller afirmou sem rodeios: "Ele era nosso agente e informante durante a guerra com a Alemanha."⁶² Apesar da recusa de Roosevelt de negociar, Dulles e William Donovan, chefe da OSS, não só buscaram contatos com Müller, mas deram a entender de modo geral que a morte de Hitler anularia a declaração de Casablanca de um dia para outro.⁶³

Aquilo era exatamente o que os generais alemães queriam ouvir. "Nossa intenção não era impedir uma invasão anglo-americana no front ocidental. As tropas alemãs recuariam para o interior do Reich e reforçariam o front oriental", recordou o general de divisão Alexander von Pfuhlstein. Durante o golpe de Estado, enquanto a divisão de elite Brandenburg de Pfuhlstein liquidasse a SS em Berlim, os conspiradores "estabeleceriam contato com os Estados Unidos e a Inglaterra por meio do Vaticano, com o objetivo de negociar um armistício", afirmou Pfuhlstein em 1944, acrescentando: "Acho que o Vaticano foi escolhido como lugar de encontro neutro pelos diplomatas responsáveis."[64] Que Pio pedisse, ainda por cima, carta branca para nomear os bispos alemães durante quinze anos deu ao cenário hipotético uma textura de realidade.[65] Embora tentasse não prometer em excesso,[66] Müller achava que a disposição de Roma de atuar como mediador[67] inspiraria seus amigos "na hora mais sombria da Alemanha".[68]

Müller também trouxe de Roma a orientação requerida por Rösch. Em fevereiro, como se esperando ficar sem contato por algum tempo, durante o provável caos que se segue a um golpe, Pio enviou inúmeras cartas para os bispos alemães, e, em seguida, ficou seis semanas sem mandar nada. Antes desse silêncio, em 24 de fevereiro, Pio endossou aquilo que o padre Odlio Braun chamou de "intercessão valorosa", referindo-se aos planos do Comitê.[69] Naquele momento, o padre Delp comentou maliciosamente que "nenhum tirano morreu em sua cama.[70] Isso não é um problema para nós", e acrescentou: "Tomem cuidado, os trabalhadores é que botarão a boca no trombone."[71]

No entanto, o papel do papa na conspiração criou alguns problemas. Entre eles, o primeiro era a necessidade de ocultar seu papel. "Não podemos caracterizar o papa como cúmplice de um assassinato", recordou Müller.

> Consequentemente, na declaração formulada por Beck e por mim – discutimos exatamente como eu devia delinear aquilo – tudo já havia sido preparado, de modo que, no caso de uma derrubada do regime, o papa pareceria ignorante a respeito de tudo (...) No entanto, tivemos de considerar o que faríamos se o golpe fracassasse. O papa não podia ficar imediatamente em estado de alerta, visivelmente pronto para uma mudança de regime – ele pareceria um aluno culpado (...) Naquele momento, muita coisa dependeria da conduta do papa.[72]

Precisando de alguém para encobrir Pio, Müller visitou o bispo de Berlim. Preysing, no caso de um golpe de Estado, concordaria em se tornar um legado papal? Preysing prometeu cumprir diligentemente qualquer missão que Pio confiasse a ele, mas não conseguiu ocultar seu ceticismo.[73] "Os generais hesitarão até a chegada dos russos a Berlim, e, então, talvez, eles tentarão fazer alguma coisa",[74] disse ele a Müller.

Contudo, enquanto Preysing falava, os acontecimentos assumiam um rumo que demonstrava que ele estava equivocado.

Em 18 de fevereiro, a SS prendeu dois universitários em Munique. Hans Scholl e sua irmã, Sophie, lideravam uma célula de resistência que ficou conhecida como Rosa Branca. Trabalhando à noite no depósito de madeira atrás do apartamento deles, os Scholl imprimiam panfletos – "rosas brancas" – denunciando Hitler. Eles viajavam de trem para outras cidades, carregando os panfletos em malas, e os colocavam em caixas de correio ou os espalhavam nas ruas e nas estações ferroviárias. Certa vez, a polícia abriu a bagagem de Sophie, mas não encontrou os panfletos escondidos em sua roupa íntima.[75]

No entanto, os irmãos se tornaram descuidados. Num desafio excessivo, Sophie jogou de uma varanda panfletos no pátio quadrangular da Universidade de Munique. Enquanto os panfletos caíam, um zelador viu os Scholl fugirem. A Gestapo os levou para seu quartel-general no antigo palácio de Wittelsbach. Para obrigar Hans a trair aqueles que o apoiavam, interrogaram Sophie na frente dele. Um homem da SS enfiou um panfleto na cara dele e exigiu saber quem o escrevera. Hans confessou que ele o escrevera e implorou para deixarem sua irmã em paz.[76]

Quatro dias depois, Roland Freisler, juiz do Tribunal do Povo, chegou de Berlim para julgar os Scholl. Sophie declarou que eles tinham apenas escrito o que muitos pensavam, mas tinham medo de dizer. Freisler sabia tão bem quanto eles que a Alemanha não era capaz de ganhar a guerra, ela afirmou. Por que ele não tinha a coragem de admitir? Freisler explodiu de raiva, afirmando que os homens da SS a tinham tratado de modo muito benevolente. Deviam ter quebrado todos os ossos do corpo dela. No entanto, ele não falharia em ministrar justiça. Sophie declarou que a justiça de Deus transcendia a do Estado. Freisler respondeu lendo a sentença do Estado: morte. A mãe dos Scholl gritou e desfaleceu na sala do tribunal. Naquele dia, a Gestapo decapitou seus filhos.[77]

Eles morreram sem revelar suas ligações com a resistência católica. Os Scholl tinham começado seu trabalho secreto distribuindo um sermão do bispo Clemens von Galen, denunciando o uso de gás por Hitler para matar seres humanos como doentio e insano. Sophie Scholl tinha obtido permissão episcopal para reproduzir o texto e distribuí-lo na Universidade de Munique. O padre Delp tinha mantido contato com os Scholl por meio de um amigo.[78] Moltke recebeu o panfleto final e fatal por meio de Josef Müller,[79] que conhecia seu autor: o professor Kurt Huber. "Uma Rosa Branca [panfleto] foi trazida à minha casa e apresentada a mim pelo professor Huber", recordou Müller. "Então, levei a Rosa Branca para Roma junto com outras coisas, e, dali, o texto foi para a Inglaterra e chegou de volta aqui por meio de uma transmissão da Rádio London."[80] As ligações com Müller e Delp tornaram a Rosa Branca quase uma divisão estudantil da Rede Negra.[81]

O caso dos Scholl abalou os conspiradores.[82] Alguns consideraram que os nazistas quiseram dar um recado por meio do julgamento. Por que um juiz da Suprema Corte viria de Berlim?

Duas semanas depois, no começo de março, Hitler caiu na armadilha dos conspiradores. Ele concordou em visitar Smolensk. Ali, os oficiais da cavalaria se voluntariaram para atirar no Führer quando ele se sentasse para almoçar ou para emboscá-lo quando atravessasse os bosques de carro.[83] Em vez disso, Tresckow decidiu sabotar o avião de Hitler no voo de regresso.[84] Em 7 de março, aparentemente para participar de uma reunião do serviço de inteligência, Canaris e Oster voaram para Smolensk com um pacote de explosivos.[85] Schlabrendorff, ajudante de Tresckow, trancou a bomba numa caixa cuja única chave ficou em seu poder.[86]

"Uma simples pressão sobre a cabeça do ignitor quebrava uma garrafinha, liberando uma substância corrosiva", recordou Schlabrendorff. O ácido consumia um arame e um percussor saltava para a frente, explodindo a bomba. "Para ter certeza do efeito, não usamos um pacote de explosivos, mas dois, e os embrulhamos numa embalagem que parecia conter duas garrafas de conhaque."[87]

A chegada de Hitler estava prevista para a manhã do dia 13 de março. O plano parecia pronto. O Comitê do padre Rösch tinha preparado as bases políticas em Berlim, Munique e Viena. O general Olbricht disse a Schlabrendorff: "Estamos prontos. Chegou a hora."[88]

Na Capela Sistina, sexta-feira, 12 de março, Pio celebrou o quarto aniversário de sua coroação.[89] O corpo diplomático romano compareceu em massa. Harold Tittmann, encarregado de negócios da embaixada americana, recordou que os representantes britânico e americano junto à Santa Sé, D'Arcy Osborne e Myron Taylor, trocaram sorrisos significativos. Tittmann atribuiu os sorrisos ao efeito tonificante da filha de Mussolini. Edda Ciano chamava a atenção com seus olhos cintilantes, mantô de zibelina e "cachos como pequenos chifres se elevando a partir de sua testa".[90] Somente mais tarde pareceria haver outra causa plausível para a alegria de seus colegas. Os dois tinham recebido indicações – Osborne por meio de Kaas, enquanto Taylor por meio de Müller – de que a ação contra Hitler era iminente.[91]

No dia seguinte, 13 de março, Hitler voou para Smolensk.[92] Os guarda-costas de Hans Rattenhuber, em uniformes cinza da SS, direcionaram suas submetralhadoras quando o Focke-Wulf Condor de Hitler pousou. A escada foi colocada, a porta se abriu e Hitler desembarcou, curvado e cansado.[93] Após uma reunião tensa com seus generais, ele voltou para o avião. Quando o tenente-coronel Heinz Brandt tentou embarcar, Schlabrendorff o deteve na escada.[94]

A rajada de vento produzida pelas hélices do avião lançava neve ao redor deles, e eles tiveram de gritar para ouvir um ao outro. Schlabrendorff perguntou se Brandt levaria uma garrafa de conhaque para o general Helmuth Stieff. Brandt respondeu que o faria com prazer.[95]

Schlabrendorff entregou-lhe um pacote e lhe desejou boa viagem. Depois que o avião decolou, Schlabrendorff ficou observando-o até ele desaparecer em meio à neve que caía.[96]

Capítulo 17

AS PLANTAS ARQUITETÔNICAS
DE SIEGFRIED

Josef Müller passou o dia 13 de março num bar perto do quartel-general do serviço de inteligência militar, em Berlim, esperando a senha referente à morte de Hitler. O avião particular do almirante Canaris permanecia abastecido no aeroporto de Tempelhof, pronto para levar Müller a Roma pela rota mais rápida. Uma vez no interior dos muros do Vaticano, se tudo saísse como planejado, Müller apresentaria suas credenciais e receberia o reconhecimento oficial do papa do governo pós-nazista. As horas se passaram. Depois de cada caneca de cerveja, as esperanças de Müller se desvaneciam. A senha nunca chegou.[1]

Em Smolensk, Tresckow e Schlabrendorff esperavam que um dos aviões de caça que escoltavam o avião de Hitler emitisse pelo rádio um aviso de emergência. Com o detonador ajustado para trinta minutos, a bomba deveria ter explodido após o avião percorrer de duzentos a 250 quilômetros, em algum lugar sobre Minsk. No entanto, eles não tiveram nenhuma notícia até três horas depois, quando o telefone tocou e Tresckow atendeu. O avião de Hitler tinha pousado em segurança em Rastenburg.[2]

Schlabrendorff ligou para Berlim, transmitindo a senha para fracasso do atentado. Então, em pânico, ele se deu conta de que eles deviam, a todo custo, recuperar o pacote imediatamente. Caso contrário, o desinformado general Stieff ainda poderia abri-lo, esperando se servir de um conhaque após uma batalha. "Ficamos num estado de agitação indescritível", recordou Schlabrendorff.[3] Após alguma deliberação frenética, Tresckow ligou para Brandt e, casualmente, pediu-lhe que retivesse o pacote, alegando algum tipo de confusão.

Na manhã seguinte, Schlabrendorff voou para Mauerwald, na Prússia Oriental. Nervosamente, passou pelos postos de controle e se lembrou de como Brandt, "ignorante do objeto à mão, sorriu e se apresentou a mim com a bomba, sacudindo o pacote com tanta força que temi que pudesse explodir".[4]

Schlabrendorff correu para um trem que alojava os visitantes num ramal ferroviário. "Entrei no compartimento reservado para mim, tranquei a porta e, com muito cuidado, abri o pacote com uma lâmina de barbear. Quando removi o invólucro, constatei que a condição das duas cargas permanecia inalterada. Desarmei a bomba com cuidado e removi o detonador."[5]

O ácido tinha consumido o arame.[6] O percussor tinha atingido o detonador, queimando a cápsula. No entanto, por algum acaso, a bomba não tinha explodido. Estava úmida e fria. Talvez porque o sistema de aquecimento da cabine do avião tivesse falhado, ou porque o compartimento de bagagem do avião não tivesse aquecimento, o interruptor de disparo congelara.[7]

Alguns dias depois, os conspiradores tiveram uma segunda chance.[8] Por coincidência, um deles, o coronel barão Rudolf von Gersdorff, foi destacado para participar de uma missão na cerimônia do Dia do Herói Nacional, em Berlim, onde Hitler inspecionaria armas russas capturadas. Gersdorff se comprometeu a cometer um atentado contra a vida de Hitler, ao custo de sacrificar a sua.

Ele iria se explodir com Hitler. A mulher de Gersdorff tinha morrido,[9] a guerra estava perdida, e ele queria sua própria morte para significar alguma coisa. Com esse intuito, ele naturalmente quis saber se o golpe progrediria como planejado. Tresckow revelou que o papa tinha realizado arranjos com as potências ocidentais para uma rendição em separado no front ocidental, enquanto os jesuítas alemães tinham feito planos para uma forma democrática de governo.

Na noite de 20 para 21 de março, Tresckow contou a Schlabrendorff a respeito de um plano num código que nenhum estranho poderia entender. Tresckow tomou conhecimento da agenda de Hitler com seus contatos no estado-maior, prometendo segredo absoluto e com referências frequentes à "pena de morte".[10] Ele deduziu que Hitler tinha concedido meia hora para a cerimônia. Na manhã seguinte, logo cedo, Schlabrendorff foi ao hotel Eden. Gersdorff ainda estava dormindo. "Eu o acordei e lhe entreguei a bomba antes de ele tomar o café da manhã", recordou Schlabrendorff.[11]

Gersdorff se dirigiu até a cerimônia com a bomba no bolso do casaco. Ele atuaria como guia de Hitler, explicando a exposição. Enquanto Hitler passava por filas de feridos de guerra no museu Zeughaus, uma orquestra tocava música solene no saguão decorado com bandeiras. Gersdorff programou a bomba – duas conchas embrulhadas juntas – para detonar em dez minutos. Hitler, porém, atravessou correndo a exposição, mal olhando para o equipamento militar soviético. Ele saiu depois de três minutos. Então, Gersdorff correu para o banheiro,[12] destruiu o detonador, jogou-o no vaso sanitário e puxou a cordinha da descarga.

Os fracassos de março de 1943 frustraram os conspiradores jesuítas. "Mesmo os padres Rösch e König, que realmente deviam ter aprendido, por causa de sua disciplina, a esperar, são incapazes disso", escreveu Moltke, "e quando uma ação é acompanhada de um revés inevitável, ficam impacientes e não veem que além do vale há uma colina."[13] Após dezoito meses de trabalho de avanço político, os jesuítas do Comitê das Ordens não queriam esperar, principalmente depois que viram a chance de alcançar Hitler literalmente em seu quintal.

No subúrbio de Pullach, dezesseis quilômetros ao sul de Munique, Hitler tinha construído quatro abrigos subterrâneos, incluindo trinta recintos e um sistema de ventilação para protegê-lo contra ataques de gás.[14] Esse quartel-general alternativo do Führer, que recebeu o codinome Siegfried, fazia divisa com a Berchmanskolleg, moderna e espaçosa faculdade dos jesuítas, que os nazistas tentaram desapropriar.[15] Para manter a escola fora das mãos do partido, os jesuítas contrataram Josef Müller, que passou a perna no partido, negociando um acordo com as Forças Armadas, permitindo o uso de partes do terreno como hospital. No entanto, isso não acabou com as disputas em Pullack. Os guarda-costas da SS de Hitler, no abrigo Siegfried, ameaçaram um processo judicial, alegando que o esgoto dos jesuítas tinha poluído a água potável deles.[16] Novamente, o padre Rösch contratou Müller para se defender do partido.[17]

Então o próprio Hitler apareceu. Quando ele se hospedou em Siegfried[18] pela primeira vez, de 9 a 12 de novembro de 1942, sua proximidade com aqueles que tramavam sua morte estimulou algumas ideias criativas e objetivas. Ocorreu aos jesuítas que sua presa tinha basicamente ocupado um apartamento no complexo deles. O padre Delp recomendou o ingresso dos padres excluídos do serviço militar na Organisation Todt, que mantinha os abrigos do Führer.[19] Assim, eles poderiam obter acesso para colocar uma bomba-relógio no quartel-general Siegfried. Delp perguntou aos contatos militares se eles podiam introduzi-lo na Organisation Todt.

No entanto, uma brecha na segurança de Hitler já tinha surgido. Ao negociar com a SS a respeito do vazamento do esgoto, o padre König obteve cópias das plantas arquitetônicas do *bunker* Siegfried. Ele passou as plantas para Müller.[20] Por meio da irmandade que a cerveja proporcionava com Hans Rattenhuber, chefe da segurança pessoal de Hitler, Müller sabia detalhes ultrassecretos dos procedimentos de proteção de Hitler, mas nunca viu uma boa maneira de superar os homens de Rattenhuber. Ter as plantas para o refúgio de Hitler mudava tudo. Respiradouros, túneis, portas, dutos: aquilo tudo era uma mistura de possibilidades.[21] Müller alertou Oster, que pensou em eliminar Hitler no *bunker* sob a cobertura de um ataque aéreo.[22] De acordo com Müller, em 4 de abril de 1943, ele tinha uma cópia das plantas arquitetônicas na mesa de sua casa,[23] enquanto o trem especial do Führer se deslocava através dos bosques turíngios na direção de Munique, onde Hitler ficaria até 5 de abril, no mínimo.[24] Mas naqueles dias, exatamente quando todos os fatores convergiram em favor dos conspiradores, a SS desferiu um golpe mortal contra eles.[25]

Willy Schmidhuber falou. Torturado desde sua extradição da Itália, ele entregou a Operação U-7: o plano dos conspiradores para o resgate de judeus. Em consequência, às dez da manhã, em 5 de abril, Manfred Roeder, investigador da Luftwaffe, e Franz Sonderegger, inspetor da SS, irromperam na sala de Oster. Roeder exibiu seu mandado de busca, pediu que Dohnanyi abrisse as gavetas de sua mesa e lhe disse que pretendia revistar a sala em busca de documentos incriminatórios. Ele avançou sobre um cofre verde adornado com espirais estampadas e exigiu a chave, que Dohnanyi, de má vontade, forneceu após negar que estivesse com ele. Roeder tirou pastas do cofre e as depositou sobre a mesa de Dohnanyi. Continham codinomes para disfarçar missões secretas no exterior e também relatórios sobre a expatriação de judeus.[26]

Dohnanyi não tirou os olhos de uma pasta intitulada "Z Grau".[27] Ele deu um olhar rápido e significativo para Oster, que permanecia junto à mesa, e balbuciou baixinho: "Esses papéis, esses papéis!"[28] Camuflados com "material de inteligência", explicavam o fracasso da tentativa de golpe de 13 de março.[29] Acompanhados de bilhetes, escritos para o general Beck, informavam-no que, em 9 de abril, o pastor Bonhoeffer acompanharia Müller a Roma, para discutir as conspirações com o padre Leiber.³⁰

Oster se postou atrás de Dohnanyi para retirar as folhas de papel da pasta.³¹ Roeder se virou e, depois, descreveu o que aconteceu. "Por meio de um arranjo entre Oster e Dohnanyi, o coronel Oster ficou diante do investigador-chefe com a mão esquerda atrás das costas, removeu as mencionadas folhas e... as escondeu sob um terno civil. Tendo sido observado por... Sonderegger... e pelo investigador-chefe, ele foi imediatamente desafiado."³²

Roeder prendeu Dohnanyi. No momento, Oster escapou, ficando em prisão domiciliar. Canaris supôs que estava com os dias contados.³³ Os conspiradores não podiam mais atacar Hitler a partir de dentro do sistema, e seus inimigos, naquele momento, tinham provas por escrito de seus contatos, por meio de Müller, com o papa.

Müller correu para casa assim que tomou conhecimento da prisão de Dohnanyi. Perto do meio-dia, o escritório do Abwehr de Munique ligou. O tom de voz algo desanimado do tenente-coronel Nikolaus Ficht revelou a Müller que sua hora tinha chegado.³⁴

Müller quis saber que acusações teria de enfrentar.³⁵ Ficht disse que o coronel doutor Manfred Roeder, promotor-chefe da suprema corte marcial do Reich, tinha expedido uma ordem para sua prisão. Hermann Göring, chefe da Luftwaffe, e Wilhelm Keitel, chefe do alto-comando supremo das Forças Armadas alemãs, também tinham assinado a ordem de prisão.³⁶ O crime declarado era a sabotagem do esforço de guerra. A evidência teria incluído as declarações de Wilhelm Schmidhuber revelando que Müller ajudara judeus a escapar com documentos falsificados e dinheiro em espécie.³⁷ Além disso, de acordo com a SS, Müller era "suspeito de estar envolvido numa conspiração geral para derrubar Hitler, em conluio com potências ocidentais".³⁸

Procurando ganhar tempo, Müller pediu permissão para falar com Canaris. Tente a sorte, disse Ficht, mas Müller não conseguiu ser atendido pelo almirante. Ele falou somente com *Frau* Schwarte, secretária de Canaris, que pareceu agitada.

– Está o caos total – gritou ela ao telefone. – *Eles* estão aqui!³⁹

Müller começou a esvaziar a mesa de seu escritório. Por quase um ano, desde a prisão de Schmidhuber, uma espada tinha pendido sobre a cabeça deles. Naquele momento, ela caíra. Müller se perguntava se a Gestapo tinha algo além do que Schmidhuber tinha revelado. Eles tinham achado os papéis em Zossen? Em caso afirmativo, ficar calado não salvaria ninguém. Aquelas pastas, Müller sabia, continham provas suficientes para pendurar todos eles na forca.

Com horror, Müller se deu conta de que não poderia remover a prova mais condenatória de sua mesa. Uma gaveta secreta e trancada continha as plantas arquitetônicas da habitação de Pullach de Hitler, o *bunker* do Führer de Siegfried e papéis referentes às suas missões junto ao Vaticano. Como medida de segurança, Müller nunca mantinha as chaves do compartimento secreto em sua casa. Ele a guardava num cofre em seu escritório de advocacia. E não acreditava que conseguisse ir até lá e voltar antes da chegada das autoridades. Sua secretária, Anni Haaser, conhecia a combinação do cofre. Ela poderia trazer a chave, mas ele já tinha telefonado para ela pedindo-lhe que destruísse caixas contendo pastas. Anni Haaser não poderia ajudá-lo em dois lugares ao mesmo tempo.[40]

Müller começou a fazer a mala que levaria para a prisão. Numa maleta de viagem, ele enfiou quinze lenços, seis camisas, cinco pares de meias, alguma roupa de baixo, dois dicionários de bolso, duas laranjas, um terno cinza e uma gravata verde.[41]

Müller beijou a mulher, Maria, e a abraçou. Ele sempre procurou mantê-la fora de suas tramas. No entanto, pela experiência, ele sabia que os nazistas ameaçariam ou prenderiam parentes inocentes para alcançar seus objetivos.[42]

Ele chamou Christa, sua filha de oito anos. Eles saíram para a varanda, adjacente ao escritório, a fim de alimentar o canário, Hansi, em sua gaiola.[43] Se ele tivesse de ficar em Berlim por um tempo maior do que o de hábito, disse para ela, Christa não deveria se esquecer de alimentar o pássaro.

O *Kriminalkomissar* Franz Sonderegger se aproximou da porta de entrada.[44] Natural da Renânia, era um homem esguio, com ombros curvados e rosto magro e enrugado. Enquanto Müller descia para o andar térreo da casa, Sonderegger vedava as portas do escritório com fita adesiva da polícia.[45]

Na entrada da casa, um oficial do Exército algemou Müller. Ele se encaixou no assento traseiro do sedã escuro que o esperava. Müller se virou e ergueu os punhos algemados, acenando para a mulher e a filha paradas na frente da casa. Elas o observaram até ele desaparecer de vista.[46]

Capítulo 18

O CAVALEIRO BRANCO

Em 7 de abril de 1943, Hans Gisevius cruzou a Praça de São Pedro. O oficial do Abwehr aproximou-se do apartamento do Vaticano de monsenhor Johannes Schönhöffer, amigo íntimo de Josef Müller. Gisevius entrou usando uma chave deixada sob o capacho e esperou no vestíbulo, olhando tensamente através da janela. De repente, ele viu "algo negro correndo através do pátio, rápido como uma doninha, de modo que mal conseguiu perceber a figura miúda e esquelética, escondida por um grande chapéu preto de jesuíta". Gisevius foi até a plataforma no alto da escada em caracol e olhou para baixo. Ele viu o chapéu crescer à medida que o homem subia a escada.[1]

O padre Leiber entrou tossindo. O jesuíta asmático revelou que Pio estava "muito preocupado com o destino de Müller". O próprio Leiber temia que a declaração de 1940 contendo as condições de paz britânicas, redigidas no papel de carta com a marca-d'água do papa, pudesse cair nas mãos de Himmler. Gisevius prometeu tratar da questão com Beck. Quanto a Müller, definhando numa prisão do Exército, muito dependeria de ele não cair nas mãos da SS. A acusação contra ele parecia grave.[2]

Gisevius voltou do Vaticano e informou o almirante Canaris, em Berlim. O padre Leiber sugerira que os conspiradores coordenassem os planos futuros por meio de seu colega jesuíta de Munique, o padre Rösch. Com a perda de Müller, Leiber aclamou Rösch como "o homem mais forte do catolicismo na Alemanha".[3]

A prisão do grupo de Oster, infelizmente, deixou os conspiradores com pouco a fazer, exceto apagar seus rastros. "Após esse enorme golpe desferido pela Gestapo, o choque psicológico produziu paralisia e criou uma espécie de vácuo conspiratório",[4] recordou Gisevius.

No entanto, no mesmo dia em que Gisevius se encontrou com o padre Leiber, a carnificina no norte da África trouxe à tona um guerreiro católico, sobre quem todas as esperanças repousariam. Após anos de chances perdidas e planos fracassados, a resistência alemã, finalmente, cruzaria o umbral da ação mediante a força de um homem.

Em 7 de abril, o exército alemão atacou na Tunísia. A poeira e a fumaça erguidas eram tão densas que os comandantes dos tanques lutavam com a cabeça para fora da abertura superior do blindado. Só muito tempo depois eles viram as estrelas brancas das asas dos aviões americanos. O coronel Claus von Stauffenberg saiu de seu jipe e mergulhou na areia, enterrando o rosto nos braços.[5]

Os médicos acharam um buraco de bala no para-brisa do jipe e um tenente morto no assento traseiro. Stauffenberg estava caído a alguns metros de distância do veículo, com a cabeça e as mãos sangrando. Num hospital de campanha, os médicos amputaram sua mão direita e dois dedos de sua mão esquerda. Em seguida, removeram seu olho esquerdo.[6]

Os colegas de Stauffenberg no quartel-general da divisão sentiram sua falta. Microfones ocultos em recintos para prisioneiros de guerra gravaram alguns dos elogios a ele em tempo de guerra: "Stauffenberg era o ideal da próxima geração alemã", um "cristão bom e honesto e um homem corajoso",[7] que "se preocupava com seus soldados".[8] Se ele tinha uma falha, era ser "inacreditavelmente indiscreto", mas seus companheiros consideravam isso "parte de sua honestidade". Assim que conhecia alguém, "ia logo abrindo o coração".[9]

Tempos depois, ele se tornou uma espécie de figura de veneração. "Claus era um homem tão encantador", um de seus amigos recordou, que "exercia uma forte atração sobre todos que se aproximavam dele". Até o austero general Halder confessou que achou Stauffenberg "extremamente cativante",[10] enquanto um aliado menos reservado o considerava "brilhante e belo como Alcibíades".[11] Em 1947, ao interrogar seus ex-assistentes, um oficial britânico registrou que "os olhos deles brilhavam" e que eles pareciam "enfeitiçados pela simples recordação".[12] Nos anos do nazismo, talvez nenhum alemão tenha produzido esse efeito hipnótico sobre seus compatriotas, exceto Hitler. Considerando o que Stauffenberg fez depois, e quão famoso ficou por isso, aqueles que o conheceram tendiam a se recordar dele em termos míticos; e, em seu status como ícone contramítico, residia a chave de seu carisma. Não podemos compreender sua influência a menos que o vejamos, por exemplo, em seu uniforme de verão branco, com a Cruz de Ferro pregada na altura do peito, parecendo, como um de seus colegas recordou, "belo e forte, como um jovem deus da guerra", sentado até tarde com os oficiais subalternos, com a mão esquerda enfiada no bolso da calça e a mão direita segurando uma taça de vinho,[13] traduzindo a *Odisseia*, de Homero,[14] ou criticando Hitler.[15]

Hitler o incomodara com a perseguição aos judeus. Como a maior parte dos nobres europeus, Stauffenberg cresceu ouvindo mensagens sobre mistura de raças; mas um de seus irmãos tinha se casado com uma aviadora judia, cuja dispensa da Luftwaffe converteu o antissemitismo em problema familiar.[16] Embora o conhecimento de Stauffenberg a respeito do Holocausto [*Shoá*] aprofundasse sua aversão ao nazismo,[17] a perseguição aos judeus o colocara contra Hitler anos antes. A Noite dos Cristais [*Krystalnacht*][18] foi o rubicão: dois meses depois, em janeiro de 1939, Stauffenberg entrou nos bosques de Wuppertal com seu amigo Rudolf Fahrner, professor de literatura de cabelos grisalhos revoltos e olhos reluzentes[19] que tinha reagido ao *pogrom* pegando um machado e destruindo um busto de Hitler.[20] Quando Fahrner perguntou se o Exército aceitaria a destruição de sinagogas, Stauffenberg falou abertamente – pela primeira vez – em derrubar o regime nazista.[21]

No entanto, durante três anos, Stauffenberg falhou em atender a seu próprio clamor. Quando o grupo de Canaris o abordou, ele arrumou desculpas: a ideia era correta, mas não o momento. Só depois que perdeu a chance de agir, imobilizado por seus ferimentos, ele se comprometeu com a ação. Quando os médicos de Munique tiraram as ataduras de seu corpo, um novo homem surgiu. "Ele se convenceu de que Hitler (...) era, de fato, controlado por um poder diabólico", recordou a baronesa Elizabeth von und zu Guttenberg, que o visitou em meados de maio de 1943. "Finalmente, ele teve certeza que, ao assassinar Hitler, estaria eliminando uma criatura realmente possuída, de corpo e alma, pelo demônio."[22]

Seu fervor se devia à fé.[23] Assim como a compaixão por pessoas de outro credo o fizeram odiar Hitler, os princípios de seu próprio credo o ajudaram a resistir ao Führer. Stauffenberg era um "católico devoto", uma investigação da SS descobriu, e suas "ligações com a Igreja desempenharam um *papel importante* no grupo de conspiradores" [grifo no original].[24] Que ele era um "reacionário católico", como a Gestapo relatou, era mais visível do que a cruz dourada que ele usava numa corrente simples.²⁵ Desde os tempos medievais, os Stauffenberg foram cônegos de catedral na Suábia; um membro do clã fora príncipe-bispo de Constança e outro príncipe-bispo de Bamberg.²⁶ As ligações de sua família com o papado eram duradouras e influenciaram na formação de Claus. Aos nove anos, participando de uma missa,²⁷ num altar no sótão de um castelo, ele pregou que, se Lutero tivesse sido mais paciente, haveria agora apenas uma fé verdadeira.²⁸ Mesmo antes de aderir à resistência alemã, buscou não só destruir o Terceiro Reich, mas também restabelecer o Sacro Império Romano-Germânico.²⁹

Stauffenberg tinha uma mente de vitralista. Seus cadernos estavam cheios de poemas elogiando o *imperium* católico medieval, e, assim como os britânicos, que então renovaram seus mitos fundadores, imaginando Churchill como Arthur de retorno de Avalon, Stauffenberg sonhava que Frederico II, imperador do Sacro Império Romano-Germânico, dormindo numa montanha, acordaria para salvar a Europa.³⁰ Quando ele dava aulas aos cadetes, postado entre as ruínas de castelos do século X, Stauffenberg falava não como um observador intelectual, mas sim como um participante original, chamado de volta para fazer escolhas mundialmente históricas.³¹ Fisicamente, ele combatia na Segunda Guerra Mundial, mas, psicologicamente, ele vivia numa Alemanha secreta, entre santos secretos, leal não à Nova Ordem nazista, mas à *Civitas Dei* [Cidade de Deus], de santo Agostinho.³² Para Stauffenberg, bem como para os discípulos de Kreisau do padre Rösch, a civilização ocidental só podia ser salva pelo restabelecimento dos ideais que se fundiram para criá-la sob Carlos Magno. Nesse sentido, certas ideias católicas eram inseparáveis e não precisavam de mais questionamento do que joias num colar: humanismo, classicismo, cristandade, aristocracia, tiranicídio.

– Bem, sou católico, e há uma tradicional crença entre nós de que os tiranos podem ser assassinados – disse Stauffenberg, como se recorda um de seus colaboradores na conspiração.³³ Para explicar sua quebra do juramento militar, o oficial citou o conceito de uma lei natural maior: "Como fiel católico, estava forçado por dever (...) a agir contra esse juramento."³⁴ Stauffenberg justificou o assassinato de Hitler mencionando Tomás de Aquino,³⁵ mas não se apoiou simplesmente em sua interpretação pessoal da doutrina; ele consultou as autoridades da Igreja, incluindo o bispo Preysing³⁶ e o padre Delp, do Comitê das Ordens.³⁷

Stauffenberg aderiu ao Comitê logo depois de sua decisão fatal. Como, na ocasião, o oficial e os religiosos estavam em Munique, isso foi bastante fácil. Provavelmente, Stauffenberg se ligou aos jesuítas de Munique por intermédio da baronesa Von Guttenberg durante sua internação no hospital da cidade. O marido da baronesa tinha apresentado o padre Rösch a Moltke, no outono de 1941; desde então, ela tinha acolhido palestras semanais de Delp em sua casa de Munique.[38] Em 9 de maio, um dos operadores laicos do padre Rösch, Georg Angermaier, advogado do Comitê, tomou conhecimento dos planos de Stauffenberg.[39] Angermaier estava estabelecido em Bamberg, onde Stauffenberg vivia, e sabia dos contatos dos planejadores do assassinato com o papa por meio de Josef Müller.

Em 7 de abril de 1943, com Stauffenberg ainda convalescendo dos ferimentos na Tunísia, a SS revistou a casa de Müller em Munique. Franz Sonderegger, inspetor da SS, suspeitava que Zé Boi já tinha se livrado de todos os papéis incriminadores. No entanto, levou Maria, a mulher de Müller, até o escritório, esperando que ela, em sua aflição, pudesse revelar os esconderijos.[40] Como isso não aconteceu, dois oficiais da Gestapo a interrogaram. "Eles tentaram descobrir os nomes dos parceiros de meu marido", afirmou ela posteriormente, citando nomes de possíveis antinazistas e perguntando se tais suspeitos estiveram na casa de Müller alguma vez. "Sempre dei respostas evasivas."

Enquanto isso, Sonderegger examinava a mesa com uma lente de aumento. Ele descobriu a gaveta secreta, mas não conseguiu arrombá-la. Suspeitando que contivesse provas substanciais a respeito de atividades antinazistas, decidiu convocar um serralheiro da SS. Planejando reiniciar a busca posteriormente, fechou novamente as portas do escritório e a lacrou com um papel de aviso oficial.[41]

No dia seguinte, quando Sonderegger voltou, descobriu o lacre rompido. Como só a filha e a sogra de Müller permaneciam na casa, ele repreendeu a avó por aquilo. Ela disse que o canário, Hansi, ficara agitado na varanda, e ela permitiu que Christa o alimentasse. Christa entrou no escritório para alcançar a varanda. Em tom ríspido, Sonderegger disse que, ao violar o lacre, elas tinham cometido um crime, motivo pelo qual ele poderia prendê-las. "O senhor prendeu meu genro e, agora, também quer me prender e, talvez, até a pequena Christa. Quem sabe o canário seja o próximo!", ralhou a anciã, como Sonderegger se recorda. Se a rebeldia da família fosse uma indicação, Sonderegger se recorda de ter pensado, Zé Boi seria um homem duro de ser domado.[42]

Por volta dessa época, o padre Johannes Albrecht, de Ettal, visitou o escritório de Müller. Anni Haaser abriu a porta. Sonderegger já prendera a secretária de Müller, mas a obrigou a permanecer no trabalho como parte de uma operação secreta. Esperando identificar os contatos de Müller, Sonderegger colocou um agente da Gestapo no escritório, atendendo ao telefone como "doutor Müller" sempre que tocava, e ordenou que Haaser mandasse entrar todos os visitantes. O padre Albrecht, porém, não tinha vindo em trajes clericais, mas num simples terno preto. Sonderegger perguntou o que ele queria. Interpretando corretamente uma piscadela de *Fräulein* Haaser, o padre Albrecht improvisou. Respondeu que tinha vindo ver *Herr Doktor* Müller "por causa de um divórcio".[43]

Pela janela do carro de polícia, Müller contemplava Berlim. Tudo estava escuro, em blecaute. Enquanto seus captores faziam piada a respeito do funcionamento da guilhotina,[44] Müller refletia sobre seu destino.[45] "Receei que a tentativa de assassinato de Henning von Tresckow fora descoberta, e aquilo pusera os sabujos nazistas no meu encalço; temi que eles também tivessem descoberto algo sobre meus contatos mais recentes com o papa."[46]

O carro parou numa prisão militar, na Lehrterstrasse. Através da escuridão, ele só conseguiu enxergar a fortaleza cinzenta com sua torre de vigília e janelas gradeadas. No pátio de recepção, um portão de ferro se fechou ruidosamente atrás do carro. "Que se cumpra imediatamente: você está proibido de dizer '*Heil* Hitler'", gritou um sargento.[47] Dois guardas levaram Müller através de galerias guarnecidas de treliças, ligadas por escadas em caracol[48] metálicas, e o empurraram para dentro da cela 7, no corredor da morte.[49]

O espaço tinha cerca de três metros de comprimento por dois de largura.[50] No canto anterior esquerdo, um balde marrom servia como privada. Papelão cobria a abertura da janela, que tinha os vidros quebrados por causa dos ataques aéreos; assim, a cela não recebia luz natural.[51] Quando Müller pôs o ouvido junto à parede, escutou alguém chorando.

No segundo dia de Müller em Berlim, em 14 de abril, aproximadamente, ele foi levado ao encontro do comandante. O tenente-coronel Otto Maas trabalhou para o general Paul von Hase, tio de Dietrich Bonhoeffer e de *Frau* Dohnanyi.⁵²

– Trago-lhe saudações de seu chefe e de seu chefe real – disse Maas em tom amigável.⁵³ Ele só podia estar se referindo a Canaris e Beck. Müller olhou para ele e, em seguida, perguntou:

– *Herr* tenente-coronel, o senhor seria capaz de me dar a velha e boa palavra de honra de um oficial? – Maas assumiu uma postura militar e estendeu a mão. Então, Müller continuou: – Envie minhas saudações ao meu chefe e ao meu chefe real e diga a eles que manterei minha palavra de honra!

Com isso, ele esperava assegurar aos seus amigos que, se necessário, iria para a forca sozinho.

Na manhã seguinte, ele encarou Roeder, promotor de justiça militar, numa mesa de interrogatório.⁵⁴ Roeder quis saber acerca das missões de Müller junto ao Vaticano. "Ponha as cartas na mesa em relação a esses jesuítas de Roma."⁵⁵ Roeder mencionou o padre Leiber e monsenhor Schönhöffer, e ordenou que Müller identificasse seus outros contatos na Santa Sé. Müller sustentou que só Canaris poderia lhe dar permissão para revelar seus nomes.

Roeder tirou algumas folhas de papel de sua pasta. Imediatamente, Müller se deu conta de que a SS tinha descoberto as plantas do *bunker* de Pullach de Hitler.⁵⁶ "Onde você conseguiu isso?", perguntou Roeder, rispidamente.⁵⁷ Müller afirmou que não poderia discutir as plantas arquitetônicas de Siegfried sem violar o preceito legal que preserva a confidencialidade da relação entre advogado e cliente, e, além disso, "eu violaria meu juramento de sigilo profissional até se lhe dissesse quem poderia me liberar desse juramento".⁵⁸ Isso deu algum tempo para Müller, pois Roeder, então, precisaria consultar o Abwehr.⁵⁹

Duas semanas depois, o caso das plantas do *bunker* ressurgiu. Erwin Noack, consultor jurídico da corte marcial, descobriu os originais, com uma anotação de que a prefeitura de Pullach tinha cedido uma cópia ao padre Lothar König, na Berchmanskolleg jesuíta. O *Kommissar* Walther Möller, que substituía Roeder, começou a gritar:

– Se você não nos contar tudo o que queremos saber...⁶⁰ – Ele fez um gesto com a mão, como se estivesse cortando uma cabeça. Noack alertou que, em breve, eles obteriam a verdade, pois ele mesmo interrogaria o padre König, em Munique.

De volta à cela, Müller mandou chamar o capelão católico. O padre Heinrich Kreutzberg,[61] que ajudava os condenados a se preparar para a morte, logo apareceu. Inicialmente, Müller desconfiou dele, pois aprendera a desconfiar do irmão Hermann Keller e de todos os sacerdotes que tinham ligações com o governo. No entanto, depois de Müller pedir a Kreutzberg que transmitisse uma mensagem para Maximilian Prange, vigário-geral do bispo Preysing, e de Kreutzberg ter transmitido, em retorno, uma mensagem confirmando o ódio de Preysing pelos nazistas, Müller decidiu confiar nele.

Naquele momento, ele contou a Kreutzberg sobre as plantas do *bunker*. O perigo era que König, tentando proteger Müller, condenasse a todos. Se encurralado por Noack, König deveria confessar que recebeu as plantas durante a disputa judicial com a SS por causa do esgoto, e que as tinha passado para Müller, o advogado dos jesuítas no caso.[62]

Naquela mesma noite e no mesmo trem em que Noack estava, Kreutzberg viajou para Munique. Na manhã seguinte, correu para alertar König.[63] Quando Noack chegou à casa paroquial, soube que König tinha acabado de pegar o trem para Berlim.

Enquanto o padre König se dirigia para o norte da Alemanha, o papa enviou uma mensagem secreta ao bispo Preysing. Nas semanas anteriores, a Santa Sé recebera uma nova enxurrada de relatórios acerca do destino dos judeus. O padre Pietro Tacchi Venturi, sua ligação com Mussolini, tinha tentado salvar judeus croatas da deportação, mas fracassou, chamando-a de "o primeiro passo, como se sabe, rumo a uma morte próxima e muito penosa".[64] O cardeal Celso Constantini, chefe de propaganda do papa, registrou que viu "uma foto de um grupo de judeus, que, após ter cavado valas, foram mortos indiscriminadamente e jogados dentro delas.[65] Eram mulheres, crianças, velhos, homens. Um massacre cruel, uma barbárie igual ou maior que aquela dos bolchevistas". Enquanto isso, Preysing, que [como disse Moltke] "se mostrava muito bem informado a respeito dos últimos desenvolvimentos da questão judaica", pedia a Roma que ajudasse os perseguidos. "Provavelmente, não há provação mais amarga para nós aqui, em Berlim, do que a nova onda de deportações de judeus", escreveu Preysing para Pio em 6 de março, notando que as vítimas incluíam católicos de origem judaica. "Não poderia Vossa Santidade tentar interceder novamente em prol desses inúmeros e infelizes inocentes?"[66]

A resposta do papa reafirmou o caminho seguido por ele desde que se tornou agente externo dos conspiradores. "Deixamos isso para os arcebispos ativos do local", respondeu ele a Preysing em 30 de abril, "para avaliar se, e em que grau, parece aconselhável praticar restrições, para impedir males ainda maiores diante do perigo de represálias."[67] Ele lamentou que os protestos secretos e moderados dos bispos se mostrassem ineficazes, mas não ordenou que eles protestassem com mais vigor em público.[68] Onde alguns, tempos depois, condenaram sua "centralização rígida",[69] ele exibiu exatamente a tendência contrária. Em vez de dar ordens, Pio registrou desejos.

O papa desejava que o clero alemão seguisse a liderança de Preysing. "Jamais se pode tirar os direitos humanos de um membro de uma raça estrangeira", disse Preysing num sermão recente, ressaltando que "jamais se pode cometer crueldades contra qualquer pessoa."[70] Pio saudou não só essas "palavras claras e sinceras", mas também as ações do cônego da catedral de Preysing, Bernhard Lichtenberg, que morreu a caminho de um campo de concentração depois de rezar publicamente pelos judeus. "Consolou-nos que católicos, e sobretudo católicos berlinenses, tenham dado tanto amor aos aflitos não arianos", escreveu Pio.[71]

Pio confessou que também se sentia compelido a ajudar os judeus, não por meio de palavras, mas através de ações. Trabalhando com "a liderança judaica", ele revelou a Preysing, o Vaticano desviou "grandes somas de dólares americanos" de seus bancos para ajudar os judeus a escapar da Europa – um imenso esforço, que exigiu coordenação mundial com as comunidades da Bolívia, da Costa Rica, da África do Sul, do Chile, da Union of Orthodox Rabbis of America and Canada e do grão-rabino de Zagreb. Pelos católicos de origem judaica, Pio podia fazer muito menos, pois os grupos de resgate judaicos não os aceitavam: "Infelizmente, na situação atual, não podemos lhes dar ajuda eficaz, exceto nossas orações." No entanto, disse Pio, ele enxergava uma "saída", não apenas para os perseguidos na Europa nazista, mas para os inocentes morrendo desnecessariamente de todos os lados do conflito.[72]

"A crueldade trivial, organizada temerariamente, nos faz acreditar numa duração ainda maior desse intolerável assassinato mútuo", escreveu Pio. "A questão da guerra nos força agora (...) a agir por meio de mediação secreta." A respeito dessas ações secretas, o papa disse pouco em sua carta, principalmente porque Preysing, membro do Comitê das Ordens, já sabia das maquinações por meio de Josef Müller. Pio afirmou que seu discreto projeto "exigia o máximo de paciência (...) assim como o domínio das dificuldades diplomáticas que sempre surgiam". Também exigia o sucesso do que ele denominou indiretamente "os braços de ação".[73]

Claus Stauffenberg tinha aprendido a amarrar os cordões dos sapatos usando os dentes. Com o que restou da mão, escreveu para o tenente-general Friedrich Olbricht, comprometendo-se a se apresentar, em três meses, no Escritório Geral do Exército, em Berlim. Dois meses antes, Olbricht tinha tramado explodir o avião de Hitler, e Stauffenberg saboreava as "oportunidades para uma intervenção decisiva".[74] Em julho, quando Stauffenberg deixou o hospital, sua mulher achou sua expressão pesada, quase ameaçadora.[75]

Stauffenberg passou as semanas seguintes com seus dois irmãos no castelo dos antepassados. Eles traduziram o Livro VII da *Odisseia*, com Claus escolhendo sua máxima: "Depois de toda aventura, o homem corajoso volta melhor."[76] Ele escalou montanhas com a ajuda de uma bengala e, depois, sem nenhuma ajuda.

Em 19 de julho, ele aderiu ao Círculo de Kreisau, de Moltke.[77] Por meio de seu irmão, Berthold, Stauffenberg tomou conhecimento dos planos para um governo fantasma, que tinha acabado de tomar forma final sob a orientação dos jesuítas de Munique.[78]

Josef Müller achava que fora trancado dentro de um caixão de defunto,[79] sobretudo à noite, quando todo o movimento cessava nos corredores. Durante o dia, os guardas não o deixavam circular no pátio, temendo que ele descobrisse uma maneira de combinar histórias com Hans Dohnanyi.

"Tudo ainda está incerto", escreveu Moltke em 20 de junho.[80] A princípio, parecia que a mão protetora de Hans Rattenhuber, chefe dos guarda-costas de Hitler, manteria Müller longe da forca.[81] No entanto, o caso tinha "começado a piorar", levando Moltke a prever: "Tudo dará errado no fim."[82] O promotor Roeder tinha interrogado não só o monge Hermann Keller, mas até mesmo Canaris.[83] O almirante admitiu a violação de uma regra: a Seção Z não tinha o direito de manter agentes. Ele só pôde dizer, de modo não convincente, que "as conexões sobrepostas de Dohnanyi com Müller (por causa de suas conexões com círculos em Roma) beneficiavam os serviços de informações militar e político-militar".[84]

Naquele momento incerto, Müller conseguiu duas ajudas inesperadas. O sargento Herbert Milkau,[85] ex-comunista, leu o dossiê dos antecedentes de Müller, e, ao descobrir que Zé Boi tinha, no passado, liderado a ala esquerdista do Partido Popular Bávaro, concordou em transmitir mensagens entre ele e Dohnanyi. Em seguida, o promotor-chefe de justiça militar, o general Karl Sack, amigo de Canaris, informou a Müller as táticas que ele enfrentaria: "Às vezes, eu estava mais bem preparado para um interrogatório do que os interrogadores." Quando Roeder afirmou que Oster tinha feito uma confissão completa, Müller não caiu no blefe.[86]

Quanto menos progressos fazia, mais furioso Roeder ficava.[87] Ele se tornou abusivo e não conseguia formular sequências lógicas. Müller usou isso contra ele, procurando jeitos de instigar a raiva de Roeder. Quando Müller mencionou, casualmente, um estágio com um advogado judeu, Roeder ficou tão fora de si que perdeu o fio da meada do interrogatório e teve de interromper a sessão.

As invectivas de Roeder ficaram tão injuriosas que Sack encorajou Müller a apresentar uma queixa.[88] Müller escreveu para o general Keitel, acusando Roeder de desonrar a Wehrmacht ao difamar personalidades do Vaticano e de violar leis de sigilo ao dar o nome de alguns dos agentes de Müller – Leiber, Schönhöffer e Hofmeister – diante de pessoas não autorizadas. Sack apoiou a petição, insinuando que Roeder tinha o objetivo de subjugar o Abwehr, subordinando um órgão-chave das Forças Armadas à SS.

As reclamações tiveram êxito. Keitel visitou Himmler, que, de acordo com uma testemunha da SS, "não tinha o menor interesse no caso".[89] Keitel disse a Roeder para limitar sua investigação a ofensas não políticas, como violações da alfândega.[90] Acusações de traição contra os membros da assim chamada Rede Negra – Müller, Oster, Dohnanyi, Bonhoeffer e Schmidhuber – eram para ser abandonadas até segunda ordem.[91] A ordem de 26 de julho de Keitel, além disso, citou um acontecimento transformador, que ocorreu no dia anterior, exigindo o comprometimento de todas as forças do Abwehr.

Mussolini tinha caído. Aquele "foi o primeiro golpe, mediado pelo acordo de Müller", afirmou a mulher de Dohnanyi, posteriormente.[92] Ainda que Müller tivesse sido preso antes de seu trabalho ter tido êxito, os resultados do fracasso do fascismo inicialmente o entusiasmaram, mas, depois, o alarmaram. "Os grupos que trabalham para a eliminação de Hitler ficaram muito animados com os acontecimentos na Itália, onde se revelou que é possível afastar um ditador", telegrafou Allen Dulles para Washington.[93] De fato, a queda de Mussolini fez Beck se levantar de seu leito de enfermo, Tresckow correr para Berlim e Stauffenberg cancelar o ajuste de uma prótese de mão. De acordo com um pacto de honra entre as resistências italiana e alemã, como a senhora Dohnanyi revelou, um golpe de Estado num país daria um sinal ao outro,[94] e "a resistência alemã estava à altura de promover um movimento similar na sequência".[95] No entanto, enquanto esse movimento era desencadeado, e também como efeito da saída da Itália da guerra, as tropas alemãs cercariam o Vaticano e Hitler tramaria um plano para sequestrar o papa.

Capítulo 19

PRISIONEIRO DO VATICANO

"A boca de um vulcão se abriu", recordou o cardeal Celso Constantini.[1] Em 19 de julho de 1943, ele estava num trem nas proximidades de Roma quando o comboio se deteve abruptamente. O cardeal desembarcou com outros passageiros e se viu no meio de uma nuvem de fumaça, tentando enxergar e respirar. Ele tropeçou sobre fios telegráficos, um berço quebrado e um cavalo morto enquanto procurava o caminho de volta para o Vaticano, onde descobriu que os aviões de bombardeio americanos tinham matado mais de mil pessoas e destruído monumentos históricos. "Até as ruínas ficaram arruinadas", lamentou Constantini.[2]

No dia seguinte, quando Albrecht von Kessel chegou a Roma, a cidade tinha o cheiro de grama queimada e pedras aquecidas. Oficialmente, Kessel era o novo primeiro-secretário da Missão do Reich junto à Santa Sé;[3] secretamente, ele era o novo Josef Müller. No ano seguinte, ele ligaria Stauffenberg ao papa. À medida que os gritos de "Abaixo o Duce!" aumentavam sob a janela de seu quarto de hotel, Kessel achou que o ataque americano não só condenaria o fascismo, mas também solaparia o nazismo.[4] Ele tinha razão quanto aos efeitos, mas estava equivocado a respeito da causa. A conspiração que afastou Mussolini tinha, de fato, sido tramada através dos canais do Vaticano anos antes.[5]

– Aconteceu mais ou menos dessa maneira – afirmou Müller.[6] – O marechal [Pietro] Badoglio era o chefe do estado-maior italiano e se opôs energicamente ao ataque contra a Grécia,[7] em novembro de 1940. Ele era um adversário determinado de Mussolini e Hitler.

Por meio de um contato na Sagrada Congregação para a Propagação da Fé do Vaticano, Müller soube que Mussolini difundia uma petição entre os oficiais italianos, requerendo corte marcial para Badoglio.[8] A manobra de Mussolini incitou Badoglio a entrar em contato com a resistência alemã. Como Müller relatou: "Eu achava – devo me expressar cuidadosamente – que podíamos tratar com Badoglio."[9] O marechal se declarou pronto para derrubar

Mussolini, desde que o rei e o papa o apoiassem.[10] Müller intermediou um acordo "de ligação"[11] entre os conspiradores italianos e alemães: se um lado levasse a cabo um golpe, o outro deveria fazer o mesmo em sequência.

Por quase dois anos, Badoglio adiou o golpe.[12] Ele esperava que a resistência alemã agisse primeiro. Por fim, em novembro de 1942, a invasão da África do Norte efetuada pelos americanos forçou-o a tomar uma iniciativa. Naquele momento, com os Aliados a menos de 150 quilômetros da costa da Sicília, a posição de Mussolini se tornou insegura. Em 24 de novembro, Badoglio enviou a princesa do Piemonte para discutir a mudança de regime com Montini, auxiliar do papa.[13] Quase ao mesmo tempo, Canaris se encontrou com Müller no hotel Regina, em Munique,[14] e, depois do jantar surreal deles com Kaltenbrunner, o almirante sugeriu a Müller "tentar um encontro com Badoglio olho no olho".[15] Um mês depois, em 21 de dezembro, Badoglio enviou secretamente seu sobrinho para um encontro com o cardeal secretário de Estado Maglione, procurando a bênção do papa para uma aproximação referente à traição com Vítor Emanuel III, o rei italiano.[16] Por meio dessas intrigas, os diplomatas aliados começaram a negociar um acordo de paz com Badoglio. Como Müller recordou:

> No final de 1942, recebi a notícia, não de Leiber, mas de uma pessoa da esfera do Vaticano, de que um renomado personagem italiano tinha apresentado uma proposta de paz uma sugestão ou uma consulta com respeito aos termos de uma paz que seria feita em separado com a Itália (...) A resposta [para a consulta] – creio que vinda de Washington, e não de Londres – era: 1. [Concessão italiana] das colônias italianas da África do Norte. 2. Pantelleria [uma ilha italiana perto da Tunísia] para a Inglaterra. 3. Uma oferta relativamente à [evacuação italiana da] Albânia (...) 4. Era excitante para nós, num certo sentido. O teor era aproximadamente este: O Tirol [italiano] deveria se tornar parte de um novo estado alemão no Sul. Isso tinha preocupado não só a nós [no círculo de Canaris], mas, como tinha informado Leiber, também a ele (...) Ele deu uma pancada em sua cabeça com a mão, pois a partição da Alemanha [pelos Aliados] contestava bastante todas as nossas discussões [anteriores] com a Inglaterra. Pedi que Leiber tentasse descobrir com seus contatos como a ideia foi vista nos Estados Unidos, se eles basicamente discordaram disso ou se pensam igual aos ingleses.[17]

A perspectiva de um desmembramento alemão alarmou os planejadores do golpe em Berlim. Trabalhando com o padre Leiber, Müller ainda estava tentando "alcançar uma leitura definitiva" das condições dos Aliados quando foi preso, em abril de 1943.

Um mês depois, Pio tinha os elementos da conspiração de Badoglio em suas mãos. Enquanto Roosevelt aconselhava publicamente a Itália a deixar o Eixo, Myron Taylor, seu representante pessoal junto ao papa, realizava uma ação secreta paralela com Pio.[18] "O senhor vai se lembrar de seu contato constante com Sua Santidade a partir da Rádio Vaticano de Washington", trouxe Taylor à memória de Roosevelt, posteriormente. "O primeiro preparativo para a extinção de Mussolini foi no dia em que eu trouxe ao senhor uma mensagem secreta, em resposta a uma de minha autoria com respeito à queda de Mussolini e à saída da Itália da guerra, que o senhor caracterizou 'como a primeira ruptura em toda a organização do Eixo' e que chegou a mim por meio daquele canal [papal]."[19]

Os preparativos do Vaticano para a "extinção" de Mussolini começaram em 12 de maio. Maglione convocou o embaixador italiano junto à Santa Sé, o conde Ciano, e lhe repassou uma comunicação oral. O papa sofria *pela* Itália e *com* a Itália, afirmou Maglione, e "faria todo o possível" para ajudar o país.[20] Portanto, o papa teve a intenção de deixar Mussolini conhecer seu pensamento, embora evitando uma intervenção direta. No entanto, como o padre Gumpel, especialista do Vaticano a respeito de Pacelli, afirmou posteriormente, dando uma risada: "Claro que isso é uma *maneira discreta* de dizer: Posso ser de alguma ajuda como mediador?" Lendo nas entrelinhas, Ciano afirmou abruptamente: "Bem, o Duce não buscará isso."[21] Mussolini prometeu lutar, mas Pio tinha aberto um canal para novas conversas.

Em 20 de maio, Pio escreveu a Roosevelt, pedindo-lhe que não bombardeasse as cidades italianas. Embora não dissesse isso diretamente, o papa considerava terrorismo o bombardeio dos Aliados e do Eixo; matavam-se mulheres e crianças, em Londres e em Berlim, por motivos políticos e não militares. No entanto, a carta do papa revelou seu jogo mais profundo, quando ele pediu a Roosevelt que tivesse piedade da Itália nas futuras conversações de paz, indicando que o Vaticano esperava uma vitória dos Aliados. Prudentemente, Pio se posicionou entre duas partes antagônicas, às quais fez a mesma pergunta: "Como posso ajudar?"[22]

Embora Pio trabalhasse com Roosevelt para afastar Mussolini, o Vaticano afirmava que o papa não tinha sido um conspirador ativo. "Devemos ser muito cuidadosos quando falamos a respeito de envolvimento ou influência direta", afirmou o padre Gumpel, posteriormente. "Pois não é o papel do Vaticano intrometer-se muito nos negócios dos Estados estrangeiros (...) Seu estilo é muito discreto (...) É mais diplomático, e age de maneira mais prudente, para evitar se expor a acusações graves."[23] O Tratado de Latrão, de 1929, proibira o Vaticano de intervir em política externa; como Hitler reagiria se a Itália, por meio de intriga papal, saísse da guerra? "O Santo Padre é da opinião que algo deve ser feito", registrou Tardini, seu auxiliar, após receber uma mensagem cifrada americana a respeito de mudança de regime. "Ele não pode se negar a intervir, mas deve ser *segretissimamente*."[24]

Em 11 de junho, Pio recebeu uma informação política importante.[25] Por um informante, soube que Vítor Emanuel recebera secretamente dois ex--políticos não fascistas italianos. Que até o rei, um notório preguiçoso, percebesse que devia agir, sugeriu que o *status quo* logo se erodiria. Seis dias depois, o núncio apostólico para a Itália visitou o rei e lhe disse que os americanos não teriam piedade, a menos que Roma saísse da guerra.[26] Pio tinha informações do nível mais alto, do próprio Roosevelt, a respeito do que aconteceria. O rei continuou inseguro quanto ao que fazer.

Um mês depois, em 10 de julho, os Aliados invadiram a Sicília. Três divisões alemãs fugiram para o continente italiano, indicando a possibilidade imediata de que as tropas aliadas as seguissem. Essa perspectiva exasperou não só o povo italiano, mas também o papa. Nem ele, nem seus assistentes Maglione, Montini e Tardini tinham querido que a Itália entrasse na guerra; e agora eles trabalhavam duro para tirar a Itália dela. O papa conseguiu ser informado das medidas legais do Grande Conselho Fascista contra Mussolini.[27] Em 18 de julho, o cardeal Constantini escreveu em seu diário: "A Itália está à beira do abismo."[28]

No dia seguinte, quando Roma foi bombardeada, a sorte já estava lançada. A Itália tinha perdido a guerra, e seus líderes cruzaram a ponte secreta que Pio construiu para a paz. Seis dias depois, o rei tinha prendido Mussolini e nomeara o marechal Badoglio para governar em seu lugar. Pio não fez nenhuma declaração pública, mas um diplomata americano achou que ele "não parecia nada infeliz".[29] Ele passou o mês seguinte como o anfitrião secreto de conversas entre Badoglio e os Aliados, que levou a um armistício em 8 de setembro. Em resposta, Hitler decidiu colocar a Itália sob proteção alemã e invadiu Roma.

No dia seguinte, ao amanhecer, o marechal Badoglio e o rei Vítor Emanuel fugiram.[30] Na manhã do dia 10, um oficial italiano alertou monsenhor Montini que uma divisão de soldados paraquedistas alemães estava se deslocando pela via Aurelia na direção do Vaticano.[31] Eles marcharam em formações perfeitas, com botas ressonantes, e ocuparam posições na Praça de São Pedro.[32] Atrás deles, escondiam-se homens da SS num limusine, como uma testemunha recordou, com "suas botas de cano alto reluzentes e a insígnia da caveira e ossos cruzados se destacando terrivelmente em suas lapelas".[33]

Naquele momento, a Santa Sé fazia fronteira com o Reich de Hitler. Uma linha branca marcava a fronteira entre as armas e as colunatas de Bernini. De um lado, estavam os soldados alemães, usando botas negras e capacetes de aço, com carabinas penduradas nos ombros e pistolas Luger nos quadris. De outro, os homens da Guarda Suíça do papa, em túnicas com babados e chapéus emplumados, segurando lanças medievais com mãos calçadas com luvas brancas.

No dia 11, às dez da noite, o Vaticano recebeu um relatório afirmando que os alemães colocariam o papa sob a "proteção" deles.[34] A informação veio de Albrecht von Kessel, que disse que Hitler culpava Pio pela queda da Itália, porque "o papa conversava com Roosevelt pelo telefone havia muito tempo".[35] O padre Leiber começou a esconder as pastas do papa sob os pisos de mármore do Palácio Apostólico.[36] O pessoal principal da Secretaria de Estado recebeu ordens para manter as malas prontas, de modo que poderiam ir com Pio se os comandos da SS o capturassem e o levassem para Munique.[37]

Hitler jurou invadir o Vaticano duas horas depois que soube da queda de Mussolini. Em 26 de julho, pouco depois da meia-noite, Walther Hewel, oficial de ligação de Ribbentrop, perguntou como eles deveriam proceder em relação à Santa Sé, nos planos para restabelecer a Roma fascista.

> HEWEL: Devemos dizer que as saídas do Vaticano serão ocupadas?
> HITLER: Isso não faz nenhuma diferença. Vamos entrar no Vaticano. Você acha que o Vaticano me embaraça? Vamos tomá-lo agora mesmo. Em primeiro

lugar, todo o corpo diplomático está lá dentro. É tudo igual para mim. Aquela gentalha está lá dentro. Vamos tirar essa vara de porcos lá de dentro. Depois, podemos pedir desculpas. Isso não faz nenhuma diferença.
HEWEL: Vamos achar documentos lá dentro.
HITLER: Sim, vamos pegar os documentos. A traição vai vir à luz.[38]

No entanto, na reunião da noite seguinte, os conselheiros de Hitler parecem tê-lo convencido a desistir da ação. "Todos nós, incluindo o Führer, agora concordamos que o Vaticano deve ser eximido das medidas que estamos contemplando", registrou Goebbels em seu diário, depois de uma "discussão que durou até muito depois da meia-noite."[39]

O Führer pretendia desencadear um grande golpe. Dessa maneira: uma divisão de paraquedistas baseada no sul da França desembarcaria perto de Roma. A divisão de paraquedistas ocuparia Roma, prenderia o rei e toda a sua família, e também Badoglio e toda a sua família, e os levaria por via aérea para a Alemanha (...) De acordo com os relatórios que chegaram até nós, o Vaticano está desenvolvendo uma atividade diplomática febril. Sem dúvida, está garantindo a revolta [contra Mussolini] por meio de seus grandes contatos mundiais. Inicialmente, o Führer também pretendia, ao prender o homem responsável em Roma, tomar o Vaticano, mas Ribbentrop e eu nos opusemos ao plano enfaticamente. Eu não acreditava que fosse necessário invadir o Vaticano e, por outro lado, considerava bastante infelizes medidas como essa, pelo efeito negativo que causariam na opinião pública mundial.[40]

Outra testemunha, porém, sustentou que Hitler reativara o plano. Karl Wolff, comandante da SS na Itália, afirmou que o Führer o convocara em setembro, para lhe dar um trabalho de "importância histórica mundial". Hitler queria um estudo a respeito de como as tropas poderiam ocupar o Vaticano, obter os arquivos e prender o papa, junto com a cúria, de modo que não pudessem cair nas mãos dos Aliados. Depois Hitler decidiria se traria esses dignitários católicos para a Alemanha ou os confinaria no neutro Principado de Liechtenstein. Ele achava que tomar o Vaticano não seria uma tarefa fácil, e perguntou a Wolff quão rápido ele poderia preparar a operação.[41]

Supostamente, Wolff respondeu que não poderia se comprometer com uma data, e tentou desencorajar o plano. Na Itália, a guerra tinha levado as forças da SS ao limite, e, além disso, o papa poderia resistir; talvez até tivessem de matá-lo. No entanto, Hitler disse que atribuía grande importância pessoal à operação. E ordenou que Wolff estudasse o problema e fizesse um relatório.[42]

"O que acontecerá na Alemanha? A hora de Hitler não tardará", refletiu o cardeal Constantini no dia em que o alto escalão nazista discutiu a respeito do sequestro de Pio.[43] A queda de Mussolini levou ao ápice os reveses que tinham começado com a rendição em Stalingrado e continuaram com a perda da Tunísia. Em pleno verão de 1943, o Eixo encarou derrotas tanto no Sul como no Leste. Era o momento psicológico para uma revolução.[44]

Os nazistas sabiam disso. "O conhecimento desses acontecimentos pode estimular alguns elementos subversivos na Alemanha a achar que podem executar aqui aquilo que Badoglio e seus seguidores realizaram em Roma", anotou Goebbels depois da sua maratona de reuniões em fins de julho. "O Führer ordenou que Himmler assegure que as medidas policiais mais severas sejam aplicadas em caso de esse perigo parecer iminente aqui."[45]

Canaris transformou essas ordens em seu golpe de mestre final. Hitler temia uma insurreição dos trabalhadores estrangeiros na Alemanha. Em 31 de julho, a Wehrmacht, portanto, aprovou o plano de contrainsurgência de Canaris, que recebeu o codinome Valquíria.[46] Proporcionava a cobertura perfeita para o golpe de Stauffenberg: os homens designados para impedir a revolução seriam os que a prepaririam.

No início do outono, Stauffenberg reforçou o planejamento relativo ao governo fantasma. O padre Delp redigiu novos planos para a descentralização do poder, em favor de grupos profissionais locais, e se tornou a ligação de Stauffenberg com os líderes trabalhistas católicos da resistência de Colônia. Moltke se encontrou com Delp e outros jesuítas de Munique, na Igreja de São Miguel, em Munique, para desenhar o novo mapa da Alemanha do pós-guerra para aprovação dos Aliados.[47] Peter Yorck, primo de Moltke, informou Stauffenberg a respeito do planejamento político dos jesuítas e os jesuítas a respeito dos contatos de Stauffenberg com os generais.

Müller e Dohnanyi pressionavam por ação em bilhetes contrabandeados para fora de suas celas. Dohnanyi enfatizou o "dever moral" dos conspiradores em relação ao governo de Badoglio.⁴⁸ Ansioso, Müller esperava seu retorno ao Vaticano, para coordenar as conversações de paz com os Aliados. Enquanto isso, Gereon Goldmann, seminarista franciscano, levava mensagens de Canaris para Albrecht von Kessel em Roma.⁴⁹

Himmler estava atento, mesmo com o impasse relativo ao inquérito de Roeder a respeito de traição. Posteriormente, uma investigação da Gestapo descobriu que Stauffenberg "posicionou os sacerdotes para o propósito de seu uso como ligação com os círculos da Igreja [e] do Vaticano". A SS ressaltou que "principalmente para o papa, os planejadores enviaram agentes confiáveis, os diplomatas mais hábeis, para promover as conexões mais próximas". No entanto, embora a polícia secreta de Hitler identificasse os emissários de Stauffenberg em outras cidades, em Roma só conseguiram detectar "uma pessoa anônima para negociar com o papa".⁵⁰

Na realidade, Stauffenberg tinha dois "interceptores" com Pio, em Roma. O primeiro era Kessel; o segundo, Paul Franken, agente do Abwehr.⁵¹ Aparentemente um professor de história para a escola de língua alemã, na via Nomentana, Franken tinha relações com o Vaticano e estabelecera contatos discretos com diplomatas britânicos e americanos.⁵² Para cobrir suas atividades de inteligência militar, Franken recebia um estipêndio da Associação Alemã de Pesquisa, em Roma, para editar os relatórios da nunciatura papal. Na realidade, o católico Franken assumiu os contatos de Müller no Vaticano.

Como Müller, Franken mantinha um perfil discreto. Evitava os lugares onde os agentes alemães que trabalhavam contra o Vaticano podiam ser encontrados: a embaixada do Reich, os escritórios da Gestapo e o colégio eclesiástico alemão. Em vez disso, Franken morava num aposento de uma clínica dirigida por freiras alemãs, as Greias.⁵³ Duas vezes por semana, Kaas visitava a clínica para tratamento de um distúrbio estomacal e, antes de ir embora, fazia uma visita amigável a Franken.⁵⁴ Nas manhãs de domingo, Franken tomava café no apartamento de Kaas, no Vaticano, muitas vezes acompanhados pelo padre Leiber.

Nesses encontros, Franken informava o Vaticano a respeito dos planos de afastar Hitler. No outono de 1943, Leiber sabia dos planos de Stauffenberg. Um agente secreto americano, que o interrogou em 1944, relatou o conhecimento de Leiber a respeito de uma conspiração "em setembro ou outubro de 1943. A respeito dessa terceira conspiração, o padre Leiber recebeu um

(...) resumo de um coronel responsável por assuntos culturais em Roma. A tentativa devia ocorrer até 15 de outubro, no máximo, mas dependia de uma estabilização prévia do front russo. Evidentemente, a ausência dessa estabilização resultou no abandono da conspiração".[55]

Franken expôs a ideia dos conspiradores para o Vaticano. Se o Escritório Geral do general Olbricht conseguisse bloquear o centro de comunicações de Hitler, somente um contra-ataque completo da SS poderia detê-los. Para impedir isso, os conspiradores teriam de desarmar a SS com muita rapidez. Os comandantes regionais militares prenderiam os líderes locais do Partido Nazista. Para garantir o sigilo, apenas um ou dois homens teriam conhecimento de cada elemento do plano Valquíria. Na hora X, os generais não bem informados verificariam com o quartel-general em Berlim, onde Stauffenberg atenderia a seus telefonemas. Stauffenberg libertaria Josef Müller e o enviaria a Roma, para pedir que o papa requeresse um armistício mundial após a morte de Hitler. O papa deveria saber que dessa vez eles fariam isso.[56]

A retransmissão desses planos para Roma proporcionou uma pausa para Franken. Em outubro de 1943, seus receios aumentaram numa reunião em que o padre Leiber fez anotações para informar o papa. Franken alertou que as anotações de Leiber poderiam enviar todos eles para a forca. No dia seguinte, Leiber o tranquilizou, revelando que Pio, após ler as anotações, na presença dele, segurou as folhas de papel sobre uma vela de sua mesa e disse: "Você pode dizer a ele que viu o próprio papa queimar as folhas."[57]

No início de dezembro de 1943, Hitler convocou o oficial da SS Karl Wolff. Três meses tinham se passado desde que ele pedira a Wolff que apresentasse um plano para a captura do papa. Hitler quis uma resposta direta: por que nada tinha acontecido?[58]

Wolff respondeu que a captura do papa exigiria uma grande operação. Talvez criasse uma reação adversa em Roma. Sob ocupação alemã, a Itália tinha até então se mantido tranquila. A Igreja era a única autoridade inconteste na Itália. As mulheres italianas permaneciam devotadas a ela. O sequestro do papa também poderia provocar agitação entre os católicos franceses e alemães. Cobraria um preço elevado de Berlim junto à opinião pública internacional.[59]

Hitler adiou o plano, ao menos até que ele conseguisse estabilizar o front italiano. Ordenou a Wolff que permanecesse pronto para agir a curto prazo.[60]

Em 19 de janeiro de 1944, Claus Stauffenberg telefonou para Berlim, para a residência do primo de Moltke, Peter Yorck, que servia de ligação com o padre Rösch e o Comitê das Ordens. A SS acabara de prender Helmuth von Moltke;[61] por descuido alguém tinha mencionado seu nome. Por meio de seu trabalho com o Comitê, Moltke tinha se encontrado com Josef Müller e tinha conhecimento da ligação com o Vaticano. Stauffenberg esperava que Moltke resistisse o tempo suficiente para os demais conspiradores agirem.[62]

Após a prisão de Moltke, os padres do Comitê deixaram seu círculo e se juntaram à célula de Stauffenberg. Por intermédio dos jesuítas do padre Rösch, Stauffenberg começou a coordenar suas operações com Preysing, bispo de Berlim. Naquela primavera, Stauffenberg se encontrou com Preysing ao menos uma vez, em Hermsdorf,[63] supostamente por mais de uma hora.

Eles discutiram a necessidade de uma mudança de regime, e, no mínimo, referiram-se ao aspecto moral do assassinato.[64] Posteriormente, algumas pessoas sugerem, o encontro foi importante para a decisão de Stauffenberg de matar Hitler.[65] Muito provavelmente, discutiram o papel de Preysing como delegado papal após o golpe, quando Josef Müller buscaria um armistício por intermédio do papa. Talvez com esse intuito, em abril, o padre Leiber escreveu para Preysing, para discutir a necessidade de melhor comunicação por "meios confidenciais".[66]

Segundo a opinião geral, Preysing sancionou a conspiração. Aparentemente, ele afirmou que não poderia absolver Stauffenberg com antecedência por aquilo que ele pretendia fazer. No entanto, como Preysing escreveu posteriormente para a mãe de Stauffenberg, ele não negou sua "bênção pessoal como padre".[67]

Em 3 de março de 1944, Müller foi a julgamento na Suprema Corte, em Berlim. Ele usava o terno cinza de três peças e a gravata verde. O processo judicial se tornou um confronto entre os militares e a SS.[68]

O juiz-chefe militar, o doutor Sack, presidia. O tenente-general Biron encabeçava os generais de alto posto no conselho de juízes. O inspetor da

SS Sonderegger representava a milícia. O conselheiro Roeder comandava a acusação.[69]

Roeder alegou que Müller abusou de sua autoridade como espião militar para conspirar, por meio de seus amigos da Igreja, com o inimigo. Portanto, Müller cometera alta traição e deveria morrer.[70]

O juiz Biron afirmou que, antes de enforcar um homem com um histórico militar tão bom, a quem até o chefe dos guarda-costas de Hitler defendera como testemunha, a corte devia ter provas sólidas.[71]

Roeder se baseou nos depoimentos das testemunhas, especialmente o do irmão beneditino Hermann Keller. Ele alertou a corte de que "os círculos de liderança mais altos monitorariam" seus trabalhos.[72]

Biron replicou, afirmando que a corte manteria sua independência. Não endossaria automaticamente decisões tomadas "em outro lugar". Biron perguntou a Müller o que ele tinha a dizer em defesa própria.[73]

Müller afirmou que as acusações repetiam rumores de figuras desacreditadas, com ressentimentos pessoais contra ele. Um inquérito investigara e rejeitara as acusações delas anos atrás. Como Müller podia ter continuado a ocupar um posto no serviço de inteligência tão delicado e confidencial? Ele agira sob as ordens de seus superiores, no interesse do país, como seus chefes testemunharam. A acusação não tinha produzido provas do contrário. Se a corte reconhecesse tudo isso deveria, então, libertá-lo.[74]

A corte considerou Müller inocente. A SS, porém, anunciou sua intenção de prendê-lo com base em novas acusações.[75] Para manter Müller fora da custódia da Gestapo, a Wehrmacht prendeu-o de novo e o devolveu para a prisão da Lehrterstrasse.

Claus von Stauffenberg sentou-se sozinho na galeria, como observador do Exército. Ele desceu e caminhou na direção de Müller enquanto os guardas da corte o algemavam. Percebendo o oficial mutilado, os guardas abriram caminho. Müller precisou de algum tempo para reconhecer Stauffenberg com seu tapa-olho.[76] Eles trocaram um olhar significativo.

No final de maio de 1944, colunas de fumaça subiam nas colinas Albanas, local próximo de Roma. Do alto dos Jardins do Vaticano, Pio e seus auxiliares conseguiam ver os soldados aliados. No entanto, o serviço de inteligência do Vaticano não deu a Pio uma indicação se os alemães defenderiam a cidade ou bateriam em retirada. Temendo que a população romana e o clero do Vaticano pudessem morrer no fogo cruzado, Pio advertiu, num discurso de 2 de junho, que "quem quer que eleve sua mão contra Roma será culpado de matricídio diante do mundo civilizado e do julgamento eterno de Deus". Perto da meia-noite, os tanques Tiger passaram pela Praça de São Pedro numa longa fila, com destino ao norte. Com a aproximação dos Aliados, os alemães tinham começado a ir embora.[77]

No dia seguinte, ao amanhecer, as forças americanas e alemãs ainda se confrontavam no sul de Roma. "Lembro-me nitidamente de que, no final da tarde de 3 de junho, pudemos ver que uma batalha de tanques estava acontecendo perto de Lanuvio, na planície abaixo das colinas Albanas", recordou Harold Tittmann, encarregado de negócios da embaixada americana. De posições favoráveis ao longo dos muros dos Jardins do Vaticano, Tittmann viu "uma imensa nuvem de fumaça e poeira pairando sobre o campo de batalha (...) Um tanque se movia para fora da nuvem, ao ar livre, seguido por outro, ambos atirando um contra o outro, em grande velocidade. Depois de alguns minutos, os tanques voltavam para a luta dentro da nuvem. Podíamos ouvir sempre o rugido contínuo das armas". Na noite de 3 de junho, os moradores do Vaticano não dormiram bem, como o filho de Tittmann escreveu num diário, por causa do barulho das tropas em retirada. "Então, começou o bombardeio de mergulho. Dezenas de nossos aviões surgiram e começaram a bombardear os alemães pouco além dos limites de Roma, bastante perto para vermos as bombas caindo dos aviões. Também conseguimos ver as pequenas línguas de fogo em suas asas quando começavam a metralhar a estrada. Era bastante nauseante ver os rapazes alemães esgotados passando por nós e, depois, observá-los sendo bombardeados e metralhados pelos aviões."[78]

Em 4 de junho, tarde da noite, os primeiros soldados aliados entraram na cidade. Eles deslizavam como sombras nas ruas escuras como breu, cautelosamente, com as armas engatilhadas. A necessidade de cautela logo passou. A luz da manhã revelou os romanos saindo em massa pelas ruas, vibrando loucamente. As esteiras dos tanques americanos passavam sobre caminhos cheios de pétalas de rosas, lançadas por mulheres que se aglomeravam nos jipes e nos caminhões.[79]

"Precisei conter minhas emoções", escreveu Mark Clark, o general triunfante, tempos depois a respeito de sua entrada em Roma. "A piazza di

Venezia estava apinhada de gente, e nosso jipe prosseguiu num ritmo muito lento, enquanto flores choviam sobre nossas cabeças, homens agarravam e beijavam nossas mãos (...) Senti-me maravilhosamente bom, generoso e importante. Eu era o representante da força, da decência e do sucesso."[80] Logo, Clark e seus homens se perderam na cidade, e, "como os generais são os últimos entre os homens a pedir informações a respeito de um caminho", acabaram na Praça de São Pedro. Um padre teve de lhes indicar o percurso para o Capitólio.[81]

Em Roma, naquele dia, talvez ninguém tenha parecido mais aliviado que o papa. Tanta certeza ele teve de que não tinha mais nada a temer, que, com energia, protestou contra a violação pelos Aliados do território do Vaticano. Em 5 de junho, às dez da manhã, quando alcançou a janela de seu escritório para abençoar os fiéis, ele viu um tanque americano estacionado perto de uma das colunatas de Bernini. Depois de duas décadas de fascismo, o direito de manifestar sua insatisfação deixou Pio contente.[82]

Naquele domingo, mais tarde, parece que toda a cidade de Roma afluiu à Praça de São Pedro. Ao repique dos sinos da igreja, trezentas mil pessoas lotavam a praça às cinco da tarde. "O sol da tarde desceu através da cúpula da basílica, despejando torrentes de luz dourada sobre o mar de cores abaixo",[83] registrou em seu diário uma freira americana.

As janelas no balcão se abriram. Tudo parou e todos se calaram. Pio, em seu traje branco, caminhou até o parapeito sozinho. A multidão urrou. Os romanos acenaram, ergueram as crianças e gritaram: "Viva o papa!"[84]

Então, Pio fez um dos discursos mais curtos e mais singelos de seu papado. Ele agradeceu a são Pedro e a são Paulo por protegerem a cidade. E pedindo para os romanos porem de lado toda sede de vingança, gritou: "*Sursum corda!*" [Corações ao alto!][85]

Depois que o papa deixou o balcão, a multidão o aclamou como o "salvador de Roma".[86] Eric Sevareid, calejado repórter de rádio americano, não conseguiu impedir que seus olhos se enchessem de lágrimas. Embora negasse qualquer sentimento de reverência ao Vaticano, que ele considerava "inclinado ao fascismo", Sevareid se comoveu com a capacidade de Pio de expressar a dor e a esperança de toda a família humana.[87]

Nos dias seguintes, Pio concedeu audiências em massa para os soldados aliados. Um oficial americano mencionou alguns soldados judeus em seu grupo e, assim, Pio deu uma bênção em hebraico. O gesto foi tão bem recebido que, nas futuras audiências, Pio perguntava pelos soldados de fé judaica, para abençoá-los.[88]

Na ocupação alemã, a SS prendeu 1.007 judeus romanos e os enviou para Auschwitz. Quinze sobreviveram. Publicamente, Pio não disse nada acerca das deportações.[89] No mesmo período, 477 judeus se esconderam na Cidade do Vaticano e 4.238 receberam refúgio em mosteiros e conventos romanos.

Capítulo 20

DEVE ACONTECER

Quando os Aliados tomaram Roma, as apreensões de Hitler se fixaram na França. Ele duvidava que uma invasão acontecesse, mas a espera o irritava. Em abril, o Abwehr obtivera uma cópia da proclamação ainda secreta de Eisenhower ao povo francês, anunciando o desembarque das tropas aliadas. No entanto, o reconhecimento do território da região sudeste da Inglaterra revelava poucas lanchas de desembarque militar de frente para a costa de Dunquerque, onde o marechal de campo Erwin Rommel achava que os Aliados atacariam. Os meteorologistas da Luftwaffe previam diversos dias de mau tempo. O marechal de campo do XV Exército, encarregado de vigiar o canal da Mancha, estava numa caçada. Rommel havia voltado para Berlim a fim de comemorar o aniversário da esposa. Quando foi dormir, após a meia-noite de 5 para 6 de junho, Hitler não suspeitava que cinco mil navios inimigos já tinham zarpado para a Normandia.[1]

Naquela noite, espalharam-se notícias sobre o desembarque de paraquedistas e planadores. As tropas de Rommel na Linha Siegfried escutaram os motores de navios em alto-mar. Ninguém se atreveu a acordar o Führer; na guerra, muitas vezes, os primeiros relatórios se mostravam errados. A situação só se esclareceria ao amanhecer, disseram a si mesmos os assistentes de Hitler.[2]

Naquela altura, os Aliados tinham conquistado uma cabeça de ponte. Os invasores precisaram de apenas doze horas sangrentas para assegurar uma faixa da Europa com três quilômetros de profundidade e 24 quilômetros de largura. A supremacia aérea aliada impediu as reservas alemãs de se movimentarem à luz do dia. Em 6 de junho, quando a reunião do meio-dia de Hitler começou, ele já havia perdido a França.[3]

Naquela tarde, o padre Delp viajou de trem de Munique para Bamberg. Um jovem pastor o convidara para dar uma palestra para um grupo de jovens católicos.[4] Os cinco meses de cautela desde a prisão de Moltke tinham deixado Delp inquieto; ele saboreava a oportunidade de falar. No entanto, Delp tinha motivos mais urgentes e secretos para visitar Bamberg. Enquanto Delp revisava suas anotações no trem expresso que se dirigia para o norte, um coconspirador laico, o monarquista bávaro Franz Sperr, já tinha começado o trabalho avançado.[5]

Às três da tarde, Sperr chegou a uma das melhores casas de Bamberg. Claus von Stauffenberg o convidou para entrar. O coronel tinha tirado uma licença de alguns dias de Berlim, pois não sabia quando veria sua família novamente. Ele traçou um quadro sombrio a respeito da guerra para Sperr. A falta de reservas de mão de obra colocava a Alemanha em apuros. Pelo relato de Sperr, Stauffenberg disse: "A paz exige uma mudança política interna: a eliminação do Führer." Sperr deixou a casa de Stauffenberg muito antes das nove da noite, horário em que o padre Delp terminou a palestra na paróquia da Kleberstrasse.[6]

Então, o jovem pastor Jupp Schneider conduziu Delp a um escritório. Ele apresentou Delp a Toni Müller, colega de trabalho de longa data. Schneider a descreveu como uma mulher confiável, que levaria Delp a um determinado endereço.[7]

Müller montou numa bicicleta e começou a pedalar devagar, já que Delp seguia a pé. Após pouco mais de dois quilômetros, ela deixou cair um lenço na frente de uma casa na Schützenstrasse. Delp bateu na porta. Nina, a mulher de Stauffenberg, a abriu.[8] Seu marido pareceu estar esperando Delp e o recebeu cordialmente. Alguns relatos posteriores afirmam que Stauffenberg teria ficado furioso com o fato de o jesuíta ir à sua casa, pois as visitas dos conspiradores punham em risco sua família. No entanto, a visita de Sperr naquele dia não tinha motivado essa preocupação. Delp e Stauffenberg conversaram por cerca de duas horas, até quase 23h30, quando Delp saiu para pegar o último trem de volta para Munique.[9]

A evidência disponível dá indícios do conteúdo da conversa de ambos. Posteriormente, num relato intencionalmente desorientador, Delp escreveu que eles conversaram "em termos gerais a respeito da situação da Alemanha, das preocupações dos bispos e do relacionamento entre a Igreja e o governo". Essa versão, escrita para os investigadores da Gestapo, omitiu a conversa de Delp com a resistência de Bamberg e a técnica de espionagem referente ao lenço caído que permitiu sua entrada na casa de Stauffenberg.

Em vez disso, Delp disse que fez uma visita "inesperada" ao Norte, estimulado a viajar duas horas de trem, porque se sentiu "pessoalmente curioso" para tomar conhecimento acerca da invasão da Normandia. Por que esperava que Stauffenberg o recebesse Delp não disse. Durante aquela visita, prosseguiu Delp, ele decidiu perguntar a Stauffenberg se os jesuítas excluídos do serviço militar poderiam se tornar membros da Organisation Todt, grupo que construiu os *bunkers* do Führer.[10]

De Sperr, a Gestapo obteve uma versão que pareceu mais aceitável. Delp sabia que Stauffenberg planejava um assassinato, declarou Sperr, porque Stauffenberg contou a Delp seu plano. Debatendo a respeito do que Sperr denominou "questões da resistência", Stauffenberg e Delp discutiram como os bispos católicos poderiam ajudar os conspiradores militares. Delp compartilhou "tudo o que sabia a respeito dos bispos e das organizações da Igreja em certas cidades", afirmou Sperr. Delp revisou adicionalmente as ideias políticas que desenvolvera com Moltke, baseadas nas encíclicas sociais papais. Stauffenberg concordou com o programa de Moltke, ao menos como o jesuíta o apresentou. Os trabalhadores na Alemanha pós-Hitler participariam das decisões acerca de salários e jornada e teriam proteções de bem-estar social de peso. No entanto, Delp, como Stauffenberg, também defendia princípios aristocráticos. Enquanto Delp rejeitava o "nivelamento" nazista e encorajava um governo controlado por uma "elite criativa", Stauffenberg escreveu um juramento de conspirador que declarava: "Desprezamos a mentira da igualdade e nos curvamos ante as hierarquias estabelecidas naturalmente."[11]

Provavelmente, Stauffenberg teria contado pouco a Delp acerca de *como* Hitler morreria. Mas para ajudar a conspiração, os bispos tinham de saber não só *que* o golpe aconteceria, mas *quando*. De fato, depois da reunião de Delp com Stauffenberg, os jesuítas de Munique sabiam das datas do golpe, tanto as planejadas como as revisadas. Aparentemente, o próprio Delp encorajou o projeto; ele contou a um amigo, o professor de administração de empresas Georg Smolka, que tinha enfatizado a Stauffenberg "o desejo de muitos por ação o mais breve possível".[12]

Antes de voltar para Munique, Delp passou pela paróquia de Jupp Schneider. Schneider se recorda de um excitado Delp dizendo: "Acredito que hoje fiz mais por minha pátria e por todos vocês do que em toda a minha vida. Reze para que tudo dê certo."[13]

No dia seguinte, Delp se expressou de maneira ainda mais eloquente. Na paróquia da Igreja do Sangue Precioso, em Bogenhosen, ele falou "duas vezes diretamente a respeito do direito à resistência", recordou seu amigo Hans Hutter. "O padre Delp estava convencido de que os cristãos deveriam ter o direito de resistir por razões de consciência, se diversas condições fossem satisfeitas. Sobretudo, deveria haver uma garantia de que aqueles que exercessem esse direito poderiam derrubar um ditador e assumir o governo. Em nossas conversas, e ainda me lembro delas muito bem, ele enfatizava que a resistência era absolutamente necessária politicamente, a fim de mostrar ao mundo que essas forças ainda estavam vivas na Alemanha e podiam derrotar uma ditadura a partir de dentro." No contexto desses comentários, Hutter atribuiu um significado específico para as palavras de despedida de Delp – "Deve acontecer" – e para o que ele escreveu como dedicatória num exemplar de presente de seu livro *Homem e história*: "Quem não tem coragem de fazer história torna-se objeto medíocre dela. Vamos fazê-la."[14]

No começo de julho, o tio de Dietrich Bonhoeffer visitou Josef Müller na cadeia. Paul von Hase, comandante militar de Berlim, tinha aderido aos conspiradores. No caso de um golpe, Hase afirmou, ele lacraria os prédios do governo. O Escritório Geral do Exército forneceria as tropas. Aconteceria em breve.[15]

Alguns dias depois, o círculo de Stauffenberg passou uma mensagem para Müller. Veio por meio do major Maass, comandante da prisão da Lehrterstrasse, que também tinha aderido à conspiração. No caso da derrubada do regime, Maass libertaria Müller. Stauffenberg teria um avião abastecido e esperando para levar Müller para Roma. Ali, Müller trabalharia junto com Pio para iniciar conversações de paz com os Aliados. Para acelerar as coisas, como na conspiração de março de 1943, Pio havia novamente concedido um *agrément* formal, declarando sua disposição de receber um embaixador designado antes do golpe real. "Os amigos em Roma" de Müller o tinham apontado previamente como emissário especial de um novo governo junto à Santa Sé, com o título e status de embaixador em espera. Se alguns viram o Vaticano como primeira potência estrangeira a reconhecer o governo de Hitler, agora veriam o Vaticano ser a primeira potência estrangeira a legitimar sua queda.[16]

Na noite de 19 de julho, em Berlim, Stauffenberg entrou numa igreja. Mergulhou a mão não mutilada na água benta e fez o sinal da cruz. Werner von Haeften sentou num banco posterior, enquanto Stauffenberg atravessava a nave iluminada pela luz de velas na direção de um confessionário. Segundo alguns relatos, Stauffenberg se ajoelhou ali e pediu a absolvição de são Leão Magno, concedida aos católicos em perigo de morte iminente.[17] Após alguns minutos, saiu da igreja e entrou num carro que o aguardava.[18]

Desembarcando em casa, pediu ao seu motorista para retornar às 6h30 do dia seguinte. Então, em segurança no interior da residência, Stauffenberg fechou as cortinas do quarto e colocou em sua pasta dois volumes de 975 gramas de explosivo plástico.[19]

Capítulo 21
SAGRADA ALEMANHA

Em 20 de julho, às sete da manhã, Stauffenberg estava no campo de aviação de Rangsdorf, em Berlim. Na pista de decolagem, encontrou Haeften, que carregava uma pasta idêntica à sua. Eles embarcaram num lento Heinkel 111, mas o nevoeiro espesso atrasou a decolagem. Stauffenberg disse ao piloto que eles tinham de partir até as oito da manhã, para que ele pudesse estar em Rastenburg ao meio-dia para informar ao Führer a respeito de assuntos da maior importância.[1]

Hitler acordou às nove da manhã e fez a barba ao redor do bigode com as mãos trêmulas.[2] Na sala de estar, seu criado pessoal, Linge, pôs uma bandeja sobre a mesa de centro. Hitler surgiu e, como Linge recordou, olhou desconfiado para alguns doces com recheio de creme. Pediu que Linge os levasse para verificar se estavam envenenados. Linge disse que o pessoal de Rattenhuber já os tinha provado. Hitler quis que fossem testados novamente. Quando Linge saiu levando a bandeja, Hitler telefonou para seu conselheiro, Nicolaus von Below, e lhe pediu que mudasse o local do *briefing* diário a respeito da guerra. Deveria ser na sala de mapas do alojamento e não no *bunker* de concreto habitual.[3]

Às dez e meia da manhã, o Heinkel aterrissou na Prússia Oriental. Stauffenberg e Haeften desembarcaram do avião, entraram num carro e seguiram por um caminho cercado de pinheiros. Como membros confiáveis do alto-comando, passaram rotineiramente através de dois postos de controle sem que suas pastas fossem abertas. Eles se encaminharam até o *bunker* do estado-maior, onde alguns oficiais roliços tomavam o café da manhã a uma mesa de piquenique sob uma árvore. No interior do *bunker*, Stauffenberg e Haeften acharam uma sala de espera e fecharam a porta. Um ventilador soprava ar quente ao redor. Stauffenberg pendurou o quepe e a jaqueta, tirou o cinturão e desordenou os cabelos. Em seguida, apresentou-se ao marechal de campo Wilhelm Keitel. O marechal de campo levantou os olhos de sua mesa e comentou que o coronel parecia pouco formal para uma reunião com o Führer. Stauffenberg disse que se arrumaria antes do *briefing*; ele só queria impedir que seu uniforme ficasse suado, pois o *bunker* sempre ficava muito quente durante os *briefings*. Keitel avisou-o que Hitler tinha mudado o *briefing* para o alojamento de madeira.[4]

Ao meio-dia e quinze, Stauffenberg voltou à sala de espera para "se arrumar". Ele se deu um tempo extra para ajustar o detonador do explosivo. A tarefa delicada exigia quebrar uma cápsula de vidro contendo ácido. Ele usava pinças feitas sob medida para sua mão artificial. A mudança do local da reunião significou que eles tinham de aprontar dois pedaços de explosivo: um alojamento de madeira não conteria a força explosiva como um *bunker* de concreto. No entanto, mal Stauffenberg acabara de aprontar o primeiro pedaço, alguém bateu na porta. "Coronel Stauffenberg, venha comigo!", chamou do corredor um oficial de escolta. Eles teriam de usar apenas uma carga explosiva.[5]

Ao meio-dia e meia, Stauffenberg seguiu o oficial de escolta até o alojamento da reunião. Keitel e os oficiais roliços estavam sentados junto a uma mesa quando Stauffenberg entrou. Alguém falava em tom sonolento a respeito do front oriental. Hitler, brincando com uma lente de aumento, levantou os olhos. "Coronel Claus Schenk von Stauffenberg", anunciou o oficial de escolta. "Chefe do estado-maior do Escritório Geral do Exército, herói da campanha na Tunísia." Hitler apertou a mão artificial e lançou um olhar penetrante para Stauffenberg. Os oficiais roliços abriram espaço para o herói inválido. Stauffenberg se posicionou à direita de Hitler. Ele pôs sua pasta no chão e a empurrou sob a mesa com o pé. O oficial que falava em tom sonolento recomeçou sua apresentação. Hitler se inclinou para examinar uma posição no mapa. Despreocupadamente, Stauffenberg se moveu um pouco, para perto de Keitel, e murmurou que tinha de dar um telefonema. Keitel concordou com um gesto de cabeça, mas deu um tapinha em seu relógio, como se dissesse: "Depressa!"[6]

No corredor, Stauffenberg pegou um telefone. O oficial de escolta o observou por curto tempo e, em seguida, voltou para a sala de mapas. Stauffenberg desligou o telefone, atravessou o corredor com passos rápidos e encontrou Haeften no gramado do lado de fora. Eles tinham se afastado cerca de cinquenta metros do alojamento e estavam se aproximando da mesa de piquenique quando escutaram uma explosão.[7]

Chamas amarelo-azuladas irromperam do alojamento. Corpos foram arremessados pelas janelas. Cacos de vidro, madeiras e compensados despencaram. Oficiais e ordenanças saíram correndo, gemendo e gritando por socorro médico. Alguns carregaram para fora um corpo imóvel sobre uma maca, coberto pela capa de verão de Hitler.[8]

Stauffenberg e Haeften pularam para dentro do carro. No caminho para o campo de aviação, Haeften jogou o pedaço de explosivo não utilizado no bosque. No primeiro posto de controle, os guardas os deixaram passar; no segundo, alguém tinha soado o alarme. A cancela abaixada impediu a passagem do carro e a sentinela segurou a alça de sua arma. Stauffenberg saiu do carro, telefonou para um capitão da guarda que era seu conhecido e entregou o telefone para a sentinela. Alguns momentos depois, a cancela foi erguida.[9]

Quando eles chegaram ao aeródromo, o piloto já tinha aquecido os motores do avião. À uma e quinze da tarde, o Heinkel decolou em direção ao oeste, para Berlim.[10]

Fora do alojamento, no gramado, corpos queimados enfileirados estavam deitados em macas. Theo Morell, médico de Hitler, percorreu a fila, fazendo a triagem. Morto, morto, gravemente ferido, morto. Ele alcançou um corpo de bruços e parou. A calça estava em farrapos, mal cobrindo as pernas queimadas. Poeira e fibras de madeira cobriam a pele. Os cabelos chamuscados estavam espetados como espinhos de cacto. No entanto, a vítima não tinha nenhum ferimento traumático nem tinha perdido sangue. No rosto, escondido pela fuligem, os olhos azuis resplandeciam de vida. Uma garoa começou a cair. Morell colheu gotinhas em seu lenço e o passou em torno do bigode mais famoso do mundo.[11]

Às quatro e meia da tarde, Stauffenberg subiu a bela escadaria da sede do Escritório Geral do Exército. Numa sala do segundo andar, na Bendlerstrasse, encontrou-se com o major Ludwig von Leonrod e o general reformado Beck. Todos eles soltaram as travas de segurança de suas pistolas Luger e, em seguida, dirigiram-se à sala vizinha do comandante do Escritório Geral do Exército, Friedrich Fromm. O Führer morreu, anunciou Stauffenberg. Ele sabia porque uma bomba explodira e ele estava lá. Eles deviam acionar o plano Valquíria para manter a ordem.[12]

Fromm se recusou. Sem um comunicado oficial, disse, eles deviam supor que o atentado falhara. De acordo com o testemunho posterior de Fromm e de outras testemunhas, na sequência houve um diálogo com o seguinte teor:

> STAUFFENBERG: Ninguém saiu vivo daquela sala.
> FROMM: Como você pode saber disso?
> STAUFFENBERG: Porque eu coloquei a bomba.
> FROMM: Você?
> STAUFFENBERG: Vocês, generais, falavam, mas não agiam. O tempo de chás e discussões acabou.
> BECK: Concordo.
> FROMM: Isso é traição! [*Landesverrat*]
> STAUFFENBERG: Não, senhor. É *alta* traição [*Hochverrat*]
> FROMM: Vocês estão presos.
> STAUFFENBERG: Somos nós que estamos prendendo o senhor.[13]

Eles lutaram corpo a corpo. Haeften apontou a pistola para Fromm. O general se rendeu e o major Leonrod o levou. Stauffenberg ergueu o telefone e ligou para o centro de comunicações. Às quatro e quarenta e cinco da tarde, de acordo com suas ordens, o comando do Escritório Geral do Exército telegrafou uma mensagem supersecreta aos comandantes militares de todo o Reich: "O Führer Adolf Hitler está morto."[14]

De sua cela na Lehrterstrasse, Josef Müller escutou as botas nas ruas. O batalhão da guarda do general Hase, o Grossdeutschland, tinha começado manobras.[15]

No fim da tarde, Maas, o comandante da prisão, veio ver Müller. "Hitler morreu", informou ele. "Foi assassinado." *Finalmente*, Müller pensou. Um avião do Abwehr estava pronto para decolar em Rangsdorf, ele sabia. Ao amanhecer, se o golpe tivesse tido êxito, ele voltaria ao Vaticano.[16]

O padre jesuíta Lothar König passou a noite de 20 de julho em Munique-Pullach. Na Berchmanskolleg, ele ficou ao redor de um rádio com oficiais do Escritório Geral do Exército leais a Stauffenberg, que tinham requisitado a escola jesuíta como posto de comando alternativo. Às seis e trinta e oito da noite, a música do rádio parou de tocar e um locutor informou: "Houve um atentado contra a vida do Führer, mas ele não se feriu gravemente. Repito: ele não se feriu gravemente. No momento, nenhum outro detalhe está disponível." Até as nove da noite, o boletim foi repetido a cada quinze minutos, quando o locutor prometeu que o próprio Hitler falaria em breve.[17]

A chuva riscava as janelas do *bunker* para chá no quartel-general do Führer. Hitler estava sentado em sua cadeira preferida, usando um terno formal, enfaixado, com o braço numa tipoia, feliz. O doutor Morell, ajoelhando-se, mediu seu pulso. As secretárias soluçavam ao redor. Para espanto de Morell, a pressão de Hitler permanecia normal.[18]
"Sou imortal!", disse Hitler, como recorda Morell. "Sou filho do Destino. Se eu não tivesse mudado o lugar do *briefing*, estaria morto. A estrutura de madeira deixou a explosão escapar e perder força. É a maior sorte que eu já tive! Agora peguei aqueles desgraçados. Agora posso tomar providências!" Hitler ficou de pé, num acesso de raiva. "Aniquilá-los! Sim, aniquilá-los!"[19]
Um telefone tocou. Himmler quis oferecer congratulações e solidariedade. Então, novos telefonemas de generais tentando verificar rumores a respeito da morte do Führer se sucederam. O humor de Hitler mudou. Ele aprovou uma declaração radiofônica de que tinha sobrevivido a um atentado contra sua vida, mas se recusou a atender a novos telefonemas. Ele mergulhou num silêncio sinistro, escutando a chuva golpear as janelas.[20]

Às dez da noite, Stauffenberg tinha usado os telefones por cinco horas. Da Bendlerstrasse, ele ligou para comandantes em toda a Europa, tentando catalisar o golpe. No entanto, ao anoitecer, notícias de que Hitler sobrevivera tinham se espalhado. Muitas vezes, essas notícias alcançavam os comandantes ao mesmo tempo que as ordens de Stauffenberg de Berlim. Os generais não queriam acionar o plano Valquíria até terem certeza de que Hitler morrera. Eles ficaram paralisados. Quando os companheiros de conspiração questionaram Stauffenberg sobre a razão para lutar, ele apontou para a fotografia de seus filhos em sua mesa.
– Estou fazendo isso por eles – respondeu. – Eles precisam saber que existiu uma Alemanha Decente.[21]
A situação já tinha escapado do controle dos conspiradores. Em outra parte do prédio, um grupo de oficiais legalistas, armados com submetralhadoras

e granadas, libertou o general Fromm e o levou para seu escritório. Fromm reuniu uma corte marcial com três generais, que, sumariamente, condenou os conspiradores à morte. Um grupo de captura convergiu para o posto de comando de Stauffenberg. Ele pegou sua pistola e a engatilhou com os três dedos de sua mão esquerda. Alguém disparou um tiro. Stauffenberg cambaleou, atingido na omoplata esquerda. Ele se refugiou na antessala do escritório de Fromm. Haeften queimava papéis. Beck encarava de forma suicida sua própria arma. Stauffenberg tirou seu tapa-olho e esfregou a órbita vazia. Com expressão indescritivelmente triste, afirmou: "Todos me abandonaram."[22]

O grupo de captura apresentou suas armas através da entrada. Stauffenberg e Haeften jogaram suas armas no chão. Em algumas frases curtas, Stauffenberg assumiu toda a responsabilidade pelo golpe. Todos os outros tinham seguido suas ordens. Fromm, impassível, tripudiou: "Agora, vou fazer com você tudo o que você devia ter feito comigo esta tarde."[23]

À meia-noite e meia, os guardas levaram Stauffenberg para fora. Num pátio, eles o colocaram diante de uma pilha de areia. Os motoristas dos oficiais iluminaram o pátio com a luz alta de seus carros. Albert Speer, ministro do Armamento do Reich, no interior de seu carro, nas proximidades, recordou: "Numa Berlim totalmente às escuras (...) [o pátio] parecia um cenário de filme iluminado no interior de um estúdio escuro (...) As sombras longas, vivas, compunham uma cena irreal e fantasmagórica." Um pelotão de dez homens ergueu seus rifles. Entre os lábios, Stauffenberg pressionou a cruz dourada que sempre usava ao redor do pescoço. Ele gritou: "Vida longa à sagrada Alemanha!"[24]

Capítulo 22
O TESOURO

Em 21 de julho, à uma da manhã, a Rádio Berlim transmitiu a voz rouca de Hitler. "Meus camaradas alemães", começou ele.

> Se hoje me dirijo a vocês é, primeiro, para que escutem minha voz e saibam que estou ileso e bem de saúde, e, segundo, para que tomem conhecimento de um crime sem precedentes na história alemã. Uma diminuta camarilha de oficiais ambiciosos, irresponsáveis e, ao mesmo tempo, insensatos e estúpidos, tramou uma conspiração para me eliminar e, junto comigo, os homens do alto-comando da Wehrmacht. A bomba, colocada pelo coronel conde Von Stauffenberg, explodiu a dois metros à direita de mim. Feriu gravemente alguns fiéis colaboradores, um dos quais morreu. Consegui sair ileso, salvo pequenos arranhões, contusões e queimaduras. Vejo nesse fato a confirmação da tarefa imposta sobre mim pela providência. O círculo desses usurpadores é muito pequeno e nada tem em comum com o espírito da Wehrmacht e, sobretudo, com o espírito do povo alemão. Trata-se de um grupo de elementos criminosos, que serão destruídos sem clemência. Todo alemão, quem quer que seja, tem o mesmo dever de confrontar sem piedade esses elementos, e prendê-los imediatamente ou – se resistirem à prisão – eliminá-los sem hesitação. A ordem foi dada a todas as nossas tropas. Vocês devem cumprir [essa ordem] cegamente, de acordo com a obediência a que o Exército alemão está acostumado.[1]

Quando escutou o discurso de Hitler, disse uma testemunha, o padre König empalideceu. Ele sabia que o padre Delp tinha se encontrado com Stauffenberg algumas semanas antes. Os dois padres tinham conhecimento dos planos do coronel católico. König pediu que um colega jesuíta, o padre Franz von Tattenbach, procurasse Delp e o alertasse para se esconder.[2]

Tattenbach montou em sua bicicleta e se dirigiu, no escuro, para a paróquia em Bogenhosen. Ele apoiou a bicicleta numa árvore e jogou seixos na janela de Delp. Delp usando um conjunto ginástica, apareceu na janela. Depois de subir uma escada de mão, Tattenbach o informou.³ Espontaneamente, o padre Delp disse:

– Droga!⁴

Para evitar a aparência de culpa, Delp permaneceria na Igreja de São Jorge e celebraria a missa. Se precisasse fugir, Delp assegurou a Tattenbach, ele usaria uma porta secreta no muro da paróquia, que dava para o Parque Herzog, onde poderia encontrar contatos. Eles o levariam clandestinamente para a casa de um agricultor.⁵

Os guardas da SS andavam ostensivamente na prisão da Lehrterstrasse. Durante todo tempo antes do amanhecer de 21 de julho, eles insultavam os prisioneiros, gritando que o Führer estava vivo. Um soldado raso, cuja cela ladeava a de Müller, deixou escapar que desejava que Hitler tivesse morrido. Um guarda da SS escutou e o arrastou para fora da cela, berrando que o soldado pagaria por suas palavras.⁶

Müller e outros conspiradores presos queriam saber o que tinha dado errado. Sabiam que as comunicações entre os conspiradores da Prússia Oriental e de Berlim tinham falhado. Ninguém sabia o motivo. Mas quando Stauffenberg chegou a Berlim, ainda acreditando que tinha matado Hitler, quase quatro horas decisivas tinham passado. Quando os conspiradores finalmente colocaram suas tropas em movimento, alguns líderes nazistas tinham se recuperado e alertaram os comandantes leais. O golpe desmoronou antes de começar.

Generais algemados eram trazidos para a prisão da Lehrterstrasse. Trocando olhares com o general Stieff, que usava monóculo, Müller mostrou suas algemas em solidariedade, como se dissesse que eles deveriam se manter unidos, até as últimas consequências.⁷

Os amigos padres de Delp o encorajaram a fugir. Em fins de julho, detetives da SS investigaram os perímetros do círculo secreto do jesuíta. No entanto, Delp afirmou que não queria abandonar seus paroquianos durante "estes tempos difíceis de ataques aéreos noturnos". Ele também não queria prejudicar sua profissão de votos final, marcada para meados de agosto. No entanto, provavelmente, a maior preocupação de Delp continuava sendo evitar a suspeita que recairia sobre ele ou outros se ele fugisse, como dissera ao padre Tattenbach na noite em que o golpe fracassou. Assim, ele ficou na Igreja de São Jorge, visivelmente tenso. O padre Braun, que visitou Delp e Rösch, "imediatamente depois" de 20 de julho, recordou: "Algo como um mau presságio pesava sobre todos nós. Ninguém sabia quão grande era o perigo, ou quão perto estava. Mas não falávamos sobre isso. Só algumas vezes, quando não estávamos sendo observados claramente, ele [Delp] piscava para mim. Sua expressão resumia tudo: a pergunta: o que iria acontecer?" Em 26 de julho, Georg Smolka, amigo de Delp, incitou-o a se esconder numa casa de fazenda bávara. O padre, sorrindo, abriu uma gaveta e mostrou um revólver, "para defesa". Os contatos de Berlim o alertariam em código por meio de "interceptores" confiáveis se o perigo aumentasse.[8]

Em 28 de julho, o alerta chegou. O doutor Ernst Kessler, chefe do departamento jurídico da Bayerische Motoren Werke (BMW), recebeu um telex para Delp de "nossos amigos da resistência de Berlim". A mensagem de perigo afirmava, como Kessler recordou, que "a discussão secreta entre o padre Delp e seus amigos da social-democracia fora cancelada por motivos de segurança". Kessler pegou seu carro e correu para a missa matinal, na Igreja de São Jorge, para transmitir a mensagem.[9]

Quando Kessler chegou, a missa já tinha começado. Delp lia o evangelho do dia: "Vocês serão traídos até por pais, irmãos, parentes e amigos; e eles entregarão alguns de vocês à morte."[10]

Kessler saiu da igreja e entrou na sacristia pela porta lateral. Nos termos mais urgentes, ele pediu que uma freira vicentina que assistia à missa entregasse a Delp um bilhete no altar. Quando Delp proferia a oração *Suscipe Pater*, a porta da sacristia foi aberta com estrépito e, depois, fechada suavemente. O sacristão não podia se permitir interromper o Ofertório, pois Delp segurava a pátena e a hóstia, dizendo: "Recebe, Senhor, toda a minha liberdade. Toma a minha memória, o meu entendimento e toda a minha vontade."[11] Depois, Kessler postulou que um "anjo da guarda (...) impressionando com aquela ação sagrada" fez o sacristão se retirar, provavelmente poupando Kessler e a freira da forca, pois ninguém ainda sabia que dois agentes da Gestapo, em roupas civis, já tinham entrado na igreja.[12]

Depois da missa, na sacristia, o sacristão entregou o bilhete para Delp. O padre leu o bilhete e, em seguida, o engoliu. Ele saiu da igreja pela porta da sacristia, entrou no jardim e acendeu o toco de um charuto. Raios de sol penetravam através das folhas de um carvalho, iluminando a fumaça. Delp decidiu continuar normalmente. Dois homens, usando chapéu e capa de chuva, aproximaram-se dele.[13]

Na frente da igreja, os fiéis da paróquia limpavam o entulho dos bombardeios. "Era um dia agradável, de céu azul, e tudo parecia irreal; isto é, se alguém tivesse sido capaz de compreendê-lo", recordou Luise Oestricher, secretária da paróquia. Delp surgiu da residência paroquial com os dois homens, usando um sobretudo no calor do verão. Seu aspecto se tornara sombrio, e ele parecia doente.

– Estou sendo preso – disse ele, com voz baixa e tensa. – Deus esteja convosco. Adeus.[14]

Em 24 de julho, um jipe militar estacionou na Praça de São Pedro. Raymond G. Rocca, agente da X-2, seção de contrainteligência da Office of Strategic Services (OSS) entrou nas dependências da Secretaria de Estado da Santa Sé. Ele tinha um encontro com o padre Vincent McCormick, jesuíta americano. Rocca tinha obtido a cooperação de McCormick ao compartilhar com este um dossiê a respeito da infiltração da Gestapo na Pontifícia Universidade Gregoriana, a instituição de ensino jesuíta da qual McCormick fora reitor. McCormick levou Rocca até uma passagem na parte de trás da basílica e eles desceram uma escada para alcançar a cripta. Ali, Rocca se encontrou com monsenhor Kaas, que parecia preocupado com as escavações. Rocca sabia que o exilado alemão tinha outrora presidido o Partido do Centro Católico e ainda aconselhava Pio a respeito de assuntos alemães.[15]

Rocca explicou seu problema: a X-2 queria confirmar a confiabilidade de alguns presos políticos alemães que se apresentavam como antinazistas. Rocca queria confirmar, sobretudo, as declarações de Albrecht von Kessel, vice-embaixador do Reich junto à Santa Sé, de que todos os funcionários da embaixada estavam envolvidos na conspiração contra Hitler. Se fossem deportados para a Alemanha, "seriam mortos assim que reentrassem no território do Reich".[16]

Kaas defendeu Kessel e, em seguida, disse algo que confundiu Rocca. O monsenhor tinha conhecimento de duas conspirações anteriores.[17] Rocca não conseguiu entender como um sacerdote do alto escalão podia ter se imiscuído em questões tão perigosas. Quando Rocca tentou descobrir mais alguma coisa, Kaas o encaminhou para outro exilado alemão: o padre Leiber.

Nos escritórios da OSS, na via Sicilia, Rocca trocava telegramas com o escritório da X-2 em Londres. Precisando dos antinazistas para reconstruir a Alemanha após a derrota, os chefes de Rocca pediram-lhe que seguisse as orientações de Kaas. No entanto, quando Rocca tentou ver o padre Leiber, os intermediários lhe pediram que esperasse. O padre McCormick sugeriu que uma pessoa, de um escalão superior, talvez até mesmo o papa pessoalmente, tinha de aprovar a interface. Enquanto isso, Rocca telegrafou para a divisão de pesquisa e análise da OSS em Washington, em busca de informações a respeito da resistência católica.[18]

A pesquisa revelou alguns dados inesperados. Para Rocca, a informação mais surpreendente veio do exilado alemão Willy Brandt, que, tempos depois, se tornaria chanceler da Alemanha Ocidental. Ainda que incondicionalmente protestante e socialista, Brandt escreveu de maneira categórica: "A Igreja católica é a oposição mais ampla e mais organizada da Alemanha."[19] Como o clero interagia com todos os níveis da sociedade, era capaz de manter contatos, mesmo em círculos militares, sem despertar suspeitas da Gestapo. A Igreja resistiu com mais força na Baviera católica, onde os jesuítas de Munique administravam "um sistema organizacional bem estruturado".[20] Os sindicatos proscritos ligados ao Partido do Centro Católico também "se engajaram, durante anos, nas atividades clandestinas".[21]

Porém, como a resistência católica trabalhava com muita discrição, a OSS não sabia muito acerca de operações específicas e quase nada a respeito de coordenação e controle. "A oposição associada à Igreja católica possui alguns representantes no exterior", observou Brandt, "mas eles trabalham com muita cautela."[22] A relutância do padre Leiber de se encontrar com os agentes da OSS parecia ressaltar essa cautela. Portanto, Rocca sentiu-se honrado e agradecido quando, em 18 de agosto, Leiber concordou em recebê-lo.[23]

Leiber admitiu ligações com os conspiradores. Eles o tinham "quase constantemente mantido informado de suas atividades", registrou Rocca.[24] O jesuíta detalhou três conspirações anteriores à de 20 de julho. Entre os conspiradores, Leiber mencionou o general Franz Halder, ex-chefe do estado-maior da Wehrmacht, conhecido na OSS como "uma figura forte nos círculos católicos". Leiber sugeriu, mas não declarou diretamente, que ele tinha compartilhado seu conhecimento das conspirações com o papa.

Rocca suspeitou que Leiber sabia muito mais do que falou. Como, Rocca se perguntou, Leiber se manteve informado a respeito das conspirações? O Vaticano tinha um mensageiro ou intermediário especial com a resistência alemã? Em caso afirmativo, a OSS podia chegar até ele? Mais fundamentalmente: por que os conspiradores tinham se esforçado tanto para manter informado o assistente mais próximo do papa de seus objetivos?[25]

Em agosto, o governo alemão lançou a Operação Tempestade, um ataque amplo contra supostos traidores. A Wehrmacht expulsou os líderes sobreviventes do golpe, de modo que, em vez de serem submetidos à corte marcial, ficaram diante do juiz Roland Freisler, no Tribunal do Povo. A fúria de Hitler também alcançou os conspiradores da Igreja.[26]

A SS torturou Delp e emitiu mandados de prisão contra König e Rösch. König se escondeu num depósito de carvão em Pullach. Rösch se escondeu dentro de um silo na Baviera rural e, depois, na fazenda de uma família cujo filho jesuíta tinha morrido no front oriental.

A caçada de Himmler por padres do Comitê se ampliou aos dominicanos. Na noite de 16 para 17 de setembro, o provincial Laurentius Siemer foi acordado à uma da manhã, aproximadamente, por um telefonema do porteiro do convento de Schwichteler. Dois homens queriam falar com ele. Siemer respondeu que eles deveriam voltar de manhã e voltou a dormir. Então, quando os dois homens tentaram entrar por uma janela, o porteiro voltou e acordou Siemer, que, naquele momento, deu-se conta de que os visitantes eram da Gestapo. Ele consultou o padre dominicano Otmar Decker, e eles conceberam uma operação para desviar a atenção. Enquanto Siemer deixava o convento pelo portão do jardim, Decker se apresentou aos dois agentes da Gestapo, e eles o agarraram, como esperado. Decker os levou à sala do provincial, no segundo andar, para que Siemer ganhasse tempo e alcançasse a floresta. Siemer conseguiu chegar ao vilarejo de Schwichteler e se escondeu primeiro num depósito de madeira e depois num curral de porcos.

A Gestapo tentou capturar Siemer por meio de seu assistente, o padre Odlio Braun. Em 7 de outubro, uma agente da Gestapo, Dagmar Imgart, mais conhecida como "Babbs" ou "Babsy", apareceu na soleira da porta do escritório berlinense de Braun. Alguns dias antes, ela pedira a ele que intercedesse em favor de um padre católico pacifista, Max Josef Metzger, que estava preso. Braun achou o pedido suspeito, pois os nazistas tinham decapitado Metzger seis meses antes. Do outro lado da rua, havia um homem observando tudo. Braun pediu que sua secretária segurasse a mulher na porta. Então, ele correu para o andar superior, saiu por um alçapão e fugiu para o claustro dominicano adjacente, pulando pelos telhados.[27]

Em 22 de setembro, os homens da SS revistaram um anexo do Abwehr em Zossen. Arrombaram um cofre e encontraram provas do papel do Vaticano nas conspirações. O tesouro incluía anotações num papel de carta papal, descrevendo as condições britânicas para um armistício com a Alemanha, registrando como condição obrigatória a "eliminação de Hitler".[28]

Quatro dias depois, os guardas se retiram do corredor perto da cela de Müller. Maas, o comandante da prisão, abordou Müller para uma conversa privada. Os homens da SS tinham descoberto material incriminatório em Zossen, sussurrou Maas. Eles não deixariam Müller escapar vivo. No entanto, um dos guardas da prisão, Milkau, poderia levar Müller para uma zona proletária da cidade. Ex-membros do Partido Social-Democrata esconderiam Müller ali. A SS talvez pensasse em procurá-lo num mosteiro bávaro, mas não no setor vermelho de Berlim.[29]

Müller agradeceu a Maas, mas recusou a oferta. Aquilo colocaria sua mulher atrás das grades e seus amigos sob suspeita. Maas assentiu, como se tivesse esperado aquela resposta. Ele disse que deixaria sua pistola Luger na cama de Müller. No entanto, Müller voltou a protestar. Como católico devoto, considerava o suicídio um pecado mortal.[30]

Na manhã de 27 de setembro, Hitler se recusou a sair da cama.[31] Rejeitou o café da manhã e não demonstrou interesse pela guerra. Seus ajudantes, alarmados, nunca o tinham visto tão apático. "Para mim, pareceu que ele tinha simplesmente deitado e dito: 'Não vou fazer mais nada'", recordou Traudl Junge, sua secretária.

Durante seis dias, Hitler permaneceu na cama, algumas vezes gritando, em agonia. O doutor Morell o examinou e concluiu que nenhum problema físico causava sua dor. O Führer simplesmente parecia deprimido.[32]

Morell perguntou aos assessores próximos o que podia ter abalado o moral de Hitler. Eles lhe contaram um segredo. Recentemente, a Gestapo descobrira os arquivos secretos dos conspiradores num cofre em Zossen. Desde que tomou conhecimento do conteúdo das pastas, no dia 26 de setembro, Hitler mudara.[33] Independentemente do conteúdo dos documentos (ninguém contou para Morell), Hitler havia barrado a atuação do Tribunal do Povo, pois ele sozinho decidiria o desfecho do caso.[34]

Enquanto Hitler remoía na cama, os exércitos aliados aproximavam-se do Reno. O alto escalão precisava reanimar o tirano. Morell chamou o doutor Erwin Giesing, especialista em ouvido, nariz e garganta, para examinar Hitler.[35]

Giesing viu um homem alquebrado, deitado na cama. Hitler levantou a cabeça num cumprimento e, em seguida, deixou-a cair sobre o travesseiro. Com o olhar vazio, queixou-se de pressão na cabeça. Falou "da tensão nervosa constante do último mês". Afinal, em algum momento, o 20 de julho o afetaria. "Até agora, consegui manter tudo isso dentro de mim, mas, neste momento, escapou."[36]

Giesing retirou uma ampola de vidro de sua maleta. Ela continha uma solução de dez por cento de cocaína, que Giesing vinha ministrando em Hitler desde agosto.[37] Giesing mergulhou um cotonete na ampola e, depois, esfregou-o em torno das extremidades do nariz de Hitler. Em pouco tempo, o Führer se sentiu melhor. Ele se levantou da cama, andou pelo quarto e se lançou num monólogo. Ele tinha lido as últimas cartas que os conspiradores que foram enforcados enviaram para as respectivas mulheres. O general Stieff escreveu que tinha se convertido ao catolicismo. Com uma risada vigorosa, Hitler disse que se sentia "feliz de dar ao papa essa alma negra do demônio, mas só depois de ela ter sido enforcada".[38]

Após meia hora de fala descontrolada, as palavras de Hitler começaram a perder força. Os olhos tremularam. Ele pegou as mãos de Giesing, apertou-as com força e exigiu mais "daquela cocaína".[39] Giesing agarrou o pulso de Hitler e o achou acelerado, mas fraco. O Führer desabou sobre a cama, inconsciente. Giesing o deixou dormir. Ele guardou seu kit e voltou para Berlim, deixando Morell curioso a respeito do que perturbara tanto Hitler nos documentos de Zossen. Somente após a guerra os sobreviventes do círculo íntimo tomaram conhecimento do conteúdo dos papéis. Desde o primeiro mês da guerra, de acordo com um resumo final da SS a respeito dos documentos de Zossen, os prováveis assassinos de Hitler "tinham mantido ligações com o papa".[40]

Capítulo 23

INFERNO

Em 26 de setembro, a Gestapo veio buscar Josef Müller.[1] Alertado por Maas, Müller havia se preparado. Ele pôs em ordem todas as suas coisas, na medida do possível. Manteve alguns bens com ele: as cartas de Maria, uma foto de Christa em uniforme escolar. Enquanto empacotava suas coisas, viu a expressão ansiosa do sargento Milkau do lado de fora da porta. Müller observou por um longo momento o olhar leal do guarda, tentando transmitir seus agradecimentos. Milkau já prometera que, independentemente do que acontecesse, ele daria notícias para a filha e a mulher de Müller.[2]

O trajeto através de Berlim revelou mais ruínas do que Müller imaginara.[3] Algumas ruas lembravam as fotografias da disputada Stalingrado. As casas de Westend, outrora o centro da vida social e intelectual da cidade, estavam destruídas pelo fogo. A água se acumulava nas crateras causadas pelas bombas, com gás escapando dos canos rompidos. O carro contornou o Kaiserhof Hotel e atravessou o portão da sede da Gestapo, no número 8 da Prinz-Albrecht Strasse.[4]

No interior do prédio, os homens da SS apontaram submetralhadoras para as costas de Müller. Conduziram-no até uma salinha e ordenaram que ele se despisse. Quando ele perguntou o motivo, um dos SS o esmurrou no rosto. Ao toque das mãos perscrutadoras deles, Müller focalizou a porta situada mais além. Talvez eles quisessem se certificar de que ele não tinha escondido uma ampola de veneno no ânus. Ordenaram que ele se vestisse e o levaram ao porão, repleto dos mal-afamados ex-ateliês para escultores. Na cela 7, puseram as algemas e o empurraram para dentro.[5]

Uma lâmpada elétrica pendurada no teto iluminava o espaço sem janelas.[6] A cela incluía uma banqueta, uma cama dobrável e uma mesinha. Tão diminuto era o espaço que Müller, parado no meio da cela, conseguiria tocar cada parede (não fossem as algemas).

Uma sirene de ataque aéreo soou. As portas se abriram e vozes ordenaram que ele saísse da cela. Na penumbra, Müller viu Canaris e Oster.[7]

Em 27 de setembro, Müller encontrou Oster nos banheiros.[8] Eles não podiam conversar ali, pois um guarda os vigiava. No entanto, conseguiram cochichar sob os chuveiros, com as palavras encobertas pelo barulho da água caindo. Müller perguntou a respeito de Zossen. Sim, respondeu Oster, alguém levou a SS diretamente para lá. A Gestapo tinha todo o tesouro e tentaria arrancar tudo o que pudesse, sobretudo nomes, antes de matar os interrogados. Eles deviam enganar a SS, dar pistas falsas, qualquer coisa para distraí-los até a chegada dos Aliados a Berlim.[9]

No caminho de volta para a cela 7, Müller escutou gritos. Quando achou que tinham terminado, os gritos voltaram num volume ainda mais alto. Continuaram por muito tempo, cada um mais terrível que o outro. Depois, viraram lamúrias e gemidos.[10]

No corredor, Müller cruzou com Canaris. O almirante, sempre esbelto, agora parecia muito enfraquecido. Seus olhos brilhavam como brasas num depósito de cinzas. Ele murmurou: "*Herr Doktor*, este lugar é o inferno."[11]

No final de novembro de 1944, um homem da SS levou Müller a um elevador. No terceiro andar, eles desembarcaram e percorreram um longo corredor até uma antessala, onde um guarda portando uma metralhadora guardava uma porta. Pouco depois, Müller se viu parado diante de Franz Xavier Sonderegger.[12]

Müller tinha praticado um jogo inteligente até aquele momento, afirmou Sonderegger. Mas os homens da SS souberam o tempo todo que Canaris protegia um ninho de traidores. Naquele momento, podiam provar. Sabiam que Müller tinha urdido planos com seus amigos do Vaticano; sim, até mesmo o papa. Sonderegger tirou uma pasta volumosa de uma gaveta e a pôs sobre a mesa. Müller devia ler aquilo antes de apresentar novas negações.[13]

Müller examinou o dossiê: declarações que Dohnanyi escreveu para Beck e Goerdeler, um estudo escrito a mão por Oster para um golpe de Estado, relatórios de Müller referentes ao Vaticano. Sim, afirmou Müller, fingindo alívio: tudo aquilo parecia ser material que seus superiores tinham usado para enganar os Aliados e obter informações a respeito da disposição de luta deles. Müller tinha desempenhado um papel naquilo. Como ele estava dizendo havia já um ano e meio, tinha aderido ao Abwehr porque seus contatos no Vaticano poderiam fornecer informações úteis para a Wehrmacht.[14]

Sonderegger afirmou que Müller não podia mais se esconder atrás daquela história. Ele não devia mais frustrar a SS, pois as coisas poderiam alcançar outro patamar. A vida não se mostraria mais tão agradável para Müller, advertiu Sonderegger. A SS agora o tinha sob custódia, e isso significava uma postura mais dura do que a do Exército. A SS encontrara muitos documentos comprometedores no cofre do Exército em Zossen. Müller podia se considerar um homem morto.[15]

Calmamente, Müller disse que ele era capaz de aceitar aquilo. A morte significava "apenas uma passagem dessa vida para a próxima", afirmou, como Sonderegger recordou tempos depois. Sonderegger perguntou a Müller se ele rezava. Müller respondeu afirmativamente. Ele também rezava pela SS?, perguntou Sonderegger. Müller respondeu que sim; ele rezava principalmente pelos seus inimigos.

Por um momento Sonderegger se sentiu tranquilo. Em seguida, dizendo que voltaria "em três minutos", pôs uma folha de papel na mesa.[16]

Era a anotação do padre Leiber. Em papel de carta papal, assinalado com uma marca-d'água com o símbolo do pescador, Leiber tinha escrito a condição indispensável para o término da guerra. Pio garantia uma paz justa, em troca da "eliminação de Hitler".[17]

Müller rasgou o papel em pedacinhos e os colocou na boca. Quando Sonderegger voltou, Müller tinha engolido tudo.[18]

"Não quero morrer, tenho certeza disso", escreveu Moltke. "A carne e o sangue se rebelam violentamente contra isso." Durante muito tempo ele sentira, como tinham sentido seus antepassados prussianos, que "a pessoa não devia se exaltar com o fato de morrer por meio de uma execução". No entanto, em outubro, a Gestapo o acusara formalmente de conspiração para a derrubada do regime; uma acusação que levava à pena de morte.[19] Desde então, o trabalho de sua defesa tinha dado "um imenso estímulo à minha vontade para contornar essa coisa".[20]

A rede católica ajudou Moltke a encobrir suas atividades. O bispo Johannes Dietz, do Comitê das Ordens, introduziu mensagens clandestinamente, ajudando-o a harmonizar sua história com a que os outros suspeitos diziam.[21] No entanto, Moltke se defrontava com "sério perigo", como sua mulher ficou sabendo.[22]

Ela foi à sede da Gestapo para implorar clemência. Contudo, uma entrevista com Heinrich Müller não deixou dúvida que queriam matar seu marido. Depois da Primeira Guerra Mundial, os inimigos internos da Alemanha tinham sobrevivido e tomado o comando, afirmou o chefe da Gestapo. O Partido Nazista não deixaria aquilo acontecer de novo.[23]

Na primeira semana de 1945, o padre Delp tentou decifrar seu destino. "Há um momento em que toda a existência se concentra num único ponto e com a soma total da realidade", refletiu Delp em 6 de janeiro, a festa da Epifania. Achando-se "à sombra do cadafalso", ele tomou conhecimento de que o juiz superior, togado de vermelho, Roland Freisler, odiava católicos e padres.[24]

"As coisas parecem mais claras e, ao mesmo tempo, mais profundas", escreveu Delp. "Podem-se ver todos os tipos de ângulos inesperados." Em seu inventário de ano-novo, a guerra tornou-se tanto uma expressão como uma denúncia de modernidade. "Muito mais do que uma civilização ou uma herança valiosa se perdeu quando a ordem universal seguiu o caminho das civilizações antigas e medievais."[25] No entanto, poucos viam "a ligação entre os campos de batalha cobertos de cadáveres, os montes de escombros em que vivemos e o colapso do cosmos espiritual de nossas visões". A Europa agora encarava a expressão derradeira do niilismo moderno, a perspectiva de vida sob o jugo de Stalin. O comunismo, porém, serviria como "um auxiliar para um imperialismo de proporções ilimitadas (...) Os eslavos ainda não tinham sido absorvidos pelos ocidentais e são como um corpo estranho no funcionamento da máquina. Eles podem destruir, aniquilar e arrebatar quantidades enormes de butins, mas ainda não conseguem liderar ou construir".[26]

A Igreja então poderia reconstruir a Europa depois da guerra? "Até onde a influência concreta e visível chega, a atitude do Vaticano não é a que devia ser", escreveu Delp com pesar. Ele receava que o papado tivesse perdido seu momento, apesar de aplicar as moções morais.

> Claro que, com o tempo, será provado que o papa cumpriu seu dever, e mais, que ofertou a paz, que explorou todas as possibilidades de promover negociações de paz, que proclamou as condições espirituais sobre as quais poderia se basear uma paz justa, que concedeu caridade e foi incansável

em seu trabalho em favor dos prisioneiros de guerra, dos refugiados, da localização de parentes desaparecidos, e assim por diante – tudo isso nós sabemos e a posteridade terá inúmeras provas documentais para demonstrar a extensão total do esforço papal. No entanto, em grande medida, todas essas boas ações (...) não levam a lugar algum e não oferecem esperança real de se alcançar alguma coisa. Essa é a raiz real do problema: entre todos os protagonistas do drama trágico do mundo moderno, nenhum deles se importa fundamentalmente com o que a Igreja diz ou faz. Supervalorizamos a máquina política da Igreja, que rodou por inércia muito depois de sua força motriz básica ter deixado de funcionar. Não faz diferença, no que diz respeito à influência benéfica da Igreja, se um Estado mantém ou não relações diplomáticas com o Vaticano. A única coisa que realmente importa é a autoridade inerente da Igreja como força religiosa nos países interessados. Eis onde o erro começou; a religião morreu por causa de diversas enfermidades, e a humanidade morreu com isso.[27]

Em 9 de janeiro, Delp e Moltke foram julgados num jardim de infância requisitado para fins militares. Ao observar alemães "comuns" empacotarem os pertences do local em seus trajes de domingo, Delp lembrou-se de "uma cerimônia de entrega de prêmios a estudantes numa pequena escola que não tinha nem mesmo o espaço adequado para aquilo".[28]

O juiz Freisler entrou usando uma toga vermelha. Desde o 20 de julho, ele procurava agradar a Hitler modelando o Tribunal do Povo com base nos julgamentos espetaculosos realizados por Stalin.[29] "Reclinando-se exageradamente em sua cadeira, com um gesto majestoso de seu braço direito, jurou ao mundo (...) que o nacional-socialismo e o Reich durariam para sempre; ou tombariam lutando até o último homem, mulher e criança", recordou o pastor protestante Eugen Gerstenmaier, que foi julgado com Moltke e Delp.[30] Quando Freisler se exaltava, a vermelhidão tomava conta de seu rosto e corava sua calvície; ele gritava tão alto que um engenheiro de som o advertiu que ele estouraria os microfones.[31]

Delp foi julgado primeiro. "Seu patife infeliz, seu grande santarrão", começou Freisler. "Você, seu rato, alguém como você precisava ser desentocado e esmagado."[32] Freisler continuou a insultar a Igreja num sentido mais amplo: escândalos, bispos que dizem ter filhos etc.; o latim; os comportamentos corruptos dos jesuítas etc. – esse tipo de coisa apareceu em todas as outras frases.³³ Finalmente, Freisler exigiu saber por que Delp tinha se tornado "um dos auxiliares traidores mais ativos de Helmuth Graf von Moltke...".

– Vamos, responda!

O jesuíta respondeu:

– Enquanto as pessoas viverem em condições desumanas e humilhantes, devemos trabalhar para mudar essas condições.

Freisler perguntou:

– Você quer dizer que o Estado tem de ser mudado?

Delp respondeu:

– Sim, é o que eu quero dizer.³⁴

Considerando essas palavras um atestado de "alta traição", Freisler prosseguiu e revelou as acusações. Ele mencionou as relações de Delp com Stauffenberg, o que fazia dele, "consequentemente um assassino traidor". Além disso, o padre tinha arranjado para os conspiradores se reunirem em dependências da Igreja, agindo "com a autorização do padre Rösch, provincial jesuíta do sul da Alemanha".³⁵ Mesmo a ausência de Delp das reuniões da resistência em sua paróquia, Freisler converteu em algo contra o réu. De um modo "tipicamente jesuíta", Delp tinha "desaparecido temporariamente, como uma madame de um [bordel], de modo que pudesse lavar as mãos em relação à questão", acusou Freisler.³⁶ "Com essa ausência, você demonstra que sabia exatamente que uma alta traição estava em andamento e que você gostaria de manter sua cabecinha raspada fora disso. Nesse ínterim, você podia ir à igreja rezar para que a conspiração tivesse êxito de uma maneira que agradasse a Deus."³⁷

No dia seguinte, o julgamento continuou, com Moltke no banco dos réus. Acusando-o de "consorciar-se com jesuítas e bispos", Freisler deu um soco na mesa e rugiu:

> Um padre jesuíta! Logo um padre jesuíta! E nem um único nacional-socialista [nas reuniões em Kreisau]! Nenhum! Bem, tudo o que posso dizer é: agora, a folha de figueira caiu! Um provincial jesuíta, um dos dignitários entre os mais perigosos inimigos da Alemanha, visita o conde Moltke em Kreisau! E você não sente vergonha disso! Nenhum alemão devia manter

contato com um jesuíta! Essas pessoas, que são excluídas do serviço militar por causa de sua atitude! Se eu sei que há um provincial jesuíta numa cidade, é quase um motivo para eu não visitar essa cidade! (...) E você visita bispos! Qual é o seu negócio com um bispo, seja que bispo for?

Freisler culminou sua falação com algo que Moltke considerou uma verdade profunda: "Só em um aspecto nós e o cristianismo somos parecidos: nós procuramos o homem inteiro!"[38]

Em 11 de janeiro, o padre Rösch celebrou uma missa numa fazenda. No momento em que terminou, a porta se abriu e três oficiais da SS entraram a passos largos.[39] O *Untersturmführer* Heinz Steffens apontou uma pistola para Rösch e o prendeu. Steffens "imediatamente começou a me sondar a respeito de nomes e me acusou de catorze alegações, em dois minutos", recordou Rösch. "Expliquei que, como padre católico, dar nomes estava fora de questão por princípio. Então, ele me bateu com toda a sua força."[40]

Às cinco da tarde, aproximadamente, Steffens colocou Rösch sobre a carroceria aberta de um caminhão. Junto com a família católica que o abrigara, Rösch foi conduzido para Dachau sob a neve.[41] O registro da polícia de Munique relatou sucintamente "a prisão do provincial jesuíta August Rösch (...) por sua participação nos episódios de 20 de julho de 1944".[42] O barbeiro do campo raspou a cabeça do padre Rösch, e Steffens algemou as mãos dele, dizendo:

– Você só ficará livre dessas algemas quando for enforcado.[43]

Às quatro horas daquela tarde, Freisler condenou Moltke e Delp à morte. Delp não expressou nenhuma emoção ao ouvir o veredicto, mas depois, no furgão, perdeu a compostura. Teve um ataque de riso, cuspindo ditos espirituosos entre suspiros maníacos. Os outros permaneceram sentados, desanimados e calados.[44] Para Gerstenmaier, cuja vida Freisler poupara, embora o qualificasse como "cabeça-dura", Delp disse:

– Melhor cabeça-dura do que sem cabeça.

Os condenados foram postos numa prisão temporária e deixados em paz, como se nada tivesse acontecido. Naquelas horas solitárias, Delp escreveu em pedaços de jornal e papel higiênico um testamento final: "Sendo bastante honesto, não quero morrer, sobretudo agora que sinto que podia realizar um trabalho mais importante e transmitir uma nova mensagem a respeito de valores que acabei de descobrir e entender", refletiu ele. "Estou interiormente livre e sou muito mais autêntico do que me dei conta antes (...) Quando comparo minha calma gélida durante o processo judicial com o medo que senti, por exemplo, durante o bombardeio de Munique, percebo quanto mudei."[45]

O frio de janeiro penetrava através da janela gradeada da cela de Delp. Os dias passavam, e o tédio voltou: mãos algemadas, luzes hostis, barulhos indecifráveis. Ele se perguntava por que seus torturadores não o enforcavam imediatamente e liberavam a cela para uma nova vítima. Hitler tinha decidido salvá-lo para algum circo de perseguição no estilo de Nero? Nesse caso, com as tropas russas se aproximando de Berlim, talvez o Reich desmoronasse antes que essa matança festiva pudesse ocorrer. Mais uma vez, Delp se entregou à esperança.[46]

"As coisas sempre se revelam de uma maneira diferente do que alguém pensa e espera", escreveu ele em 14 de janeiro.[47] "Estou sentado sobre o meu penhasco, concentrado totalmente em Deus e sua liberdade (...) Esperando pelo impulso que me mandará para cima (...) Acredito que depende muito de August [Rösch] permanecer calmo e em silêncio."[48]

Capítulo 24

A FORCA

Em 13 de janeiro, a Gestapo transferiu o padre Rösch de Munique para Berlim. Naquele momento, o provincial jesuíta se viu na mesma prisão da Lehrterstrasse em que Josef Müller havia passado o primeiro ano e meio de seu encarceramento. Os guardas confiscaram seu breviário, seu rosário e suas medalhas militares. Nas seis semanas seguintes,[1] ele ficou algemado dia e noite e durante a maior parte dos interrogatórios. A luz de sua cela ficou acesa toda a noite, exceto durante os ataques aéreos. Inúmeras cruzes vermelhas adornavam as paredes, desenhadas com o sangue dos percevejos esmagados.[2]

Privado dos privilégios do correio oficial, Rösch se beneficiou do correio secreto católico da prisão, comandado por duas lavadeiras seculares, ambas chamadas Marianne. Em cartas clandestinas, ele coordenou sua história com os padres Delp e Braun,[3] anotando algumas das "mentiras táticas"[4] que ele contou aos seus interrogadores. Rösch disse, por exemplo, que "não tinha nenhum conhecimento acerca do assassinato planejado para 20 de julho".[5] No entanto, como a SS sabia de seus contatos com Moltke, Rösch admitiu ter trocado ideias com ele acerca de planos para uma reconstrução, "no caso de a guerra ter um fim desfavorável".[6] Quando lhe perguntaram a respeito de "como ele se posicionava" em relação ao nacional-socialismo, afirmou que tinha a mesma visão do nazismo que o nazismo tinha da Igreja: "Rejeito-o cem por cento." Ele diria isso ao juiz Freisler? "Sem dúvida, tanto quanto os sinos tocam." Os guardas não bateram nele depois disso, concluindo que careciam de tirar proveito de um padre que, por seu próprio relato, tinha rezado pela "honra de um martírio sangrento" todos os dias desde sua primeira comunhão.[7]

Rösch assumiu o que denominou seus "deveres pastorais em catacumba". Num caso, um judeu e uma testemunha de Jeová organizaram um apagão, permitindo-lhe oficiar os últimos ritos nas celas dos doentes. No entanto, Rösch encontrava sua oportunidade principalmente durante a hora dos exercícios físicos.[8] "Às vezes, se éramos levados para dar uma volta no pátio, o padre Rösch nos alcançava em nossas filas com passos ligeiros, e falava com seus paroquianos em voz baixa, perguntando quem queria receber o sacramento", recordou Eberhard Bethge, protegido de Dietrich Bonhoeffer. "Então, ele nos pedia que providenciássemos uma confissão clandestina por escrito. E, nas manhãs, se ele celebrava sua missa sem ser notado, levávamos a hóstia consagrada para as celas designadas. Sua comunidade cresceu."[9]

Os interrogadores da SS planejavam o interrogatório do padre Rösch com muito cuidado. Em 1º de fevereiro, às seis da tarde, suas perguntas caíram como flechas acerca do papel do papa nas conspirações. Tempos depois, o jesuíta escreveu a linha de investigação de memória. "Ainda temos de tratar das seguintes questões complexas: seu relacionamento com o papa e o Vaticano; com a cúria de sua ordem, com o padre Leiber." Rösch se sentiu "secretamente satisfeito com aquilo".[10] Enquanto a SS ainda buscasse respostas para aquelas perguntas, talvez deixassem o padre Delp vivo.[11] A SS não tinha dado nenhuma explicação pelo adiamento da execução de Delp; talvez quisessem fazer uma acareação entre os dois jesuítas para encontrar contradições em suas histórias.[12]

O padre Braun conseguiu falar com Rösch durante uma caminhada no pátio da prisão. "Padre, eles odeiam os católicos aqui", disse o dominicano, como Rösch recordou. "Mas contra vocês, jesuítas, prevalece um ódio excruciante, um ódio pavoroso." Os guardas falaram para Rösch mais de uma vez: "Mal podemos esperar para enforcá-lo junto com König e Siemer. Será um belo dia." Rösch achou que a fuga do padre Siemer, que constrangeu os nazistas e afastou um suspeito e uma testemunha importante, "tinha muito a ver com o adiamento do julgamento espetacular".[13]

Em 2 de fevereiro, os guardas da Gestapo levaram Delp para a sala de interrogatório, em Plötzensee. Sob seu uniforme listrado de cor laranja e cinza, estampado com o número 1442, ele parecia um cabide de ossos. A prisão tinha agendado sua morte para o meio-dia.[14]

O oficial da SS Karl Neuhaus supervisionaria as últimas horas do jesuíta. Um colega de Plötzensee se lembra de Neuhaus, ex-teólogo protestante, como "um homem esquelético, com rosto de ave de rapina".[15] Coube a Neuhaus interrogar o padre católico suspeito de conspirar para matar Adolf Hitler em 20 de julho de 1944.[16]

"Quis saber o que o padre Delp tinha a dizer acerca da tentativa de assassinato", afirmou Neuhaus posteriormente, "e como ele conciliava essa violência com suas convicções de padre católico jesuíta. Eu sabia que ele tinha alguns contatos com Stauffenberg. Uma testemunha tinha incriminado o padre Delp. Tudo aquilo era conhecido e já estava nos arquivos quando eu o interroguei."[17] Neuhaus ainda não sabia – e seus superiores da SS o tinham encarregado de descobrir – quão intimamente Delp e seus cúmplices católicos tinham conspirado com o papa. Tendo já interrogado o padre Rösch acerca de suas ligações com o Vaticano, Neuhaus, naquele momento, submetia Delp à mesma linha de investigação.[18]

Neuhaus posicionou os dedos de Delp num grampo tipo sargento cheio de agulhas. Enquanto Neuhaus fazia as perguntas, seu assistente, o SS *Hauptsturmführer* Rolf Günther, girava o parafuso, dirigindo as agulhas na direção das pontas dos dedos de Delp. Como aquele procedimento não gerou respostas, Günther começou a bater em Delp por trás, com um porrete de carvalho com a cabeça cheia de pregos.[19] A cada pancada, Delp caía para a frente, sobre seu rosto, mas se recusou a falar. Então, Günther circundou as pernas de Delp com tubos cheios de agulhas e, lentamente, puxou as pontas dos tubos, de modo que as agulhas penetrassem aos poucos no corpo. Ao mesmo tempo, para abafar os gritos, pôs a cabeça do padre numa coifa metálica e a cobriu com um cobertor. Depois que os gritos atravessaram até a coifa, Günther pôs para tocar um disco de canções infantis e colocou no volume máximo.[20]

Cinco horas depois, quando o padre Delp ainda não tinha implicado o papa, Neuhaus o ajudou a atravessar o pátio, na direção da cabana de execução do condenado.[21] A luz do sol passava através de duas janelas arqueadas. Seis ganchos para carne pendiam de uma viga do teto. No alto, um tripé apoiava uma câmera sonora de 16 milímetros, equipada com luzes e carregada com filme colorido.[22] Numa mesa, havia uma garrafa de conhaque, dois copos e uma bobina de corda de piano.[23]

O verdugo e seu assistente criavam coragem com conhaque. O assistente, Johann Reichart, preparou um nó corrediço na corda. O verdugo, Hans Hoffmann, pôs a corda em torno do pescoço de Delp, puxou-a e a deixou bem apertada. Eles ergueram o padre, prenderam a corda num gancho e a soltaram. O nó corrediço da corda não quebrou o pescoço de Delp, mas simplesmente cortou sua faringe. Eles o deixaram ali, debatendo-se e se contorcendo, por 25 minutos.²⁴ Mais tarde, escrito num formulário da lavanderia da prisão, um ordenança encontrou as últimas palavras conhecidas do padre Delp: "Obrigado."²⁵

A morte de Delp abalou o padre Rösch, recordou a trabalhadora laica Marianne Hapig. Nos meses seguintes, o provincial jesuíta reduziu-se a uma "figura miserável". Tendo recrutado Delp para as conspirações, Rösch se culpou pela morte dele. Como provincial jesuíta, Rösch achou difícil suportar a culpa.²⁶

Nesse estado deprimente, Rösch suportou novos interrogatórios da Gestapo. Uma pressão sombria permeia uma carta secreta que ele escreveu durante aqueles dias, relatando a linha que adotou em relação aos interrogadores. "Aqueles questionários podem trazer grave prejuízo. Um conjunto complexo de perguntas ainda está por vir acerca do papel da Cúria papal (...) O ódio contra nós é muito grande."²⁷

Cauteloso como sempre, Rösch reverteu a situação em seu benefício. A saúde frágil deu-lhe a chance de trabalhar num escritório da prisão, onde achou sua ficha.²⁸ Registrava uma ordem para matá-lo sem julgamento. "Assim, foi possível para ele, em cumplicidade com alguns guardas, salvar a si mesmo e a muitos outros, pela manipulação das fichas", recordou um colega padre. Um funcionário da prisão simpatizante "transferiu o nome de Rösch para a lista dos condenados que já tinham sido executados".²⁹

Em 3 de fevereiro, Berlim sofreu seu pior ataque aéreo da guerra. Josef Müller se alojou com os outros prisioneiros no porão da Prinz-Albrecht Strasse. Ele olhava para o teto, preocupado com um possível desmoronamento. A água jorrava dos canos quebrados, as luzes se apagaram e, em pouco tempo, Müller sentiu o frio do mês de fevereiro.³⁰

Três dias depois, os guardas o mandaram arrumar as malas. No pátio cheio de escombros, os prisioneiros embarcaram em caminhões de transporte. Com a prisão da Gestapo em ruínas, eles estavam indo para um campo de concentração. Ninguém esperava voltar. O oficial da SS Walter Huppenkothen ordenou que Müller e Bonhoeffer permanecessem algemados. Quando o caminhão saiu de Berlim, eles prometeram um ao outro: vamos calmamente para a forca, como cristãos.³¹

Maria Müller tentou levar ao marido um presente de aniversário. Ela se dirigiu ao número 8 da Prinz-Albrecht Strasse, mas quase não conseguiu respirar por causa das cinzas e da fumaça. As pessoas cambaleavam ao redor como sonâmbulos. No ar, pairava um cheiro doce e enjoativo de cadáveres sob as pedras úmidas. Na sede da Gestapo, a majestosa escadaria de entrada conduzia a um espaço vazio.[32] A polícia secreta tinha montado uma sede alternativa, na cripta da igreja Dreifaltigkeit, na Mausterstrasse.[33] Ali, Maria soube que os prisioneiros tinham sido levados para o sul, a um campo de concentração, aparentemente para protegê-los dos ataques aéreos. Os agentes da Gestapo disseram não saber para que campo. Maria foi ver Franz Sonderegger. Ele revelou que Müller tinha ido para Buchenwald, Dachau ou Flossenbürg. Ela escreveu e telefonou para todos os três campos. Funcionários verificaram as listas de prisioneiros ou fingiram verificar. Não conseguiram achar nenhum registro de Josef Müller.[34]

O calendário improvisado de Müller indicava o dia 26 de março. Ele sabia que, como faria 47 anos no dia seguinte, sua mulher talvez tentasse visitá-lo. Ele esperava que não. Ele não queria Maria perto de Buchenwald, não a queria emporcalhada por aquilo.[35]

Buchenwald abundava de mortos e mortos-vivos. A SS quebrara um forno crematório e começara a jogar corpos numa vala. Outros permaneciam nas ruas onde morreram. O sangue congelara nas feridas escuras e grosseiras, e prisioneiros famintos arrancavam as tripas dos cadáveres para se alimentar. Müller estava trancado num porão, que fedia por causa da privada improvisada – um vaso sanitário borrifado com cal.[36]

No porão, Müller fez um amigo. Vassili Kokorin, sobrinho de V.M. Molotov, ministro soviético das Relações Exteriores, tentara escapar de Sachsenhausen rastejando por um túnel, junto com o filho de Stalin,[37] mas pastores-alemães da SS os localizaram.[38] Kokorin começou a ensinar russo para Müller e Müller, cristianismo. Como os soviéticos tinham criado Kokorin para considerar a religião um instrumento do capitalismo, Müller "tentou deixar claro para ele que Cristo sempre tomara partido do oprimido; o verdadeiro cristianismo sempre procurara ajudar as classes sociais mais desfavorecidas". Em 13 de fevereiro, eles estavam discutindo a respeito dos Evangelhos quando o céu escureceu com centenas de aviões de bombardeio dos Aliados. Só depois eles se deram conta de que os aviões lançaram bombas incendiárias sobre Dresden, talvez queimando vivos 25 mil civis.[39]

Naquelas semanas, Müller encontrou consolo numa carta da filha. Um agente da SS a tinha entregue pouco antes de eles deixarem Berlim. Christa fora ficar com parentes em Röttingen. A cidade medieval, cercada por fortificações e torres, guardava um segredo terrível: os moradores assassinaram 21 judeus em 1298. Aquele *pogrom* infame tinha acontecido num 20 de abril, dia do aniversário de Hitler; os judeus de Röttingen morreram por supostamente profanar a hóstia da comunhão. Agora, a carta de Christa anunciava que ela faria a primeira comunhão ali. Em 8 de abril, num vestido especial confeccionado por sua avó, Christa atravessaria o corredor da igreja, se ajoelharia na nave e receberia o corpo e o sangue de Cristo. Müller carregava a carta de Christa consigo, sabendo que talvez persistisse, como ele refletiu, como "o último sinal de vida de seus entes queridos".[40]

Quando Hitler estabeleceu sua última defesa em Berlim, novos quadros do Exército se abrigaram em Zossen. Entre os obstinados, incluía-se o general Walter Buhle, que se instalou nas antigas dependências do Abwehr e buscou por mais espaço físico. Em 4 de abril, inspecionando as salas de depósito, encontrou um cofre que continha cinco fichários pretos com capa de couro. Cada um tinha entre oitenta e duzentas páginas, escritas a mão e datadas. Buhle achara uma crônica dos crimes nazistas e das tentativas de detê-los, preparada por Hans Dohnanyi e outros oficiais do Abwehr, oficialmente dissimulada como "diários" do almirante Canaris.[41]

Buhle não teve nenhum escrúpulo de denunciar um oficial desleal. Sentado perto de Hitler, em 20 de julho, ele se ferira quando a bomba de Stauffenberg explodiu. Buhle[42] entregou os diários para Hans Rattenhuber,[43] que os passou para Ernst Kaltenbrunner, vice de Himmler.[44]

Em 4 de abril, os guardas de Buchenwald embarcaram Josef Müller e outros catorze prisioneiros num furgão movido a gasogênio. Vassili Kokorin se apertou num pequeno espaço perto de Müller. O pastor Bonhoeffer se sentou na parte de trás. Eles se dirigiram para o sul, parando a cada hora para abastecer a fornalha.[45]

A certa altura, Müller conseguiu se aproximar de Bonhoeffer. Sabendo que os homens da SS tinham interrogado Bonhoeffer em Buchenwald, Müller quis saber o que eles perguntaram – e, sobretudo, o que ele respondeu. Bonhoeffer afirmou, defensivamente, que ele carecia do sangue-frio de Müller. Bem, pressionou Müller, o que Bonhoeffer dissera a eles?

– Eles me coagiram – respondeu Bonhoeffer. – Ameaçaram que algo aconteceria com minha noiva. Eu disse que fui classificado como *uk* [dispensado do serviço militar], de modo que podia organizar um serviço de inteligência doméstico para Oster.

Müller ficou muito preocupado. Aquilo era exatamente o que Bonhoeffer não devia ter dito, pois quebrara os "dez mandamentos", ou seja, o pacto entre SS e Abwehr proibindo a espionagem militar interna. A Gestapo pegou Bonhoeffer num detalhe, mas o pegou.

– Dietrich, por que você não se escondeu atrás de mim? – perguntou Müller. O Abwehr daria cobertura para eles.

– Eles me chantagearam – repetiu Bonhoeffer. – Minha noiva...[46]

Enquanto o furgão prosseguia em sua viagem para o sul, no escuro, Müller se lembrou da viagem com Bonhoeffer para Roma. Nos diálogos deles na cripta, Bonhoeffer tinha especulado que os padres católicos, como celibatários, combatiam melhor Hitler, pois suas mortes não prejudicariam nenhum dependente.[47]

Naquela noite, Kaltenbrunner ficou acordado até tarde, lendo os diários de Canaris. Ele considerou o conteúdo tão impressionante, que, no dia seguinte, levou os fichários para a reunião com Hitler ao meio-dia.[48]

Hitler mergulhou na leitura das revelações. Lendo os trechos marcados pela SS, convenceu-se de que sua grande missão – agora sob ameaça de todos os lados – não tinha fracassado por iniciativa própria. Em vez disso, traidores em suas fileiras o tinham traído por meio de intrigas, mentiras e sabotagens. Sua raiva explodiu num acesso vulcânico:

– Liquide os conspiradores imediatamente.[49]

Ao amanhecer, o furgão passou por Hof, perto da cidade natal de Müller. Ele cogitou uma tentativa de fuga. Na floresta francônia, ele talvez pudesse se esconder na casa de um lenhador. Mas os guardas do transporte tinham um cão, que ficava postado atrás dos prisioneiros com os dentes à mostra sempre que eles saíam do furgão para urinar. Ao meio-dia, aproximadamente, eles chegaram a Neustadt, onde a estrada bifurcava para Flossenbürg. Conhecendo a reputação de Flossenbürg como campo de extermínio, Müller rezou para que eles não pegassem o caminho para lá. O furgão parou e alguns guardas desceram e se encaminharam para o que parecia ser uma cabana da polícia. Eles voltaram e disseram que Flossenbürg não tinha espaço para novos prisioneiros. Müller agradeceu a Deus quando o furgão seguiu adiante.[50] De repente, dois agentes da SS, em motocicletas, se puseram ao lado do furgão, que se moveu lentamente até um acostamento e parou. Uma voz áspera gritou o nome de Müller. Um telex urgente de Berlim[51] ordenava que ele fosse levado a Flossenbürg.[52]

Müller desembarcou do furgão. Vassili Kokorin saltou para fora e correu atrás dele. Percebendo que os nazistas tinham condenado seu amigo à morte, Kokorin quis se despedir. Ele abraçou Müller e beijou seu rosto no estilo russo.[53]

Os guardas embarcaram Müller num furgão verde, que tinha um cheiro desagradável de cal, cloro e cadáveres. O furgão pegou um aclive, passando por um conjunto de casas e uma capela. O campo se espalhava através do cume da colina: torres, alojamentos, arame farpado. Uma ravina cortava o cume como um fosso.[54]

Müller atravessou um portão arqueado e alcançou um pátio coberto de pó. Diversas forcas estavam sob um pavilhão, ocultando-as da visão geral.[55] Os guardas o forçaram a percorrer um caminho calçado com pedras e o levaram para um edifício de tijolos baixo, que se assemelhava a um hotel de beira de estrada. Numa das celas, os guardas acorrentaram Müller numa parede e trancaram a porta. O espaço espartano continha apenas uma cama de tábua e um banquinho. Apenas o retintim desgarrado de correntes quebrava o silêncio.[56]

Um dos vizinhos contou para Müller os segredos de Flossenbürg. O general Hans Lunding, ex-chefe do serviço de inteligência militar dinamarquês, estava no campo há quase um ano. Por uma fenda na porta da cela, ele viu centenas de prisioneiros serem levados ao pátio de execução. Lunding também conseguiu ver as trilhas estreitas que os prisioneiros usavam para transportar os cadáveres ao crematório situado no vale fora do campo. Ele viu sete ou oito mil corpos carregados para fora, dois por maca. No inverno, às vezes os carregadores escorregavam na trilha congelada, e os cadáveres caíam das macas e rolavam colina abaixo. No último mês, a quantidade de execuções superou a capacidade do crematório. Assim, a SS começou a empilhar os corpos, encharcá-los com gasolina e incendiá-los. Outros prisioneiros morreram de fome proposital, ou, quando o famélico mostrava uma vontade obstinada de viver, a SS mantinha suas cabeças debaixo d'água.[57]

Em 8 de abril, o coronel Walter Huppenkothen chegou a Flossenbürg. No que geralmente servia como lavanderia do campo, ele instalou o tribunal para julgar os conspiradores de Canaris. Cortinas pretas bloqueavam as janelas. Lâmpadas elétricas desprotegidas brilhavam sobre duas mesas. Huppenkothen ficava sentado ao lado de Otto Thorbeck, um homem gordo numa toga de juiz. O *Sturmführer* Kurt Stavitzki ficava atrás deles. O tribunal não fornecia advogado de defesa.[58]

Hans Oster foi o primeiro a ser julgado por Huppenkothen. Após falsas formalidades, o juiz Thorbeck pediu que Stavitzki lesse as acusações: alta traição e traição no campo durante o tempo de guerra. A acusação confrontou Oster com o diário de Canaris. Oster admitia ter participado daquela conspiração? Naquele momento, Oster não viu motivo para mentir. Sim, respondeu ele, tinha feito aquilo pela Alemanha.[59]

O tribunal o dispensou e chamou Canaris. O almirante insistiu que só fingira que cooperava com os conspiradores para tomar conhecimento de seus planos. Ele pretendia chegar ao grupo antes que este conseguisse agir. O serviço de inteligência militar tinha de se infiltrar em qualquer conspiração dirigida contra a segurança pública. A SS poderia enforcá-lo por cumprir seu dever, mas, se houvesse uma nova chance, ele voltaria a fazer aquilo.[60]

O juiz Thorbeck interrompeu os trabalhos e chamou Oster de volta. Quando Thorbeck contou para Oster o que Canaris tinha alegado em sua defesa, Oster protestou de forma indignada. O movimento característico de Canaris – ocultar-se à vista de todos, fingir ser um fingidor – o tinha finalmente traído. Com um olhar desesperado, Canaris insistiu que fez tudo pela pátria. Ele não tinha cometido traição. Sem dúvida, Oster devia saber que o almirante só *fingiu* cumplicidade. Ele fez isso para exibição, ele gritou desesperadamente. Oster não entendia aquilo?⁶¹

Não, vociferou Oster, aquilo não era verdade. Eles não deviam mais fingir. De qualquer forma, a SS os mataria. Eles deviam defender o que fizeram. Canaris deveria confessar tudo orgulhosamente, como Oster confessara. Quando Thorbeck perguntou se Oster o tinha acusado falsamente, Canaris respondeu de maneira calma:

– Não.⁶²

O *Sturmführer* Kurt Stavitzki destrancou a cela de Müller. "Você será enforcado logo depois de Canaris e Oster", provocou ele. Quando os guardas tiraram Müller da cela, Stavitzki gritou atrás dele:

– Boa sorte, malandro. Você merece a forca!⁶³

Müller se preparou para a morte. Usando o uniforme listrado de cores laranja e cinza, ajoelhou-se e sussurrou o pai-nosso. Em seguida, gesticulou para um de seus colegas prisioneiros, o general russo Pyotr Privalov, e lhe pediu que memorizasse uma mensagem. Sabendo que as últimas palavras do condenado à morte às vezes alcançavam o mundo exterior, ele disse para Privalov que gritaria para o carrasco:

– Eu morro pela paz!⁶⁴

Em seguida, Müller falou acerca da primeira comunhão da filha. Ele havia lutado para manter intacta a Igreja alemã, para que ela pudesse viver para ver aquele dia. Agora, ela cresceria sem pai. No entanto, Müller se apegou a um pensamento consolador. No mesmo dia que ele caminhava para a forca – talvez até na mesma hora – a filha caminharia até o altar para receber o pão da vida.⁶⁵

Dietrich Bonhoeffer acordou com os latidos dos cães.⁶⁶ Uma chave girou na fechadura e dois homens estavam postados no vão da porta. A hora tinha chegado. Os guardas o seguiram pelo corredor até a sala da guarda, onde Oster e Canaris aguardavam. Eles cumpriram a ordem de tirar a roupa. Uma porta se abriu, o ar frio invadiu o recinto e os guardas levaram Canaris. Os latidos se intensificaram. Uma sombra se afastou. A porta se fechou. Depois de muito tempo, a porta se abriu. Os guardas levaram Oster. A porta se fechou. Depois de pouco tempo, a porta voltou a se abrir. Os guardas levaram Bonhoeffer.⁶⁷

Luzes de arco voltaico brilhavam. Do lado esquerdo de Bonhoeffer, estavam Huppenkothen, Stavitzki e um homem com um estetoscópio. Do lado direito, os guardas continham os cães. O verdugo amarrou as mãos de Bonhoeffer atrás de suas costas e, em seguida, fez um sinal para ele. Bonhoeffer subiu os três degraus e se virou. Alguém pôs a corda com o nó corrediço em torno de seu pescoço. O verdugo chutou a escadinha para o lado.[68]

Capítulo 25
UM HOMEM MORTO

Na cripta do Vaticano, os operários, depois de escavarem um jazigo, tinham descoberto um túmulo. Moedas da cristandade medieval cintilavam no piso. Numa extremidade do jazigo estavam alguns ossos. Monsenhor Kaas havia chamado Pio XII, que estava sentado numa banqueta ao lado do buraco. O padre jesuíta Engelbert Kirschbaum apresentou um esterno e, depois, metade de uma omoplata. Ele não conseguiu achar os pés nem o crânio.[1]

Paradoxalmente, os ossos ausentes convenceram Kaas de que ele havia encontrado o que buscava. Uma lenda da Idade Média dizia que a Igreja tinha retirado o crânio de Pedro de seu túmulo original para adornar a vizinha Basílica de São João de Latrão. Os pés ausentes também estavam de acordo com uma história antiga. Se os romanos tinham crucificado Pedro de cabeça para baixo, provavelmente tiraram o corpo da cruz cortando os pés na altura dos tornozelos.[2]

Os ladrilhos do túmulo remontavam ao reinado de Vespasiano, uma geração depois da morte de Pedro. O médico pessoal de Pio avaliou que os restos pertenceram a um homem "robusto". Entre os ossos, Kirschbaum descobriu vestígios de um traje púrpura inconfundível, tecido com fios de ouro muito finos.[3] Posteriormente, o Vaticano anunciou que as relíquias eram os restos mortais de são Pedro.[4]

Em 12 de abril de 1945, o presidente Roosevelt morreu de uma hemorragia cerebral em Warm Springs, na Geórgia. A notícia deu a Hitler algumas horas de êxtase. Goebbels telefonou, gritando de alegria:

– Meu Führer, eu o congratulo! Roosevelt morreu! Está escrito nas estrelas que a segunda metade de abril será o momento decisivo para nós. É o momento decisivo![5]

No entanto, o governo nazista tinha começado a fugir de Berlim. Uma esperança de lutar a partir dos Alpes se apossou da mente de Hitler. Ele ordenou que seu estado-maior estudasse a possibilidade de transferir fábricas de munição para o Tirol, junto com prisioneiros especiais que ele estava salvando para julgamentos espetaculosos no pós-guerra. Apesar dos enforcamentos dos membros da Rede Negra, o general Halder e outros conspiradores suspeitos ainda continuavam vivos; eles deveriam ser transferidos para o sul, primeiro para Dachau e depois para os Alpes. Antes que os Aliados descobrissem os campos, a SS deveria "dar um fim" a todos os outros prisioneiros políticos.[6]

James Jesus Angleton, chefe da unidade de contrainteligência americana em Roma, enviou um agente ao Vaticano no dia em que Roosevelt morreu. James S. Plaut, anteriormente do Fogg Museum, de Harvard, atuava na Office of Strategic Services como diretor do Projeto Órion, tentando recuperar obras de arte roubadas pelos nazistas. A pedido de Angleton, Plaut visitou Albrecht von Kessel, ainda nominalmente o primeiro-secretário da embaixada alemã junto à Santa Sé. Kessel tinha redigido um manuscrito detalhando seu papel como agente de Stauffenberg junto ao Vaticano, e entregou uma cópia para Plaut.[7]

A perda de seus companheiros no golpe de 20 de julho assombrou Kessel. Contudo, viu o sacrifício deles como uma "semente secreta", da qual algo bom poderia florescer. "Meus amigos amavam seu povo", refletiu Kessel. "Eles estavam comprometidos com a civilização ocidental e queriam despertar isso novamente em nós e em nossos vizinhos; eles se curvavam diante de Deus e lutavam contra os demônios com fúria sagrada (...) Agora, eles estão em descanso, quem sabe onde, sob a Mãe Terra. Mas a semente que eles plantaram florescerá, e a partir de suas iniciativas e seus desejos o povo dirá, nos anos ou nas décadas vindouras: a pedra que os construtores rejeitaram se tornou a pedra fundamental."[8]

Em 15 de abril, pouco antes das nove da manhã, Pio entrou em seu escritório, como sempre fazia. Ele pressionou um botão para convocar seu subsecretário de Negócios Extraordinários. Monsenhor Tardini relatou que Harry S. Truman, novo presidente dos Estados Unidos, estenderia a permanência de Myron Taylor, representante pessoal de Roosevelt junto a Pio.[9] Taylor tinha saudado o apoio do papa ao legado supremo de Roosevelt, uma

Nações Unidas do pós-guerra, que se reuniria pela primeira vez em São Francisco.
Então, Pio assinou uma nova encíclica, a *Intérprete da angústia universal*. "Muitas lágrimas foram derramadas, muito sangue foi derramado", escreveu ele. "Dificilmente será suficiente que façamos muitas orações a Deus. Devemos utilizar a ética cristã para renovar a vida pública e privada. Transformemos o coração, e a ação será transformada."[10]

O Exército Vermelho desencadeou uma barragem de artilharia pesada sobre Berlim. Em 16 de abril, milhares de bombas retumbaram. Christa Schroeder, secretária de Hitler, perguntou-lhe se eles deveriam partir.
– Não – respondeu ele, sombriamente. – Acalme-se. Berlim será sempre alemã!
Schroeder insistiu que ela não tinha medo da morte e considerava realizada sua própria vida. Contudo, a porta estava se fechando para o Führer continuar a guerra a partir dos Alpes. As forças americanas tinham alcançado o rio Elba, a apenas cem quilômetros a oeste. Com os americanos posicionados num lado e os russos no outro, os fronts ocidental e oriental, em pouco tempo, estariam separados apenas por uma linha de metrô.
– Tempo! – gritou Hitler, enfurecido. – Só precisamos ganhar tempo![11]

Na prisão da Lehrterstrasse, um guarda destrancou a porta da cela do padre Rösch. O jesuíta correu para o abrigo contra bombas, no porão, quando a barragem soviética começou. Dois minutos depois, uma salva de tiros de artilharia destruiu sua cela. "Por causa da conquista iminente de Berlim, uma grande intranquilidade cresceu entre nós", recordou Rösch.[12] Quando a prisão ficou sob o fogo da artilharia, os guardas pareceram desorientados. Eles apertaram as algemas dos prisioneiros, mas devolveram seus bens, incluindo seus *Reischmarks*, agora sem valor.[13]
Durante a barragem, Rösch se deparou com Karl Ludwig Baron von Guttenberg. O oficial católico do Abwehr o tinha apresentado ao conde Moltke em 1941. "Eu lhe dei a Eucaristia, que se tornou seu viático, no dia de sua morte, numa missa comunitária proibida, é claro, e celebrada num porão escondido", registrou Rösch. "Eu o vi pela última vez na noite de 23 de abril de 1945. Um destacamento da SS veio buscá-lo."[14] Os guardas levaram

Guttenberg e 36 outros prisioneiros para os escombros de prédios destruídos. A cerca de cem metros da prisão, os homens da SS atiraram na parte posterior da cabeça dos prisioneiros.[15]

Em 23 de abril, o Exército americano ocupou o campo de Flossenbürg. Um sobrevivente judeu adolescente orientou os soldados.

"Ele nos mostrou o caminho para os prédios principais, onde os prisioneiros tinham de tirar as roupas antes de descer alguns degraus até uma pequena área aberta, onde ficavam as forcas", recordou Leslie A. Thompson, capelão protestante da 97ª Divisão de Infantaria. "Ao lado, situavam-se as construções onde se empilhavam os corpos, que ficavam ali até terem tempo de queimá-los. Havia uma pilha de muitos corpos naquele momento. Perto dali, observei uma área semelhante a uma grande cisterna (...) Olhando para baixo, vi que aquilo estava quase cheio de ossos."[16]

Maria, mulher de Müller, tinha parado de receber cartas. Em nome dela, um funcionário da segurança local telefonou para Kaltenbrunner em Berlim. "Excluímos o nome de Josef Müller", foi a resposta. "Ninguém precisa mais mencionar esse nome. Müller é um homem morto."[17]

Naquele momento, Maria só queria ter conhecimento das últimas palavras de seu marido. A ex-secretária dele, Anni Haaser, morava perto de Dachau; ela visitou o campo procurando notícias com os transferidos.[18] Frequentemente, os prisioneiros transferidos entre campos traziam notícias de execuções, mensagens finais ou cartas dos mortos.[19] Dos relatos dos recém-chegados de Flossenbürg, Vassili Kokorin, amigo soviético de Müller, concluiu que a SS o tinha enforcado.[20]

Na terceira semana de abril, Kokorin soube que um novo prisioneiro tinha chegado de Flossenbürg. Buscando as últimas palavras de Müller, Kokorin foi até a cela dos transferidos e bateu de leve na grade de ferro. Alguém se mexeu no beliche, desceu dele e se aproximou. Os olhos azuis que observaram através das barras pertenciam a Zé Boi.[21]

Capítulo 26
O LAGO COR DE ESMERALDA

No domingo, 8 de abril, Hans Rattenhuber deixou o *bunker* de Hitler para tomar ar. Ele destrancou três portões de ferro, subiu doze degraus em espiral e abriu uma porta de aço à prova de gás.[1] Saiu nas ruínas do jardim da Chancelaria. Enquanto circulava entre estátuas destruídas, encontrou Ernst Kaltenbrunner, chefe do Escritório de Segurança do Reich. Kaltenbrunner saíra do *bunker* para fumar e tinha uma história para contar.[2]

Por quase nove meses, Kaltenbrunner investigara conspirações para assassinar Hitler. Como Rattenhuber tinha a missão de proteger o Führer, ele acompanhou as revelações com uma espécie de arrebatamento aflito. Na última semana, afirmou Kaltenbrunner, a história tinha sofrido uma reviravolta fantástica.[3] A descoberta dos diários de Canaris, em Zossen, confirmaram o que Hitler suspeitava há muito tempo: muitas das ameaças à sua vida e ao seu poder remontavam ao "Vaticano, que Hitler (...) considerava o maior centro de espionagem do mundo".[4]

A evidência tinha implicado Canaris e seis colegas seus. A pasta do caso, originalmente aberta por Heydrich, ainda tinha o codinome Rede Negra. A SS os enforcaria em segredo. Enquanto os outros conspiradores encararam julgamentos espetaculosos, os conspiradores da Rede Negra desapareceriam no meio da noite e da neblina. Ninguém tomaria conhecimento de suas punições, crimes ou nomes. Hitler impôs silêncio absoluto sobre o caso. As fontes verdadeiras da conspiração, afirmou Kaltenbrunner, não poderiam ser reveladas.[5]

Rattenhuber pôs a mão no ombro de Kaltenbrunner e perguntou: "Mas você tirou o nome de meu amigo Josef Müller da lista, não?" Kaltenbrunner respondeu que não era capaz de se lembrar. Uma vida a menos, ou a mais, não importava muito no "sabá das bruxas" daqueles últimos dias. A SS decidia quem morria com um aceno de mão.[6]

Contudo, a política de corte nazista ofereceu uma abertura para Rattenhuber. Ele sabia que Kaltenbrunner considerava Himmler um excêntrico covarde e cobiçava seu cargo de chefe da SS. Jogando com esses sentimentos, Rattenhuber recordou o que Müller dissera à Gestapo em 1934, que queria ter atirado em Himmler. O Führer havia jurado não deixar os inimigos internos da Alemanha[7] sobreviverem àquela guerra, como tinham sobrevivido à última. Mas Zé Boi, que desafiou até Himmler, não merecia sobreviver para renascer das cinzas?

Quando Kaltenbrunner não opôs objeções, Rattenhuber pressionou. Em vez de matar Müller, os nazistas poderiam usá-lo como isca. Por intermédio de Müller, poderiam pedir a Pio que buscasse uma paz em separado com o Ocidente. Supostamente, Himmler estava fazendo propostas mediante um monge beneditino, Hermann Keller.[8] Um movimento por intermédio de Müller não proporcionaria uma oportunidade melhor? Sobretudo porque, como Kaltenbrunner já tinha dito a Hitler, "o papa pessoalmente" casou Müller na cripta de são Pedro?

Kaltenbrunner respondeu que iria levar em consideração o assunto. Ele pediria a seu ajudante que telefonasse para Flossenbürg, a fim de saber se "o prisioneiro Müller estava agora, como instruído, em segurança".[9] Rattenhuber voltou para o *bunker* e desceu os degraus em espiral.

Müller ficou parado ao lado da forca por quase duas horas. Os bombardeiros sobrevoavam Flossenbürg. Ele escutava detonações distantes.[10] Finalmente, um dos guardas se aproximou dele. "Algo imprevisto" tinha acontecido. Eles o sentaram dentro de um fortim entre o prédio principal e o portão do campo.

Um grupo de prisioneiros esqueléticos chegou. O guarda da viagem discutiu com o oficial do campo. Müller escutou alguém gritar: "Eles não estão mais interessados em nomes, só em números!"[11] A SS começou a espancar um prisioneiro perto da entrada. Stavitzki entrou no fortim. Ao ver Müller, começou a gritar: "Esse criminoso ainda está andando por aí?"[12]

Os guardas levaram Müller de volta ao pátio de enforcamento.[13] Ele esperou a ordem para subir os degraus debaixo da forca.[14] Nada aconteceu. Müller se perguntou se a SS pretendia só fazer um jogo com ele. Talvez eles quisessem induzir uma "confissão na forca". Ele se agarrou a essa ideia e sentiu ressurgir a esperança de que poderia sobreviver, embora não tivesse ideia de como isso aconteceria.[15]

O crepúsculo caiu. Aos gritos, o comandante disse que a execução continuaria só "amanhã". Um dos guardas de Müller se aproximou e disse: "Por hoje terminou." Eles o levaram de volta para a cela e o algemaram em seu catre.[16]

Naquela noite, Müller não conseguiu dormir.[17] Alguém abriu com força a porta de sua cela e perguntou: "Você é Bonhoeffer?" Ele esperava que Dietrich estivesse seguro; que não conseguissem encontrá-lo no caos. Uma iluminação agressiva tomou conta do bloco das celas; uma agitação estranha prevaleceu. Os cães ficaram latindo.[18] Perto do amanhecer, o corredor começou a se agitar. Os guardas chamaram os números das celas, duas por vez, e a ordem: "Fora, rápido." Müller escutou a voz familiar do almirante Canaris. O carrasco chamou de novo: "Fora!" Müller esperava escutar seu número, sete, ser chamado a seguir. Em vez disso, o silêncio tomou conta do lugar.[19]

Um guarda tirou as algemas da perna de Müller.[20] "Não sei o que está acontecendo", disse o guarda. Berlim tinha considerado Müller um "criminoso vil", mas agora não sabia o que fazer com ele.[21] O guarda ofereceu uma caneca de caldo e um pedaço de pão. Müller caminhou um pouco para ativar a circulação sanguínea.[22]

Perto das dez da manhã, salpicos brancos penetraram através da janela gradeada. Pareciam flocos de neve, mas cheiravam como algo queimado. De repente, a portinhola da porta de sua cela se abriu de novo. Peter Churchill, agente secreto britânico capturado, disse: "Seus amigos já foram enforcados e agora estão sendo queimados atrás do cume."[23] Müller tremeu de pesar e chorou quando se deu conta de que os flocos circundando seu nariz e sua boca eram tudo o que restara de seus amigos.[24]

Em 11 de abril, Müller escutou o barulho da aproximação do front.[25] Quando o *Sturmführer* Kurt Stavitzki entrou em sua cela, Müller esperava que os espancamentos recomeçassem. Em vez disso, Stavitzki convidou *Herr Doktor* para escutar as notícias da guerra no rádio do escritório do campo. Ao tomar conhecimento de que os americanos tinham alcançado o rio Elba, Müller perguntou o que aconteceria com ele agora. "Você vai ser tirado daqui e, em seguida, seu destino será decidido", respondeu Stavitzki. O homem da SS acrescentou que estava preocupado a respeito de sua família. Müller respondeu que também tinha família e não recebia notícias dela havia meses. No entanto, Müller recordou: "Não tive coragem de cuspir nele, que foi meu primeiro impulso." Stavitzki começou a arrumar uma mochila. Como ele pegou um machadinho para gelo, daqueles que os alpinistas usam. Müller deduziu que a SS tinha a intenção de estabelecer uma última defesa nos Alpes.[26]

Em 15 de abril, a SS embarcou Müller e outros prisioneiros especiais num caminhão. Um avião a baixa altitude os sobrevoou quando atravessavam uma ponte comprida. Quando se detiveram por causa de um ataque aéreo em Munique-Freising, Müller quis deixar um cartão de visita, para que os amigos no escritório da catedral pudessem saber que ele ainda estava vivo. No entanto, os guardas pareciam nervosos, e Müller não queria levar um tiro se eles interpretassem mal seu gesto. Através dos pântanos, o caminhão pegou a direção sudoeste.[27]

No dia seguinte, Müller chegou a Dachau. Os guardas o conduziram sobre uma ponte que transpunha um fosso de quase quatro metros de largura, cheio de água e cercado com arame farpado, rumo a um *bunker* especial para os inimigos do regime. Ele não podia deixar a cela, exceto durante os ataques aéreos. No entanto, Edgar Stiller, idoso oficial da SS, disse-lhe: "*Fräulein* Anni Haaser ficará feliz de saber que o senhor chegou!" Pouco depois, Anni chegou ao portão do campo com uma mala. "Foi um reencontro emocionante", recordou Müller, "eclipsado pelo pensamento de que poderia ser o último." No caminho para encontrá-la, Müller tinha visto vagões carregados com cadáveres.[28]

Vassili Kokorin ficou perto de Müller, tratando-o quase como um totem vivo. Em 20 de abril, quando Müller se preocupou em como conseguir voltar para casa em meio ao caos, Kokorin escreveu uma carta em russo. Ele queria que seu amigo católico tivesse um salvo-conduto comunista. "O Exército Vermelho está no controle lá fora! Se alguém falar em russo com você, mostre-lhe a carta e você será liberado imediatamente!"[29]

Hitler depositou suas esperanças numa última aposta para tapar as brechas em suas linhas de frente.[30] Em 21 de abril, ordenou a Felix Steiner, general da SS, que deslocasse suas tropas para o sul durante a noite. Se Steiner tivesse êxito, isolaria o Exército Vermelho no norte de Berlim; se fracassasse, o Reich desmoronaria.

Steiner se viu diante de um impasse.[31] Ele não tinha tropas para atacar, mas não podia desobedecer a uma ordem direta. No dia seguinte, quando soube que o contra-ataque não tinha começado, Hitler ficou roxo de raiva e com os olhos esbugalhados.

– Então é isso – gritou ele. – A guerra está perdida! Mas se vocês, cavalheiros, imaginam que deixarei Berlim agora, podem esperar sentados. Prefiro meter uma bala na cabeça!

Em 23 de abril, o tenente-general da SS Gottlob Berger chegou. Hitler ordenou que ele recolhesse os prisioneiros importantes de Dachau e os levasse para os Alpes. As mãos, as pernas e a cabeça de Hitler tremeram, e tudo o que ele continuou dizendo, Berger recordou, foi:

– Mate todos eles! Mate todos eles![32]

Em Dachau, os guardas embarcaram os prisioneiros especiais em alguns ônibus. Quando passaram por Munique, Müller mal reconheceu a cidade bombardeada. Um impacto direto tinha até demolido a figura de Cristo, o Salvador, na catedral de São Miguel. Müller considerou remota a possibilidade de que sua residência, na Gedonstrasse, tivesse sobrevivido.[33]

Eles entraram na Áustria. Os ônibus seguiram pelas passagens tirolesas até Reichenau, campo de concentração perto de Innsbruck. A cena não prenunciou que o caminho de aflições tivesse terminado. Esperando ajuda externa, Müller entregou um de seus cartões de visita para um guarda e lhe pediu que o levasse a Josef Rubner, gerente-geral do *Tiroler Graphik*, em Innsbruck, a quem o próprio Müller tinha designado como agente fiduciário do jornal. O guarda voltou e informou que Rubner tinha dito:

– Não conheço esse homem.[34]

O padre Rösch foi ver o diretor da prisão da Lehrterstrasse. Após alguma consideração, Rösch escolheu o dia 25 de abril, Dia de São Marcos, às quatro da tarde, como o momento mais sagradamente auspicioso. A autoridade do diretor derivava de um regime defunto, afirmou Rösch, e ninguém se importava mais com suas decisões, exceto os russos, que logo tomariam conhecimento das injustiças que ele tinha cometido.[35] Ele deveria soltar os prisioneiros e fugir para salvar sua vida. Após refletir durante alguns minutos, o diretor concordou. Rösch desceu correndo a escadaria de ferro rumo ao porão, dando a notícia aos gritos.[36]

Os últimos prisioneiros de Berlim passaram espectralmente pelos portões da cadeia. Na rua, viraram-se e viram o prédio como seus olhos há muito tinham querido vê-lo: do lado de fora. "De repente, o fogo da artilharia pesada caiu sobre nós", recordou Rösch.[37] Ele correu através das explosões, metendo-se nos vãos das portas quando o assobio dos projéteis chegava perto. Exatamente quando os russos chegaram, Rösch encontrou refúgio no mosteiro de São Paulo, onde Odlio Braun, colega dominicano de conspiração, mantinha uma residência segura do Comitê das Ordens.[38]

A SS levou seus prisioneiros especiais para a passagem de Brenner. Em 28 de abril, cruzaram os Alpes rumo à Itália. "Fomos evacuados num grupo de cerca de 150 homens, em seis ou sete ônibus, com escolta da SS, e um jipe na retaguarda com granadas de mão e armas", recordou Jimmy James, prisioneiro de guerra britânico. "Alcançamos a passagem de Brenner e paramos à meia-noite. Simplesmente paramos no escuro e não sabíamos o que estava acontecendo. A SS tinha desaparecido e nos perguntamos o motivo." Müller suspeitou que os nazistas os manteriam como reféns num castelo. Outros rumores diziam que, após a "vitória final", Himmler os condenaria num julgamento espetacular. Em 2000, James afirmaria:

– Descobri anos depois que a SS estava se preparando para nos metralhar e dizer que tínhamos sido mortos por bombas.[39]

No entanto, os guardas da SS tinham se dividido em facções. O *Obersturmführer* Edgar Stiller liderou cerca de trinta recrutas mais velhos. Eles "se comportaram decentemente", recordou Müller. Martin Niemöller, pastor protestante encarcerado, assediou Stiller, tentando saber o que aconteceria com eles. "Tivemos a impressão de que Niemöller tratava o oficial da SS como seu ajudante pessoal, e que Stiller aceitava aquilo tacitamente."[40] Uma atitude menos amistosa prevaleceu entre o pequeno destacamento de escolta da SS: "Vinte personagens sinistros, armados até os dentes." O *Untersturmführer* Bader, líder do grupo, tinha comandado um esquadrão da morte em Buchenwald.[41]

Müller percebeu que Bader tinha algo contra ele. Stiller tinha se referido a uma ordem superior: "O advogado não deve cair vivo nas mãos do inimigo."[42] Stavitzki enviara Bader de Buchenwald, perguntou-se Müller, para levá-lo de volta à forca? Ele decidiu ficar perto do coronel Bolgislav von Bonin, que, apesar de bater em retirada de Varsóvia contra as ordens de Hitler, permaneceu como "prisioneiro de honra" e portava uma pistola.[43]

Nas primeiras horas da manhã, os homens da SS voltaram. Levaram os prisioneiros para o lado leste da passagem de Brenner, para o vale do Tirol. Num cruzamento ferroviário, próximo à cidade de Villabassa, a caravana parou subitamente. A SS pareceu em dúvida a respeito do que fazer, mas deixou os prisioneiros esticarem as pernas. Um dos ônibus estava com o pneu furado, o combustível escasseava, e nenhuma ordem tinha vindo de Berlim. Assim, o destacamento da SS se embriagou.[44]

Alguns dos prisioneiros se reuniram numa cabana da estrada de ferro para planejar uma fuga. Dois comandos da Executiva de Operações Especiais britânica elaboraram um plano com o general Sante Garibaldi, guerrilheiro italiano capturado e descendente do herói da guerrilha italiana do século XIX. Naquela noite, com a ajuda de moradores da região leais à causa deles, Garibaldi e seu chefe do estado-maior, o tenente-coronel Ferrero, afastaram-se de Villabassa com o objetivo de entrar em contato com seus compatriotas nas montanhas ao redor. Prometeram voltar com os guerrilheiros e atacar os guardas da SS.[45]

"Enquanto isso, os homens da SS, responsáveis pelo grupo de prisioneiros, tinham ficado muito bêbados", relatou James. "Um deles mais ou menos perdeu a consciência, e um de nossos colegas disse: 'Vamos dar um pouco mais de bebida para ele e, depois, tirar seu livro de bolso'. Fizemos isso e achamos uma ordem que dizia que os oficiais dos Aliados e os diversos outros prisioneiros não deviam cair sob a custódia dos Aliados." Entrementes, Bader tinha contado para um dos prisioneiros que a SS tinha preparado uma "sala especial".[46]

Os reféns decidiram não esperar pelos guerrilheiros de Garibaldi. Alguns prisioneiros britânicos arrojados fizeram ligação direta num velho Volkswagen e pegaram o rumo das montanhas, esperando alcançar um quartel-general americano e voltar com uma equipe de resgate. O coronel Bonin achou um telefone na prefeitura e pediu que o comandante-geral do Exército alemão, em Bolzano, a cerca de cem quilômetros a sudoeste, colocasse os prisioneiros sob prisão preventiva. O chefe do estado-maior do general prometeu que uma unidade bem armada se deslocaria durante a noite e chegaria ao amanhecer do dia seguinte.[47] "Percorremos as ruas estreitas para cima e para baixo com algum temor, pois a SS originalmente planejara nos liquidar numa parte isolada do Tirol", recordou Müller. Ninguém sabia que ordens finais Himmler tinha dado, ou quando as forças aliadas alcançariam a região.[48] Os parentes das famílias Stauffenberg e Goerdeler procuraram abrigo com o pároco local, que os escondeu na casa paroquial.[49]

Os outros prisioneiros dormiram sobre camadas de palha na prefeitura. Depois da meia-noite, a porta se abriu de repente. Um oficial da SS apontou para Müller:

– Você, venha!

O coronel Von Bonin ficou de pé rapidamente e mandou o homem da SS recuar. O nazista posicionou-se de forma desafiadora à porta e repetiu:

– Você, venha!

Bonin puxou sua pistola Luger e disse:

– Vou contar até três. Em dois, você é um homem morto!

O oficial da SS se virou e fugiu.[50] No entanto, ninguém dormiu tranquilo. James lembra-se bem dos "homens da SS com as Schmeisser [submetralhadoras] engatilhadas. Aquela noite foi literalmente a Noite dos Longos Punhais, pois a SS estava esperando algo, possivelmente um ataque dos guerrilheiros [italianos]".[51]

Em 29 de abril, Hitler convocou seus comandantes para uma reunião. Eles lhe disseram que as tropas russas tinham alcançado a vizinha estação de Potsdam. A Wehrmacht tinha ficado sem bazucas e não conseguia mais consertar seus tanques. A luta terminaria dentro de 24 horas. Um longo silêncio tomou conta do recinto. Com grande esforço, Hitler se levantou da cadeira e se virou para partir. Seus comandantes perguntaram o que as tropas deveriam fazer quando a munição acabasse. Hitler respondeu que ele não podia permitir a rendição de Berlim. No entanto, quem quisesse poderia tentar fugir em pequenos grupos.[52]

No dia seguinte, às três da tarde, o círculo íntimo de Hitler se reuniu no *bunker* inferior. Hitler usava a habitual camisa verde-oliva e a calça preta. Sua amante, Eva Braun, trajava um vestido azul e o bracelete de ouro favorito, engastado com uma pedra preciosa verde. Bombas de artilharia explodiam no alto. Com os olhos turvos, Hitler apertou as mãos de Rattenhuber, Bormann e Goebbels e cerca de duas dúzias de outras pessoas. Disse algumas palavras em voz baixa para cada uma. Então, lentamente, caminhou com Eva Braun de volta ao seu gabinete e fechou as portas duplas.[53]

Eva Braun sentou-se num sofá pequeno. Tirou os sapatos e ergueu as pernas sobre o tecido azul e branco do assento. Hitler sentou-se ao lado dela. Eles abriram embalagens de latão, parecidas com tubos de batom, e tiraram ampolas de vidro cheias de um líquido âmbar. Eva quebrou a ampola, bebeu o líquido e repousou a cabeça no ombro de Hitler. Os joelhos dela se ergueram bruscamente, em agonia. Controlando sua mão trêmula, Hitler levou a pistola Walther até sua têmpora direita, rangeu os dentes sobre a ampola em sua boca e puxou o gatilho.[54]

Rattenhuber não escutou vozes, nem mesmo o som de um tiro. O mordomo de Hitler, Heinz Linge, parado perto de Rattenhuber, lembrou-se somente do cheiro de pólvora.[55] Quando o séquito de Hitler entrou no recinto, viram o sangue escorrendo no rosto dele. A têmpora direita apresentava um buraco vermelho do tamanho de um marco de prata alemão. Eva estava sentada com a cabeça no ombro de Hitler. Ao morrer, ela tinha arremessado a mão sobre uma mesa e derrubado um vaso de flores.[56]

Os guardas de Hitler carregaram os corpos dele e de Eva Braun para cima, para o jardim da Chancelaria. Seu motorista despejou dez latas de gasolina sobre os cadáveres. Rattenhuber acendeu os fósforos e os atirou onde os corpos de Hitler e Eva foram deixados. Os fósforos não se mantinham acesos. Então, Rattenhuber puxou algumas folhas de papel do punho da manga da camisa e as transformou numa tocha. Ele queimou o papel e lançou o material inflamável improvisado sobre os cadáveres. Uma língua de fogo se ergueu. Rattenhuber ficou em posição de sentido e ergueu o braço numa saudação hitlerista. Antes de se virar, viu os corpos se enrolando e os membros se contraindo no fogo.[57]

Em 30 de abril, quando os prisioneiros acordaram, Villabassa estava coberta de neve. Os guardas da SS, na prefeitura, tinham todos partido. Em ação de graças, o bispo francês Gabriel Piquet, preso por fornecer documentos falsos aos judeus, celebrou uma missa na igreja católica local. "Todos compareceram", recordou Jimmy James, prisioneiro de guerra britânico. "Não só católicos e protestantes, mas também prisioneiros ortodoxos da Rússia. Foi muito emocionante."[58] Durante a cerimônia religiosa, a unidade da Wehrmacht há muito esperada chegou. Os prisioneiros foram para a praça da cidade. Brandindo uma metralhadora, o coronel Von Bonin desarmou os poucos SS que ainda não tinham fugido. A unidade do Exército incorporou alguns homens da SS, identificados por Stiller como "confiáveis e decentes", e deu aos outros a chance de fugir ou tentar a sorte com os Aliados.[59] "Bader e alguns outros desceram para o vale", relatou James, e prosseguiu: "Fiquei sabendo depois que eles foram detidos pelos guerrilheiros de [Garibaldi] e enforcados."[60]

A Wehrmacht transferiu os prisioneiros para o hotel Pragser Wildsee. Um dos majestosos hotéis frequentados pela nobreza europeia, dava vista para um lago cor de esmeralda e era cercado por penhascos nevados e bosques. A Wehrmacht posicionou metralhadoras sobre as linhas do cume, acima da estrada de acesso, que serpenteava o vale de Pragser, criando uma melhor posição defensiva contra as unidades Werewolf da SS.[61] "Nevava sem parar e estava muito frio no hotel", recordou Müller.[62]

Em 1º de maio, o general Privalov ofereceu uma festa do Dia do Trabalho em seu quarto. Enquanto a bebida circulava, Vassili Kokorin começou a chorar. Seu "tio", Stalin, jamais confiaria nele se Kokorin permitisse ser libertado pela "Inglaterra, essa prostituta".[63] A polícia secreta soviética suspeitaria que o serviço secreto inglês o tinha convertido em agente duplo. Portanto, Kokorin decidiu se juntar aos guerrilheiros de Garibaldi em Cortina d'Ampezzo, cerca de quarenta quilômetros ao sul.[64] Müller tentou dissuadi-lo. A neve ainda tinha quase um metro de profundidade; a ulceração tinha lesionado os pés de Kokorin quando ele saltou de paraquedas atrás das linhas alemãs; as privações de uma longa prisão o tinham debilitado ainda mais. Contudo, Kokorin disse que, como oficial guerrilheiro, devia voltar para a "luta". Após um abraço de urso e beijos russos, ele desapareceu na noite.[65]

Hans Rattenhuber prendeu o capacete de aço. Em 2 de maio, poucas horas antes do amanhecer, usando um pé de cabra, abriu caminho através de uma janela fechada com tijolos do porão da Chancelaria do Reich. Escalou a parede valendo-se dos pés e das mãos e saiu na calçada da Wilhelmstrasse, sob a varanda do Führer, com a pistola engatilhada na mão. Detendo-se e olhando ao redor, como uma sentinela avançada, fez um sinal de mão para os seis seguidores fiéis de Hitler atrás dele. Eles planejavam atravessar túneis do metrô e emergir na região noroeste da cidade, além da Zona Soviética.[66]

Rattenhuber cruzou a Wilhelmsplatz, iluminada pela luz do fogo. Crianças famintas fatiavam a carne de um cavalo morto. Na estação de metrô Kaiserhof, Rattenhuber desceu a rampa cheia de escombros da escadaria e caminhou ao longo dos trilhos, diretamente abaixo das linhas soviéticas. Por meio do facho de luz de sua lanterna, buscava um caminho sobre cadáveres e escadarias semidestruídas, passando por soldados feridos e famílias desabrigadas aglomeradas contra as paredes do túnel. Ele emergiu na estação Friedrichstrasse. Por quatro outras horas, rastejou através de porões de ligação cavernosos, correu entre prédios em chamas e cambaleou em ruas escuras. De manhã, o disparo de um atirador de elite soviético o atingiu, apenas a alguns metros da fábrica de cerveja Schultheiss.[67]

"Dois soldados trazem Rattenhuber, que está ferido", escreveu em seu diário Traudl Junge, secretária de Hitler. Ela se instalou no porão da fábrica de cerveja, ponto de encontro predeterminado pelo círculo de Hitler em fuga. "Ele levou um tiro na perna, está febril e com alucinações. Um médico o trata e o põe numa cama de campanha. Rattenhuber pega a pistola, libera a trava de segurança e coloca a arma ao lado dele. Um general chega ao *bunker*. Descobrimos que somos o último bastião de resistência da capital do Reich. Nesse momento, os russos cercaram a fábrica de cerveja e estão exigindo a rendição de todos."[68]

Em 4 de maio, um jipe Ford subiu serpeando pela estrada que leva ao hotel Pragser Wildsee. Espalhando neve, deslizando sobre placas de gelo escuro, finalmente alcançou o lago cor de esmeralda.[69] Um tenente de cabelos curtos saltou para fora do veículo e se identificou como homem da unidade avançada do general Leonard T. Gerow, comandante do XV Exército americano. Os soldados alemães desceram das linhas do cume e entregaram suas armas.[70]

O general Gerow chegou com diversas companhias militares. Ele ganhara a terceira estrela em seu capacete como primeiro comandante de divisões militares a desembarcar na Normandia, e os soldados alemães lhe mostraram "uma deferência quase religiosa", recordou Müller. Gerow congratulou com os prisioneiros. Então, ele lhes disse que não poderia atender a seus desejos de voltar para casa. Tinha ordens para interrogá-los e "se desfazer" deles em Nápoles.[71]

Os soldados de Gerow levaram os prisioneiros para o sul. Em 7 de maio, ficaram num alojamento em Verona.[72] No dia seguinte, Müller embarcou num avião de transporte Beechcraft C-45, que voou os 650 quilômetros restantes para Nápoles. Quando o avião sobrevoou Roma, Müller viu, muito abaixo, o distintivo verde dos jardins do papa e as linhas unidas da Praça de São Pedro, em forma de uma chave.[73]

EPÍLOGO

– A tarefa desse momento é reconstruir o mundo – disse o papa em discurso radiofônico em 9 de maio, quando as armas silenciaram na Europa. – Ajoelhados em espírito diante das sepulturas, diante das ravinas manchadas de sangue, diante dos incontáveis cadáveres de massacres desumanos, parece-nos que eles, os caídos, estão nos advertindo, os sobreviventes: deixem brotar da terra, onde fomos plantados como sementes de trigo, os moldadores e os mestres de um universo melhor.[1]

Enquanto as palavras do papa estalavam nas rádios europeias, um barco se deslocava rapidamente para Capri. Na popa, estava um economista alemão, meio judeu e de estatura elevada. Gero von Gaevernitz tinha emigrado para os Estados Unidos em 1924, mas voltou para a Europa para ajudar o continente a se livrar de Hitler. Como agente secreto de Allen Dulles, diretor da Office of Strategic Services, Gaevernitz, em Berna, cultivou amizades com emissários da resistência alemã, incluindo Hans Bernd Gisevius, que substituiu Josef Müller como ligação dos conspiradores com o papa.[2]

Naquele momento, enquanto cruzava a baía de Nápoles, Gaevernitz começava sua missão final. No dia anterior, o general de divisão Lyman Lemnitzer o tinha convocado ao quartel-general em Caserta e entregado a ele um dossiê fino a respeito de mais de cem "alemães de tipo especial". O XV Exército tinha resgatado nos Alpes italianos aqueles prisioneiros políticos e os levara para Nápoles. Alguns pareciam antinazistas fervorosos, mas os Aliados sabiam pouca coisa a respeito deles. Marshall Alexander, comandante do teatro de operações, determinou o "isolamento" deles num hotel especialmente evacuado em Capri, até Gaevernitz conseguir dar uma opinião.[3]

Na marina de Capri, Gaevernitz solicitou um jipe. Ele se encaminhou ao hotel Paradiso, num penhasco trinta metros acima do mar. Os homens da Polícia do Exército, com seus capacetes brancos, cercavam o local, impondo regras de segurança tão rígidas que Gaevernitz teve dificuldade para entrar, ainda que o marechal de campo Harold Alexander tivesse assinado seu salvo-conduto.⁴

"Assim que entrei no hotel, fui cercado imediatamente por um grupo agitado de alemães", recordou Gaevernitz. "Muitos daqueles prisioneiros sofreram demais, e seus nervos ainda estavam abalados em virtude de suas experiências, sendo a mais recente delas escapar de um esquadrão da morte da SS."⁵

Josef Müller recebeu a suíte normalmente reservada ao rei Faruk do Egito. Tinha uma das vistas mais espetaculares que Gaevernitz já vira em qualquer hotel europeu, contemplando do alto a baía de Nápoles, com o Vesúvio soltando fumaça entre as minúsculas penínsulas de Ischia e Sorrento.⁶

"Gaevernitz me interrogou por um longo tempo", recordou Müller. Passaram noites juntos no jardim do hotel. "Nem os passos monótonos dos guardas nem a lua tropical [*sic*] conseguiram desviar minha atenção da história extraordinária relativa a muito pouco conhecida resistência alemã, então revelada para mim", escreveu Gaevernitz em 1946. "Ali, senti, estava um homem que poderia ser de ajuda imensurável na tarefa que nosso exército de ocupação encarava na Alemanha." Finalmente, Gaevernitz perguntou: "O senhor estaria disposto a trabalhar conosco e dar às nossas forças o benefício de sua experiência e seu conhecimento?" Isso equivaleu a uma tentativa de recrutamento, para voltar à Alemanha como agente secreto americano.⁷

Müller concordou. No entanto, no caminho de volta para a Baviera, disse ele, receberia bem a oportunidade de parar em Roma. Gaevernitz prometeu arranjar um belo encontro ali se Müller primeiro concedesse aos interrogadores da OSS dez dias em Capri e lhes contasse toda a sua história.⁸

Gaevernitz voltou para Caserta e datilografou um relatório para o general Lemnitzer. "Alguns desses prisioneiros deviam ser condecorados, em vez de estarem internados", escreveu Gaevernitz em 13 de maio. Dos sessenta milhões de alemães que perambulavam livremente, poucos tinham levantado a mão contra Hitler, mesmo se quiseram fazer isso. No entanto, ali estava um grupo de homens que agira, arriscara a vida, perdera seus amigos – e os Aliados os tinham aprisionado. Gaevernitz aconselhou o quartel-general do teatro de operações a enviá-los para casa, onde seriam "uma boa influência" sobre os outros alemães.⁹

Em Capri, Müller ficou sob os cuidados de dois interrogadores americanos. Um deles, Dale Clark, tinha estudado em Harvard sob a orientação do ex-chanceler alemão Heinrich Brüning. Müller falou acerca da Alemanha Decente, acerca de Beck e Canaris, Oster e Dohnanyi, Stauffenberg e Moltke. Falou acerca da sagrada Alemanha, acerca de Kaas e Leiber, Preysing e Rösch, Bonhoeffer e Delp, e da Rosa Branca. No entanto, falou também acerca de suas ideias políticas. Caminhando com Clark na cobertura do Paradiso, observando o mar, Müller compartilhou a visão de uma união econômica europeia, que tinha desenvolvido com o general Beck, e do novo movimento político que discutira com seus amigos italianos e de Kreisau. Ele queria uma Europa de democracias social-cristãs, ligadas por laços comerciais e pelo conceito de "dignidade da pessoa humana". Clark concordou em escrever uma carta em favor de Müller para o general Lucien Truscott, comandante dos exércitos de ocupação na Alemanha, que teria de aprovar o plano de Müller para um novo partido político alemão, a União Democrata-Cristã.[10]

Em 26 de maio, agentes do serviço de contrainteligência do Exército americano capturaram o oficial da SS Albert Hartl, na Áustria. Soldados britânicos o tinham detido mais cedo naquele mês, mas o soltaram, considerando-o "desinteressante".[11] Os americanos enviaram Hartl para Dachau e, depois, para outros campos de prisioneiros, onde ele implicou seus superiores e subordinados da SS em crimes de guerra. Ele declarou que jamais cometera atrocidades.

"Testemunhei a execução de cerca de duzentos homens, mulheres e crianças de todas as idades, incluindo bebês", afirmou Hartl. "As vítimas foram forçadas a se ajoelhar numa grande vala e cada uma recebeu um tiro na parte posterior da cabeça, de modo que a morte fosse sempre instantânea." Para superar a depressão moral, os executores eram mantidos bem supridos com vodca. "Um fenômeno médico interessante", como Hartl classificou, foi que "os homens da [SS], que participavam frequentemente da execução de mulheres e meninas, ficavam sexualmente impotentes por certo período de tempo".[12]

Hartl escreveu um longo relatório a respeito do "serviço de inteligência do Vaticano". Entre seus grandes êxitos, registrou "o contato com o serviço de inteligência militar alemão do almirante Canaris por intermédio do doutor Josef Müller, advogado de Munique e conhecido político católico bávaro". Então, Hartl ofereceu-se para espionar o papado em favor dos Estados Unidos. Tudo o que ele precisava, disse, era de um orçamento, um pessoal de apoio e um contrato plurianual. O relatório final de seu interrogatório atribuiu a Hartl "um claro distúrbio emocional e psicológico, beirando a anormalidade".[13]

Apesar de suspeitarem de Hartl em relação a crimes de guerra, os Aliados o libertaram. Em pouco tempo, ele se tornou um defensor da ioga, do ambientalismo e dos alimentos integrais.[14]

O padre Rösch fazia caminhadas de reconhecimento em roupas rasgadas e sapatos destroçados. Toda Berlim parecia ornada com bandeiras vermelhas, mesmo as igrejas protestantes. Soldados soviéticos bêbados invadiram o mosteiro de São Paulo. Tempos depois, o padre Rösch os descreveu como "tipos asiáticos singulares", recordando que "um deles parecia humano". Os russos queriam relógios, e um deles examinou uma freira tão de perto que ela ergueu a cruz de seu rosário na frente dele. Ao ser indagado se "acreditava em Jesus Cristo", Rösch preparou-se para o martírio. O soldado, porém, identificou-se como membro da Igreja Greco-Católica Ucraniana, que só queria expressar suas convicções cristãs. Os invasores se retiraram. Outros vieram mais tarde e pegaram o que quiseram. Um oficial russo ordenou que os padres saíssem quando seus homens começaram a arrombar as portas dos quartos das freiras.[15] Um comissário político advertiu a Rösch que os jesuítas talvez fossem enviados para a Sibéria. Quando o comissário perguntou o que ele queria, Rösch olhou tristemente para a Berlim em ruínas e disse:

– Quero voltar para a Alemanha.[16]

Em 8 de maio, Rösch partiu de Berlim com uma mala num carrinho de mão. Ele planejava percorrer a pé os quase seiscentos quilômetros para Munique. Cinco dias depois, viu-se imobilizado, à noite, na margem norte do rio Elba, a barreira para a Zona Americana.[17]

Ao luar, Rösch percebeu alguém colocar uma canoa na água. Ele chamou, gritou, assobiou, bateu palmas, até o homem perceber. "Eu corri até ele e o homem admitiu que a canoa não lhe pertencia. Era 'emprestada'. Ele disse que tentaria obter ajuda do outro lado do rio." Naquela altura, seis outros refugiados tinham se juntado ao jesuíta para conversar com o homem da canoa. Ele afirmou que não poderia prometer nada a eles; estava tentando sair da Zona Soviética exatamente como eles. Ele remou com elegância pelo rio e desapareceu.[18]

Meia hora depois, uma barcaça surgiu "do nada", recordou Rösch. O homem da canoa deve tê-la mandado para eles. O carrinho de mão de Rösch se acomodou facilmente nela. O balseiro afirmou que tiros de metralhadora tinham afundado outros barcos que tentaram a travessia, afogando os passageiros. Quando sua barcaça alcançou o outro lado, o balseiro a manteve oculta junto a uma margem com moitas por horas, para o caso de uma patrulha militar aparecer. Então ele rapidamente atracou a barcaça e os refugiados desembarcaram. Rösch empurrou seu carrinho de mão para o sul, ao longo de uma estrada de terra batida, orientando-se pelas estrelas.[19]

Em 1º de junho de 1945, um jipe do Exército americano entrou na Cidade do Vaticano. Pegou uma via de acesso não sinalizada, ladeada por muros de pedra, com largura que só permitia a passagem de um único veículo. O caminho se alargou novamente no pátio interno de São Dâmaso, no Palácio Apostólico. Josef Müller desembarcou do jipe, seguido pelos oficiais do serviço de inteligência americano Dale Clark e Joe Cox. Eles entraram por uma das muitas portas e pegaram um pequeno elevador para o terceiro andar. No aglomerado de escritórios da Sagrada Congregação dos Negócios Eclesiásticos Extraordinários, cheios de guardas papais e monsenhores de faixas púrpuras, eles se encontraram com o *maestro di camera* do papa. Ele os conduziu ao longo da colunata ao ar livre, decorada com afrescos de Rafael marcados pelo tempo, e, em seguida, desceram uma escada até uma antecâmara decorada com um tapete macio. Ao se ajoelharem logo depois de atravessar a porta, o *maestro di camera* disse que o Santo Padre queria falar a sós com Müller. Os dois espiões americanos esperaram pacientemente durante três horas, tempo de duração do encontro de Müller com Pio XII.[20]

"Mal tinha atravessado a entrada de seu gabinete, quando o Santo Padre se aproximou de mim e me abraçou", escreveu Müller num relato detalhado da audiência. De Garibaldi e outros italianos libertados, Pio recebera informações a respeito da provação de Müller. O papa não conseguia compreender como o advogado tinha escapado. Müller tinha operado milagres. O Santo

Padre disse que sentia como se seu próprio filho tivesse voltado de um perigo terrível.[21]

"Ainda estávamos parados junto à porta", recordou Müller. "Ele passou o braço em torno do meu ombro." Então, com o braço ainda em torno do ombro de Müller, Pio se dirigiu até uma grande mesa e sentou Müller perto dele, para que eles pudessem se dar as mãos. "Frequentemente, Pio XII fora acusado de ser um romano arrogante e sem sentimentos", escreveu Müller depois. "Não vi nada daquilo durante a minha audiência."[22]

O papa perguntou como ele sobrevivera a tudo. Sinceramente, respondeu Müller, a teologia católica não o tinha ajudado, pois ela cria muitas opções. "Em vez disso, recorri às orações que aprendi na infância." Ao ouvir isso, Pio "sorriu e apertou minha mão entusiasticamente". Seus amigos em Roma também tinham rezado por ele, revelou o papa. Ele próprio rezara por Müller todos os dias.[23]

"Não foi uma audiência no sentido habitual", recordou Müller. "O Santo Padre ainda estava segurando minha mão, e fui capaz de falar de forma muito sincera com ele; era, se posso dizer isso, um tipo de pensamento comum." Müller afirmou que procurou seguir o ensinamento do papa de que "o bem e o mal viviam e agiam em cada ser humano". Müller agradeceu ao papa pelo fato de ele sustentar aquela crença, distinguindo entre a Alemanha Decente e o Reich de Hitler.[24]

– Não foi fácil – disse o papa, como Müller recordou. – Mas da mesma forma que você e seus amigos combateram Hitler até as últimas consequências, eu também me senti forçado a tentar tudo.

Pio quis saber a respeito dos militares que tinham conspirado contra Hitler. Com compaixão, Müller falou de Halder e Beck, os dilemas enfrentados por eles, o conflito de lealdades. Eles odiavam Hitler, mas, durante muito tempo, não puderam trair sua pátria.[25]

"Pio escutou com atenção quando lhe contei a respeito do juramento que Hans Oster e eu tínhamos feito", relatou Müller. "Nesse sentido, também falamos a respeito do plano de assassinato de Tresckow, que falhou por causa de uma coincidência improvável de explodir o avião de Hitler. O Santo Padre tinha tomado conhecimento do que ocorrera." Pio manifestou sua aprovação, de acordo com Müller, dizendo:

– Tínhamos de guerrear contra os poderes do mal. Enfrentamos forças diabólicas.[26]

Nessa altura da audiência, recordou Müller, o papa se tornou filosófico. Para os cristãos, nada na vida carecia de propósito. Portanto, ele afirmou, a guerra deve ter tido algum significado. O próprio Pio tinha se esforçado para achar um significado em sua recente encíclica, *Intérprete da angústia universal*. Müller deve ter pensado a respeito disso em suas masmorras: seu propósito na terra, o motivo pelo qual as pessoas tinham de sofrer tanto. O que Müller achava que tudo aquilo significava?[27]

Ele tinha aprendido e desaprendido muito, Müller ponderou. Ele desaprendeu a como odiar, porque experimentou o ódio em todas as suas formas. Refletiu a respeito do poder singularmente moderno de mobilizar o ódio das massas. Tudo se reduzia ao "coletivismo", ele decidiu. O bem do grupo sobrepujava os direitos do indivíduo, independentemente dos slogans pelos quais os homens marchavam. Para se prevenir contra isso, a Europa devia encontrar uma renovação do conceito de individualidade, que elevasse o indivíduo acima do rebanho. O espírito do cristianismo primitivo ofereceu uma base de construção, pois Cristo tinha feito seus discípulos subjugados, rejeitados, desarraigados se sentirem como inerentemente bons e valiosos como os imperadores, que decidiam se eles viviam ou morriam. O conceito de individualidade sagrada, jurou Müller, moldaria suas próprias atividades políticas no pós-guerra. "Contei a Pio meus planos de formar um novo bloco com cristãos fortes, independentemente da denominação, a fim de confrontar o coletivismo. O fato de ele ter concordado com essa ideia me trouxe grande alegria."[28]

Em 2 de junho, Pio reuniu os cardeais na Capela Sistina. Eles ficaram sob as grandes janelas, que tinham o dobro das dimensões do Templo de Salomão do Antigo Testamento. As tapeçarias de Rafael traçavam a autoridade papal desde Moisés, passando por Cristo, até Pedro, e, implicitamente, até Pio, que ergueu a mão numa bênção.

"Hoje, após seis anos, a luta fratricida terminou, ao menos numa parte deste mundo devastado pela guerra", disse Pio. "Hoje, o mundo todo contempla estupefato as ruínas que foram deixadas para trás." Expressando sua dor pelas vítimas da "idolatria da raça e do sangue", o papa falou da "hostilidade do nacional-socialismo contra a Igreja, uma hostilidade que se manifestou até estes últimos meses, quando os nacional-socialistas ainda se lisonjeavam com a ideia de que, uma vez assegurada a vitória em armas, poderiam acabar com a Igreja para sempre. Testemunhos fidedignos e absolutamente confiáveis nos deram informações a respeito desses planos". Após essa referência velada a Müller, Pio se lembrou dos planos de golpe de Estado, referindo-se indiretamente ao papel dele próprio:

> Era uma tirania cuja derrubada foi planejada pelos homens. Teria sido possível, por ação política oportuna, bloquear de uma vez por todas a erupção de violência brutal e pôr o povo alemão em condições de se livrar dos tentáculos que o estavam estrangulando? Teria sido possível, portanto, ter salvado a Europa e o mundo dessa imensa inundação de sangue? Ninguém se atreveria a fazer um julgamento incondicional. No entanto, nutrimos a esperança de que a Alemanha se mostraria à altura de uma nova dignidade e de uma nova vida se algum dia provasse que era falso o espectro satânico despertado pelo nacional-socialismo. Para a situação sugerida, essas palavras de alerta para nós, como Nosso Divino Mestre disse: aqueles que põem a espada contra os outros deverão morrer pela espada.[29]

Essas palavras provocaram murmúrios na Roma diplomática, não por seu significado, mas pelo momento. Harold Tittmann, encarregado de negócios da embaixada americana, registrou: "Melhor a ampla crítica do papa em seu último discurso, já que ele esperou a derrota dos alemães antes de atacar os nazistas em público."[30]

Josef Müller voltou para Munique para ajudar a reconstruir seu país em ruínas. Enquanto trabalhava como agente do serviço de inteligência americano, com o codinome Robô,[31] foi um dos fundadores do ramo bávaro do Partido Democrata-Cristão, que dominou a política na Alemanha Ocidental. Como ministro da Justiça bávaro, ainda na lista de agentes da CIA, Müller comandou a perseguição aos criminosos de guerra nazistas não sentenciados em Nuremberg. Perry Miller, a autoridade em puritanismo americano de Harvard, emprestado à OSS, registrou que "a importância de Müller era tanta que, por algum tempo, ele foi considerado um possível sucessor de [primeiro-ministro bávaro Fritz] Schaeffer, mas seus sentimentos supostamente esquerdistas despertaram a animosidade da liderança católica mais velha da Baviera".³² Müller tinha muitas falhas aos olhos dos conservadores: ele parecia "insuficientemente federalista", além de "pouco formal" e até "não católico o bastante". De acordo com o próprio Müller, ele se sentia mais à vontade na esquerda política, pois, como gostava de dizer, Cristo sempre tomara partido do oprimido.³³

No final das contas, Müller foi um criador discreto da Igreja e do mundo do pós-guerra. Suas iniciativas inter-religiosas do tempo de guerra, que levaram Dietrich Bonhoeffer à cripta do Vaticano, ajudaram a desencadear as reformas do Concílio Vaticano II, que saudou a autenticidade espiritual do judaísmo. Como defensor do transnacionalismo papal, Müller entrelaçou as ideias católicas da resistência alemã em discursos mais amplos acerca da democracia cristã, da Otan, da unidade europeia e dos direitos humanos.³⁴ Como partidário principal da Alemanha de um Mercado Comum Europeu, ganhou a reputação de "padrinho do euro".³⁵ Ele morreu em 1979, com seu sonho de uma Europa Unida irrealizado, mas ao alcance. Sua cidade natal de Steinwassen ergueu um monumento de granito, representando bois puxando uma carroça, em memória de Zé Boi.

Quando Pio XII ficou sujeito a ataques por seu silêncio no tempo de guerra, Müller o defendeu. Mesmo antes de voltar para a Alemanha, em 1945, Müller traçou a linha que seguiria nos anos seguintes. Permanecendo em Roma depois de sua audiência com Pio, Müller se viu num jantar de gala com Tittmann, que perguntou por que Pio não tinha se manifestado abertamente antes. O diplomata americano detalhou a resposta de Müller.

"O doutor Mueller [sic] afirmou que, durante a guerra, sua organização antinazista na Alemanha sempre insistiu muito para que o papa se abstivesse de fazer qualquer declaração pública distinguindo os nazistas e os condenando especificamente. Também recomendou que os comentários do papa se limitassem somente a generalidades", escreveu Tittmann. Além disso, Müller "disse que foi obrigado a dar esse conselho porque, se o papa fosse específico, os alemães o teriam acusado de se sujeitar à incitação das potências estrangeiras, e isso tornaria os católicos alemães ainda mais suspeitos do que já eram e teria limitado muito sua liberdade de ação em seu trabalho de resistência aos nazistas. Segundo o doutor Mueller, a política da resistência católica dentro da Alemanha considerava que o papa devia se manter afastado, enquanto a hierarquia católica alemã realizava a luta contra os nazistas dentro da Alemanha. O doutor Mueller disse que o papa seguiu esse conselho durante a guerra".[36]

Tittmann repassou a explicação para Washington sem comentários. Ele já havia relatado que Pio buscara "uma política de avestruz em relação às atrocidades que era evidente para todos".[37] No entanto, o papa, Tittmann refletiu, não somente enterrou sua cabeça na areia, mas também buscou uma política secreta, procurando o "momento oportuno para desempenhar o papel de mediador".[38] Como ninguém sabia "o que os nazistas teriam feito em sua fúria implacável com denúncias públicas vindas da Santa Sé", escreveu Tittmann,[39] ele hesitava em culpar Pio, sobretudo porque algumas vezes os Aliados lhe pediam que não suplicasse pelos judeus. "Sir D'Arcy [Osborne] telefonou e disse que temia que o Santo Padre fizesse um apelo em favor dos judeus húngaros", registrou em 7 de novembro de 1944 o diplomata americano Francis C. Gowen. "Sir D'Arcy disse que algo devia ser feito para persuadir o papa a não fazer aquilo, pois teria repercussões políticas muito graves."[40] Os britânicos se preocupavam em não perturbar Stalin, pois a condenação de atrocidades específicas podia expor o assassinato soviético de 22 mil oficiais poloneses capturados na Floresta de Katyn. Sofrendo pressões cambiáveis de todos os lados, Pio procurou não se desgastar, enquanto trabalhava subterraneamente.

Quanto ao próprio Müller, um mistério persistiu por algum tempo. "Por que Mueller [sic] não foi executado?", perguntou a unidade londrina da Strategic Services americana depois da guerra. "Todos os outros que participaram da conspiração de 20 de julho foram [mortos] e Mueller, embora reconhecidamente tendo boas conexões, não era mais importante, ou aparentemente mais bem protegido, que Oster, Canaris e diversos outros (...) Foi apenas uma questão de sorte ou aconteceu alguma outra coisa?"[41] Depois de uma investigação de dois meses, a unidade de contrainteligência romana de James Angleton considerou a história de Müller "bem corroborada a partir de verificações externas".[42] Em 30 de outubro de 1955, quaisquer dúvidas remanescentes acerca de Müller foram esclarecidas, para satisfação da CIA, depois que Hans Rattenhuber voltou da prisão soviética e um espião britânico, que se apresentou como lente da Universidade de Cambridge, tocou a campainha da porta da casa dele, no número 10 da Schaflachstrasse, em Munique.[43]

Epílogo

Rattenhuber contou como ele interveio para poupar a vida de Müller. Um ajudante da SS telefonou para o campo de extermínio no momento em que Müller estava parado ao lado da forca: "O telefonema o salvou, literalmente, no último instante."[44] No entanto, por que a mensagem tinha chegado? Müller considerou-a um "milagre", resultado das orações do papa; o oficial da SS Walter Huppenkothen afirmou que Müller era simplesmente "sortudo". De fato, a personalidade de Müller definiu seu destino. Ele devia seu resgate à amizade com o chefe dos guarda-costas de Hitler; uma amizade baseada na confissão de Müller, em 9 de fevereiro de 1934, na prisão da Gestapo, em que admitiu ter encorajado a prisão de Himmler e seu fuzilamento. Zé Boi conquistou sua vida porque, certa vez, mostrou-se preparado para perdê-la.[45]

AGRADECIMENTOS

Diversos arquivistas e bibliotecários me ajudaram a desenvolver este livro. Maciej Siekierski, curador sênior e pesquisador da Hoover Institution, deslacrou os papéis do padre Robert Leiber. Susan Vincent Molinaro, da New York Society Library, providenciou artigos de jornal difíceis de achar. Pelo acesso aos Harold C. Deutsch Papers, no US Military History Institute, em Carlisle Barracks, na Pensilvânia, agradeço a Clifton P. Hyatt e à arquivista Carol S. Funck. Na US National Archives and Records Administration, beneficiei-me, como muitos, do conhecimento enciclopédico do falecido John E. Taylor, dos registros do tempo de guerra do serviço de inteligência.

Na Cidade do Vaticano, o padre Peter Gumpel, da Companhia de Jesus, foi muito generoso com seu tempo e muito meticuloso em suas respostas às minhas perguntas. Walter Patrick Lang, comandante cavaleiro da Ordem Papal do Santo Sepulcro, foi meu paciente mentor em questões de informações secretas.

Devo muito a uma comunidade maior de interesse. Por mais de uma década, William Doino e Dimitri Cavalli comandaram uma espécie de salão de e-mails a respeito das "Guerras de Pio". Graças a eles, minha caixa de entrada se encheu com as observações de muitos outros: Joseph Bottum, John Conway, rabino David G. Dalin, Kevin Doyle, Michael Feldkamp, Eugene Fisher, Gerald Fogarty, Patrick J. Gallo, John Jay Hughes, Michael Hesemann, Gary Krupp, Vincent Lapomarda, Bill Moynihan, Matteo Luigi Napolitano, Ronald J. Rychlak e Andrea Tornielli.

Generosamente, outras pessoas ofereceram *feedback* e me encorajaram. Recebi sugestões e apoios valiosos de Michael Burleigh, Tim Duggan, do falecido Sir Martin Gilbert, de Sam Harris, Howard Kaminsky, Roger Labrie, Paul D. McCarthy, Andrew Miller, Aaron Haspel, Gerald Posner, Richard Eisner, Deborah Stern, George Weigel, David I. Kertzer e David Thomas Murphy.

Tenho uma grande dívida com especialistas de diversos campos afins com o deste livro. As obras de Harold C. Deutsch, Roman Bleistein, Robert A.

Graham, Peter Hoffmann, Antonia Leugers, Owen Chadwick, Beate Ruhm von Oppen, David Alvarez, John Lukacs e Sir Ian Kershaw se provaram inestimáveis para mim.

Aprendi muito com aqueles que adotaram uma abordagem mais severamente crítica em relação a Pio do que a minha. James Carroll, Hubert Wolf, John Cornwell, Susan Zuccotti, Daniel Goldhagen e Gary Will estão sempre banqueteando em minha cabeça. Quando não compartilho suas conclusões, respeito suas intenções e admiro suas obras.

Uma grande equipe de profissionais do livro me ajudou. Agradeço especialmente a Lara Heimert, da Basic Books, e a Sloan Harris, da International Creative Management, pelo seu interesse paciente em meu trabalho. Também recebi grande apoio de Liz Farrell e Heather Karpas, na ICM; e, na Basic, de Michelle Welsh-Horst, Melissa Raymond, Jennifer Thompson, Clay Farr, Cassie Nelson, Allison Finkel, Dan Gerstle, Katy O'Donnell e Leah Stecher. A copidesque Katherine Streckfus foi tudo que um escritor pode querer.

Meu pai, Robert W. Riebling, ajudou-me generosamente em muitos lugares e de diversas maneiras: desde a Ronald Reagan Presidential Library, na Califórnia, até o hotel Pragser Wildsee, na Itália. Seu espírito e sua iniciativa nunca esmoreceram. Pai, obrigado.

Joyce Riebling, minha mãe, enviou-me ótimos livros ligados a este projeto. Nenhum filho poderia receber mais incentivo intelectual de uma mãe do que aquele que ela me deu.

Nan e Stephen, obrigado por tudo que vocês fizeram por nossa família ao longo desses anos. Amo vocês mais do que sou capaz de dizer.

Eden e Freya: ficou pronto, finalmente! Estou em casa.

Robin, você me carregou durante todo o tempo. Devo meu maior agradecimento e todo o meu amor a você.

ABREVIATURAS

AAW – Archiwum Archiediecezjalne We Wroclawiu (Arquivo da Arquidiocese de Varsóvia)
AB – SIEMER, Laurentius. *Aufzeichnungen und Briefe*. Frankfurt: Knecht, 1957.
ACDP – Archiv für Christlich-Demokratische Politik der Konrad-Adenauer-Stiftung (Arquivo referente à política democrata-cristã da Fundação Konrad Adenauer), Berlim.
AD – BLEISTEIN, Roman. *Alfred Delp:* Geschichte eines Zeugen. Frankfurt: Knecht, 1989.
ADB – VOLK, Ludwig (org.). *Akten deutscher Bischöfe Ober die Lage der Kirche, 1933-1945.* 6 vols. Mogúncia: Matthias Grünewald, 1965-1979.
ADG – NEITZEL, Sönke. *Abgehört:* Deutsche Generäle in britischer Kriegsgefangenschaft, 1942-1945. Berlim: Ullstein Buchverlage, 2005. [Em inglês: *Tapping Hitler's Generals*: Transcripts of Secret Conversations, 1942-45. Tradução de Geoffrey Brooks. St. Paul: MBI, 2007.]
ADOPSJ – Archiv der Oberdeutschen Provinz SJ München (Arquivos da Província do Alto-Alemão da Sociedade de Jesus, Munique).
ADSS – *Actes et Documents du Saint-Siège relatifs à la période de la seconde guerre mondiale*. BLET, Pierre et al. (org.). 11 vols. Cidade do Vaticano: Libreria Editrice Vaticana, 1965-1981. [Em inglês: Vol. 1 (único), *The Holy See and the War in Europe, March 1939-August 1940*. Ed. Gerard Noel. Dublin: Clonmore and Reynolds, 1968.]
AEM – Archiv des Erzbischofes München (Arquivo da Arquidiocese de Munique).
AES – Archivio della Congregazione degli Affari Ecclesiastici Straordinari (Arquivo da Sagrada Congregação dos Negócios Eclesiásticos Extraordinários).
AH – NEUHÄUSLER, Johannes. *Amboss und Hammer*: Erlebnisse im Kirchenkampf des Dritten Reiches. Munique: Manz, 1967.
AIGRH – HEIDEKING, Jürgen; MAUCH, Christof (org.). *American Intelligence and the German Resistance to Hitler:* A Documentary History. Boulder: Westview, 1996.
AKMF – *Akten Kardinal Michael von Faulhabers, 1917-1945.* 2 vols. Mogúncia: Matthias Grünewald, 1975, 1978.
AR – BLEISTEIN, Roman. *Augustinus Rösch:* Leben im Widerstand: Biographie und Dokumente. Frankfurt: Knecht, 1998.

ASD – Archiv der sozialen Demokratie (Arquivo do Partido Social-Democrata, Bonn).
ASV – Archivio Segreto Vaticano (Arquivo Secreto do Vaticano), Cidade do Vaticano.
AWDP – Allen W. Dulles Papers, Mudd Manuscript Library, Princeton University.
BA – Bundesarchiv (Arquivo Federal da Alemanha), Berlim.
BF – MOLTKE, Helmuth James von. *Briefe an Freya, 1939-1945*. Munique: C.H. Beck'sche Verlagsbuchhandlung, 1988.
BPDB – SCHNEIDER, Burkhart (org.); BLET, Pierre; MARTINI, Angelo. *Die Briefe Pius XII an die Deutschen Bischöfe, 1939-1944*. Mogúncia: Matthias Grünewald, 1966.
BV – HOFFMANN, Peter (org.). *Beyond Valkyrie:* German Resistance to Hitler: Documents. Montreal: McGill-Queen's University Press, 2011.
CE – *The Catholic Encyclopedia*. 15 vols. Nova York: Robert Appleton, 1912.
CI-FIR/123 – "Counterintelligence Final Interrogation Report n. 123. Prisoner: Hartl, Albert". US Army, HQ 7707 MI Service Center, 9 jan. 1947. Coleção do autor.
CSI/SI – US Central Intelligence Agency, Center for the Study of Intelligence, *Studies in Intelligence* (trechos não confidenciais de estudos sigilosos) [série periódica].
DBW – *Dietrich Bonhoeffer Werke*. Títulos individuais em séries por título e volume.
DGFP – *Documents on German Foreign Policy, 1918-1945*. Londres, Her Majesty's Stationery Office, 1957-1966.
DJ-38 – Hugh Trevor-Roper (lorde Dance) Papers. Selected files from records and documents relating to the Third Reich, Group 14: Additional Material, Microfilm no. DJ 38, Microform Academic Publishers, East Ardsley, UK.
DKK – *Dossier Kreisauer Kreis:* Dokumente aus dem Widerstand gegen den Nationalsozialismus: Auch dem Nachlass von Lothar König SJ. Ed. Roman Bleistein. Frankfurt: Knecht, 1987.
DNTC – Donovan Nuremberg Trials Collection, Cornell University Law Library, Ithaca, Nova York.
EGR – BENZ, Wolfgang e PEHLE, Walter H. (orgs.). *Encyclopedia of German Resistance to the Nazi Movement*. Tradução de Lance W. Garner. Nova York: Continuum, 1997.
EPV – STEHLE, Hansjakob. *Eastern Politics of the Vatican, 1917-1979*. Athens: Ohio University Press, 1981.
FDRL – Franklin. D. Roosevelt Presidential Library, Hyde Park, Nova York.
FO – Archives of the British Foreign Office, National Archives (UK), Kew.
FRUS – *Foreign Relations of the United States*. Washington, DC: US Government Printing Office. Citado por volume e data de publicação.
GM – LEUGERS, Antonia. *Gegen eine Mauer bischöflichen Schweigens:* Der Ausschuss für Ordensangelegenheiten und seine Widerstandskonzeption, 1941 bis 1945. Frankfurt: Knecht, 1996.

GRGG – General Reports on German Generals, National Archives, UK, Kew.
GS – DELP, Alfred. *Gesammelte Schriften*. Org. Roman Bleistein. 5 vols. Frankfurt: Knecht, 1982-1984, 1988.
GSA – Geheimes Staatsarchiv, München (Arquivo Secreto do Estado, Munique).
HDP – Harold C. Deutsch Papers. Caixas 1, 2, 4 e 20. CD-R, rotulado a mão "02-25-2011". US Army War College, Carlisle Barracks, Pensilvânia. Documentos citados, onde possível, por série, caixa e pasta: por exemplo, III, 1/7 (série III, caixa 1, pasta 7). O arquivo pode não fornecer essa informação para todos os documentos, e, em certos casos, a informação de identificação no CD era conflitante com aquela da ferramenta de busca do War College. Quando os arquivistas do Exército foram incapazes de solucionar essas discrepâncias, omiti a referência a série, caixa e pasta. Cópias de alguns dos documentos de Deutsch são mantidas no Institut für Zeitgeschichte (IFZ), Munique.
HGR – HOFFMANN, Peter. *The History of the German Resistance 1939-1945*, 3. ed. Cambridge, MA: MIT Press, 1996.
HPS – HOFFMANN, Peter. *Hitler's Personal Security*. Nova York: Da Capo, 2000.
IfZ – Institut für Zeitgeschichte (Instituto de História Contemporânea, Munique).
IMT – Tribunal Militar Internacional, Nurembergue.
JFKL – John F. Kennedy Presidential Library, Boston, MA.
KB – Kaltenbrunner Berichte (Relatórios Kaltenbrunner). Publicados em *Spiegelbild einer Verschwörung*: Die Kaltenbrunner-Berichte an Bormann und Hitler über das Attentat von 20 Juli 1944. Herausgegeben von Archiv Peter für historische und zeitgeschichte Dokumentation. Stuttgart: Seewald, 1961.
KLB – WIETSCHEK, Helmut et al. (orgs.). *Die kirchliche Lage in Bayern nach den Regierungs-präsidentenberichten, 1933-1943*. 7 vols. Mogúncia: Matthias Grünewald, 1966-1981.
KN – RÖSCH, Augustin. *Kampf gegen den Nationalsozialismus*. Org. Roman Bleistein. Frankfurt: Knecht, 1985.
KV – Kartellverband der katholischen Studentenvereine Deutschlands (Associação das Societas Estudantis Alemãs).
LF – MOLTKE, Helmuth James von. *Letters to Freya*. Nova York: Knopf, 1990.
LK – MÜLLER, Josef. *Bis Zur Letzten Konsequenz*: Ein Leben für Frieden und Freiheit. Munique: Süddeutscher, 1975.
LPP – BONHOEFFER, Dietrich. *Letters and Papers from Prison*. Ed. ampl. Tradução de R.H. Fuller, John Bowden et al. Nova York: Simon and Schuster, 1997.
MBM/155 – Miscellanea Bavarica Monacensia. Dissertationen zur Bayerischen Landes und Münchner Stadtgeschichte herausgegeben von Karl Bosl und Richard Bauer, vol. 55: "Josef Müller (Ochsensepp). Mann des Widerstandes und erster CSU-Vorsitzender" (Friedrich Hermann Hettler), Kommissionsverlag UNI-Druck Munique, Neue Schriftenreihe des Stadtarchivs München, 1991.

NARA – US National Archives and Records Administration, College Park, Maryland.
NCA – *Nazi Conspiracy and Aggression*. Nuremberg Trial materials. Red Series. 10 vols. Washington, DC: US Government Printing Office, 1946-1948; /B = Suplemento B.
OAM – Ordensarchiv Münsterschwarznach [Arquivos da Ordem, Münster].
OUSCC – Office of US Chief of Counsel for the Prosecution of Axis Criminality [Tribunal Militar Internacional, Nurembergue].
PCCTR – *The Persecution of the Catholic Church in the Third Reich*: Facts and Documents Translated from the German. Org. Walter Mariaux. Londres: Catholic Book Club, 1942 [1940]. Relatórios ao Vaticano feitos por Josef Müller e Johannes Neuhäusler, 1933-1940.
PP – LUDLOW, Peter. "Papst Pius XII, die britische Regierung und die deutsche Opposition im Winter 1939/40". *Vierteljahrshefte für Zeitgeschichte*, 3, 299-341, 1974.
PWF – Pave the Way Foundation, Nova York, Nova York.
RV – Rerum Variarum (Archivio Segreto Vaticano) [Antologia, Arquivo Secreto do Vaticano].
SFH – HOFFMANN, Peter. *Stauffenberg*: A Family History. Nova York: Cambridge University Press, 1995.
SO – Sanctum Officium (Archivio Segreto Vaticano) [Santo Ofício, Arquivo Secreto do Vaticano].
SVC – CONSTANTINI, Celso. *The Secrets of a Vatican Cardinal*: Celso Constantini's Wartime Diaries, 1938-1947. Ed. Bruno Fabio Pighin. Tradução de Laurence B. Mussio. Montreal: McGill-Queen's University Press, 2014. [Originalmente em italiano: *Ai margini della Guerra* (1838-1947): Diario inedito del Cardinale Celso Constantini. Veneza: Marcianum, 2010.]
THG – NEITZEL, Sönke. Abgehört. *Deutsche Generäle in britischer Kriegsgefangenschaft, 1942-1945*. Berlim: Ullstein Buchverlage, 2005. [Em inglês: *Tapping Hitler's Generals*: Transcripts of Secret Conversations, 1942-45. Tradução de Geoffrey Brooks. St. Paul: MBI, 2007.]
TRP – GUIDUCCI, Pier Luigi. *Il Terzo Reich Contro Pio XII*: Papa Pacelli nei documenti nazisti. Milão: Edizioni San Paolo, 2013.
TT – Hitler, Adolf. *Hitlers Tischgespräche*. Ed. Henry Picker. Wiesbaden: VMA-Verlag, 1983. [Em inglês (edição com variações): *Hitler's Table Talk*: His Private Conversations. Tradução de Norman Cameron e R.H. Stevens. Nova York: Enigma, 2000.
UKNA – National Archives, UK, Kew Gardens.
VfZ – Vierteljahrshefte für Zeitgeschichte.
VKZ – Veröffentlichungen der Kommission für Zeitgeschichte (Publicações da Comissão de História Contemporânea).

VS – KESSEL, Albrecht von. *Verborgene Saat:* Aufzeichnungen aus dem Widerstand 1933 bis 1945. Ed. Peter Steinbach. Berlim: Ullstein, 1992.

VW – BUCHSTAB, Günter et al. (orgs.). *Verfolgung und Widerstand, 1933-1935:* Christliche Demokraten gegen Hitler. Düsseldorf: Droste, 1990.

WP – WEIZSÄCKER, Ernst von. *Die Weizsäcker-Papiere, 1933-1950.* Ed. Leonidas E. Hill. Frankfurt: Propyläen, 1974.

NOTAS

Prólogo

1. Hartl, "The Vatican Intelligence Service", 9 jan. 1947, CI-FIR/123.
2. Kaiser, diário, 6 abr. 1943, NARA, RG 338, MS B-285; Hoffmann, Stauffenberg, 185.
3. Rel. CSDIC, "Kopkow's Account of the Plot", 9 abr. 1946, Lord Dacre Papers, DJ 38, f. 25.
4. Kaltenbrunner a Bormann, 29 nov. 1944, KB, 508 ("Durch die internationalen Verbindungen (...) der katholischen Geistlichkeit ist hier ein besonderer Nachrichtendienst aufgezogen worden").
5. Huppenkothen, deposição, 24 abr. 1948; Müller, "Lebenslauf", 7 nov. 1945, DNTC.
6. Schmäing, "Aussage", Verfahren Roeder, MB 6/6, 787.
7. Müller, transcrição, set. de 1966, HDP, III, 1/7.
8. Best, *Venlo Incident*, 181.
9. Gaevernitz, "From Caserta to Capri", 5.
10. Müller, "Flossenbürg", LK, 246.
11. Kaltenbrunner a Bormann, 29 nov. 1944, KB, 508-510.
12. Huppenkothen, transcrição, 5 fev. 1951, HDP, 2/10.
13. Müller, "Flossenbürg", LK, 248.
14. US 3rd Army JAG, War Crimes Branch, "Report of Investigation", 21 jun. 1945, NCA, IV, 2309-PS.
15. Müller, "Flossenbürg", LK, 248, 250; Müller, "Befreiung und Abschied", LK, 274.

Capítulo 1: Trevas sobre o mundo

1. Hoek, *Pius XII*, citando Duff Cooper, que renunciou como primeiro lorde do Almirantado britânico um dia depois da assinatura do Acordo de Munique com Adolf Hitler, em 1938.
2. Hatch e Walshe, *Crown*, 19-20; compare com Lavelle, *Man Who Was Chosen*, 94-100; Walpole, "The Watch".
3. Doyle, *Life*, 181; Cianfarra, "Hailed by Throngs", *The New York Times*, 3 mar. 1939.
4. Pio XII, *Summi Pontificatus*, 20 out. 1939.
5. Lehnert, *Servant*, 64.
6. Ibid., 66.
7. A respeito da descida de Pacelli até a cripta, de acordo com a tradição observada pela maior parte dos papas recém-eleitos, veja Doyle, *Life*, 182: "Naquela noite, cerca de uma hora mais tarde, o recém-eleito Vigário de Cristo desceu as escadas de mármore da Basílica de São Pedro. Ele percorreu todo o comprimento do edifício e alcançou a gruta sob o altar principal, ajoelhando-se diante do túmulo de são Pedro, Príncipe dos Apóstolos. Após rezar durante algum tempo ali, prosseguiu até o túmulo de seu amado predecessor, Pio XI." A respeito do caminho através das passagens nos fundos do palácio, veja Cousins, *Triumvirate*, 27-28.

8. A cronologia mais provável é (1) decisão, c. 2-3 mar. 1939; (2) anúncio, 28 jun. 1939; (3) escavação, 1940. Em 1960, Tardini escreveu que, para ele, Pacelli tinha "tomado [essa decisão] logo depois de sua eleição" (*Memories*, 80). Guardacci, que ajudou a executar a decisão, afirmou que "o impulso real veio para ele pouco antes de sua eleição para o papado" e se materializou com um pedido formal em 28 jun. 1939, durante a vigília da festa dos apóstolos Pedro e Paulo ("Necropolis", in Guardacci, *Crypt*). O padre jesuíta Peter Gumpel, ex-relator da causa de beatificação de Pacelli, relata que o depoimento escrito de Guardacci, de 6 nov. 1970 (ainda confidencial no momento em que este livro foi para o prelo), "[Guardacci] afirma que – e isso também provém de outras fontes – as escavações sob a Basílica de São Pedro começaram em 1940 e não em 1930". Gumpel, entrevista, 17 maio 1914.
9. Tardini, *Memories*, 80.
10. Tácito, *Histories*, liv. 2, 93; Plínio, *History Naturalis*, liv. 16, 201.
11. "A Igreja nascente estava cercada por um mundo hostil; em particular, por um mundo judaico hostil. Sugeriu-se (...) que a possível ausência de qualquer menção a são Pedro nas saudações paulinas de e para Roma deveu-se a razões de segurança. Talvez tenha sido prudente manter em segredo o paradeiro desse líder judeu-cristão." Toynbee e Perkins, *Shrine*, 133-134, n. 3.
12. Walsh, "Beneath the High Altar", *Bones*, 33.
13. Sheridan, *Romans*, 99.
14. Wilpert, "La tomba di S. Pietro", *Rivista di Archeologia Cristiana*, 13 (1936), 27-41; Kirschbaum, *Tombs*, 52.
15. Poole, "Crypt", in CE, vol. 4; Guardacci, *Cristo e San Pietro in un documento precostantiniano della necropoli vaticana*.
16. Frale, "Petrusgrab", Rádio Vaticano (Alemanha), 2 fev. 2012.
17. Bartoloni, "St. Peter's Tomb", *L'Osservatore Romano*, 29 ago. 2012, 6.
18. Toynbee e Perkins, *Shrine*, xv-xvi, 44, 61, n. 3; 133-134, n. 3; Burton, *Witness*, 93.
19. "Pio XII era muito cuidadoso e não fechou nenhuma porta [em relação à ciência] prematuramente. Ele era enérgico com respeito a essa questão e lamentou o caso de Galileu." Leiber, "Pius XII", *Stimmen der Zeit*, nov. 1958.
20. Pio XII, discurso na Pontifícia Academia de Ciências, 30 nov. 1941.
21. Pio XII, discurso na Pontifícia Academia de Ciências, 3 dez. 1939; Monti, *La Bellezza dell'Universo*. "Os obstáculos e os riscos": Pio XII, discurso na Pontifícia Academia de Ciências, 3 dez. 1939.
22. Toynbee e Perkins, *Shrine*, xvi.
23. Rürup, org. *Topographie des Terrors*, 70-80; Bleistein, "Josef Roth und Albert Hartl", *Beiträge zur altbayerischen Kirchengeschichte* 42 (1996), 98; Ladd, *Ghosts of Berlin*, 157; Moorhouse, *Berlin at War*, 230; Gisevius, *Bitter End*, 43; Reitlinger, SS, 46; Dederichs, *Heydrich*, 66-67; Müller, "Aussage", 10 out. 1947, IfZ, ED 92, 59; Hapig, diário, 28 ago. 1944, *Tagebuch*, 39, e diário, 23 set. 1944, ibid., 42.
24. Hartl, interrogatório, 9 jan. 1947, CI-FIR/123.
25. Neuhäusler, "2. Mit Staatsminister Esser", AH, 42-46.
26. Kochendörfer, "Freising unter dem Hakenkreuz", 680.
27. Hartl, interrogatório, 9 jan. 1947, CI-FIR/123.
28. Höttl, *Secret Front*, 32.
29. Hartl, interrogatório, 9 jan. 1947, CI-FIR/123.
30. Notas de reunião da Gestapo, jul. 1937, in Neuhäusler, *Kreuz und Hakenkreuz*, I, 371-382.
31. Heiden, *History of National Socialism*, 100.
32. SSU/X-2 London, "Statement by Dr. Höttl", 19 dez. 1945, NARA, RG 223, 174/116/880; "Personalakt Hartl: Lebenslauf des SS-Obersturmführers Albert Hartl vom 3. Oktober 1936", BA/Zld.
33. "Então, esse material seria avaliado e enviado como relatório para Ribbentrop, Himmler, Hitler ou Göring etc.", Hartl, interrogatório, 9 jan. 1947, CI-FIR/123.

34. O dossiê passou, no mínimo, por quatro estágios: (1) Um resumo básico realizado pelo Ministério das Relações Exteriores do Reich, via Moulin Eckart, "Papst Pius XII", 3 mar. 1939, TRP, 89-91; (2) SD [Hartl], "Lage-Bericht", primeiro trimestre [março] de 1939, dossiê R 58/717, BK (TRP, 91-92); (3) Hartl, "Papst Pius XII", 1939 [c. 12 mar.]; (4) Patin [Hartl], "Beiträge". Hartl detalhou sua avaliação em *briefings* para Himmler e Heydrich, em relatórios da SS, em palestras para recrutas da SS e em diretivas de propaganda para oficiais da SS. Para o conteúdo das avaliações de Hartl, que mostram uma consistência doutrinária, veja Hartl, "Priestermacht", 1939; idem, "The Vatican Intelligence Service", 9 jan. 1947, CI-FIR/123, an. I; idem, "Vatican Politics", ibid., an. II; "Aufklärungs und Redner-Informationsmaterial der Reichspropagandaleitung der NSDAP", Lieferung 20 (ago. 1935): 1-7 (Kirche: Polit. Katholizismus), GPA; e Höttl, "Vatican Policy and the Third Reich", 26 nov. 1945, NARA, RG 226, entrada 174, cx. 104, pasta 799. Meu relato de como o "especialista em Vaticano" da SS retratou Pacelli recorre a essas fontes e a três que o dossiê de Hartl cita: Kaas, "Pacelli", 12 dez. 1929, Reden, 7-24; Pacelli, "Wesen und Aufgabe der Katholischen Aktion", Magdeburg, 5 set. 1928, GR, n. 36; e Bierbaum, "Pius XII: Ein Lebensbild", 1939.
35. Eckart [para Hartl], "Papst Pius XII", 3 mar. 1939, TRP, 89-91.
36. Em 13 mar. 1933, Pio XI reuniu um consistório secreto. O cardeal Faulhaber estava presente: "Um dia antes, o cardeal Faulhaber tivera uma audiência com Pio XI. E, no consistório, o papa fez um breve elogio a Hitler, louvando-o por ter se oposto firmemente ao comunismo. Não consigo lembrar se, na ocasião, essas palavras de elogio de Pio XI foram o assunto do dia em Roma. Soube só depois que o papa supostamente disse isso. Não havia nada a esse respeito mencionado na transcrição oficial de seu discurso, que apareceu na *Acta Apostolicae Sedis*, nem havia qualquer menção disso em *L'Osservatore Romano*. No entanto, Pio XI deve ter dito essas palavras laudatórias acerca de Hitler, pois Von Bergen, o embaixador alemão em Roma, viajou a Berlim logo depois desse comentário de Pio XI. E os bispos alemães mencionaram as palavras do papa em seu relatório de 1935 para Hitler." Leiber, "Bandaufnahme", 5.
37. Hitler, *Reden*, 397-398.
38. Hartl, "National Socialism and the Church", 9 jan. 1947, CI-FIR/123, an. IV.
39. Leiber, "Mit brennender Sorge", 419.
40. Höttl, "Vatican Policy and the Third Reich", 26 nov. 1945, NARA, RG 226, entrada 174, cx. 104, pasta 799.
41. Guiducci, "Il Papa", TRP, 50; Wolf, *Pope and Devil*, 266; Godman, *Hitler and the Vatican*, 145. "Lutas até a morte" etc.: Pius XI, *Mit Brennender Sorge*, 14 mar. 1937.
42. "Bericht über die Arbeitstagung der Kirchen Sachbearbeiter beim Reichssicherheitshauptamt am 22 und 23. September 1941", IfZ, 4920/72, 218; Graham e Alvarez, *Nothing Sacred*, 59.
43. Hartl [Heydrich], *Angriff*, 26. Posteriormente, Hartl afirmou que ajudou a escrever isso e outros escritos de Heydrich, que publicou sob o pseudônimo de Dieter Schwarz. Hartl, "National Socialism and the Church", 9 jan. 1947, CI-FIR/123, an. IV.
44. Hartl, "Pius XII", 16.
45. "Innuendo by Nazis Arouses Catholics", *The New York Times*, 17 dez. 1936, 14.
46. Hartl, "Pius XII", 17.
47. Gestapo Munique, 1º jan. 1937, GSA, MA, 106889; 106411, f. 103s.
48. Gestapo Munique, 1º ago. 1937, 42, GSA, MA 106689.
49. Gendarmerie-Station Hohenwart, 3 jun. 1935, Landrat 72055; Kershaw, *Opinion*, 244-245.
50. Ele obteve uma bolsa de estudo em Roma que lhe permitiu trabalhar durante uma década (1930-1940) na Biblioteca Apostólica Vaticana, pesquisando sobre a vida do cardeal Giovanni Morone, *spiritus movens* do Concílio de Trento. Até 1939, Birkner também trabalhou para o Instituto

Histórico Alemão em Roma, pesquisando os relatórios da nunciatura do século XVI. Guiducci, "La figura Birkner", TRP, 133. A respeito de Birkner, veja também *Zeitschrift der Savigny Stiftung für Rechtsgeschichte: Kanonistische Abteilung* 42 (1956), 555 ss. *Historisches Jahrbuch* 76 (1957), 623-625; Jedin, *Lebensbericht*, 66, 102.

51. Mackensen para Ribbentrop, 28 jul. 1941, Politisches Archiv, Federal Foreign Office, Nachlass Mackensen, vol. 4, f. 47 (TRP, 290).
52. O.A. Donau (SS-Oberabschnitt Donau), Áustria (Department SS Upper Danube), relatório de Roma, 1938 [sem dia e mês], MfS HA IX/11, 11 PV 270/68, vol. 23, p. 2-4 (Birkner), reeditado em TRP, 130-132.
53. Hartl, "Pius XII", 16.
54. Patin, "Beiträge", 135.
55. Goebbels, diário, tradução de Taylor, 4 mar. 1939, 10.
56. Rösch para Brust, fevereiro de 1943, KGN, doc. 17, 203 ss.
57. Leiber, "Unterredung", 26-27 ago. 1960, IfZ, ZS 660, 2.
58. Poole para Dulles, 10 out. 1944, an. E, OSS, NARA 226/16/1131. Para outras versões dos cargos de Leiber, veja Hollen, *Heinrich Wienken, der 'Unpolitische' Kirchenpolitiker*, 119 e n. 654; Hudal, *Römische Tagebücher*, 301-302; Leiber, entrevista, OSS 2677th Regiment, 18 ago. 1944, NARA, RG 226, entrada 136, cx. 14; OSS para OWI-London, 24 jul. 1944, NARA, 226/16/1015.
59. Gumpel, entrevista, 1º jun. 2014.
60. Padre Felix Morlion, OP, para Ronald Reagan, anexo sem data para Thomas C. Dawson, "Subject: Reply to Ambassador Wilson", 23 maio 1986, Reagan Library, Wilson Files, NSC 8604016.
61. Gumpel, entrevista, 1º jun. 2014.
62. Mackensen para Ribbentrop, 28 jul. 1941, Politisches Archiv, Federal Foreign Office, Nachlass Mackensen, vol. 4, f. 43-45 (TRP, 291).
63. Hoek, *Pius XII*, 60.
64. Leiber mostrava uma "determinação e [uma] presteza para dar nome aos bois". Deutsch, "Pius XII," jan. 1966, HDP, VII, 4/8, 9, n. 19.
65. Mackensen para Ribbentrop, 28 jul. 1941, Politisches Archiv, Federal Foreign Office, Nachlass Mackensen, vol. 4, f. 43-45 (TRP, 291).
66. Lehnert, *Servant*, 26.
67. Gumpel, entrevista, 17 maio 2014.
68. Gumpel, entrevista, 17 maio 2014.
69. Gumpel, entrevista, 1º jun. 2014: "Era uma prática adotada por um professor universitário suíço, (Paul) Niehans (1882-1971). Ele era famoso e, por exemplo, Adenauer, chanceler alemão, recebeu o tratamento, assim como muitas outras personalidades de alto nível; não só na Europa, mas também nas Américas. Muitos médicos de orientação mais tradicional contestaram seus métodos, afirmando que era um tipo de coisa inútil (...) Niehans veio ao Vaticano e aplicou essa injeção em Pio XII e também no padre Leiber."
70. Rafferty, "Power Brokers in the Vatican", *Financial Times*, 27 ago. 1988.
71. Faulhaber, "Denkschrift", 5 mar. 1939, BPDB, an. 4.
72. "Devemos reconhecer que, naquele momento, uma grande maioria de católicos acreditava e apoiava Hitler. Isso acontecia porque acreditaram que ele acabaria com o desemprego. Isso tinha funcionado." Leiber, "Bandaufnahme", 1963, 11.
73. ASV, AES, Germania 1936-1939, pos. 719, fasc. 316, 34.
74. Faulhaber pode ter sido influenciado pelo amplamente lido Hermann Rauschning, que havia escrito acerca disso seis meses antes: "Uma separação cismática entre o catolicismo alemão e Roma, inevitável como parece hoje (...) será um episódio breve no caminho do objetivo abrangente de

destruir a fé cristã como a raiz mais entranhada da civilização ocidental e da ordem social (...) A criação cismática de uma Igreja católica nacional é só uma questão de tempo." Rauschning, *Revolution of Nihilism and Warning to the West*, 22, 118-119.
75. Conforme relatórios do serviço de inteligência que Faulhaber recebeu em 1939: "The Ersatz Religion", PCCTR, 3/VIII, 483-484; "The Neo-Pagan Cult", PCCTR, 3/VIII/2, 490-491; "Occupational Organizations and Their Publications", PCCTR, 3/II, 355.
76. Como relatado para Faulhaber: "The Neo-Pagan Cult", PCCTR, 3/VIII/2, 489.
77. "A declaração solene feita pelo episcopado austríaco em 18 de março não foi, é claro, uma aprovação de algo incompatível com as leis de Deus e a liberdade da Igreja católica." PCCTR, 1/I, 10 (6 abr. 1938).
78. "Naquele momento, Pacelli claramente não confiava nele." Gumpel, entrevista, 1º jun. 2014.
79. De acordo com o representante que Pacelli enviou ao local, a delegação nazista enviada ao encontro de Innitzer incluiu um funcionário de escalão inferior, o genro de um pintor de igrejas católicas, "que se ajoelhou diante do cardeal e disse: 'Peço que Vossa Eminência abençoe não só a mim e a minha família, mas também a missão que devo realizar a serviço da Igreja e do Estado.' Innitzer era muito crédulo, e isso reduziu sua resistência. Depois que eles conversaram um pouco mais, Innitzer assinou a declaração e até escreveu '*Heil* Hitler', porque foi manipulado. Isso foi o que ele contou para mim." Müller, transcrição, julho de 1963, HDP, III, 1/7.
80. Gumpel, entrevista, 1º jun. 2014. Exatamente como esperado, só Innitzer voltou ao Reich com uma declaração do papa para criação de notícia: "Toda a minha afeição e a minha preocupação pertencem à nação alemã." Veja o artigo "Pope Pius Sends Blessing to Dear German Children", *The New York Times*, 14 mar. 1939, s.p. (PDF arquivado).
81. Leiber, transcrição, 17 maio 1966, 37. As datas precisas da decisão de Pio e da instalação continuam desconhecidas, e a existência de um sistema de vigilância por áudio conduzida pelo papa anterior não pode ser excluída, principalmente porque Pio seguiu o exemplo de seu predecessor ao usar outros métodos secretos, como pagar a mensageiros clandestinos por meio do óbolo de são Pedro. Embora o padre Gumpel afirme que o sistema de escuta foi instalado pouco antes da visita do ministro das Relações Exteriores alemão, Joachim von Ribbentrop, em 11 mar. 1940 (entrevista, 17 maio 2014), a realização de transcrições palavra por palavra das reuniões papais, em 6 e 9 mar. 1939, indica que o sistema de vigilância/gravação existia naquele momento.
82. Gumpel, entrevista, 17 maio 2014.
83. Em 1959, um estudo da CIA achou "farta evidência de que mesmo na Primeira Guerra Mundial os serviços de inteligência faziam amplo uso de microfones e outras formas de escuta clandestina (CIA, "Early Development of Communications Intelligence", 1959, CSI/SI, 3). Na época, uma técnica muito temida, "convertia o telefone num microfone para escuta clandestina quando o aparelho não estava sendo usado para fazer uma ligação" (CIA, "Audiosurveillance", 1960, CSI/SI, 14: 3). Assim, Allen W. Dulles, chefe do serviço secreto americano em Berna, aconselhava seus agentes a "sempre desconectar o telefone durante conversas confidenciais" (Dulles, "Some Elements of Intelligence Work", sem data, AWDP, relatórios, subsérie 15a). Da mesma forma, o cardeal Celso Constantini, prefeito da Sagrada Congregação para a Propagação da Fé, no Vaticano, notou que antes que o bispo Antonio Giordani começasse a falar, "ele tomava a precaução de desligar a linha do telefone" (Constantini, diário, 31 de janeirio de 1941, SVC, 71).
84. O serviço de inteligência britânico, nos campos de prisioneiros de guerra alemães, gravou secretamente 64.427 conversas em discos para gramofone (UKNA, WO 208/3451; UKNA, WO 208/4136-4140; compare com Neitzel, *Abgehört*, 19). Quando visitou Berlim, em 1940, Sumner Welles, subsecretário de Estado americano, "supôs que os ditafones da onipresente polícia secreta alemã deviam estar instalados nas paredes" (Welles, "Report", 29 mar. 1940, FRUS, 1940, I). Em 1940,

Franklin Roosevelt grampeou reuniões em seu escritório por meio de filme sonoro de acetato de 35mm e um microfone escondido num abajur (Powers, "The History of Presidential Audio Recordings", CIDS Paper, NARA, 12 jul. 1996). "Não resta dúvida de que Roosevelt foi grampeado [pelo serviço de inteligência soviético] em Teerã e Ialta" (CIA, "A Different Take on FDR at Teheran", 2005, CSI/SI, 49: 3). Em Charleston, na Carolina do Sul, o FBI ocultou microfones num quarto de hotel que John F. Kennedy compartilhou com uma suposta espiã nazista, a senhora Inga Fejos, e escutou "Kennedy e a senhora Fejos envolvidos numa relação sexual" (FBI, "Mrs. Paul Fejos", 9 fev. 1942, arquivo n. 100-3816, Hoover Confidential Files, Arvad).

85. Kennedy, diário, 13 mar. 1939, Joseph P. Kennedy Papers, 8.2.2, Ambassador's Correspondence, Subject File: Pope Pius XII – Coronation, cx. 130, JFKL; Ventresca, *Soldier of Christ*, 134, 348, n. 24; compare com Cabasés, "Cronistoria": "Pela primeira vez, um funcionário da Rádio Vaticano ficou trancado como 'conclavista' dentro do perímetro de uma reunião confidencial, para lidar com qualquer problema eletrônico que pudesse ocorrer."

86. Marconi, correspondência, 1933 (relatando a inauguração do serviço de telefone por rádio de micro-ondas para o Vaticano), e fotografias dos equipamentos e da antena, 1933, in "Papers Concerning Microwave Experiments, 1930-4", MS, Marconi 377, Marconi Archives, Bodleian Library, Oxford; Cabasés, "Cronistoria"; Radio Vaticana, "The Founding of Vatican Radio", 1º abr. 2014; Baker, *A History of the Marconi Company, 1874-1965*, 202.

87. G.A. Mathieu, "Papers Concerning Microwave Experiments, 1930-4", MS, Marconi 377, Marconi Archives, Bodleian Library, Oxford; Ambrose Fleming, "Guglielmo Marconi and the Development of Radio-Communication", *Journal of the Royal Society of Arts* 86, n. 4436 (1937): 62.

88. Radio Vaticana, "The Founding of Vatican Radio", 1º abr. 2014.

89. "Activities of Radio Station from the Vatican, February 12, 1931 – October 2, 1934", in Cabasés, "Cronistoria".

90. Transcrição, "Niederschrift über die zweite Konferenz", 9 mar. 1939, BPDB, an. 9.

91. Cabasés, "Cronistoria".

92. Compare com Conway, "The Meeting Between Pope Pius XII and Ribbentrop", *CCHA Study Sessions* 35 (1968): 116 ("Vatican Radio technicians installed a listening device in the meeting room").

93. Além dos diversos *sampietrini*, ou seja, os trabalhadores tradicionais do Vaticano, a equipe incluía provavelmente um engenheiro britânico da Marconi, Gerald Isted, conhecido por arregaçar as mangas e usar uma chave de fenda e alicates. Enrico Galeazzi, engenheiro-chefe do Vaticano, quase certamente sabia da operação, assim como o padre jesuíta Leiber. Mario Mornese, operador da Rádio Vaticano, provavelmente testou o equipamento e operou o gravador. Cabasés, "Cronistoria"; Radio Vaticana, "Summario", 1º abr. 2014.

94. A biblioteca contém dois recintos. A *bibliothèque pontificale*, maior e mais formal, é uma sala de canto. Através dela, alcança-se a *bibliothèque secrète*, mais aconchegante e menos formal. Os registros disponíveis não indicam em que recinto Pio se reuniu com os cardeais (Gumpel, entrevista, 1º jun. 2014). Os dois recintos da biblioteca dividem uma parede com as antessalas, que, no entanto, só podem ser alcançadas por entradas separadas ("Ground Plan of the Vatican Palace", arquivo de imagem, coleção do autor).

95. As técnicas de instalação clássicas descritas aqui recebem exegese em Wallace et al., *Spycraft*, 175, 177, 180-181, 185, 187, 201-204, 396, 412-413, 416, 496, n. 9. Em 1960, a CIA analisou instalações de áudio e compartilhou características universais: "Não há mistério a respeito de nenhum desses métodos; os princípios envolvidos são de conhecimento geral de engenheiros de comunicações e eletrônicos, e são empregados na prática, em maior ou menor escala, por todos os serviços de inteligência e de polícia e por investigadores particulares (...) Em todos os casos, o plano conterá os seguintes elementos: cobertura e método para aproximação e entrada no alvo a ser grampeado ou

no lugar onde a linha deve ser grampeada. Preparação de ferramentas e equipamentos requeridos e método de empacotamento e entrega. Vigilância de proteção antes e durante a operação, com meios de comunicação primário e alternativo entre a equipe de vigilância e aqueles no interior do alvo. Quantidade de membros da equipe designada para o serviço, sua cadeia de comando e distribuição de responsabilidades" (CIA, "Audio-surveillance", 1960, CSI/SI, 14: 3).

96. Leiber, transcrição, 17 maio 1966, trecho inédito, n.p.; compare com Safire, "Essay: Happy to Watergate You", *The New York Times*, 14 jun. 1982.
97. G. Raymond Rocca, entrevista, janeiro de 1992. Rocca trabalhou na X-2, seção de contrainteligência da Office of Strategic Services (OSS) americana em Roma, que obteve, no mínimo, 42 supostas transcrições papais (NARA, RG 226, entrada 174, cx. 1, pasta 2).
98. Wallace et al., *Spycraft*, 177 (episódio similar na tradição popular).
99. As antessalas, que partilhavam uma porta de ligação, podiam ser alcançadas por duas entradas sem ligação com a biblioteca – uma escada e uma porta se abrindo para o pátio ("Ground Plan of the Vatican Palace", arquivo de imagem, coleção do autor).
100. O padre Leiber mantinha uma caixa disfarçada como livro vermelho na biblioteca de Pacelli. Neuhäusler, "Ein altes Buch", AH, 133-134.
101. Radio Vaticana Museum, doc. MI012. Embora o uso de outros equipamentos não possa ser descartado, os outros modelos conhecidos do período parecem muito grandes para ser facilmente escondidos.
102. Radio Vaticana Museum, doc. AA 003.
103. Cabasés, "Cronistoria"; Radio Vaticana, "Summario", 1º abr. 2014.
104. Pawley, *BBC Engineering*, 178-182.
105. Marconi, arquivos de pesquisa a respeito de equipamentos Marconi-Stille: correspondência a respeito do Blatterphone, 1933-1935; instruções de operação do equipamento de gravação e reprodução Marconi-Stille tipo MSR3, c. 1934; e arquivo para o serviço n. 1.556, equipamento Marconi-Stille, 1935-1938 (MS, Marconi 772/773, Marconi Archives, Bodleian Library, Oxford). Marconi-Stille designa não o modelo, mas sim o fabricante dos equipamentos.
106. "Marconi-Stille Technical Instructions", jan. 1937, arquivos de pesquisa a respeito de equipamentos Marconi-Stille, c. 1934-1939, MS, Marconi 773, Marconi Archives, Bodleian Library, Oxford.
107. Lehnert, *Servant*, 93-94.
108. Charles-Roux, *Huit ans au Vatican*, 74.
109. Essa descrição da biblioteca papal e do acesso a ela se baseia nas fotografias da coleção do autor e em Alvarez, *The Pope's Soldiers*, 311; Baumgarten, "Vatican", CE, vol. 15 (1912); Boothe, *Europe in the Spring*, 43 (descrevendo uma audiência em março de 1940); Cianfarra, "German Cardinals Confer with Pope", *The New York Times*, 7 mar. 1939; idem, "Vatican Machinery Runs Smoothly", *The New York Times*, 12 mar. 1939; idem, *Vatican and the War*, 167; Gumpel, entrevista, 1º jun. 2014; Hatch e Walshe, *Crown*, 206; Kertzer, *The Pope and Mussolini*, 41-42, citando Confalonieri, *Pio XI visto da vicino*, 173, 270-271 (descrevendo o recinto como utilizado por Pio XI; aparentemente, pouco mudou antes da reforma no verão de 1939); Lehnert, *Servant*, 86; Wall, *Vatican Story*, 72-76 (recordação de uma visita em 1944-1945).
110. Salvo indicação em contrário, todas as citações diretas mencionadas na reconstrução dessa reunião são de "Niederschrift", 6 mar. 1939, BPDB, An. 6. Quando os participantes fazem a leitura de um memorando preparado, ou quando outros documentos têm ligação com os tópicos discutidos, referências são feitas a eles nas notas a seguir.
111. Pio XII para Hitler, 6 mar. 1939, BPDB, An. 7.
112. Bertram, "Denkschrift", 4 mar. 1939, BPDB, An. 2.

113. Faulhaber, "Denkschrift", 5 mar. 1939, BPDB, An. 4.
114. Hitler, 30 jan. 1939, *Reden*, 401-402.
115. E tentado incendiar o edifício: Müller, "The Refusal of Legal Protection", PCCTR, 2/IX, 258.
116. Rascunho de Faulhaber e texto reescrito por Pacelli, in Albrecht, *Notenwechsel*, I, 404 ss.
117. Pacelli utilizou palavras semelhantes numa carta ao cardeal Schulte: "Falsos profetas surgem, proclamando-se com orgulho satânico serem os portadores de uma nova fé e de um novo evangelho que não é o Evangelho de Cristo (...) O bispo que cumpre seu dever apostólico de revelar a verdade e expor aqueles que na cegueira obstinada de seu neopaganismo apagam a Cruz de Cristo do Credo de sua gente contribui para a exaltação verdadeira e para a grandeza real de seu país e de sua nação." Pacelli para Schulte, 12 mar. 1935, PCCTR, 1/I, 3-4.
118. Faulhaber, "Denkschrift", 5 mar. 1939, BPDB, an. 4.
119. Leiber, "Bandaufnahme", 1963, II.
120. Niederschrift, 6 mar. 1939, BPDB, an. 6.
121. Hartl, "Pius XII", 7.
122. Ibid. Media: Hartl, ibid., 5.
123. Hartl, ibid., 7. Voz se elevava: ibid.
124. Hartl, "Priestermacht", 20.
125. Hartl, "Pius XII", 23.
126. Hartl, "Priestermacht", 20.
127. Hartl, "The Vatican Intelligence Service", 9 jan. 1947, CI-FIR/123, an. I.
128. Hartl, interrogatório, 9 jan. 1947, CI-FIR/123.
129. Hartl, "Priestermacht", 20.
130. Ranke, *Popes*, 215-216; Cormenin, *Popes*, 2: 274, 261.
131. Kaltefleiter e Oschwald, *Spione im Vatikan*, 43.
132. Hartl, "The Vatican Intelligence Service", 9 jan. 1947, CI-FIR/123, an. I.
133. De acordo com as informações disponíveis, somente quatro pessoas tinham pleno conhecimento das operações secretas do Vaticano: o papa, o superior-geral jesuíta, o cardeal secretário de Estado e o subsecretário de Assuntos Extraordinários. Hartl, "The Vatican Intelligence Service", 9 jan. 1947, CI-FIR/123, an. I.
134. Ibid.
135. Hartl, interrogatório, 9 jan. 1947, CI-FIR/123.
136. Hartl, "National Socialism and the Church", 9 jan. 1947, CI-FIR/123, an. IV.
137. Patin, testemunho, OUSCC, 24 set. e 3 nov. 1945.
138. McGargar, *Short Course*, 116.
139. Notas de conferência da Gestapo, jul. 1937, in Neuhäusler, *Kreuz und Hakenkreuz*, 1: 371-382.
140. Hartl, "The Vatican Intelligence Service", 9 jan. 1947, CI-FIR/123, an. I.
141. Salvo indicação em contrário, todas as citações nesse relato da reunião de 9 de março são de Niederschrift, 9 mar. 1939, BPDB, an. 9.
142. "Cardeal Faulhaber: Se ao menos nos deixassem manter os edifícios! Querem converter Scheyern (abadia beneditina na Alta Baviera) num albergue da juventude hitlerista. Imediatamente, transformei a abadia num centro religioso. Cardeal Bertram: Isso assegurará sua santidade: preferiria não ter nenhum seminário transformado numa instalação nacional-socialista." Niederschrift, 9 mar. 1939.
143. A transcrição contém essa mudança:
    CARDEAL INNITZER: Penso usar (o formal) "*Sie*", em vez do (íntimo) "*du*" ao me dirigir a Hitler.
    BERTRAM: Alguém também pode interpretar isso como: não nos consideramos tão íntimos dele.
    PAPA: Na Itália, dizem agora "*tu*" ou "*voi*". Eu digo "*lei*", mas, como observado na Itália, será da

outra maneira.
BERTRAM: Eu diria "*Sie*". De resto, a carta está boa.
PAPA: De resto, tudo está em ordem?
TODOS OS CARDEAIS: Sim!
INNITZER: Tem de causar boa impressão.
BERTRAM: Não devia dizer *Dilecte fili* (filho amado). Ele (Hitler) não vai gostar de ouvir isso. (Gracejando [*Scherzend*]) "O Santo Padre também diz *Heil, Heil*!"
144. Niederschrift, 6 mar. 1939, BPDB, An. 6.
145. Compare com Atos 9: 24 e 2 Coríntios 11: 32.
146. Um albergue dirigido pelas Irmãs da Sagrada Família, perto da principal estação de trem de Munique.
147. Niederschrift, 9 mar. 1939, BPDB, An. 9.
148. Hesemann, *Papst*, 123. Os detalhes da coroação são de Burton, *Witness*, 123; Chadwick, *Britain and the Vatican*, 43; Cianfarra, "Weather Perfect", *The New York Times*, 13 mar. 1939; idem, *Vatican and the War*, 52; Cornwell, *Hitler's Pope*, 210, 220-221; Doyle, *Life*, 176, 179; Greene, "The Pope", 263; Hartl, "Pius XII", 25; Hatch e Walshe, *Crown*, 135-138; Hesemann, *Papst*, 120-123; Hoek, *Pius XII*, 15, 81-83; Padellaro, *Portrait*, 154; Sheridan, *Romans*, 99; Hebblethwaite, *In the Vatican*, 2; Hofman, *O Vatican!*, 10; Lehnert, *Servant*, 70-72; Sharkey, *White Smoke Over the Vatican*, 20, 22n.
149. Graham Greene, "The Pope Who Remains a Priest" (Sweeney, 263).
150. Domarus, *Reden*, 1485-1486.
151. Kershaw, *Nemesis*, 169, n. 81.
152. Kershaw, *Nemesis*, 171, n. 100.
153. Linge, "Kronzeuge", 2. Folge, 40; Baur, *Ich flog Mächtige der Erde*, 168; NARA, RG 242--HL ML 941, 942; BA, NS 10/124.
154. Shirer, transcrição [telefonema para Murrow], 17 mar. 1939, *Berlin Diary*, 38.
155. Orsenigo para Maglione, 18 mar. 1939, rel. 26.724, AES 1283/39, ADSS, I, n. 3.
156. Estudo publicado pelo Departamento de Informação do Ministério das Relações Exteriores tcheco, *Two Years of German Oppression in Czechoslovakia* (Woking: Unwin. Brothers Limited, 1941), 72: "German Crimes Against Czechoslovakia", 5 ago. 1945, Edmund A. Walsh Papers, Georgetown, "The Churches and Nazi Germany", cx. 10.
157. Kershaw, *Nemesis*, 174, n. 115.
158. Cortesi para Maglione, 18 mar. 1939, rel. 202, AES 1528/39, ADSS, I, n. 4.
159. Ready para Cicognani, 15 abr. 1939, ADSS, I, n. 19.
160. Ley, "Wir oder die Juden", *Die Hoheitsträger* 3 (maio de 1939), 4-6, GPA.
161. Leiber, "Pius XII"; Pacelli, a maioria concordou, seria um "papa político" (Leon Poliakov, "Pius XII and the Nazis", *Jewish Frontier*, abril de 1964). O jornal berlinense *Lokal Anzeiger* observou que "um cardeal com grande experiência política foi eleito" (Doyle, *Life*, 10).
162. Alvarez, *Pope's Soldiers*, 207-252. A respeito da juventude de Pacelli, veja também Giordano, *Pio XII*; Konopatzki, *Eugenio Pacelli*; Padellaro, *Portrait*; Cornwell, *Hitler's Pope*, 31; Hatch e Walshe, *Crown*, 51; Doyle, *Life*, 33. A respeito das expectativas em relação a Pacelli desde cedo na vida, veja Wall, *Vatican Story*, 78.
163. OSS Black Report #28, c. jul. 1944, NARA, RG 226; d'Ormesson, *De Saint Pitersbourg a Rome*, 196; Kessel, "The Pope and the Jews", Bentley (org.), *The Storm Over the Deputy*, 71-75; Osborne ao *Times* (Londres), 20 maio 1963, 7; Hebblethwaite, *In the Vatican*, 31-32; MacMillan, *Blast of War*, 460; Rhodes, *Power*, 37; Wall, *Vatican Story*, 72, 77; Heer, "The Need for Confession", *Commonweal*, 20 fev. 1964.
164. Schneider, *Verhtüllter Tag*, 174; EPV, 212, 214.

165. Quigley, *Peace*, 55.
166. Leiber, "Pius XII".
167. "Cahiers Jacques Maritain", 4, L'Ambassade au Vatican (1945-1948), File Ambassade I, Le Centre d'Archives Maritain de Kolbsheim. A respeito das condições sob as quais as almas podem ser salvas, o dito católico tradicional é *salus animarmum suprema lex* [a salvação da alma individual como Lei Suprema], com a advertência fundamental de que não pode haver salvação *extra muros ecclesiae* [fora dos muros da Igreja].
168. Entre os papas que lideraram exércitos, inclui-se, mais notavelmente, o papa Júlio II, fl. 1502.
169. Hatch e Walshe, *Crown*, 147, 187.
170. Cianfarra, *Vatican and the War*, 187; Tardini, *Memories*, 40.
171. Graham, *Vatican and Communism*, 46; Hollis, *Jesuits*, 101.
172. OSS, SAINT Londres para SAINT Washington, 26 nov. 1945, NARA, RG 226, entrada 174, cx. 104, pasta 799; Charles-Roux para Bonnet, 6 out. 1939, QO, Vaticano, n. 30, 105.
173. Hassell, diário, 19 out. 1939, 79; Kershaw, *Nemesis*, 243, n. 71; Cianfarra, *Vatican and the War*, 207; Weigel, *Witness*, 52, n. 27; Wytwycky, *Other Holocaust*, 51, calcula 2,4 milhões de vítimas de poloneses gentios; Wistrich, *Hitler and the Holocaust*, 3, fala em três milhões.
174. Pio XII, *Summi Pontificatus*, 20 out. 1939.
175. *The New York Times*, 28 out. 1939, 1, 4.
176. Cavalli, "Jewish Praise for Pius XII", *Inside the Vatican*, out. 2000, 72-77; Osborne para Halifax, 3 nov. 1939, UKNA, FO 371/23791/37-39; Chadwick, *Britain and the Vatican*, 85; Graham, "Summi Pontificatus", *Civiltà Cattolica*, out. 1984, 139-140.
177. Groscurth, "Diensttagebuch", 20 out. 1939, *Tagebücher*, 299.

Capítulo 2: O fim da Alemanha

1. Heydecker e Leeb, *Nuremberg Trials*, 192.
2. Gisevius, *Bitter End*, 361.
3. Baumgart, "Ansprache", VfZ 19 (1971); compare com Kershaw, *Nemesis*, 207.
4. Canaris, "Notizen", 22 ago. 1939, *DGFP*, D, VII, 204, n. 192.
5. Baumgart, "Ansprache", VfZ 16 (1978): 143, 148.
6. Schlabrendorff, "Events", 1945, DNTC, 31.
7. Albrecht, Kriegstagbuch, 22 ago. 1939, VfZ 16 (1978): 149.
8. IMT, doc. 798-PS.
9. Liepmann, "Persönliche Erlebnisse", IfZ, ED 1/3, 30.
10. Below, *At Hitler's Side*, 28; compare com Speer, *Inside*, 224.
11. Canaris, "Notizen", 22 ago. 1939, *DGFP*, D, VII, 204, doc. 192.
12. Hitler, "Tischgespräche", 3 maio 1942, HT, n. 98.
13. Canaris, "Notizen", 22 ago. 1939, *DGFP*, D, VII, 205-206, doc. 193.
14. Hitler, "Tischgespräche", 3 maio 1942, HT, n. 98.
15. Hitler, "Tischgespräche", 3 maio 1942, HT, n. 97.
16. Hitler, "Tischgespräche", 3 maio 1942, HT, n. 97.
17. Groscurth, "Privattagbuch", 24 ago. 1939, *Tagebücher*, 179.
18. Gisevius, *Bitter End*, 361.
19. Hassell, diário, e Reck, diário, em certos trechos; compare com Trevor-Roper, "Canaris", 102; Kershaw, *Nemesis*, 401, 406; Mommsen, *Alternatives*, 60-61.
20. Schlabrendorff, "Events", c. jul. 1945, DNTC/93, 25; Buchheit, *Geheimdienst*, 307-308.

21. Weizsäcker, *Memoirs*, 142.
22. OSS, relátorio privado 81, "Ecclesiastical Contact with Allied Intelligence", 6 mar. 1945, an. IV, NARA, RG 226, entrada 180, cx. 1, vol. 1, rolo 5, A 3303.
23. US Army, CIC, "Dr. Mueller, a Good German", 9 jun. 1945, NARA, RG 226, entrada 125, cx. 29, 13. Fest, *Plotting Hitler's Death*, 109.
24. Fest, *Plotting Hitler's Death*, 109.
25. Testemunho de Louis P. Lochner, obtido em Berlim, em 25 jul. 1945, pelo coronel John A. Amen, NARA, RG 238; Lochner, *What About Germany?*, 1-5 (inclui trechos do documento).
26. Weizsäcker, diário, 25 ago. 1939, WP, 161.
27. Gundalena von Weizsäcker, declaração juramentada, IMT, processo 11, tribunal IV, vol. 28 (1948).
28. Kordt, *Nicht aus den Akten*, 370.
29. Gisevius, *Bitter End*, 374-375.
30. Kershaw, *Nemesis*, 222.
31. Groscurth, "Privattagebuch", 8 set. 1939, *Tagebücher*, 201.
32. "Hitler's Itinerary", HPS, xxi.
33. Canaris, diário, 12 set. 1939, IMT, NCA 3047-PS, V, 769.
34. Breitman, *Architect*, 70-71.
35. Lahousen, interrogatório, 19 set. 1945, NARA, RG 238, M-1270/R.
36. Halder, testemunho, 26 fev. 1946, IMT, NCA, B/20.
37. Mueller, *Canaris*, 169; Schellenberg, *Labyrinth*, 58; Tolischus, "Last Warsaw Fort Yields to the Germans", *The New York Times*, 29 set. 1939.
38. Imperial War Museum, 08.131/1, manuscrito de Adam Kruczkiewitz, 168; Hastings, *Inferno*, 21.
39. CSDIC, "Halder on Hitler", rel. GRGG 8-13, ago. 1945, Lord Dacre Papers, DJ 38, pasta 6.
40. Deutsch, "The Opposition Regroups", CHTW, 57.
41. Hassell, diário, 10 out. 1939, 48-50.
42. Kessel, "Verborgene Saat", 12 abr. 1945, VS, 191.
43. Surveillance transcript, GRGG 210, 11-12 Oct. 44, UKNA, WO 208/4364, ADG, doc. 111.
44. Keitel, *Memoirs*, 97-98; Buchheit, *Geheimdienst*, 313; Kessel, "Verborgene Saat", 12 abr. 1945, VS, 186.
45. Weizsäcker, *Memoirs*, 142.
46. Heinz, "Von Wilhelm Canaris zum NKVD", c. 1949, NARA, microfilme R 60.6.7, 82.
47. Heinz, testemunho, 7 fev. 1951, HDP; Huppenkothen, transcrição do julgamento, 245, HDP.
48. Trevor-Roper, "Admiral Canaris", 113.
49. Schellenberg, *Labyrinth*, 347.
50. Bartz, *Tragödie*, 12; Abshagen, *Canaris*, 45 ss.
51. Abshagen, *Canaris*, 34; Höhne, *Canaris*, 41.
52. Deutsch, "Pius XII", HDP, VII, 4/8, 5, 2 dez. 1965.
53. Burton, *Witness*, 68.
54. Leiber, "Aussage", 7 abr. 1966; Müller, "Aussage", 22 set. 1966, HDP, III, 1/7; Lehnert, "Aussage", 19 fev. 1967, HDP.
55. Hesemann, "Defensor civitas", *Der Papst, der Hitler trotze*, 136.

Capítulo 3: Zé Boi

1. Müller, transcrição, 24 mar. 1966, HDP, III, 1/7; Müller, "Ochsensepp", LK, 19-20, 22.
2. Müller, "Aussage", 31 mar. 1958, HDP.
3. Müller, "Sturm auf die Kaserne", LK, 33.

4. Schwarz, *Adenauer*, 427.
5. Obituário do *Süddeutsche Zeitung*, in Pross, *Paying for the Past*, 8.
6. MBM/155, 3.3 (Koch a Hettler, 3 nov. 1988; Hettler, "Gespräch mit Josef Feulner", 17 out. 1989; Christa Müller a Hettler, 31 out. 1989); Gumpel, entrevistas, 17 de maio e 1º jun. 2014.
7. Roeder, "Anklagverfügung", set. 1943, LK, 184.
8. Deutsch, *Conspiracy*, 113.
9. Müller, "Neuer Anfang", LK, 326.
10. Müller, "Drohungen und Geschrei", LK, 190.
11. Müller, "Hart auf Hart", LK, 175.
12. Müller, "Hitler wird Reichskanzler", LK, 37.
13. "Machtübernahme", LK, 40.
14. Ibid., 41.
15. Ibid., 42.
16. Ibid., 44.
17. Ibid., 45; mas compare com Hettler, "Gespräch mit Dr. Philipp Held", 7 dez. 1988, MBM/155.
18. Broszat, "Concentration Camps 1933-35", in Krausnick (org.), *Anatomy*, 404.
19. Müller, "Machtübernahme", LK, 47.
20. Ibid., 48.
21. IMT, XX, 471, 455-456.
22. Müller, "Kampf gegen die Kirche," LK, 54.
23. Exceto onde registrado, as citações diretas são de "Reichsverband der deutschen Zeitungsverleger an die Polizeidirektion München", 16 out. 1934, IfZ, ED 120/331; compare com "Dr. Josef Müller – Koalitionspartner Hitlers", *Süddeutsche Zeitung*, n. 92, 12 nov. 1946; Schattenhofer, Chronik, 211; "Diskussion um Dr. Müller", ACSP, Nachlass Zwicknagl; Hettler, "Schlusszusammenfassung," MBM/155.6.
24. Compare com Moltke a Freya, 11 jan. 1945, LF, 412.
25. "Reichsverband der deutschen Zeitungsverleger an die Polizeidirektion München", 16 out. 1934, IfZ, ED 120/331; "Dr. Josef Müller – Koalitionspartner Hitlers", *Süddeutsche Zeitung*, n. 92, 12 nov. 1946; Schattenhofer, *Chronik*, 211.
26. Müller, "Befragung", 21 maio 1970, IfZ, ZS 659/4, 163.
27. Müller, "Die Vernehmung", LK, 59; compare com Reichsverband der deutschen Zeitungsverleger an die Polizeidirektion München, 16 out. 1934, IfZ, ED 120/331; "Dr. Josef Müller – Koalitionspartner Hitlers", *Süddeutsche Zeitung*, n. 92, 12 nov. 1946; Schattenhofer, Chronik, 211.
28. Müller, "Die Vernehmung", LK, 62; compare com Müller, "Befragung", 21 maio 1970, IfZ, ZS 659/4, 169; Müller, "Lebenslauf", 7 nov. 1945, DNTC, vol. XVII, sub. 53, pt. 2, seç. 53.041.
29. Müller, transcrição, 31 jun. 1958, HDP, III, 1/7.
30. Müller, "Vernehmung", LK, 63.
31. Müller "Vernehmung", LK, 61; Müller, "Lebenslauf", 7 nov. 1945, DNTC, vol. XVII, sub. 53, pt. 2, seç. 53.041.
32. Gumpel, entrevista, 1º jun. 2014.
33. Müller, "Der Papst bleibt unbeirrt", LK, 116.
34. O Evangelho segundo Marcos contém diversas injunções secretas. "Ele [Jesus] estava pregando na Galileia. Depois de falar, ele ordenou severamente: Não conte isso para ninguém" (1: 39-44). "Saindo da costa de Tiro, ele passou por Sídon e chegou ao mar da Galileia. E ordenou a todos que não contassem nada para ninguém" (7: 36). "Então, ele lhes perguntou: Quem vocês dizem que eu sou? Ao responder, Pedro disse a ele: O senhor é o Cristo. E ele ordenou a todos que não contassem aquilo para ninguém" (8: 30). "Quando estavam descendo o monte, ele ordenou que

não contassem a ninguém o que tinham visto" (9: 8). "E saíram dali e atravessaram a Galileia. E ele não queria que ninguém soubesse onde eles estavam" (9: 29). Mateus e Lucas registram as ordens de segredo somente nos trechos que correspondem ao de Marcos, e, às vezes, omitem materiais de segredo de Marcos; a exceção é a famosa afirmação em Mateus: "Não deem o que é sagrado aos cães nem atirem suas pérolas aos porcos; caso contrário, estes as pisarão, e, aqueles, voltando-se contra vocês, os despedaçarão" (7: 6). O Evangelho segundo João registra que "Jesus se escondeu..." (8: 59) e "Por esse motivo, Jesus não andava mais publicamente entre os judeus..." (11: 54).
35. "Subindo um monte, chamou a si aqueles que ele quis. Escolheu doze, para que estivessem com ele, para que os enviasse para pregar. Ele deu o nome a eles de Os Filhos do Trovão. E ele lhes deu ordens severas para que não dissessem quem ele era" (Marcos 3: 13 ss.) Em Marcos (6: 07 ss.), Jesus enviou seu núcleo de doze da elite em missões de natureza não declarada, em pares, instruindo-os até no tipo de sistema de residência segura: "Fiquem ali [em cada casa] até partirem." Quando voltavam, eles relatavam "tudo o que tinham feito".
36. "No entanto, depois que seus irmãos subiram para a festa, ele também subiu, não publicamente, mas em segredo" (João 7: 10).
37. Em resposta à pergunta dos discípulos a respeito da Páscoa judaica, Jesus disse a dois deles: "Entrem na cidade, e um homem carregando um pote de água virá ao encontro de vocês. Sigam-no e digam ao dono da casa em que ele entrar: O Mestre pergunta: Onde é a minha sala de hóspedes, na qual poderei comer a Páscoa com meus discípulos? Ele mostrará uma ampla sala no andar superior, mobiliada e pronta. Façam ali os preparativos para nós." Os discípulos se retiraram, entraram na cidade e encontraram tudo como ele lhes tinha dito (Marcos 14: 12-16).
38. Keller, *Bible as History*, 345.
39. Barnes, "The Discipline of the Secret", CE. Para proteger dos espiões a parte mais sagrada da Eucaristia, desenvolveu-se o costume de dispensar os "catecúmenos" (aqueles que se preparam para o batismo) antes da consagração da Eucaristia. São Gregório de Nazianzo fala a respeito da diferença de conhecimento entre aqueles que estão fora e aqueles que estão dentro (*Oratio*, xi.), As *leituras catequéticas*, de são Cirilo de Jerusalém, são inteiramente baseadas nesse princípio; em sua primeira leitura, ele adverte seus ouvintes a não contar o que eles escutaram. "Se você, catecúmeno, for indagado a respeito do que os professores disseram, não diga nada a um estranho; pois transmitimos a você um mistério (...) Não deixe escapar nada, não que o que é dito não mereça ser contado, mas porque o ouvido que escuta não merece receber" (*Cat.*, Leit. I, 12.). Portanto, o papa Inocêncio I também: "Não ouso falar as palavras. Prefiro trair a confiança do que responder a um pedido de informação" (*Epíst.* I, 3.) Portanto, são Basílio também: "Essas coisas não devem ser ditas ao não iniciado" (*De Spir. Sanct.*, xxvii); "Não devemos difundir por escrito a doutrina dos mistérios, pois ninguém além do iniciado tem permissão para ver" (*ad Amphilochium*, xxvii).
40. Tácito, *Annals*, vol. XV, cap. 44. Sardenha: Packard, *Peter's Kingdom*, 18.
41. Doyle, *Life*, 207. Para listas parciais de papas assassinados ou martirizados, veja Bunson, *Pope Encyclopedia*, 29, 236.
42. De acordo com um relato, Agostinho de Hípona (santo Agostinho) informou o papa Leão I a respeito dos maniqueístas – mesmo fingindo desertar de suas fileiras, para melhor traí-los. Cormenin, *History*, I, 84, 117.
43. Os informantes papais descobriram os sequestros planejados de Gregório II (720), Adriano I (780) e Nicolau V (1453); possibilitaram o resgate de Leão III (795); advertiram Gelásio II de que Henrique V, imperador do Sacro Império Romano, estava atacando Roma (1118); sugeriram a Inocêncio IV que o imperador Frederico II planejava assassiná-lo (1248) e contaram a Júlio II que o rei francês Luís planejava depô-lo (1507). Cormenin, *History*, I, 148, 178, 201, 208, 400-401, 476; Cheetham, *History*, 180; Shaw, *Julius II*, 213.

44. Tomás de Aquino, *Summa Theologica*, pt. II, q. 40.
45. Hogge, *God's Secret Agents*, em certos trechos, e Gerard, *Hunted Priest*, em certos trechos.
46. Rhodes, *Power*, 35.
47. Neuhäusler, "Ein schwerer Auftrag", AH, 14-15.
48. Neuhäusler, "Gespräche in Rom", AH, 21-23.
49. Ibid. Neuhäusler, "Augen und Ohren auf für alles!", AH, 15-16.
50. Neuhäusler, "Augen und Ohren auf für alles!", AH, 15-16.
51. Müller, "Mit dem 'Abbas' auf Reisen", LK, 73.
52. "[B]etr: Besprechnung mit Dr. Jos Müller", 23 fev. 1952, IfZ, ZS A-49, 45: "Bei der Unterredung über Dr. Panholzer spring Die Pia auf und hob den Rock und zeigte auf Ihrem nackten Arsch eine Narbe die sie für den Führer erhalten hatte. M: sie trug nicht einmal ein Höschen um ihr Ehrenmal bei passender Gelegenheit leichter vorzeigen zu können."
53. Müller, "Interference with the Teaching of the Church", PCCTR, 2/II, 59.
54. OSS, "Persecution of the Christian Churches", 6 jul. 1945, DNTC, XVIII/3.
55. Müller, "Evidence from the German Hierarchy", PCCTR, 1/II, 13 ss.
56. Müller, transcrição, 8 ago. 1963, Fita VI, HDP, III, I/7.
57. OSS, "Persecution of the Christian Churches", 6 jul. 1945, DNTC, XVIII/3.
58. Kahn, *The Codebreakers*, 112 ss.
59. Wynn, *Keepers of the Keys*, 120-121.
60. Cabasés, "Cronistoria Documentata e Contestualizzata della Radio Vaticana".
61. DBW, 16, "Index of Names", 819.
62. Informação confidencial; mas compare a descrição dela como namorada, colega de quarto e companheira de viagem da "Senhora Anna Jenny Meyer, nascida Liepmann", in Marga Schindele a Munich Central Collecting Point, 20 dez. 1945, NARA, Ardelia Hall Collection: Munich Administrative Records, Restitution Claim Records, Jewish Claims, 0164-0174 (J-0173), e Gudrun Wedel, *Autobiographien von Frauen: ein Lexikon* (Böhlau Verlag Köln Weimar, 2010), 287 (*"com uma namorada desde 1903, aproximadamente"*).
63. Neuhäusler, "Papstbitte", AH, 130.
64. Isarflösse.de, "Sie lebten mitten unter uns", acessado em 12 jul. 2014, em: http://www.isarfloesser.de/nachrichtenleser/ items/sie-lebten-mitten-unter-uns-aktion-gehdenksteine-9.html.
65. Gumpel, entrevista, 1º jun. 2014.
66. Neuhäusler, "Meine Briefträger ins Ausland", AH, 131.
67. Neuhäusler, "Aussage", 25 mar. 1966, HDP. Um memorando da SS posterior relatou que o papa oficiou pessoalmente o casamento (Kaltenbrunner a Bormann, 26 nov. 1944, KB, 509). Na realidade, ele simplesmente intercedeu para que Müller pudesse casar na Quinta-Feira Santa (normalmente, a Igreja não permitia casamentos durante a Quaresma). Müller, "Trauung in Rom", LK, 63-66.
68. Neuhäusler, "Ein altes Buch verbirgt viel Neues", AH, 133-134.
69. Müller, transcrição, jul. 1963, HDP, III, 1/7; compare com Groppe, *Ein Kampf um Recht und Sitte*, 2:10, 56; Groppe, "The Church's Struggle in the Third Reich", *Fidelity*, out. 1983, 13; Müller, "Mit dem 'Abbas' auf Reisen", LK, 71; Müller, "Training in the Ordensburgen", PCCTR, 3/III/5, 348, 350.
70. Müller, "Letzte Hilfe für Cossmann", LK, 155.
71. Müller, "Meine Rettung", LK, 278.
72. Ibid., 228.
73. Müller, transcrição, 3 ago. 1963, Fita I, HDP, III, 1/7.
74. Sonderegger, "Mitteilungen", c. 1954, Bartz, *Tragödie*, 154-155.
75. Müller, transcrição, abr. 1958, HDP, III, 1/7.
76. Müller, "Geheimnisvolle", LK, 13.

77. Deutsch, *Conspiracy*, 112.
78. Müller, transcrição, abr. de 1958, HDP, III, 1/7.
79. Müller, transcrição, 31 jun. 1958, HDP, III, 1/7.
80. Ibid.
81. Müller, "Geheimnisvolle Einladung", LK, 17.
82. Müller, transcrição, ago. 1960, HDP, III, 1/7.
83. Müller, transcrição, 22 set. 1966, HDP, III, 1/7.
84. Müller, transcrição, 2 set. 1954, IfZ, ZS 659 /1, 60.
85. Gisevius, *Wo ist Nebe?*, 222.
86. Müller, transcrição, 5 ago. 1963, fita IV, HDP, III, 1/7.
87. Müller, transcrição, 8 ago. 1963, fita VI, HDP, III, 1/7; cf. Höttl, "Vatican Policy and the Third Reich", 26 nov. 1945, NARA, RG 226, entrada 174, cx. 104, pasta 799.
88. Müller, transcrição, 31 jun. 1958, HDP, III, 1/7.
89. Rothfels, *German Opposition*, 100.
90. Compare com Macaulay, "Lord Clive", *Essays*.
91. Trevor-Roper, *Last Days*, 238.
92. Müller, "Aussage", 11 jun. 1952, IfZ, ZS 659/2, 22.
93. Müller, transcrições (5 ago. 1963, Fita II; 3 ago. 1963, fita I; 22 set. 1966, 31 jun. 1958), HDP, III, 1/7.
94. Müller, transcrição, 22 set. 1966, HDP, III, 1/7.
95. Gumpel, entrevista, 1º jun. 2014.
96. Müller, "Meine Römischen Gespräche", LK, 82-83.
97. Müller, "Quo Vadis", LK, 18; compare com "Atos de Pedro", Apócrifos do Novo Testamento. A lenda do retorno de Pedro à cruz baseia-se num tema pagão. Nos tempos pré-cristãos, o local da capela Quo Vadis era um santuário para o deus do retorno, no qual os viajantes ofereciam devoções antes de viagens perigosas. Stagnaro, "Where Peter Saw the Risen Christ", *National Catholic Register*, 1º abr. 2010.
98. "Gespräch mit Dr. Philipp Held", 7 dez. 1988, MBM/155; Josef Held a Fr. W. Braunmiller, 12 nov. 1946, NL Ehard, 884; Müller, "Die Dolchstoßlegende entsteht", LK, 34.
99. Müller, "Der 'Ochsensepp'", LK, 19.
100. Müller, "Wer ist dieser X?", LK, 215.
101. Müller, transcrição, 3 ago. 1963, fita I, HDP, III, 1/7.

Capítulo 4: Tiranicídio

1. Müller voltou de Roma para a Alemanha em 18 de outubro, depois de tomar conhecimento da decisão de Pio por meio de Kaas. Testemunho de Huppenkothen, 5 fev. 1951, 222, HDP.
2. Leiber, "Pius XII". Assim também Myron Taylor: "Por temperamento, as decisões importantes não eram tomadas com facilidade por Pio" ("Vatican Matters, 1945", NARA, RG 59, cx. 34). Da mesma forma, o cardeal Roncalli notou a incapacidade de Pio XII de agir de maneira decisiva, a menos que absolutamente seguro de si, totalmente "em paz com sua consciência". Memorandum to the State Department, Paris, 19 jul. 1949, Myron C. Taylor Papers, Truman Library, cx. 49.
3. CHTW, 111.
4. Detalhes do recrutamento de Pacelli para a Congregação foram relatados durante o primeiro ano do papado pelo seu primeiro biógrafo secular (Hoek, *Pius XII*, 30). A versão de Hoek foi sucedida (e adornada) por biógrafos posteriores, que raramente creditavam Hoek como sua fonte. A respeito de Gasparri, veja Cianfarra, *Vatican and the War*, 74-75; Hebblethwaite, *Paul VI*, 9 ("encantador, mas escorregadio"); Howard, diário, 15 abr. 1917, in CHTW, 109 ("distinto, semelhante a um anão").

5. Quigley, *Peace*, 54.
6. Cianfarra, *Vatican and the War*, 76.
7. Hales, *Church*, 232; Rhodes, *Power*, 208.
8. Rhodes, *Power*, 207.
9. O político era, segundo boatos, Jacques Piou, o líder do partido político Action Libérale. Alvarez, *Spies*, 58.
10. Padellaro, *Portrait*, 24.
11. A respeito do papel dos núncios, veja Segretaria di stato, "Exposito", 11 maio 1862 (Graham, *Vatican Diplomacy*, 235); Blet, "Response", *L'Osservatore Romano*, 29 abr. 1998; Graham, *Vatican Diplomacy*, 125; Graham e Alvarez, *Nothing Sacred*, 62; Reese, *Inside the Vatican*, 266.
12. ADSS, IV, 162-163.
13. A respeito da Ação Católica e a nova aliança com a laicidade, veja ADSS IV, 121-123, 140-142; Graham, *Vatican and Russia*, 2; Alvarez (1991), 594-595; Alvarez, *Spies*, 60, n. 19; Pio X, *Il Fermo Proposito*, 11 jun. 1905; Benigni, "Leo XII"; Doyle, *Life*, 123.
14. A respeito de Benigni, veja Alvarez, *Spies*, 74-77; Aveling, *Jesuits*, 334; Cornwell, *Hitler's Pope*, 36-37; Peters, *Benedict*, 46, 51; Godman, *Hitler and the Vatican*, 24; Chadwick, *History of the Popes*, 357; Scoppola, *DBI*, 8, 506-508; Lernoux, *People of God*, 54.
15. Graham, *Vatican Diplomacy*, 136; Alvarez, "Vatican Intelligence", INS 6, n. 3 (1991): 605; Poulat, *Integrisme et Catholicisme integral*, 524-528; Alvarez, *Spies*, 84.
16. Bertini a Questore di Roma, 25 nov. 1914, A4, Spioaggio: Gerlach, busta 144, DCPS, ACS; Questore di Roma to Direttore Generale di Publicca Sicurezza, 27 fev. 1917, DGPS, ACS; Gerlach a Bento XV, 30 jun. 1917, Itália, 480, Affare Gerlach, SCAES; Gerlach a Erzberger, 9 maio 1916, Erzberger Papers, Bundesarchiv, arq. 33; Rennell Rodd a A.J. Balfour, 9 mar. 1917, UKNA, FO 371/2946; Henry Howard memorandum, 27 maio 1915, UKNA, FO 371/2377; Count de Dalis, "Report on the Mission to the Holy See", 22 out. 1922, UKNA, FO 371/7671; memorando não assinado, 24 mar. 1917, Ufficio Centrale d'Investigazione, env. 3, f. 39, DGPS, ACS; Alvarez, *Spies*, 99, 100, 102-103.
17. Kaas, "Pacelli", 12 dez. 1929, *Reden*, 7.
18. Leiber, "Pius XII" e transcrição de 7 abr. 1966 (Deutsch, *Conspiracy*, 108); Alvarez, *Spies*, 116; Howard a Franz von Recum, 10 dez. 1950 (Deutsch, *Conspiracy*, 109-110); Howard, diário, 15 abr. 1917, 118 (Deutsch, *Conspiracy*, 109); Peters, *Benedict*, 199; Cianfarra, *Vatican and the War*, 85; Erzberger a Hertling, 8 jan. 1917, Hertling Papers (Epstein, *Erzberger*, 150); Doyle, *Life*, 40; Hatch e Walshe, *Crown*, 72.
19. Griesinger, *Jesuits*, 2: 227.
20. Para a história de fundo bávara, veja Cheetham, *History*, 283; Cormenin, *History*, 2: 213; Kampers e Spahn, "Germany", in *CE*, vol. 6 (1909); Graham, *Vatican Diplomacy*, 119; Griesinger, *Jesuits*, 2: 219, 227, 239; Hales, *Church*, 20; Leão XIII, *Officio Sanctissimo*, 22 dez. 1887, e *Militantis Ecclesiae*, 1º ago. 1897; Hollis, *Jesuits*, 24; Kahn, *Codebreakers*, 89, 112 ss.; Leiber, "Pius XII"; Padellaro, *Portrait*, 53; Rhodes, *Power*, 77-78; Schnürer, "Papal States", in *CE*, vol. 14 (1912); Tardini, *Memories*, 51; Wittmann, "Bavaria", in *CE*, vol. 2 (1907).
21. A respeito de Erzberger, veja sobretudo Alvarez, *Spies*, 91-93, 95, 97-98, 104; A4, Spionaggio: Gerlach, env. 144, Direzione Generale della Publica Sicurezza (DGPS), Ministero dell'Interno, Archivo Centrale dello Stato (ACS), Roma; Howard, diário, 28 jan. 1915, Vigliani to Questura di Roma, 27 fev. 1915, A4; Spionaggio: Gerlach, env. 144, DCPS, ACS; Erzberger Papers, arq. 41 e 42; Erzberger, "Memorandum Concerning the Future Position of the Holy See", 11 nov. 1915, F.O., arq. 1498; Erzberger, relatório para Bethmann, s.d. [c. mar. 1915], Erzberger Papers, arq. 34; Erzberger, *Third Report*, 1; Farnesina, Serie Politici P., Pacco 30, Stamped letter 050580, 14 set. 1891.

22. A respeito da evolução de Erzberger de legalista alemão a agente do plano de paz papal, veja memorando de Erzberger, 15 jul. 1917, Erzberger Papers, arq. 18; Erzberger a Gerlach, 28 jul. 1915 (Erzberger Papers, arq. 6); Erzberger a Hertling, 8 jan. 1917 (Erzberger Papers, arq. 32); Erzberger a Ludendorff, 7 jun. 1917 (Erzberger Papers, arq. 6); Erzberger a Gerlach, 6 maio 1916 (Erzberger Papers, arq. 6); Gerlach a Erzberger, 17 ago. 1915 (Erzberger Papers, arq. 6); Bell a Bachem, 5 e 22 fev. 1932, Bachem Papers, arq. 90; Vatican SRS, Guerra Europa, 1914-1918, 1, viii, 17, vol. 3, f. 50-51.
23. A respeito do humor revolucionário na Alemanha e em Munique do pós-guerra, veja Evans, *Coming*, prefácio; Steigmann-Gall, *Holy Reich*, 13; Gallagher, "Personal, Private Views", *America*, 1º set. 2003; Erzberger a Pacelli, 31 out. 1918, Erzberger Papers, arq. 56; Padellaro, *Portrait*, 44; Payne, *Life and Death*, 122; Rhodes, *Power*, 69; Stromberg, *Intellectual History*, 367.
24. Kessler, diário, 21 ago. 1919, citado in Kaes et al., *Weimar Republic Sourcebook*, 52; Murphy, *Popessa*, 48; SRS, *Baviera*, fasc. 40, f. 37 (a primeira carta existente nos arquivos de Pacelli em Munique em 1919 remonta a 3 de fevereiro); Pacelli a Gasparri, 18 abr. 1919, SRS, Baviera.
25. Feldkamp, "A Future Pope in Germany"; Hatch e Walshe, *Crown*, 83; Hoek, *Pius XII*, 49; Brusher, "Pope Pius XII", *CE*; Lehnert, *Ich durfte*, 15 s.; Stehle, *Eastern Politics*, 18.
26. Burton, *Witness*, 50-51; Burleigh, *Third Reich*, 40; Doyle, *Life*, 52; Feldkamp, "Future Pope"; Hatch e Walshe, *Crown*, 83; Brusher, "Pius XII", in *CE*; SRS, *Baviera*, f. 46-47 RV; Toland, *Hitler*, 81.
27. Murphy, *Popessa*, 49, 51.
28. Weisbrod, "Assassinations of Walther Rathenau and Hanns-Martin Schleyer", in *Control of Violence*, 365-394.
29. A respeito dos últimos dias e do assassinato de Erzberger, *Erzberger*, 149n, 373, 384, 286; Mommsen, *Alternatives*, 210 e 298, n. 15; Alvarez, *Spies*, 128; Padellaro, *Portrait*, 49; Kohler, diário, *Kölnische Volkszeitung*, 27 ago. 1921, em Erzberger Papers, arq. 43; *Badische Zeitung*, 29 nov. e 3 dez. 1946.
30. Kaas, "Pacelli", 13.
31. A respeito de Pacelli e Faulhaber, veja Burton, *Witness*, 116; Padellaro, *Portrait*, 152; Mommsen, *Alternatives*, 289, n. 9; GSTA, Ges. Papstl. Stuhl 996, Ritter a BFM, 9 nov. 1923 (Stehlin, *Weimar and the Vatican*, 285); Leugers, *Mauer*, 139; Hamerow, *Road*, 60; Pridham, *Hitler's Rise*, 154.
32. A respeito da falta de conhecimento de Pacelli sobre Hitler, veja Lapide, *Three Popes*, 118; Payne, *Life and Death*, 165; Doyle, *Life*, 97.
33. Para Mayer e Hitler, veja Renshaw, "Apostle of Munich"; Müller, "Sturm auf die Kaserne", LK, 31; Dornberg, *Munich*, 251; Steigmann-Gall, *Holy Reich*, 50; Lapomarda, *Jesuits*, 1, n. 6.
34. Ritter a BFM, 9 nov. 1923, GSTA, Ges. Papstl. Stuhl 996.
35. A respeito da apreensão do Vaticano relacionada ao golpe de Ludendorff, à França e ao futuro da concordata bávara, veja Stehlin, *Weimar and the Vatican*, 285-286; GSTA, Ges. Papstl. Stuhl 996, Ritter a BFM, 9 nov. 1923; Stehlin, *Weimar and the Vatican*, 285.
36. Em relação às denúncias do clero inferior, veja Gordon, *Putsch*, 448.
37. Em relação à decisão do Vaticano de deixar a ação direta para o BVP, veja Stehlin, *Weimar and the Vatican*, 286; Gordon, *Putsch*, 448. O contragolpe de Matt é detalhado em Dornberg, *Munich*, 148-149.
38. Em relação ao rompimento de Mayer com Hitler, veja Holmes, *Papacy*, 146-147. Os nazistas também responsabilizaram as manobras e os sermões do cardeal Faulhaber pelo solapamento do apoio popular: Gordon, *Putsch*, 448; Stehlin, *Weimar*, 286, 289, Pridham, *Hitler's Rise*, 152.
39. A respeito das denúncias do nacionalismo popular antes do golpe, veja Biesinger, *Concordats*, 122; Pridham, *Hitler's Rise*, 153; Rychlak, *Hitler, the War, and the Pope*, 18, citando Pacelli in *Bayerischer Kurier*, 21 out. 1921; Holmes, *Papacy*, 101. A respeito do desprezo dos nacionalistas por Roma, veja sobretudo Rhodes, *Power*, 82. A respeito do padre Schlund, veja seu *Neugermanisches Heidentrum in*

heutigen Deutschland; Stehlin, Weimar and the Vatican, 286; L'Osservatore Romano, "Manifestazioni neopagane", 28 fev. 1924.
40. Murphy, *Diplomat*, 204-205; Cheetham, *Popes*, 283.
41. Hesemann, *Der Papst*, 72.
42. Ibid., 84.
43. Ibid., 85.
44. Schellenberg, *Labyrinth*, 5.
45. Conway, *Nazi Persecution*, 92-93; Burleigh, *Third Reich*, 678; Payne, *Life and Death*, 275; Forschback, *Edgar J. Jung*; Payne, *Rise and Fall*, 278.
46. Prittie, *Germans*, 80.
47. Holmes, *Papacy*, 108.
48. Cianfarra, *Vatican and the War*, 100.
49. Cardeais Faulhaber, de Munique, Bertram, de Breslau, Schulte, de Colônia, e os bispos Preysing, de Berlim, e Galen, de Münster (Godman, *Hitler and the Vatican*, 124).
50. AES, Germania 1936-1938, pos. 719, fasc. 312, 5 ss.
51. Volk, *Akten Faulhaber*, 2:28.
52. Blet, *Pius XII*, 52.
53. Benz e Pehle, *Encyclopedia*, 94.
54. Prittie, *Germans Against Hitler*, 77.
55. Rychlak, *Hitler, the War, and the Pope*, 93; Chadwick, *Britain and the Vatican*, 20.
56. Müller e Neuhäusler, "Attacks on Catholic Bishops", PCCTR, 259.
57. Cornwell, *Hitler's Pope*, 217, citando o *Berliner Morgenpost*, 3 mar. 1939.
58. Ley, "Wir oder die Juden", *Die Hoheitsträger* 3 (maio de 1939): 4-6.
59. Lehnert, *Servant*, 115-116, 128-129, 132-133.
60. Müller, transcrição, agosto de 1960, HDP, III, 1/7; Leiber a Deutsch, 26 ago. 1960 e 21 maio 1965, HDP, VII, 4/8, "Pius XII", 10; Leiber a Müller, 28 out. 1953, IfZ, ZS 660, 11; Leiber, 26-27 ago. 1960, IfZ, ZS 660, 8.
61. Tomás de Aquino, *Summa Theologica*, 1a 2ae, q. 21, art. 4, ad 3.
62. Bride, "Tyrannicide", *Dictionnaire de Théologie Catholique*, vol. 15 (1950), 2011; Lewy, "Secret Papal Brief on Tyrannicide", *Church History* 26, n. 4 (1957); Mariana, *De rege et regis institutione*, liv. I, c. vi; Pastor, *History of the Popes*, 26: 27-28; Rance, "L'Arrêt contre Suarez (6 jun. 1614)", *Revue des Questions Historiques* 37 (1885): 603-606; Suarez, *Defensio fidei Catholicae et Apostolicae adversus Anglieanae seetae errores*, liv. VI, c. iv, secs. 14-18.
63. Müller, "Attacks on the Honor of the Church", PCCTR, 2/X, 282, citando Rosenberg, comentários em Troppau, 31 mar. 1939.
64. ADSS, III, p. 12-13.
65. Müller, "Meine Römischen Gespräche", LK, 82-83.
66. Müller, declaração, 2 set. 1954, IfZ, ZS 659 /1, 60.
67. Kershaw, *Hitler Myth*, 106; compare com Pio XII, discurso ao Colégio de Cardeais, 2 jun. 1945.
68. Höhne, *Death's Head*, 48.
69. Speer, *Inside*, 142.
70. Ludecke, *I Knew Hitler*, 46-56.
71. Besgen, *Der stille Befehl*, 77.
72. PCCTR, "Preface", vii.
73. Pio XII a Schulte, 18 jan. 1940, BPDB, n. 33.
74. Gallagher, *Vatican Secret Diplomacy*, 88, citando Alfred W. Klieforth a Jay Pierrepont Moffat, 3 mar. 1939, Moffat Papers, MS Am 1407, vol. 16, Houghton Library, Harvard University.

75. Müller, "Befragung des Staatsministers", 2 set. 1954, IfZ, ZS 659/1, 50; Müller, "Unkorr. NS üb. Gespräch", 1963, IfZ, ZS 659/3, 23, 25; Müller, transcrições, 31 jun. 1958, 24 de março e 22 set. 1966, HDP, III, 1/7.
76. Leiber, transcrição, 21 maio 1965, HDP.
77. Chadwick, *Britain and the Vatican*, 91.
78. Deutsch, "Pius XII", 2 dez. 1965, HDP, VII, 4/8.
79. Leiber, "Unterredung", 26-27 ago. 1960, IfZ, ZS 660, 2.
80. Leiber, transcrição, 21 maio 1965; Deutsch, "Pius XII", 12-13, HDP, VII, 4/8.
81. Leiber a Deutsch, 26 ago. 1960 e 21 maio 1965, HDP, VII, 4/8, "Pius XII", 10.
82. Leiber, "Unterredung", 26-27 ago. 1960, IfZ, ZS 660, 3; Christine von Dohnanyi a Deutsch, 26 jun. 1958, "Pius XII", HDP, VII, 4/8; Müller, transcrição, 24 mar. 1966, HDP, III, 1/7; Müller, transcrição, 22 set. 1966, HDP, III, 1/7; Müller, "Befragungen [Widerstand II]", 26 mar. 1963, IfZ, ZS 659/4, 208.
83. Huppenkothen, transcrição do julgamento, 5 fev. 1952, 225; Huppenkothen, transcrição, 5 fev. 1951, HDP, 2/10; Müller, "Gefahrliche Reise", LK, 106; compare com "Informations sur les Antécédents et le Sujet de la Mission de Mr. Myron Taylor," ADSS, V, n. 500, 15 out. 1942.

Capítulo 5: Alguém para matá-lo

1. Müller, transcrição, 24 mar. 1966, HDP, III, 1/7.
2. Huppenkothen, transcrição, 5 fev. 1951, 222, HDP, 2/10.
3. Müller, "Meine Römischen Gespräche", LK, 85.
4. Dulles, "Elements of Intelligence Work", s.d. [1943-1945], AWDP, série 15a.
5. Müller, "Unschätzbar wertvolle Dokumente", LK, 108.
6. Groscurth, *Tagebücher*, 20 out. 1939. Hoffmann sugere que Groscurth estava descrevendo iniciativas para assegurar o estabelecimento da paz "por meio de intermediários *suecos ou vaticanos*" (*History*, 128; grifo do autor). No entanto, quando cita Groscurth, Hoffmann omite as palavras que aludem ao Vaticano: "O papa está muito interessado." Posteriormente, na mesma obra (158, 585, n. 46), Hoffmann afirma que Groscurth estava, de fato, citando a conexão do Vaticano, e associa as palavras de Groscurth ao retorno de Müller a Roma, em 18 de outubro (a data fornecida pelo ex-investigador da SS Walther Huppenkothen, transcrição do julgamento, 5 fev. 1951, 222). Realmente, o registro do diário de Groscurth corresponde à cronologia dos contatos do Vaticano, em vez de quaisquer propostas de paz por intermédio da Suécia, que ocorreram mais tarde naquele mês (Groscurth cita os suecos em seu diário no dia 27 out.). Deutsch (*Conspiracy*, 120) mantém a referência de Groscurth ao papa e, assim, infere a "conexão do Vaticano". A frase "a demanda categórica pelo afastamento de Hitler", ecoando a frase de Pio "Qualquer governo desde que sem Hitler", reapareceu no Relatório X, mar. 1940.
7. Chadwick, *Britain and the Vatican*, 83-84, cataloga as notícias do *Times* a respeito da redação da encíclica. Como mencionado acima, Pio, provavelmente, transmitiu sua resposta em ou perto de 17 de outubro, pois Müller voltou a Berlim com a resposta no dia seguinte. Huppenkothen, transcrição, 5 fev. 1951, 222, HDP, 2/10.
8. Tittmann a Taylor, 4 jun. 1945, Taylor Papers, FDRL.
9. Pio XII, *Summi Pontificatus*, 20 out. 1939.
10. Ruffner, "Eagle and Swastika", CIA Draft Working Paper, abr. 2003, II, 30. "As agências de inteligência alemãs se depararam com diversos exemplos referentes ao papel clandestino de Mueller, mas o almirante Wilhelm Canaris, o chefe do Abwehr, foi capaz de impedir o SD de prender Mueller." Ibid.

11. O relato em "Geheimnisvolle Einladung", LK, 17, situa o encontro inicial com Canaris no dia seguinte ao encontro de Müller com Oster; isto é, 28 ou 29 set.; mas no relato de missão em HDP, ele fala como se o encontro tivesse acontecido depois (transcrição, 29 maio 1958, HDP, III, 1/7). Provavelmente, o encontro ocorreu relativamente ao estabelecimento da cobertura de Müller e de sua contratação formal pelo Abwehr, que só aconteceu depois de sua primeira viagem em tempo de guerra a Roma, como indicado pelo próprio relato de Müller. Portanto, aparentemente, o encontro aconteceu *depois* que o Abwehr soube que Pio "deu sinal verde" à operação (18-20 out.), mas *antes* das iniciativas de Müller de 23 out. estabeler cobertura, "exibindo" sua missão romana ao abade Corbinian Hofmeister, de quem ele tirou partido para gerar os contatos italianos que tornaram plausível sua missão (Maier a Deutsch, 17 jul. 1967, CHTW, 127). Parece mais provável que Müller e Canaris se encontraram em 21-22 out., pouco depois que os resultados da primeira missão de Müller tiveram o impacto registrado por Groscurth (*Tagebücher*, 20 out. 1939).
12. Lina Heydrich, "Aussage", c. 1953-1954, Bartz, *Tragödie*, 82; Gutterer, "Mitteilungen", c. 1953, Bartz, *Tragödie*, 95.
13. Müller, "Geheimnisvolle Einladung", LK, 16.
14. Müller, transcrição, jul. 1963, HDP, III, 1/7.
15. A frase "atrocidades polonesas" aparece em 13 nov. 1939, aproximadamente, no resumo de uma conversa com Leiber (Müller, "Besprechung in Rom beim Vatikan", IfZ, ZS 659); compare com Halder, transcrição, 7 ago. 1945, CSDIC, TRP, DJ 38, pasta 6.
16. Halder, transcrição, 26 fev. 1946, NCA, B/20; compare com Hassell, diário, 19 mar. 1940, 82.
17. Schlabrendorff, "Events", 1945, DNTC/93, 46.
18. Müller, "Unkorr. NS üb. Gespräch", 1963, IfZ, ZS 659/3, 23-24; Gisevius, *Wo ist Nebe?*, 227.
19. Müller, transcrição, 5 ago. 1963, Fita IV, HDP, III, 1/7.
20. "Besprechung mit Dr. Jos Müller", 23 fev. 1952, IfZ, ZS A-49, 45; Müller, transcrição, 8 ago. 1963, Fita V, HDP, III, 1/7; Müller, "Befragung [Fritschkrisse]", 11 out. 1969, IfZ, ZS 649/4, 154; Müller, "Geheimberichte und Planspiele", LK, 103; Müller, "Befragungen [Widerstand II]", 26 mar. 1963, IfZ, ZS 659/4, 200; compare com Müller e Hofmeister, 8 ago. 1963, HDP, III, 1/7.
21. Müller, transcrição, 24 mar. 1966, HDP, III, 1/7.
22. Müller, "Der Papst bleibt unbeirrt", LK, 116.
23. Müller, transcrição, abr. 1958, HDP, III, 1/7; CHTW, 117.
24. Müller, "Befragung", 2 set. 1954, IfZ, ZS 659/1, 56.
25. Müller, "Geheimnisvolle Einladung", LK, 16.
26. Müller, "Meine Römischen Gespräche", LK, 83.
27. Pio XII, mensagem radiofônica, 24 ago. 1939, ADSS, I, n. 113; compare com Blet, *Pius XII*, 21.
28. Müller, transcrição, 31 maio 1958, HDP, III, 1/7; CHTW, 62.
29. Müller, "Geheimberichete und Planspiele", LK, 102.
30. Müller, "In der zweiten Heimat", LK, 89.
31. Müller, "Fehlgeschlagen", LK, 158.
32. "Let every person be subordinate to the higher authorities, for there is no authority except from God, and those that exist have been established by God." Romanos 13:1 (US Conference of Catholic Bishops, 2011). [Todos devem se sujeitar às autoridades superiores, pois não há autoridade que não venha de Deus; as autoridades que existem foram estabelecidas por Ele.]
33. Smith, *Age of the Reformation*, 594-595.
34. Lutero, *Selected Letters*, Lulu.com, 223; Lutero, *Works* (1915, Muhlenberg), 1: 242-248.
35. William Allen, cardeal jesuíta britânico, disse que "não é só um direito, mas também é um dever" das pessoas assassinar um tirano (*Ad persecutores Anglo pro Christianis responsio*, 1582). O jesuíta britânico Robert Parsons sustentou que "nesse caso, as pessoas teriam muito mais obrigação

de expulsá-lo do trono" do que de aceitar injustiças (*Andreae Philopatri ad Elizabethae reginae edictum responsio*, n. 162). Em 1595, o jesuíta espanhol Manuel de Sá escreveu: "Igualmente certo é o princípio de que alguém entre o povo possa matar um príncipe ilegítimo; para assassinar um tirano, porém, considera-se, de fato, que seja um dever." Griesinger, *Jesuits*, 2: 69.
36. Ranke, *History*, 216n.
37. Cormenin, *History*, 2: 288.
38. Posteriormente, católicos voluntariaram-se para matar Hitler, incluindo Axel von dem Bussche e Claus von Stauffenberg. Anteriormente, um estudante de teologia suíço de religião católica, Maurice Bavaud, tentou assassinar Hitler. Hoffmann, "Maurice Bavaud's Attempt to Assassinate Hitler in 1938", *Police Forces in History* 2 (1975): 173-204.
39. Müller, "Gefährliche Reise", LK, 107.
40. Müller, s.d., in Deutsch, *Conspiracy*, 196.
41. Leeb a Brauchitsch e Halder, 11 out. 1939 e 31 out. 1939, in Kosthorst, *Die Deutsche Opposition*, 160-168.
42. Ibid., 51.
43. Maier, transcrição, 27 jul. 1967, HDP.
44. Hoffmann, *History*, 136.
45. Kordt, "Denkschrift der Vortagenden Legationsräte im Auswärtigen Amt Dr. Hasso von Etzdorf under Dr. Erich Kordt", out. 1939, Groscurth, *Tagebücher*, an. II, n. 70; Halder, "Erklärung", 8 mar. 1952, IfZ, ZS 240; Groscurth, *Tagebücher*, 219, n. 566.
46. Kaltfleiter e Oswald, *Spione im Vatikan*, 133.
47. Kordt, *Nicht aus den Akten*, 370-371.
48. Lahousen, "Zur Vorgeschichte des Anschlages vom 20. Juli 1944", IfZ, ZS 658.
49. Kordt, *Nicht aus den Akten*, 371, 373.

Capítulo 6: Uma sorte dos diabos

1. Deutsch, *Conspiracy*, 34.
2. Wheeler-Bennett, *Nemesis*, 470-472.
3. Keitel, "Erinnerungen", 226.
4. Groscurth, diário, 5 nov. 1939.
5. Como relatado por Brauchitsch depois da guerra, no campo de prisioneiros de guerra de Bridgend: John, *Twice*, 61.
6. Keitel, "Erinnerungen", 226.
7. Hoffmann, *History*, 137.
8. Höhne, *Canaris*, 391; Klaus-Jürgen Müller, *Der deutsche Widerstand*, 521; Deutsch, *Conspiracy*, 226 ss.
9. Engel, "Aussprache Hitler-Oberbefehlshaber des Heeres Am 5 November 1939 im grossen Kongressaal der alten Reichkanzleri", maio 1966, HDP.
10. De acordo com o ajudante de Hitler: Höhne, *Canaris*, 392; Deutsch, *Conspiracy*, 226.
11. Halder, declaração, CSDIC, 7 ago. 1945, TRP, DJ 38, pasta 6.
12. Kosthorst, *Die Deutsche Oppostion*, 98-99.
13. Kessel, "Verborgene Saat", 12 abr. 1945, VS, 190.
14. Müller, "In der Zweiten Heimat", LK, 90.
15. Müller, transcrição, ago. 1963, HDP, III, 1/7.
16. Deutsch, "Pius XII", jan. 1966, HDP, VII, 4/8, 9, n. 19.

17. Müller, transcrição, 31 jun. 1958, HDP, III, 1/7.
18. Müller, "Unkorr. NS üb. Gespräch", 1963, IfZ, ZS 659/3, 17; Müller, "Der X-Bericht entsteht", LK, 125.
19. Müller, "Meine Römischen Gespräche", LK, 85.
20. Müller, relatório, 13 nov. 1939, HDP, II, 3/7.
21. Müller, "Der Papst bleibt unbeirrt", LK, 116.
22. Müller, transcrição, 31 jun. 1958, HDP, III, 1/7.
23. "Regie-Programm für den 8/9 November 1939 in München, Gesamtleitung: Gaupropagandaleiter Pg. Karl Wenzl", BA, NS 10/126.
24. Hoch, "Das Attentat auf Hitler im Münchner Bürgerbräukeller 1939", VfZ, 17, 1969, em certos trechos; NARA, RG 242-HL ML 941, 942.
25. Duffy, *Target Hitler*, 26s.
26. Hitler, discurso, 8 nov. 1939, org. Domarus, *Reden* 3:1865 ss.; Hitler, Koeppen, Bericht n. 28, 7 set. 1941; Hitler, comentários, 3 maio 1942, BV, n. 204.
27. O *New York Times* relatou "indicações" de que a Gestapo e a SS "estavam iniciando uma ampla caçada a espiões e um movimento para remoção de agitadores que se opunham à política ou à guerra do Reich". "Hitler Escapes Bomb Explosion by 15 Minutes", *The New York Times*, 9 nov. 1939.
28. Below, *At Hitler's Side*, 44.
29. Müller, "In der zweiten Heimat", LK, 91.
30. Müller, "Der 20 Juli 1944", LK, 197.
31. Ueberschär, *Generaloberst Halder*, 28; Müller, "Aussage", 4 jun. 1952, IfZ, ZS 659/2, 11.
32. Kordt, *Nicht aus den Akten*, 374.
33. Frank, *Im Angesicht des Galgens*, 408.
34. Cadogan, diário, 29 set. 1939, 220.
35. Huppenkothen, "Verhaltnis Wehrmacht Sicherpolitzei", HDP, 2/10.
36. Best, *Venlo Incident*, 16-17.
37. Schellenberg, *Labyrinth*, 79-80.
38. MI6, "Final Report [Schellenberg]", 29 nov. 1945, NARA, RG 319, IRR, IS, cx. 5, org. Doerries, 69-70; Gisevius a Dulles, "Political Background", 1945-1946, AWD, cx. 29, pasta 2; Müller, "Befragungen [Widerstand II]", 26 mar. 1963, IfZ, ZS 659/4, 202; Müller, transcrição, 5 ago. 1963, Fita IV, HDP, III, 1/7; Hettler, "Der Venlo Zwischenfall", MBM/155, 4.3.1.
39. Osborne a Halifax, 21 nov. 1939, UKNA, FO C 197497/13005/18 (1939); PP, doc. III, 326-328.
40. Cadogan, minutas, 24 jan. 1940, UKNA, FO 371/24363/C/267/62.
41. Rattenhuber, circular, 22 fev. 1940, BA, NS 10/137.
42. Despacho, "Mr. Osborne to Viscount Halifax (Received November 26) (n. 221. Confidential), Rome, November 21, 1939", FO C 197497/13005/18 (1939); PP, doc. III, 326-328.

Capítulo 7: A Rede Negra

1. Deutsch: *Conspiracy*, 129.
2. Müller, transcrição, 8 ago. 1963, HDP, III, 1/7.
3. Burns, *Papa Spy*, 191, citando pesquisa do historiador Robert Graham sobre os jesuítas.
4. Hartl, interrogatório, 9 jan. 1947, CI-FIR/123.
5. Müller e Hofmeister, transcrição, 8 ago. 1963, HDP, III, 1/7.
6. Stein a Pio XI, 12 abr. 1933, AES, Germania, pos. 643, PO fasc. 158, 16r-17r; Besier, *Holy See*, 126; Wolf, *Papst und Teufel*, 210, 214-216; Godman, *Hitler and the Vatican*, 34-35.
7. Keller, "Zeugenschriftum", 4 jul. 1967, IfZ, ZS 2424.

8. Keller, "Zeugenschriftum", 4 jul. 1967, IfZ, ZS 2424.
9. Müller, "Die Andre Keller", LK, 96.
10. Grão-mufti de Jerusalém; unidade de Stuttgart do Abwehr: Keller, "Zeugenschriftum", 4 jul. 1967, IfZ, ZS 2424.
11. "Costumava disfarçar sua atividade de agente secreto, sempre que achava difícil trabalhar abertamente para o SD, fingindo ser um colecionador de cópias fotostáticas de manuscritos medievais de mosteiros e bibliotecas francesas e afirmando que essa coleção era para o uso de seu próprio mosteiro em Beuron." Hartl, interrogatório, 9 jan. 1947, CI-FIR/123.
12. Müller, "Die Andre Keller", LK, 95.
13. Keller, "Zeugenschriftum", 4 jul. 1967, IfZ, ZS 2424.
14. Maier, transcrição, 17 jul. 1967, HDP.
15. Lukacs, "Diplomacy of the Holy See during World War II", *Catholic Historical Review* 60, n. 2 (1974): 271 ss.
16. Bernardini a Maglione, 22 nov. 1939, rec. 23 nov., telegrama 52, AES 8790/39, ADSS, I, n. 221.
17. Müller, "Die Andre Keller", LK, 97.
18. Müller e Hofmeister, transcrição, 9 ago. 1963, HDP, III, 1/7.
19. Keller, "Zeugenschriftum", 4 jul. 1967, IfZ, ZS 2424.
20. Müller, transcrições, ago. 1958 e 8 ago. 1963, HDP, III, 1/7.
21. Ibid.
22. Halder, transcrição, 9 ago. 1960, HDP.
23. Lehnert, transcrição, 19 fev. 1967, HDP.
24. Müller, transcrição, ago. 1958, HDP, III, 1/7; Leiber, transcrição, 9 abr. 1966, HDP.
25. Müller, transcrições, 8 ago. 1958 e 8 ago. 1963, HDP, III, 1/7.
26. Keller, "Zeugenschriftum", 4 jul. 1967, IfZ, ZS 2424.
27. Schellenberg, *Labyrinth*, 348. Todas as outras citações dessa conversa são dessa fonte.
28. Schellenberg, *Labyrinth*, 347.
29. Schellenberg, *Memorien*, 322 (sem tradução para o inglês).

Capítulo 8: Segredo absoluto

1. Osborne a Londres, 1º dez. 1939, UKNA, FO C 19745/13005/18 (1939); PP, doc. IV, 528-529.
2. Müller, transcrições de 29 maio 1958 e 6 ago. 1963, HDP, III, 1/7.
3. Krieg, transcrição, 22 fev. 1967, HDP, III, 1/7.
4. Weizsäcker, *Memoirs*, 222.
5. Hofmeister, transcrição, 6 ago. 1963, HDP, III, 1/7.
6. Kurz, transcrição, 22 ago. 1958, HDP.
7. Osborne a Halifax, 9 jan. 1940, UKNA, FO C 770/89/18 (1940); PP, doc. V, 529-530.
8. Osborne a Halifax, "12th January 1940 Secret", Halifax Papers, FO 800/318, cópia in FO C 1137/89/18 (1940): PP, doc. VI, 330-332.
9. Deutsch, *Conspiracy*, 140.
10. Charles-Roux ao Ministère des Affaires Etrangères, 17 jan. 1940, HDP.
11. Charles-Roux ao Ministère des Affaires Etrangères, 16 jan. 1940, HDP.
12. "A princípio, eu, como seria de esperar, assumi que essa infomação secreta vinha do governo italiano, mas agora tendo a acreditar que era de uma fonte alemã. Sabia que, de fato, o Vaticano tinha fontes de informações secretas a respeito dos assuntos alemães além da nunciatura de Berlim." Charles-Roux ao Ministère des Affaires Etrangères, 17 jan. 1940, HDP.

13. Maglione a Micara, 9 jan. 1940, ADSS, I, n. 241.
14. Giobbe a Maglione, 14 jan. 1940, e Maglione a Giobbe, 15 jan. 1940, ADDS, I, n. 243/244.
15. Leiber a Deutsch, 26 ago. 1960, HDP; compare com Attolico a Maglione, AES 1752/40, 20 fev. 1940, ADSS, III, n. 116.
16. Gumpel, entrevista, 17 maio 2014.
17. Compare com Jacobsen, "10. January 40 – Die Affäre Mechlin", Wehrwissenschaftliche Rundschau 4 (1954): 497-515.
18. Osborne só mencionou que o golpe não começaria em Berlim; os documentos apreendidos dos conspiradores e o inquérito da Gestapo (KB, em certos trechos) revelaram os outros centros principais: Colônia, Munique e Viena (posteriormente, Paris).
19. Os conspiradores procuraram assegurar que a França não ocuparia a Renânia. Eles uniriam a Renânia e a Vestfália num estado da Alemanha Ocidental; a Áustria permaneceria no Reich; a Polônia e a Tchecoslováquia não alemã se tornariam independentes. "Perguntei se havia alguma indenização pelo sofrimento monstruoso infligido a esses países, mas não havia." Osborne a Halifax, 7 fev. 1940, Halifax Papers, UKNA, FO 800/318; PP, doc. IX, 333-335.
20. Osborne a Halifax, "Personal and Secret", 7 fev. 1940, Halifax Papers, UKNA, FO 800/318, cópia in FO C 2522/89/18 (1940): PP, doc. IX, 333-335.
21. Ibid.
22. Chamberlain, anotação, 15 fev. 1940, aproximadamente, UKNA, FO C 2522/89/18 (1940): PP, doc. X, 335.
23. Osborne a Halifax, 19 fev. 1940, Halifax Papers, UKNA, FO 800/518: PP, doc. XIII, 337.
24. Halifax a Osborne, 17 fev. 1940, UKNA, C 2522/89/18 (1940): PP, doc. XII, 336-337.
25. Halifax a Osborne, 17 fev. 1940, UKNA, FO C 2522/89/18. (1940): PP, doc. XII, 336-337. Chadwick, Britain and the Vatican, 94, afirma que a mensagem chegou a 26 fev. 1940; Meehan, Unnecessary War, dá a data como dia 23; nenhum dos dois cita fonte de arquivo.
26. Müller, testemunho, julgamento de Huppenkothen, 9 fev. 1951, 222, HDP.
27. Müller, "Der X-Bericht entsteht", LK, 124; compare com Leiber a Deutsch, 26 ago. 1960, in "Pius XII", HDP, VII, 4/8; Müller, transcrição, 22 set. 1966, HDP, III, 1/7; Müller, "Befragungen [Widerstand II]", 26 mar. 1963, IfZ, ZS 659/4, 218-219; Leiber, "Unterredung", 26-27 ago. 1960, IfZ, ZS 280, 9; Leiber a Müller, 28 out. 1953, IfZ, ZS, 660, 12.

Capítulo 9: O Relatório X

1. Leiber, interrogatório, 26 ago. 1960, HDP.
2. Leiber a Deutsch, 21 maio 1965, "Pius XII", HDP, VII, 4/8.
3. Leiber, "Unterredung", 26 ou 27 ago. 1960, IfZ, ZS 660, 2-3, 9; Müller, 5 ago. 1963, fita II, HDP, III, 1/7.
4. Müller, "Unkorr. NS üb. Gespräch", 1963, IfZ, ZS 659/3, 17; Müller, "In der zweiten Heimat", LK, 88.
5. Müller, transcrição, 9 abr. 1966, HDP, III, 1/7.
6. Müller, transcrições, 8 ago. 1963 e 24 mar. 1966, HDP, III, 1/7.
7. Osborne a Halifax, 23 fev. 1940, UKNA, FO C 3044/89/18 (1940); PP, doc. XIV, 337-338.
8. Cadogan, diário, 28 fev. 1940, org. Dilks, 256-257.
9. Foreign Office (Londres), telegrama a Osborne, 4 mar. 1940, PP, doc. XVI, 339, n. 48.
10. Citado em Osborne a Nichols, 21 mar. 1940, UKNA, FO R 3781/3237/22 (1940); PP, doc. XV, 338-339.
11. Osborne a Nichols, 21 mar. 1940, UKNA, FO R 3781/3237/22 (1940); PP, doc. XV, 338-339.

12. A data e o texto dessa carta de Halifax, mencionados na nota de 27 mar., a Osborne, permanecem incertos. Osborne escreveu um resumo para Pio, mas não conseguiu "dar a data ou qualquer referência", disse ele a Londres, "pois eu a destruí em deferência ao pedido do papa de segredo absoluto". No entanto, Osborne deu uma pista a respeito da data e do conteúdo da nota: "Se estou bem lembrado, foi mencionado em sua carta [que] outras abordagens similares chegaram ao governo de Sua Majestade por meio de outros canais." Aparentemente, nesse caso, Osborne refere-se aos encontros de 22/23 fev. Ulrich von Hassell com J. Lonsdale Brayns, emissário britânico não oficial, em Arosa, na Suíça, do qual Cadogan teve notícias em 28 fev. (diário, org. Dilks, 256-257). Portanto, Halifax provavelmente enviou essa comunicação final aos conspiradores em 28 fev. ou no início de março. Considerando um prazo até dez dias para a chegada da mensagem pela mala diplomática através da Itália aliada ao Eixo (a carta de 17 fev. de Halifax chegou a Osborne somente em 26 fev.), essa carta de Halifax teria chegado ao Vaticano em 9 ou 10 de março. Em 11 de março, Müller estava em Roma ("Unkorr. NS üb. Gespräch", IfZ, ZS 659/3, 24), e ele, provavelmente, recebeu os termos finais britânicos nessa data. Então, Müller teria tido cinco dias para voar de volta a Berlim e desenvolver os termos de Halifax no material do Relatório X, que Hassell viu em 16 de março (diário, 83). Esse ritmo geral dos acontecimentos estaria de acordo com as memórias das testemunhas sobreviventes a respeito de um processo ligeiro (Christine von Dohnanyi a Deutsch, 26 jun. 1958, "Pius XII", HDP, VII, 4/8). O diário de Hassell descreveu os termos britânicos: "Halifax, falando expressamente em nome do governo britânico, foi (...) cauteloso no enquadramento de suas declarações e tocou em pontos como 'descentralização da Alemanha' e 'referendo na Áustria'." Essa linguagem, ecoando a nota de 17 fev. Halifax para Osborne dando sinal verde (UKNA, C 2522/89/18 1940; PP, doc. XII, 336-337), talvez tenha se manifestado no resumo papal que constituiu a página superior do pacote X.
13. Leiber, "Unterredung", 26-27 ago. 1960, IfZ, ZS 660.
14. Leiber, interrogatório, 26 ago. 1960, HDP.
15. Müller, testemunho, julgamento de Huppenkothen, 9 fev. 1951, 222, HDP.
16. Müller, "Diskussionen", LK, 133.
17. Leiber, interrogatório, 26 ago. 1960, HDP.
18. Müller, transcrição, 9 fev. 1967, HDP.
19. Müller, testemunho, julgamento de Huppenkothen, 5 fev. 1951, transcrição, 178.
20. Deutsch, "British Territorial Terms as Reportedly Stated in the X-Report", mapa 302; Leiber a Müller, 28 out. 1953, IfZ, ZS, 660, 13-14.
21. Ao responder a tal acusação no *Prace*, jornal de Praga, Pio XII ditou e corrigiu um desmentido oficial que apareceu em *L'Osservatore Romano*, 11-12 fev. 1946; ADSS, I, 514-515.
22. Hassell, diário, 19 mar. 1940, 83.
23. Osborne a Londres, 27 mar. 1940, UKNA, FO C 4743/5/18 (1940); PP, doc. XVI, 339-340.
24. Osborne a Halifax, 3 abr. 1940, Halifax Papers, FO 800/318; PP, doc. XVIII, 340-341.
25. Osborne a Halifax, 3 abr. 1940, Halifax Papers, FO 800/318; PP, doc. XVIII, 340-341.
26. Hassell, diário, 6 abr. 1940, 87-88 ("Eu me encontrei com Oster e Dohnanyi [na noite de 3 de abril] (...) Então, eles me mostraram as anotações de um intermediário, o doutor Josef Müller, a cujo ponto de vista parece que o papa e os britânicos se apegam").
27. Halder, transcrição, 9 ago. 1960, HDP; Groscurth, diário, 1º nov. 1939.
28. Müller, transcrição, 27 maio 1970, IfZ, ZS 659/4, 180; Müller, transcrição, 22 set. 1966, HDP, III, 1/7.
29. Hassell, diário, 19 mar. 1940, 83.
30. Hassell, diário, 6 abr. 1940, 86. Halder afirmou que afastou Hassell por "motivo de cautela". Halder, transcrição, 9 ago. 1960, HDP.
31. Hassell, diário, 6 abr. 1940, 88.
32. Bethge, *Bonhoeffer*, 674.

33. Halder, transcrição, 9 ago. 1960, HDP.
34. Sendtner em E.P., *Die Vollmacht des Gewissens*, 1: 473.
35. Halder, transcrição, 9 ago. 1960, HDP.
36. Thomas, "Mein Beitrag zum Kampf gegen Hitler", 4.
37. Hassell, *Diaries*, 129; Liedig, transcrição, 9 ago. 1960, HDP.
38. Müller, transcrição, 22 set. 1966, HDP, III, 1/7.
39. Osborne a Londres, 27 mar. 1940, UKNA, FO C 4743/5/18 (1940); PP, doc. XVI, 339-340.
40. Müller, transcrição, 22 set. 1966, HDP.
41. Leiber a Deutsch, 26 ago. 1960, "Pius XII," HDP, VII, 4/8.
42. Leiber, "Unterredung", 26-27 ago. 1960, IfZ, ZS 660, 5.

Capítulo 10: Advertências ao Ocidente

1. Christine von Dohnanyi, "Vollmacht des Gewissens", Publikation e.V 1956, 487, IfZ, ZS/A 28., vol. 13.
2. Müller e Christine von Dohnanyi, testemunho, E.P., 1 dez. 1958, IfZ, ZS 659.
3. Rohleder, testemunho, E.P., 25 fev. 1952, HDP; Müller e Hofmeister, transcrição, 9 ago. 1963, HDP, III, 1/7.
4. Deutsch, *Conspiracy*, 336, n. 17, citando "conversas com o doutor Müller".
5. Müller, transcrição, 23 fev. 1967, HDP, III, 1/7.
6. Jacobsen, *Fall Gelb*, 141; Sas, "Het begon in Mai 1940", pt. II, 16.
7. Müller, transcrição, 22 set. 1966, HDP, III, 1/7.
8. Schmidhuber, transcrição, 6 ago. 1958, HDP; Leiber, transcrição, 26 ago. 1960, HDP; Müller, transcrição, 28 fev. 1967, HDP, III, 1/7.
9. Leiber, transcrições, 26 ago. 1960 e 9 abr. 1966, HDP.
10. Tardini, anotação, 9 maio 1940, HDP.
11. ADSS, I, 436.
12. Tardini, *Memories*, 118-119.
13. Charles-Roux, resumo do relatório, 7 maio 1940, HDP; Charles-Roux, *Huit ans au Vatican*, 384.
14. Leiber, transcrição, 26 ago. 1960, HDP.
15. Nieuwenhuys a Bruxelas, telegrama n. 7, 4 maio 1940, Service Historique, Ministério das Relações Exteriores belga.
16. Os alertas eram amplos. Veja Maglione a Micara e Giobbe, telegrama n. 30 (A.E.S. 3994/40), e telegrama n. 18 (A.E.S. 3993/40), 3 maio 1940, ADSS, I, n. 293; Maglione, nota, AES 2895/40, ADSS, I, n. 295, n. 1; minutas, reunião do Gabinete de Guerra, 7 maio 1940, UKNA, FO, WM 114 (40), 5 (PP, doc. XVIII, n. 57); Osborne a Londres, 6 maio 1940, UKNA, FO C 6584/5/18 (1940); PP, doc. XVIII, 54.
17. Osborne a Londres, 6 maio 1940, UKNA, FO C 6584/5/18 (1940); PP, doc. XVIII, 541.
18. Osborne a Londres, 19 mar. 1940, UKNA, FO, R 3546/57/22, PP, doc. XVI, n. 51.
19. Tardini, *Memories*, 116-119; ADSS, I, 444-447.
20. Müller, "Attacken auf den Papst", LK, 142.
21. Montini, nota, 13 maio 1940, ASS, n. 13628, ADSS, I.
22. Osborne, diário, 5 jan. 1941, in Chadwick, *Britain and the Vatican*, 140.
23. Ibid., 174, citando a embaixada italiana para a Santa Sé, memorando, 10 maio 1943, AE, Santa Sede, 1943, env. 66.
24. Osborne a Halifax, 3 maio 1940, UKNA, FO 371/24935/69; Maglione a Alfieri, 8-10 maio 1940, AE, Santa Sede, 1940, env. 49.

25. *Tablet* (Londres), 30 ago. 1941.
26. Rousmaniere 121, Padellaro, *Portrait*, 188; Hatch e Walshe, *Crown*, 155.
27. Osborne a Halifax, 9 jan. 1940, UKNA, FO, C 770/89/18 (1940) (PP, doc. V, 529-530).
28. Müller, transcrições, 31 jun. 1958, 24 mar. 1966, 5 ago. 1963, Fita II, HDP, III, 1/7.
29. Noots, transcrição, 9 set. 1960, HDP.
30. Gasbarri, *Quando il Vaticano confinava con il Terzo Reich*, 1217; Hoffmann, *O Vatican!*, 28; Graham e Alvarez, *Nothing Sacred*, 92-93; Holmes, *Papacy*, 152.

Capítulo 11: Os pássaros marrons

1. Höttl, "The Jesuit Intelligence Service (General Commando Munich)", 26 nov. 1945, NARA, RG 226, 174/104/799.
2. Müller, transcrição, 21 fev. 1967, HDP.
3. Müller, "Die Braunen Vögel", LK, 148.
4. Ibid.
5. Ibid., 148-149.
6. Nieuwenhuys a Bruxelas, telegrama n. 7, 4 maio 1940, Service Historique, Ministério das Relações Exteriores belga.
7. Neuhäusler, transcrição, 25 mar. 1966, HDP.
8. Müller, "Die Braunen Vögel", LK, 150: "Der Admiral hatte mich zu meinem eigenen Untersuchungsführer gemacht."
9. Deutsch, *Conspiracy*, 345.
10. "Landsmann, wird gesucht", LK, 152.
11. Müller, transcrição, ago. 1958, HDP, III, 1/7; Leiber, transcrição, 9 abr. 1966, HDP.
12. Deutsch, *Conspiracy*, 346.
13. Weitz, *Hitler's Diplomat*, 234-235.
14. Rohleder, testemunho, E.P., 25 fev. 1952.
15. Müller, transcrição, 25 fev. 1967, HDP, III, 1/7.
16. Deutsch, *Conspiracy*, 348.
17. Huppenkothen, "Verhältnis Wehrmacht-Sicherheitspolizei", HDP.
18. Müller, transcrição, 25 fev. 1967, HDP, III, 1/7.
19. Müller, "Unkorr. NS üb. Gespräch", 1963, IfZ, ZS 659/3, 20.
20. UKNA, FO 371/26542/C 610/324/P.
21. Leiber, transcrição, 26 ago. 1960, HDP.
22. Müller, "Fehlgeschlagen", LK, 161.
23. Müller, "Italien nach Befreiung", LK, 284.
24. Curran, "Bones", in *Classics Ireland* 3 (1996).
25. Müller, transcrição, 4 ago. 1960, HDP.
26. Müller, "Der X-Bericht entseht", LK, 124.
27. Müller, testemunho a E.P., 31 mar. 1953, IfZ.
28. A respeito de Müller e Bonhoeffer, veja: Bonhoeffer a Bethge, 18 nov. 1940, DBW, 16, 1/29; Bonhoeffer a Bethge, de Ettal, com carimbo postal "Munich, 10-31-40", DBW, 16, 1/24; Müller, transcrição, 8 ago. 1963, fita III, HDP, III, 1/7.
29. "Die Benediktinerabtei Ettal", 405; "Festschrift Dr. Josef Müller-zum 80. Geburtstag-27. März 1978", Munique, 1978.
30. Bonhoeffer, "Sketch", 2 dez. 1940, aproximadamente, DBW, 16: 498.

31. Bonhoeffer a Bethge, 29 nov. 1940, ibid., 96.
32. Editor's Afterword, ibid., 652, n. 26, citando Bethge, 14 fev. 1987.
33. Bonhoeffer a Bethge, 16 nov. 1940, DBW, 16, 1/27; Bonhoeffer a Hans-Werner Jensen, 26 dez. 1940, DBW, 16, 1/52; Bonhoeffer a Paula Bonhoeffer, de Ettal, 28 dez. 1940, DBW, 16, 1/53; Bethge, *Bonhoeffer*, 725, e 1003, n. 129; "Vernehmung von Pater Zeiger", 9 jul. 1948, IfZ, ZS A-49, 25 ss; Dulles, *Germany's Underground*, 118; Lange, "Der Pfarrer in der Gemeinde Heute", *Monatsschrift für Pastoraltheologie* 6 (1966): 199-229; Schlabrendorff, "Betrifft: Haltung dar Kirchen Deutschlands zu Hitler", 25 out. 1945, DNTC, vol. X, 18: 4; Schlabrendorff, "Events", 8.
34. Rösch, "Aufzeichnung", 31 ago. 1941, KGN, 91; Lang, *Der Sekretär*, 193 ss; Bormann a Gauleiters, 13 jan. 1941, Volk, *Akten*, V, 314, n. 2, 543; AD, 191; Volk, *Akten*, V, 543; Ditscheid, "Pater Laurentius Siemer – Widerstandskämpfer im Dritten Reich", Rádio Vaticano, 21 jul. 2006.
35. Como Pio escreveu ao bispo de Limburg, em 20 fev. 1941 (BPDB, n. 65). Mais tarde naquele ano, Pio disse a um cardeal francês: "Se a Alemanha ganhar a guerra, acredito que será a maior catástrofe a golpear a Igreja em muitos séculos." Graham, *Vatican and Russia*, 185.
36. Schlabrendorff, "Events", 8.
37. Landrat Parsberg 939, 26 set. 1941; GP Velsburg, 21 set. 1941; KLB, IV, 294; Kershaw, *Popular Opinion and Political Dissent*, 346.
38. BDSG, 655, n. 2.
39. Epp a Lammers, 23 dez. 1941, GSA, Rechsstaathalder 157; Siebert a Wagner, 29 jan. 1942, GSA, MA 105248.
40. Duschl a Bertram, 1º dez. 1940, AAW, IA25c57.
41. Lapomarda, *Jesuits*, 13.

Capítulo 12: Forjando o ferro

1. Moltke, 11 ago. 1940, LF, 104-106.
2. Moltke, 13 ago. 1940, LF, 97-98.
3. Moltke, 8 ago. 1940, LF, 86-87.
4. Moltke a Curtis, [15?] abr. 1942; Balfour e Frisby, *Moltke*, 185 (não em BF ou LF).
5. Moltke, 28 set. 1941, LF, 166.
6. Moltke, 13 out. 1941, BF, 303.
7. Moltke, 10 abr. 1943, LF.
8. Korherr, "Guttenberg", *Deutsche Tagenpost*, 28 abr. 1965.
9. Moltke a Freya, LF, 16.
10. Rösch, "Delp †", 22 jan. 1956, AR, 308.
11. Rösch, "Kirchenkampf 1937-1945", 22 out. 1945, AR, 220-222.
12. Roon, *German Resistance*, 108.
13. Rösch, "Kirchenkampf 1937-1945", 22 out. 1945, AR, 220-222.
14. Balfour e Frisby, *Moltke*, 165.
15. A tradição protestante, cultivada em estados nacionalistas que buscam a homogeneidade cultural, havia criado muito mais espaço para o racismo do que a tradição católica, com sua perspectiva transnacional e suas declarações universalistas em relação a todas as almas. "Completing the Reformation: The Protestant Reich Church", Steigmann-Gall, *Holy Reich*, 185-189.
16. "Por causa de sua atitude mais consistente, a Igreja católica foi capaz de impor sua posição com mais sucesso dentro de seu domínio do que a Igreja protestante." Norden, "Opposition by Churches and Christians", EGR, 49.

17. Balfour e Frisby, *Moltke*, 165.
18. Rösch, "Delp †", 22 jan. 1956, AR, 308.
19. Bleistein, Rösch, "Kampf", KGN, doc. 26, 263s.
20. Rösch, jan. 1956.
21. Rösch, "Delp †", 22 jan. 1956, AR, 306.
22. Leiber, transcrição, 9 abr. 1966, HDP. Para a informação antecipada ao Vaticano a respeito da Operação Barbarossa, veja também: Appunto Tardini, ADSS, IV, 60, n. 2; Muckermann, *Im Kampfzwischen zwei Epochen*, 643; Bernardini a Maglione, 28 abr. 1941, ADSS, IV, n. 331; Count Dalla Torre, 15 maio 1941, ADSS, IV, 474, n. 4; CSDIC, GG Report 346, 24 ago. 1945, Lord Dacre Papers, DJ 38, pasta 7(d); Dippel, *Two Against Hitler*, 103, 106; Gisevius, "Information given [to Dulles] under date of December 19, 1946", AWDP, subsérie 15c; Höttl, "Miscellaneous notes on the activities of the Japanese intelligence service in Europe", 7 jul. 1945, NARA, RG 226, 174/104/799; Höttl, The Secret Front, 289; Hudal, *Romische Tagebücher*, 213; Müller, "Aussagen", 4 jun. 1952, IfZ, ZS 659/2, 31-32; Müller, transcrição, 24 mar. 1966, HDP, III, I/7; Müller, transcrição, 31 ago. 1955, IfZ, ZS 659/1, 41.
23. Eidenschink, interrogatório (com Müller), 6 nov. 1945, DNTC, vol. XVII, seç. 53.015; Schlabrendorff, "Events", 93, 42; CSDIC, GG Report 346, 24 ago. 1945, TRP, DJ 38, pasta 7(d); transcrição da vigilância, 20-21 nov. 1944, GRGG 226, UKNA, WO 208/4364 (ADG, doc. 115).
24. Canaris, "Betr.: Anordnung für die Behandlung sowjetischer Kriegsgefangener, Berlin, 15.9.1941", Uberschär und Wette, *Überfall*, 301-305.
25. [B]etr: Besprechnung mit Dr. Jos Müller, 23 fev. 1952, IfZ, ZS A-49, 44.
26. Müller, transcrição, 31 ago. 1955, IfZ, ZS 659/1, 37.
27. Hoffmann, Hitler's Personal Security, 226-227.
28. "Protokoll aus der Verhandlung Halder [vor der] Spruchkammer X München", 124 (Evidência de Schacht na audiência a respeito de Halder diante da Corte de Desnazificação); Marianne Grafin Schwerin von Schwanenfeld, "Ulrich-Wilhelm Graf Schwerin von Schwanenfeld", texto datilografado, s.d.; Pechel, *Deutscher Widerstand*, 156; Hassell, diário, 19 jan. 1941, 108-109; Ritter, *Goerdeler*, 274; Hoffmann, *History*, 229.
29. Goebbels, diário, 13 maio 1941, 362.
30. Hassell, diário, 4 out. 1941, 143; Schlabrendorff, "Events", 93, 48; Schwerin, "Von Moskau bis Stalingrad", *Köpfe*, 229-246; Vollmer, *Doppelleben*, 155; Fest, *Hitler's Death*, 179-186.
31. Hoffmann, *Stauffenberg*, 137 (sem fonte).
32. Burleigh, *Third Reich*, 712, citando Hoffmann, *Stauffenberg*, 137, onde a citação, porém, não aparece; mas compare com Scheurig, *Tresckow*, 112-113.
33. Scheurig, *Tresckow*, 115.
34. Hassell, diário, 4 out. 1941, 142-144.
35. Kaltenbrunner a Bormann, 15 set. 1944, KB, 390-391.
36. Hassell, diário, 4 out. 1941; Zeller, *Flame*, 159.

Capítulo 13: O Comitê

1. Müller, transcrição, 8 ago. 1963, Fita VI, HDP, III, 1/7.
2. Rösch, relatório a respeito de pichação anticlerical, em set. 1935, OSS, "Persecution", 6 jul. 1945, DNTC, vol. XVIII, 3.
3. "Independentemente das conversas romanas, também mantinha contato, por um lado, com o papa e, por outro, com o [provincial dominicano] padre Laurentius Siemer e com o [provincial jesuíta] padre Rösch." Müller, "Befragung des Staatsministers", 2 set. 1954, IfZ, ZS 659/1, 51.

4. Hartl, "Vatican Intelligence Service", 9 jan. 1947, CI-FIR/123, an. I; Leiber, transcrição, 17 maio 1966, 40; Hartl, interrogatório, 9 jan. 1947, CI-FIR/123; compare com Höttl, *Secret Front*, 40.
5. Ahaus, "Holy Orders", in *CE*, vol. 11 (1911); na Europa ocupada pelos nazistas, *Man of the Century*, 60; portanto, "se alguém quisesse tratar com o papa, ele não tinha primeiro que pedir permissão aos bispos, ou [perguntar] como eles se comportariam se o papa fizesse uma proposta de paz". Müller, "Unkorr. NS üb. Gespräch", 1963, IfZ, ZS 659/3, 14.
6. "Nenhum outro grupo católico resistiu a Hitler tanto quanto os jesuítas de Munique. Sua importância reside na extensão de sua atividade. Os jesuítas procuravam pressionar os bispos na confrontação com Hitler; eles trabalharam com o Círculo de Kreisau no planejamento de um governo pós-nazista da Alemanha; alguns deles envolveram-se numa questão moral a respeito do assassinato de Hitler e outros resgataram, ou tentaram resgatar, judeus." Phayer, "Questions about Catholic Resistance", *Church History* 70, n. 2 (2001): 339.
7. Pio XI, *Inviti All'eroismo. Discorsi di S.S.Pio XI nell'occasione della lettura dei Brevi per le Canonizzazioni, le Beatificazioni, le proclamazioni dell'eroicità delle virtù dei Santi, Beati e Servi di Dio*, 3 vols.; Godman, *Hitler and the Vatican*, 167.
8. Rösch, "Bericht über die Tagung der Superioren-Vereinigung in Berlin am 26. und 27. Mai 1941", 1º jun. 1941, KGN, doc. 2, 63-66.
9. "Vorschlage für einen kirchlichen Informationsdienst, Mitte Juni 1941", ADB, V, n. 664 (AAW, lAz5b57, com o título de "Das Kirchliche Nachrichtenwesen. 7 Tatsachen-Vorschlage, Juni 1941", escrito a mão: "Antrag Würzburg"); Rösch, "Denkschrift", 20 jun. 1941, aproximadamente, ADB, VI, n. 665; Rösch, "Aufzeichnung", 31 ago. 1941, KGN, doc. 6, 89 ss.; transcrição, "Diözesan-Intelligences-Dienst [Serviço de Inteligência Diocesano]", 14 set. 1941, OAM, GAI2p; Rösch, "Lagebericht aus dem Ausschuss für Ordensangelegenheiten", 28 set. 1941, KGN, doc. 7, 98 ss.; Conferência dos Representantes do Ordinariato Bávaro, 14 out. 1941, ADB, V, 570s.; Angermaier a Faulhaber, 2 fev. 1942, ADB, V, II, 865; Siemer, *Erinnerungen*, vol. 2, 415-441.
10. Rösch, "Lagebericht aus dem Ausschuss für Ordensangelegenheiten", 28 set. 1941, KGN, doc. 7, 98 ss.; Rösch, relatório, 23 abr. 1942, ADB, II, 915; Siemer, "Erinnerungen", vol. 2, 415, ACDP, I, 096; Bleistein, "Lothar König", DKK, 16-19; Höllen, *Heinrich Wienken*, 101; Ordensangelegenheiten, 17 ago. 1941, AEM, papéis de Faulhaber, 8189; Bauer, declaração, novembro de 1979, aproximadamente, NLB; Leugers, "Besprechungen", GM, 180.
11. König a Rösch, 31 jan. e 6 fev. 1941; nota a respeito: telefonema de Munique, 18 abr. 1941; Leugers, "Gruppenprofil", GM, 136-140; relatório do Comitê das Ordens, 14 jun. 1942, ADB, II, n. 893; Rösch a Brust, 22 abr. 1942, KGN, doc. 12, 160 ss.; Rösch, "Aus meinen Kriegstagebuch", *Mitteilungen aus der Deutschen Provinz* 8 (1918-1920), 284; Rösch, "Bericht und Stellungnahme aus dem Ausschuss für Ordensangelegenheiten", 14 jun. 1942, KGN, doc. 14, 181 ss.; relatório da Associação de Superiores, 1º jun. 1941, GM, 189; Schmidlin, memorando, agosto de 1941, ADB, V, 496, n. 4; transcrição, Conferência dos Bispos em Fulda, 18-20 ago. 1942, ADB, V, 851.
12. Vogelsberg a Leugers, 27-28 set. 1987, e Galandi a Leugers, 13 out. 1987, GM, 183.
13. Abel a Leugers, 14 jan. 1988, GM, 300.
14. Josef Müller conseguiu o primeiro acesso dos jesuítas a Halder por intermédio do padre Georg Sachsens, que se encontrou com Halder em 23 fev. 1941. Halder, diário, 23 fev. 1941, *Kriegstagebuch*, vol. 2, 291; Müller, transcrições (27 maio 1970, IfZ, ZS 659/4, 180; 22 set. 1966; c. 1966-1967), HDP, III, 1/7. Padre König se encontrou com Halder em 6 e 7 de abril ("Datenüberblick", 6-7 abr. 1941, GM, 376). Para Rösch e Halder, veja Rösch, memorando, 20 jun. 1941, aproximadamente, ADB, II, V, 400; Volk, *Akten*, V, 397n; "Anhang", GM, 476, n. 459; Bleistein, "Im Kreisauer Kreis", AD, 280. Para contatos posteriores de jesuítas com o coronel Claus Stauffenberg a respeito do mesmo assunto, compare com Delp, "Verteidigung", 9 jan. 1945, aproximadamente, GS, IV, 350, 355.

15. Halder a Volk, 7 jun. 1966, AD, 280.
16. Bleistein, "Alfred Delp und Augustin Rösch", AD, 418; Kempner, *Priester*, 66; Delp a Luise Oestreicher, 22 dez. 1944, GS, IV, 129; Lewy, "Pius XII, the Jews, and the German Catholic Church", *Commentary* 37, n. 2 (fevereiro de 1964): 23-35; Menke, "Thy Will Be Done: German Catholics and National Identity in the Twentieth Century", *Catholic Historical Review* 91, n. 2 (2005): 300-320.
17. Rösch, "Eine Klarstellung", 6 jul. 1945, KGN, doc. 23, 230 ss.; Delp, "Bereitschaft", 1935, GS, I, 83; Delp, "Der Kranke Held", GS, II, 205; Delp, "Die Moderne Welt und Die Katholische Aktion", 1935, GS, I, 70; Delp, "Entschlossenheit", 1935, GS, I, 100; Delp, "Kirchlicher und Völkischer Mensch", 1935, GS, I, 102; Kreuser, "Remembering Father Alfred Delp"; Marion Dönhoff, *In memoriam 20 Juli 1944*; Phayer, "Questions about Catholic Resistance", *Church History* 70, n. 2 (2001): 341.
18. Hans Hutter a Bleistein, 16 set. 1987, AD, 289.
19. Rösch a Brust, fev. 1943, KGN, doc. 17, 203 ss.
20. Rösch, "Kirchenkampf", 1945, KGN, 222 (*"Ich erbat Bedenkzeit, habe mich mit ernsten Leuten besprochen und später zugesagt"*).
21. Roon, *German Resistance to Hitler*, 140; Moltke, 9 abr. 1943, LF, 294.
22. Pio XII a Preysing, 30 set. 1941, BPDB, n. 76.
23. "A Papal Audience in War-Time", *Palestine Post*, 28 abr. 1944.
24. Klemperer, diário, 7 out. 1941, tradução de Chalmers, *Witness 1933-1941*, 439. O capelão era Bernhard Lichtenberg. O relatório de responsabilidade de Klemperer talvez tenha se fundido com a oração pública de Lichtenberg em favor dos judeus, o que o levou a um campo de concentração.
25. Roncalli, anotação no diário da audiência de 10 out. 1941 com Pio XII, in Alberto Melloni, *Fra Istanbul, Atene e la guerra. La missione di A.G. Roncalli (1935-1944)* (Roma: Marietti, 1993), 240 ("Si diffuse a dirmi della sua larghezza di tratto coi Germani che vengono a visitarlo. Mi chiese se il suo silenzio circa il contegno del nazismo non è giudicato male").
26. Gumpel, entrevista, 1º jun. 2014.
27. Kennan, *Memoirs*, 121.
28. Roon, *German Resistance*, 82.
29. Hassel escreveu em outubro de 1941: Hassell, diário, 4, outubro de 1941, 142-144.
30. Siemer, *Erinnerungen*, vol. 2, 415, ACDP, I, 096.
31. Gumpel, entrevista, 17 maio 2014; Mommsen, "Nikolaus Gross", *Archiv für Sozialgeschichte* 44 (2004): 704-706; Bücker, "Kölner Kreis"; Bücker, "Mitglieder des Kölner Kreises: Bernhard Letterhaus".
32. NARA, RG 226, entrada 106, cx. 0013, pastas 103-105; Lochner a Casa Branca (Lauchlin Currie), 19 jun. 1942, FDRL, OF 198a; Lochner ao príncipe Louis Ferdinand e à princesa Kira, 2 jun. 1941, Lochner Papers; John, *Twice*, 69-70, 71-72, 73-74, 127; Lochner, *Stets das Unerwartete*, 355-357; príncipe Louis Ferdinand, *Rebel Prince*, 306-324; Lochner, *Always the Unexpected*, 295; Klemperer, *German Resistance*, 132-133, 193, 218, 233-234, 295; Hoffmann, *History*, 109, 214-215; Bartz, *Tragödie*, 229; Rothfels, *German Opposition*, 134-137; Zeller, *Flame*, 252; Fest, *Hitler's Death*, 210.
33. MI9, transcrição da vigilância por meio de áudio, 26 jan. 1943, UKNA, SRX 150 (ADG, doc. 84).
34. Etzdorf, declaração juramentada, 1947, Weizsäcker trial, IMT, processo XI, defesa doc. n. 140.
35. Dippel, *Two Against Hitler*, 104-106, citando Valeska Hoffmann, entrevista, 22 mar. 1986, e Agnes Dreimann, entrevista, 26 jul. 1986; Maria Schachtner, carta, 30 nov. 1986; compare com Departamento de Estado dos EUA a Woods, 2 dez. 1941, n. 2.892, RG 59, NARA, RG 59, Woods, Sam E., Decimal File 123; Woods a Cordell Hull, 28 jun. 1945, NARA, RG 59, 740.00119 Control (Alemanha)/6-2845.
36. Müller, "Protokoll des Colloquiums am 31. August 1955", IfZ, ZS 659/1, 44; Müller, "Unkorr. NS üb. Gespräch", 1963, IfZ, ZS 659/3, 32; Müller, transcrição, 27 maio 1970, IfZ, ZS 659/4, 183.
37. Tittmann, *Inside the Vatican of Pius XII*, 130.

38. Lochner, *Always the Unexpected*, 295; compare com Donovan a FDR, 24 jan. 1945, NARA, RG 226, entrada 210, cx. 364, e memorando de Joseph Rodrigo a Hugh Wilson, 27 ago. 1944, NARA, RG 226, entrada 210, cx. 344.
39. Halder, declaração, CSDIC, 7 ago. 1945, TRP, DJ 38, pasta 6; Hassell, diário, 21 e 23 dez. 1941, 150, 152; Halder, *Kriegstagebuch*, vol. 3, 354-356; Hassell, diário, 22 dez. 1941, 152; Kessel, "Verborgene Saat", 12 abr. 1945, VS, 216-217, 221; Schwerin, *Köpfe*, 309; transcrição de vigilância, GRGG 210, 11-12 out. 1944, UKNA, WO 208/4364, ADG, doc. 111.
40. Moltke a Curtis, [15?] abr. 1942, Balfour e Frisby, *Moltke*, 185 (não em BF ou LF).
41. Freya von Moltke, *Memories of Kreisau*, 28.
42. Freya a Bleistein, 12 ago. 1986, AR, 123.
43. Beatte Ruhm von Oppen simplifica a frase em sua tradução ao inglês para "conversas no Vaticano", suprimindo a ação do papa exatamente onde o texto alemão original a enfatiza. Moltke, 9 maio 1942, LF, 217, BF, 271.
44. Numa nota de rodapé para sua tradução ao inglês, Oppen especula que o desconhecido era "[possivelmente] Alfred Delp (...) mas, provavelmente, Lothar König (...) muitas vezes, a ligação entre Munique e o Círculo de Kreisau, em Berlim" (LF, 217, n. 2). Contudo, nem König, nem Delp eram desconhecidos para Moltke, e, em todas as suas cartas, este os menciona não por codinomes, mas pelo nome. Nenhum dos dois jesuítas, até onde se sabe, viajou a Roma durante a guerra para encontros com Pio ou seus auxiliares. Ao descrever o emissário como uma ligação entre Munique e Berlim, onde o texto original o identifica como uma ligação com o papa, Oppen novamente suprime o envolvimento pessoal de Pio XII exatamente onde o registro histórico o confirma. O padre Roman Bleistein, biógrafo jesuíta de Rösch, não foi capaz de determinar a identidade do misterioso enviado, mas postulou que a questão a respeito de problemas econômicos vinha do papa por intermédio de um de seus conselheiros jesuítas alemães em Roma: padre Leiber ou padre Anton Gundlach, professor de ética social na Pontifícia Universidade Gregoriana, que assessorava Pio a respeito de questões sociais. Bleistein, AR, 329n.
45. Moltke, 9 maio 1942, LF, 218.
46. Rösch/König/Delp, "Ziele und Vorstellungen des Kreises", Erste Kreisauer Tagung, n. 1, DKK, 61-83.
47. Quando a guerra começou, ele levou para sua cama e leu a encíclica. Moltke, 3 set. 1939, LF, 32, e n. 1.
48. Mommsen, *Alternatives*, 31, 140, 54.
49. Os defensores da *Reichgedanken*, a nostalgia pelo catolicismo do Sacro Império Romano-Germânico, começaram a partir da ideia de que o Ocidente tinha começado a se desencaminhar com a Reforma e a perda da Igreja cristã universal. Como discutido por Otto Spann, filósofo social vienense, isso era amplamente aceito pela resistência católica. No entanto, os autores protestantes, adotando as sugestões das obras de Edgar Julius Jung, também adotaram esse ponto de vista. Mommsen, *Alternatives*, 137; compare com Prittie, "The Opposition of the Church of Rome", in Jacobsen, org., *July 20, 1944*; Roon, *German Resistance*, 29-99; Rothfels, German Opposition, 102; Zeller, *Geist der Freiheit*, 227.
50. Compare com Tomás de Aquino, *In II Sent.*, d. XLIV, q. ii, a. 2; Suarez, *Def. fidei*, VI, iv, 7; Harty, "Tyrannicide", *CE*, vol. 15 (1912).
51. Roon, *Neuordnung*, 241; Bleistein, AR, 288; Bleistein, "Delps Vermächntis", AD, 427; compare com Phayer a respeito de Delp e tiranicídio em "Questions about Catholic Resistance", *Church History* 70, n. 2 (2001): 341. Nas sessões com grupos grandes, "Moltke condenava todos os assassinatos", aparentemente fazendo com que, se a Gestapo interrogasse quaisquer membros da célula, eles só poderiam repetir honestamente seu repúdio; Rösch registrou que tinha informações confidenciais de que Moltke "pensava de modo bastante distinto". Rösch, "Kirchenkampf", 22 out. 1945, AR, 210.

52. "Irgendwie war die Rede, dass wieder ein Anschlag auf Hitler gemacht geworden sei, von dem aber nichts in die Öffentlichkeit komme." Rösch, "Kirchenkampf", 22 out. 1945, AR, 210.
53. Roon, *German Resistance*, 152.

Capítulo 14: Conversas na cripta

1. É conhecido menos acerca do conteúdo dessas conversas do que seu fato e forma, como relatado em Müller, transcrições (3 ago. 1963, Fita I, HDP, III, 1/7; 31 ago. 1955, IfZ, ZS 659/1, 32); Bonhoeffer à família Leibholz, de Roma, 9 jul. 1942, DBW, 16, 1/189; Bonhoeffer, LPP, 164, e DBW, 8, 238; Bonhoeffer, carta, 7 jul. 1942, DBW, 16, 339; Christine Dohnanyi, IfZ, ZS 603, 66-67; Müller, "Fahrt in die Oberpfalz", LK, 241; compare com Hesemann, "Pius XII, Stauffenberg und Der Ochsensepp", *Kath.Net*, 19 jul. 2009.
2. Müller, "Fahrt in die Oberpfalz", LK, 241. Para repercussões a respeito do conteúdo dessas conversas na cripta em círculos mais amplos da resistência, veja, por exemplo, Gisevius, "Information given [to Dulles] under date of December 19, 1946", AWDP, subsérie 15c; e Thomas, declaração, 6 nov. 1945, DNTC, vol. V, sec. 10.08.
3. "Em nossas conversas acerca do clero, ele [Bonhoeffer] postulou que os padres católicos, como celibatários, terão uma posição mais forte na luta contra Hitler, embora eu ache que as mulheres dos ministros protestantes, quando seus maridos foram presos, não só ajudaram pastoralmente, mas também representaram o cargo [de ministro] tão bem que conquistaram respeito por isso." Müller, "Fahrt in die Oberpfalz", 240.
4. Esboço de carta pastoral de Colônia, 28 jun. 1943, ADB, VI, 195.
5. Dritte Kreisauer Tagung, n. 2, "Zur Befriedung Europas", DKK, 249-259.
6. Bleistein, "Schriftsteller und Seelsorger", AD, 174 (*"kümmerte sich um verfolgte Juden und pflegte nich zuletzt zahlreiche herzliche Freundschaften"*). Na perseguição pré-guerra aos judeus, Delp e uma certa "Annemarie" fundaram um grupo em Munique para ajudá-los. Gertrud Luckner, famosa salvadora católica de judeus, recordou que viajava com frequência para Munique, a fim de interagir com o grupo de Delp. Phayer, "Questions about Catholic Resistance", *Church History* 70, n. 2 (2001): 334, citando a transcrição da entrevista de Luckner e Marie Schiffer, 98.
7. "Na campanha polonesa, lembro que o almirante Canaris me contou a respeito de suas iniciativas para atender a um pedido do cônsul-geral americano, com o propósito de tirar com segurança um importante rabino judeu de Varsóvia, então ocupada pelos alemães. De forma característica, a missão de executar o pedido americano recaiu sobre o almirante Canaris, que empreendeu sua missão." Bürkner a Wohltat, 15 jan. 1948, HStAD, NW 10021/49193. Sifton e Stern erraram na identificação do rabino, chamando-o de "Menachem Mendel Schneersohn" (*No Ordinary Men*, 95n). Para os fatos exatos, veja Schneersohn a Cordell Hull, 25 mar. 1940, WNRC, RG 59, CDF, 811.111.
8. O termo "*ratline*" começou a ser usado quando os fugitivos gentios aproveitaram posteriormente as rotas e as propriedades da Igreja que tinham inicialmente abrigado judeus. Uma literatura talvez confusa demais a respeito das *ratlines* reduz a tradição católica de refúgio. Em 23 dez. 1943, quando a Gestapo encontrou quinze refugiados judeus no Pontifício Colégio Russo, perguntou ao padre Emil Herman por que os jesuítas tinham escondido os judeus, e recebeu a resposta: "Pelo mesmo motivo que provavelmente vamos esconder vocês em breve." Herman a Maglione, 22 dez. 1943, ADSS, IX, n. 482; compare com Wilhelm de Vries a Lapomarda, 3 nov. 1985, in Lapomarda, *Jesuits*, 220-221. A respeito do uso de mosteiros católicos no resgate de judeus, veja Gilbert, "Italy and the Vatican", in *The Righteous*, 246-380. Para uma abordagem acadêmica a respeito das *ratlines*, representando o ponto de

vista dos críticos judeus, veja Steinacher, "The Vatican Network", *Nazis on the Run*, 101-158; da mesma forma, Phayer, "The Origin of the Vatican Ratlines", *Pius XII*, 173-207. Para uma perspectiva católica, mas crítica, veja Ventresca, "Vatican Ratlines", *Soldier of Christ*, 253-270. Os governos americano e britânico pediram à Igreja que facilitasse a passagem de cientistas e oficiais do serviço de inteligência alemães, que poderiam se mostrar úteis na guerra fria contra os soviéticos (por excelência, Gehlen, "From Hitler's Bunker to the Pentagon", *The Service*, 1-20; compare com Naftali, "Reinhard Gehlen and the United States", in Breitman, ed., *U.S. Intelligence and the Nazis*, 375-418). A frequentemente negligenciada conexão britânica é importante, pois a *ratline* do Vaticano para fuga da Itália começou como uma operação do serviço de inteligência britânico, que ajudou pilotos americanos de aviões derrubados e também prisioneiros de guerra evadidos. Veja Chadwick, *Britain and the Vatican*, 294 ss., e mais animado, mas menos confiável, Gallagher, *The Scarlet and the Black*; e Derry, *The Rome Escape Line*, certos trechos.

9. A respeito de Müller e da Operação U-7, veja Meyer, *Unternehmen Sieben*, 21 ss., 18 s., 354-358, 363 ss., 367-370.
10. Höhne, *Canaris*, 502.
11. Bartz, *Tragödie*, 129, 133.
12. Relatório final de Staatsanwalt Dr. Finck, Lüneberg, Verfahren Roeder, Ministry of Justice Archives, Land Niedersachsen, 688, 707, 710; compare com a resposta de Müller às alegações de Schmidhuber, IfZ, ZS 659/3, 2-11.
13. Müller, transcrição, 3 ago. 1963, Fita I, HDP, III, 1/7.
14. Leiber, "Unterredung", 26-27 ago. 1960, IfZ, ZS 660, 5-6; Müller, transcrições, 5 e 8 ago. 1963, Fita III, HDP, III, 1/7.
15. Schmidhuber, "Mitteilungen", c. 1954, Bartz, *Tragödie*, 130-131.
16. Sapieha a Pio XII, 28 fev. 1942, ADSS, III, n. 357.
17. Falconi, *Silence*, 148.
18. Sapieha a Pio XII, 28 fev. 1942, ADSS, III, n. 357.
19. ADSS, III, p. 15-16.
20. Stehle, *Eastern Politics*, 214.
21. "Um pequeno grupo de ativistas católicos, com bastante acesso ao episcopado, fizera uso dos contatos de Müller com o papa, sob a impressão de que, se o informassem a respeito das atrocidades que aconteciam no front oriental, poderiam transmitir diversas sugestões de como ele poderia talvez despertar a consciência dos fiéis alemães." Gisevius, *Wo ist Nebe?*, 233.
22. Hesemann, *Der Papst*, 153-54; compare com Gröber a Pio XII, 14 jun. 1942, ADB, V, 788; Tittmann a Stettinius, 16 jun. 1942, Decimal File 1940-1944, cx. 5689, arq. 866A.001/103, RG 59, NARA; Tittmann, *Inside the Vatican of Pius XII*, 115.
23. Orsenigo a Montini, 28 jul. 1942, ADSS, VIII, n. 438; compare com Leugers, "Datenüberblick", GM, 391-392.
24. Rychlak postula que, como a deportação dos judeus holandeses aconteceu em pleno verão, o incidente da queima da carta "provavelmente ocorreu no outono de 1942" (*Hitler*, 302). No entanto, se as deportações de julho provocaram o incidente, Pio pode ter queimado suas anotações em agosto, ou mesmo em fins de julho, quando seu agente de Berlim levantou a questão se um protesto público prejudicaria ou ajudaria os ameaçados (Orsenigo a Montini, 28 jul. 1942, ADSS, VIII, n. 438). Tempos depois, católicos liberais acusaram a Igreja de catolicizar indevidamente as mortes dos judeus holandeses convertidos ao catolicismo, sobretudo a posteriormente canonizada Edith Stein. Carroll, "The Saint and the Holocaust", *New Yorker*, 7 jun. 1999; Wills, *Papal Sin*, 47-60. Críticos judeus como Goldhagen, ao contrário, acusaram a Igreja de judaizar indevidamente convertidos católicos resgatados por meio da mediação papal. "What Would Jesus Have Done?", *New Republic*,

21 jun. 2002. De acordo com Goldhagen, judeus que se converteram ao catolicismo não eram judeus, e, portanto, as iniciativas papais de salvá-los não deveriam contar como esforços papais de ajuda aos judeus. Estudiosos do Holocausto, porém, contam os judeus convertidos ao catolicismo como judeus para fins de totalizar os seis milhões de vítimas judias. A mesma vítima, então, seria um judeu se assassinado por Hitler, mas um gentio se salvo pelo papa. Essa posição parece aberta à crítica como forma de discurso de manipulação.

25. Lehnert, depoimento juramentado, 29 out. 1968, Tribunal of the Vicariate of Rome (Pacelli), I, 77, 85. Maria Conda Grabmair, que trabalhou na cozinha do papa, testemunhou que Pio pôs duas folhas de papel no fogão e as observou queimar completamente; isso foi um gesto incomum, pois, das outras vezes, ele simplesmente entregava as folhas para ela e, em seguida, ia embora. O padre Leiber contou para ela que Pio tinha decidido queimar o documento depois de informado a respeito das consequências desastrosas do protesto dos bispos holandeses. Testemunho juramentado, 9 maio 1969, ibid., I, 173-174; compare-se com Lenhert, *Servant*, 116-117; Rychlak, *Hitler*, 301-302.

26. Pio XII, "Vatican Radiomessage de Noël de Pie XII", 24 dez. 1942, ADSS, VII, n. 71; compare com Phayer, "Pius XII's Christmas Message: Genocide Decried", *Pius XII*, 42-64: "Historiadores, entre os quais me incluo, que foram mais críticos do que indulgentes em seus estudos a respeito de Pio XII, foram bastante desdenhosos em relação ao discurso de 1942 (...) Modifiquei bastante meu ponto de vista ao considerar a declaração de Pio XII de 1942 a respeito do genocídio (...) Foi um passo importante no pontificado de Pio XII, que conquistou a aprovação de todo o mundo ocidental, exceto na Alemanha." Ibid., 42.

27. "Questo voto l'umanità lo deve alle centinaia di migliaia di persone, le quali, senza veruna colpa propria, talora solo per ragione di nazionalità o di stirpe, sono destinate alla morte o ad un progressivo deperimento." Às vezes, traduzido como "raça", *stirpe* é, de fato, um termo mais limitado, significando linhagem, ancestralidade, descendência, genealogia, família, nascimento, procedência, gênero ou nome de família. De estirpes latinas = tronco e raízes inferiores, cepa, planta, broto; família, linhagem, progênie, origem.

28. Escritório de Taylor ao Departamento de Estado dos EUA, 28 dez. 1943, NARA, RG 59, cx. 5.689, loc. 250/34/11/1. Compare com Phayer, *Pius XII*, 57; Tittmann a Hull, 30 dez. 1942, NARA, RG 59, entrada 1.071, cx. 29; Tittmann a Hull, 7 jan. 1943, NARA, RG 59, entrada 1.071, cx. 29, loc. 250/48/29/05.

29. Chadwick, *Britain and the Vatican*, 219, citando "RSHA report on the broadcast"; Ribbentrop a Bergen, 24 jan. 1943; Bergen a Ribbentrop, 26 jan. 1943; Rhodes, *Vatican*, 272-274. Segundo Phayer (*Pius XII*, 63), o papa disse a Bergen que ele, na realidade, tinha dirigido o discurso contra Moscou, mas não vejo como a fonte citada por Phayer substancia essa leitura. Pelo contrário, Bergen registrou que Pio "evitava introduzir questões políticas" e respondeu aos comentários importunos acerca do bolchevismo somente com "gestos apropriados". Bergen a Weizsäcker, 27 dez. 1942, StS, V, AA Bonn, Friedländer, *Pius XII*, 175-176.

30. "For Berlin, Pius XII Was a Subversive: Radio Operator's Experience of Spreading Papal Christmas Message", Zenit.org, 14 maio 2002.

31. Rösch, Delp, König, 2 ago. 1943, DKK, 195 ss.

32. Relatório final de Staatsanwalt Dr. Finck, Lüneberg, Verfahren Roeder, Ministry of Justice Archives, Land Niedersachsen, 688, 707, 710; compare com a resposta de Müller às alegações de Schmidhuber, ZS 659/3, 2-11.

33. Müller, "Die Depositenkasse", LK, 168.

34. Verfahren Roeder, MB 6/1, 144.

35. Sonderegger, "Brief", 17 out. 1952, IfZ, ZS 303/1, 32; Ficht, "Eidesstattliche Versicherung", 8 maio 1950, IfZ, ED 92, 248; Verfahren Roeder, MB 6/2, 186; Schmidhuber, "Aussage", IfZ, ZS 616, 7;

Schmidhuber, deposição, 20 jul. 1950, LStA, IX, 222; Wappenhensch, deposição, 16 set. 1950, LStA, XIV, 23; Huppenkothen, "Verhaltnis Wehrmacht Sicherpolitzei", HDP, 2/10; Müller, transcrição, 1958, HDP, III, 1/7; Wild, "Eidesstattliche Versicherung", 15 nov. 1955, IfZ, ED 92, 245-246.
36. Moltke, 7 nov. 1942, LF, 259.

Capítulo 15: Tiroteio na catedral

1. Pannwitz, "Das Attentat auf Heydrich", mar. 1959, VfZ 33, 681.
2. Muckermann, "In der Tsechoslowakei", 26 jun. 1942, *Kampf*, 469, 468.
3. Compare com Deutsch, "Questions", *Central European History*, vol. 14, n. 4, dez. 1981, 325.
4. "Mitteilung Frau Heydrich", 1953, aproximadamente, Bartz, *Tragödie*, 83-84; Pannwitz, "Das Attentat auf Heydrich", março de 1959, VfZ 33, 681; Müller, "Fahrt in die Oberpfalz", LK, 243; CIA, "The Assassination of Reinhard Heydrich", SI 2-14-1, 1960; MacDonald, *Killing*, 164; Schellenberg, *The Labyrinth*, 405.
5. Brissaud, *Canaris*, 266.
6. MacDonald, *Killing*, 166-167; Wiener, *Assassination*, 84-86. De acordo com alguns relatos, o responsável pelo relógio do castelo arrancou uma página do calendário de mesa de Heydrich, amassou-a no formato de uma bola e a jogou num cesto de lixo, de onde uma mulher da limpeza, a serviço da resistência, a recuperou. No entanto, os inimigos de Heydrich tinham meios mais bem documentados e mais plausíveis de conhecer seus deslocamentos. "Tínhamos uma ligação clandestina muito boa dentro do SD", admitiu Ivo Zeiger, jesuíta do Vaticano. "Era por meio de uma mulher cujo nome jamais é mencionado, a quem chamarei de Anita." Veja "Vernehmung von Pater Zeiger", 9 jul. 1948, IfZ, ZS A-49, 25 ss. Posteriormente, o padre Rösch identificou a agente como "Georgine Wagner", agora senhora Kissler", e afirmou que ela enviava informações "por meio de uma intermediária (a srta. doutora Hofmann)". Rösch, "Kirchenkampf 1937-1945", 22 out. 1945, AR, 225. Wagner "fora forçada" a se ligar à SS, de acordo com o padre König; ela era "absolutamente confiável", e trabalhou contra Heydrich, "apesar do grande perigo pessoal". König, "Aufzeichnung", 15 maio 1945, ADOPSJ; Leugers, "Die Ordensaussschussmitgleider und ihr Engagement", GM, 328.
7. CIA, "The Assassination of Reinhard Heydrich", SI 2-14-1, 1960; Burian, "Assassination", Ministério da Defesa da República Tcheca, 2002.
8. Pannwitz, "Das Attentat auf Heydrich", mar. 1959, VfZ 33, 679-680.
9. Vanek, "The Chemistry Teacher's Account", in Miroslav Ivanov, *Target Heydrich* (Nova York: Macmillan, 1974), 223-224.
10. Pannwitz, "Attentat", 688, citando Amort, *Heydrichiáda*, 241.
11. Pannwitz, "Attentat", 695.
12. Ibid.
13. Ibid.
14. Ibid., 696.
15. Ibid.
16. CIA, "The Assassination of Reinhard Heydrich", SI 2-14-1, 1960; Pannwitz, "Attentat", 697.
17. Pio XI, *Motu Proprio*, 26 jul. 1926, Neveu Papers, Archivio dei Padri Assunzionisti, Roma; EPV, 101.
18. Hartl, interrogatório, 9 jan. 1947, CI-FIR/123.
19. Hartl, "The Orthodox Church", 9 jan. 1947, CI-FIR/123, an. VIII.
20. "Veliky cin male cirkve", 42.

21. Pannwitz, "Attentat", 700.
22. Jan Krajcar a Lapomarda, 7 fev. 1984, in Lapomarda, *Jesuits and the Third Reich*, 92; Kempner, *Priester*, 14-15; Gumpel, entrevista, 1° jun. 2014, citando informação do padre Josef Kolakovic, SJ.
23. Hitler, comentários num jantar, 4 jul. 1942, TT (Cameron-Stevens), n. 248, 554.
24. Comentários num jantar, 4 jul. 1942, TT (Cameron-Stevens), n. 248, 554.
25. Hoffmann, *Hitler's Personal Security*, 240 n. 33, citando Gerhard Engel, 16 nov. 1942, e Linge, declaração. Essa suspeita de uma conspiração católica está de acordo, do ponto de vista matemático, com o que Hitler, segundo um relato, disse dezoito meses depois, em 4 ago. 1944: "Vocês não me entenderam mal quando lhes asseguro que, *nos últimos dezoito meses*, convenci-me firmemente de que, algum dia, seria baleado" [grifo do autor]. Ele pediu a seus *Gauleiters* (líderes provinciais) que tentassem imaginar quão terrível era se dar conta de que uma morte violenta poderia chegar a qualquer momento. "Quanta energia interior tive de reunir para fazer tudo o que era necessário para a manutenção e a proteção de nosso povo! Contemplar, cogitar e resolver esses problemas. E tive de fazer isso sozinho, sem o apoio dos outros, e com a sensação de depressão pairando sobre mim." Toland, *Hitler*, 926, citando Florian, entrevista.
26. Müller, "Depositenkasse", LK, 162-164, citando a transcrição do julgamento de Huppenkothen.
27. Christine von Dohnanyi, IfZ, ZS 603; Ficht, "Eidesstattliche Versicherung", 8 maio 1950, IfZ, ED 92, 248; Hettler, "Der Fall Depositenkasse oder die 'Schwarze Kapelle'", MBM/155, 4.11.1; Huppenkothen, "Verhaltnis Wehrmacht Sicherpolitzei", HDP, 2/10; Müller, transcrição, 1958, HDP, III, 1/7; Schmidhuber, depoimento escrito, 20 jul. 1950, LStA, IX, 222; Wappenhensch, depoimento escrito, 16 set. 1950, LStA, XIV, 23; Sonderegger, "Brief", 17 out. 1952, IfZ, ZS 303/1, 32; Ficht, "Eidesstattliche Versicherung", 8 maio 1950, IfZ, ED 92, 248; Verfahren Roeder, MB 6/2, 186; Schmidhuber, "Aussage", IfZ, ZS 616, 7; Wild, "Eidesstattliche Versicherung", 15 nov. 1955, IfZ, ED 92, 245-246.
28. Roeder, IfZ, ED 92, 356; Schellenberg, *Memoiren*, 326-327.
29. DBW, 16, Chronology, 691.
30. Huppenkothen, "The 20 July Plot", relatório do interrogatório, 17 maio 1946, DJ 38, pasta 31.
31. Bonhoeffer a Bethge, 29 nov. 1942, DBW, 16, 1/211.
32. Moltke, 26 nov. 1942, LF, 265.
33. Christine Dohnanyi, IfZ, ZS 603, 66-67.
34. Müller, 2 set. 1954, IfZ, ZS 659/1, 60; Christine von Dohnanyi, "Aufzeichnung", 3 de 3, c. 1946, IfZ, ZS 603.
35. Verfahren Roeder, MB 6/1, 145.
36. Müller, transcrição, 3 ago. 1963, Fita I, HDP, III, 1/7.
37. Müller, "Die Depositen kasse", LK, 165.
38. Müller, transcrição, 1958, HDP, III, 1/7.
39. Müller, "Depositenkasse", LK, 165.
40. Müller, transcrição, 1958, HDP, III, 1/7.
41. Müller, "Depositenkasse", LK, 168.
42. Müller, "Depositenkasse", LK, 166.
43. Ibid.
44. Müller, IfZ, ZS 659/3, 230.
45. Müller, "Unkorr. NS üb. Gespräch", 1963, IfZ, ZS 659/3, 30.
46. Müller, "Depositenkasse", LK, 168.

Capítulo 16: Duas garrafas de conhaque

1. Kreuser, "Remembering Father Alfred Delp".
2. Müller, testemunho a E.P., 31 ago. 1953, IfZ, ZS/A 28/13; CHTW, 359; Schlabrendorff, *Revolt*, 68-69; Gersdorff, "Beitrag zur Geschichte des 20. Juli 1944", texto datilografado, 1946.
3. Hassell, diário, 26 set. e 13 nov. 1942, 174-175, 179-180; Maria Müller, "Aussage", Verfahren Roeder, MB 6/5, 708; Rösch a Brust, fev. 1943, KGN, doc. 17, 203 ss.
4. Schlabrendorff, "Events", 54; Hassell, diário, 4 set. 1942, 173; Ritter, *German Resistance*, 233; Schlabrendorff, *Revolt*, 72.
5. Scheurig, *Tresckow*, 136-137; Stieff, in Peter, *Spiegelbild*, 87-88, e IMT, XXXIII, 307-308; Ili Stieff a Ricarda Huch, 17 jul. 1947, IfZ, ZS A 26/3; Stieff, *Briefe*, 170; Hassell, *Vom andern Deutschland*, 350; Gersdorff in Graml, "Militaropposition", 473-474; Hoffmann, *Stauffenberg*, 185.
6. Boeselager, *Valkyrie*, 113; Gersdorff, *Soldat im Untergang*, 124; Roon, "Hermann Kaiser und der deutsche Widerstand", VfZ, 1976, 278 ss., 334 ss., 259.
7. Kaiser, diário, 6 abr. 1943, NARA, RG 338, MS B-285; Schlabrendorff, *Revolt*, 65-66.
8. Bancroft, *Autobiography of a Spy*, 259.
9. Schlabrendorff, "Events", 55; Indictment against Klaus Bonhoeffer et al., 20 dez. 1944, DBW, 16, 1/236.
10. "Datenüberlick 1940-1945", TB König, GM, 398.
11. Kessel, "Verborgene Saat", 182.
12. Sob a liderança papal, Goerdeler recomendou, as Igrejas deveriam proclamar que "o mundo poderia ter uma paz verdadeiramente justa, feliz e permanente se se livrasse desses déspotas". Goerdeler a Pio XII, 23 mar. 1939, Ritter, *German Resistance*, 123.
13. Delp a Tattenbach, 18 dez. 1944, GS, IV, 123-126.
14. Preysing, declaração, c. 1950, CH, 14.
15. Müller, "Unkorr. NS üb. Gespräch", 1963, IfZ, ZS 659/3, 14.
16. Müller, "Aussage", 11 jun. 1952, IfZ, ZS 659/2, 26.
17. Wuermling, "Der Mann aus dem Widerstand – Josef Müller", 28.
18. Nebgen, *Kaiser*, 136-138; Kaltenbrunner a Bormann, 18 set. 1944, KB, 393-394.
19. Roon, *German Resistance*, 154.
20. Müller, "Aussage", 11 jun. 1952, IfZ, ZS 659/2, 27.
21. Gerstenmaier, "Kreisauer Kreis", VfZ 15 (1967), 228-236.
22. Delp a Tattenbach, 18 dez. 1944, GS, IV, 123-126.
23. Henk, "Events Leading up to 20 July Putsch", 7th Army Interrogation Center, 22 abr. 1945, DNTC, vol. XCIX; Müller, "Aussage", 11 jun. 1952, IfZ, ZS 659/2, 27.
24. Peter, ed., *Spiegelbild*, 2:701-702.
25. *Dritte Kreisauer Tagung*, n. 2, "Zur Befriedung Europas", DKK, 249-259.
26. Hoffmann, *Beyond Valkyrie*, 66-67.
27. A reunião de 8 jan. 1943 está entre os acontecimentos mais bem documentados da resistência alemã a Hitler. As fontes básicas são: Hassell, diário, 22 jan. 1943, 184-185; Moltke, 8 e 9 jan. 1943, LF, 270 s.; Gisevius, testemunho, IMT, II, 240-242; Gisevius, *Bitter End*, 255-256; Gerstenmaier, *Streit und Friede hat seine Zeit*, 169; Gerstenmaier, "Kreisauer Kreis", VfZ 15 (1967): 245; Kaltenbrunner a Bormann, 18 de setembro e 1944, KB, 393-394. Entre as fontes secundárias, incluem-se: Roon, *Neuordnung*, 270-271, 277; Hoffmann, *Beyond Valkyrie*, 66-67; Hoffmann, *History*, 359; Marion Grafin Yorck von Wartenburg, entrevista, 5 set. 1963, in Kramarz, *Stauffenberg*, 158; Osas, *Walküre*, 16; Mommsen, "Gesellschaftsbild", in *Der deutsche Widerstand*, 73-167; Nebgen, *Kaiser*, 136-138.

28. Hassell, diário, 22 jan. 1943, 184-185.
29. Hermann Kaiser, diário, BA EAP 105/30.
30. Mommsen, "Gesellschaftsbild", in *Der deutsche Widerstand*, 73-167.
31. Hoffmann, *History*, 359.
32. Gerstenmaier, "Der Kreisauer Kreis: Zu dem Buch Gerrit van Roons' Neuordnung im Widerstand", 245; compare com Gerstenmaier, *Streit und Friede hat seine Zeit*, 169.
33. Moltke, 9 jan. 1943, LF.
34. Mommsen, "Gesellschaftsbild".
35. Hoffmann, *History*, 360.
36. Moltke, 9 jan. 1943, LF.
37. Hoffmann, *History*, 359.
38. Kaltenbrunner a Bormann, 3 ago. 1944, KB, 128; War Office (UK), *Field Engineering and Mine Warfare Pamphlet n. 7: Booby Traps* (1952), 26-28; Hoffmannn, *History*, 273, citando informação de Gersdorff, 25 maio 1964.
39. Hoffmann, *History*, 274.
40. Schlabrendorff, "Events", 1945, DNTC/93, 61.
41. Liedig, "Aussage", IfZ, ZS 2125, 28; Witzleben, IfZ, ZS 196, 42.
42. Müller, "Tresckow Attentat", LK, 159.
43. Müller, "Protokoll des Colloquiums am 31. August 1955", IfZ, ZS 659/1, 46.
44. Müller, "Aussagen", 4 jun. 1952, IfZ, ZS 659/2, 27-28.
45. Müller, "Tresckow Attentat", LK, 159.
46. Müller, "Unkorr. NS üb. Gespräch", 1963, IfZ, ZS 659/3, 25.
47. Triangulada de Bonhoeffer para Bethge, 29 nov. 1942, DBW, 16, 1/211; DBW, 16, Chronology, 690; Dulles, telegrama 898, 9 fev. 194, NARA, RG 226, entrada 134, cx. 307; McCormick, diário, 11 fev. 1943, ed. Hennessey, 39-40; Goebbels, diário, 3 mar. 1943, GT, II, 271. Esses dados não excluem a possibilidade de Müller ter feito duas viagens, uma entre 9 e 17 de fevereiro, aproximadamente, e outra entre 20 de fevereiro e 3 de março, aproximadamente. Nesse caso, Müller, durante a segunda viagem, provavelmente levou para Roma um panfleto do grupo de resistência Rosa Branca, de Munique; em 18 fev., quando os membros do referido grupo foram presos, ele pode ter estado com Canaris e Edwin Lahousen, do Abwehr, no hotel Regina, de Munique (Lahousen, testemunho, 1º dez. 1945, IMT/II).
48. Rösch a Brust, fev. 1943, KGN, doc. 17, 203 ss.
49. Wuermeling, "Der Mann aus dem Widerstand – Josef Müller", 28; Pio XII, "Discorso", Pontificia Accademia delle Scienze, 21 fev. 1943; Hartl, "The Vatican Intelligence Service", 9 jan. 1947, CI-FIR/123, an. I; Hinsley, *British Intelligence in the Second World War*, vol. 3, pt. 2, 584; Joint Anglo-US Report to the Chancellor of the Exchequer and Major General L.R. Groves, "TA Project: Enemy Intelligence", 28 nov. 1944, citado em Hinsley, op. cit., 934; compare com Powers, *Heisenberg's War*, 283 e 542, n. 5. É possível que Müller tenha recebido a informação não de um americano, mas de um alemão, na Pontifícia Academia de Ciências, como, por exemplo, Max Planck, que estava em Roma para o discurso de Pio. O físico ligado ao Vaticano, "empregado pelos americanos", que, muito provavelmente, colaborou com o serviço de inteligência alemã, era Robert Millikan, da Caltech. Ele foi acusado de antissemitismo pelo fato de discutir com Einstein e de não efetivar no emprego Robert Oppenheimer. Millikan era membro honorário de três associações científicas alemãs, defensor da eugenia pró-nórdica e, por algum motivo, recebeu a única cópia original das Leis de Nuremberg do general americano George S. Patton, em 1945. Para esses outros aspectos polêmicos de Millikan, veja: "California Institute of Technology", *Dictionary of American History*, 2003; "Jewish Refugee Scientist Makes Discovery Which

May Bring New Era in Technology", *Jewish Telegraph Agency*, 17 jan. 1944; "Robert A. Millikan", s.d., Pontifical Academy of Sciences; David Goodstein, "In the Case of Robert Andrews", *American Scientist*, janeiro-fevereiro de 2001, 54-60; idem, "It's Been Cosmic From the Start", *Los Angeles Times*, 2 jan. 1991; Ernest C. Watson, palestra não publicada, comentários na dedicatória, Millikan Laboratory, Pomona College, Caltech Archives, Watson Papers, cx. 3.12; Harold Agnew, história oral, 20 nov. 1992 (Los Alamos); Judith R. Goodstein, *Millikan's School* (Norton, 1991), 97; Margaret Rossiter, *Women Scientists in America: Struggles and Strategies to 1940* (Johns Hopkins, 1982), 192; Matt Hormann, "When a Master of Suspense Met a Caltech Scientist, the Results Were 'Explosive'", *Hometown Pasadena*, 1º set. 2011; Sharon Waxman, "Judgment at Pasadena: The Nuremberg Laws Were in California Since 1945. Who Knew?", *Washington Post*, 16 mar. 2000, C-1.
50. Müller, "Unkorr. NS üb. Gespräch", 1963, IfZ, ZS 659/3, 25.
51. Müller, 11 jun. 1952, IfZ, ZS 659/1, 41.
52. Leiber, entrevista, OSS 2677th Regiment, 18 ago. 1944, NARA, RG 226, entrada 136, cx. 14. Para confirmação do relato de Leiber (principalmente a respeito do papel de Manstein), veja "Audio-surveillance", 21 jul. 1944, CSDIC (UK), SR Report, SRGG 962 [TNA, WO 208/41681371], Neitzel, ed., *Abgehört*, doc. 146.
53. Müller, "Tresckow Attentat", LK, 161.
54. Müller, transcrição, 22 set. 1966, HDP, III, I/7; Müller, "Aussagen", 4 jun. 1952, IfZ, ZS 659/2, 27-28.
55. Müller, 4 jun. 1952, IfZ, ZS 659/2, 7; Müller, 11 jun. 1952, IfZ, ZS 659/2, 24.
56. Stehle, "For Fear of Stalin's Victory", EPV, 239.
57. Leiber, comentários, 17 maio 1966, 48.
58. Graham, "Voleva Hitler", 232-233.
59. Müller, 31 ago. 1955, IfZ, ZS 659/1, 46; Müller, "Aussage", 11 jun. 1952, IfZ, ZS 659/2, 23, 39.
60. Hoffmann, *History*, 283-284, citando Gersdorff, "Bericht über meine Beteiligung am aktiven Widerstand gegen Nationalsozialismus", 1963. Para possíveis sondagens patrocinadas por nazistas em relação a uma paz em separado, que podem ter sido meramente ardis para semear discórdia entre os Aliados, veja Goebbels, diário, 3 mar. 1943, GT, II, 271; Kallay a Pio XII, 24 fev. 1943, ADSS, VII, n. 126; Tardini, anotação, 26 fev. 1943, ADSS, VII, n. 113, p. 228, n. 6; "Memorial inédit de la famille Russo", 12 mar. 1945, ADSS, VII, n. 113., p. 228, n. 6.
61. Müller, "Unkorr. NS üb. Gespräch", 1963, IfZ, ZS 659/3, 25; Leiber, "Unterredung", 26-27 ago. 1960, IfZ, ZS 660, 11; Sendtner, "Die deutsche Militäropposition im ersten Kriegsjahr", *Die Vollmacht des Gewissens*, 1956, 470-2; Chadwick, *Britain and the Vatican*, 252-253, 274.
62. Trevor-Roper, "The Philby Affair", in *The Secret World*, 106-107.
63. McCormick, diário, 11 fev. 1943, ed. Hennessey, 39-40.
64. Holtsman a X-2, Alemanha, "Dr. Josef Mueller", 31 ago. 1945, X 2874, in Mueller [redigido], CIA DO Records.
65. Veja sobretudo Gisevius, "Information given [to Dulles] under date of December 19, 1946," AWDP, subsérie 15c.
66. Pfuhlstein, relatório do interrogatório, 10 abr. 1945, DNTC, XCIC, Sec. 3, e CSDIC (UK), GRGG 286, relatório a respeito das informações obtidas de oficiais superiores, em 19-21 fev. 1945 [TNA, WO 208/4177], Neitzel, ed., *Abgehört*, doc. 165.
67. Müller, transcrição, jul. 1963, HDP, III, I/7.
68. Müller, transcrição, 22 set. 1966, HDP, III, I/7.
69. Müller, 4 jun. 1952, IfZ, ZS 659/2, 7; Müller, 11 jun. 1952, IfZ, ZS 659/2, 24.
70. Müller, "Privataudienz beim Papst", LK, 294.
71. Leugers, GM, 188, citando o diário de Braun, e Pio a Galen, 24 fev. 1943, BPDB.

72. Marianne Hapig, in *Alfred Delp*.
73. Matthias Defregger a Roman Bleistein, 28 fev. 1980, AD, 288.
74. Müller, "Unkorr. NS üb. Gespräch", 1963, IfZ, ZS 659/3, 25.
75. Entrevista com Josef Müller (26 mar. 1962), in Lewy, 316.
76. Müller, "Fehlgeschlagen: Das Tresckow Attentat", LK, 161.
77. Scholl, *Die weisse Rose*, 44, 126-128; Scholl, *Briefe und Aufzeichnungen*, 235, 239; compare com Scholl, *Students Against Tyranny*, 17-20, 22-23, 73-74, 76-83, 86-87, 89-90, 93, 129-130.
78. Mayr, "White Rose", EGR, 250-251; Mommsen, *Alternatives*, 187, 295, n. 5; Ritter, *German Resistance*, 163, 235-236; Rothfels, *German Opposition*, 13-14; Bethge, *Bonhoeffer*, 778; Hauser, *Deutschland zuliebe*, 293, 341.
79. Koch, *Volksgerichtshof*, 227 ss.; compare com Hoffmann, *History*, 292; Hassell, diário, 28 mar. 1943, 192-193.
80. Smolka a Bleistein, 12 abr. 1979, AD, 284; compare com AD, 278-279; Brink, *Revolutio humana*, 79; Coady, *Bound Hands*, 55-56.
81. Moltke, 18 mar. 1943, LF, 279n; Moltke, BF, 463, n. 5, 465, n. 1; Balfour e Frisby, *Moltke*, 212.
82. Müller, transcrição, 24 mar. 1966, HDP, III, 1/7; compare com Klemperer, *German Resistance*, 311, n. 185, citando "Notizen über eine Aussprache mit Dr. Josef Müller", 1º abr. 1953, BA/K, Ritter 131.
83. Wheeler-Bennett, *Nemesis*, 540.
84. Boeselager, *Valkyrie*, 116-117.
85. Müller, "Tresckow Attentat", LK, 159-160.
86. Lahousen, "Zur Vorgeschichte des Anschlages vom 20. Juli 1944", 1953, IfZ ZS 652; Dohnanyi, "Aufzeichnungen", IFZ, ZS 603, 9-10.
87. Schlabrendorff, "Events", 1945, DNTC/93, 62.
88. Schlabrendorff, "Events", 1945, DNTC/93, 61.
89. Gaevernitz, *They Almost Killed Hitler*, 51.
90. "Pope Marks Anniversary", *The New York Times*, 13 mar. 1939.
91. Tittmann, *Inside the Vatican of Pius XII*, 145.
92. Müller, "Protokoll des Colloquiums", 31 ago. 1955, IfZ, ZS 659/1, 46; Müller, transcrição, 22 set. 1966, HDP, III/1/7. Em 1943, Müller entrara em contato com Taylor, e lhe contou, "em detalhes, acerca da oposição militar alemã (...) sobretudo, acerca de minhas negociações em Roma". Müller, "Italien nach der Befreiung", LK, 284, 287. Logo depois da guerra, um relatório da OSS a respeito de Müller afirma sem rodeios: "Ele era nosso agente e informante durante a guerra com a Alemanha." Holtsman a X-2, Alemanha, "Dr. Josef Mueller", 31 ago. 1945, X 2874, in Mueller [redigido], CIA DO Records.
93. Gersdorff, "Beitrag zur Geschichte des 20. Juli 1944", 1º jan. 1946, IfZ; Hoffmann, *Hitler's Personal Security*, 151 s.
94. Schlabrendorff, "Events", 1945, DNTC/93, 63.
95. Schlabrendorff, "Events", 1945, DNTC/93, 63.
96. Müller, "Tresckow Attentat", LK, 161; Schlabrendorff, "Events", 1945, DNTC/93, 64.

Capítulo 17: As plantas arquitetônicas de Siegfried

1. "Tresckow Attentat", LK, 162.
2. Schlabrendorff, "Events", 1945, DNTC/93, 65.
3. Schlabrendorff, *Secret War*, 230.
4. Schlabrendorff, "Events", 1945, DNTC/93, 65.

5. Ibid., 66.
6. Gersdorff, "Beitrag zur Geschichte des 20. Juli 1944", 1º jan. 1946, IfZ; Hoffmann, *Hitler's Personal Security*, 151.
7. Hoffmann, *History*, 283, citando Hans Baur, 10 jan. 1969; Schlabrendorff, "Events", 1945, DNTC/93, 66.
8. Schlabrendorff, "Events", 1945, DNTC/93, 66.
9. Schlabrendorff, *Revolt*, 86; Hoffmann, "The Attempt to Assassinate Hitler on March 21, 1943", *Annales Canadiennes d'Histoire* 2 (1967): 67-83.
10. Schlabrendorff, *Revolt*, 86.
11. Schlabrendorff, "Events", 1945, DNTC/93, 67.
12. A respeito do atentado de Gersdorff, veja Himmler, Terminkalender, NARA, T-84, rolo R25; Daily Digest of World Broadcasts (From Germany and German-occupied territory), pt. 1, n. 1343, 22 mar. 1943 (BBC Monitoring Service: Londres, 1943); UK War Office, *Field Engineering and Mine Warfare Pamphlet n. 7: Booby Traps* (1952), 26-28; Hoffmannn, *History*, 287, citando informação de Gersdorff (16 nov. 1964) e Strachwitz (20 jan. 1966); Schlabrendorff, "Events", 1945, DNTC/93, 67; UK War Office, *Field Engineering and Mine Warfare Pamphlet n. 7: Booby Traps*, 19-23, 26-28; Hoffmannn, *History*, 286; Boselager, *Valkyrie*, 120.
13. Moltke, 4 mar. 1943, BF, 458.
14. Hoffmann, *Hitler's Personal Security*, 257; Sonderegger, "Mitteilungen", c. 1954, Bartz, *Tragödie*, 168-169.
15. Rösch, "P. Alfred Delp † 2.22.1945 Berlin Plötzensee", 22 jan. 1956, AR, 305; Rösch, "Lebenslauf", 4 jan. 1947, AR, 274; Rösch a Ledochowski, 5 nov. 1941, KGN, doc. 8, 106 ss.
16. A água de torneira usada por todos era regularmente analisada quando também servia ao domicílio de Hitler. Linge, "Kronzeuge Linge", *Revue*, Munique, 1955/56, 4 seq., 46.
17. Müller, "Breidbachberichte und Führerbunker", LK, 178.
18. "Daten", 9 nov. 1942.
19. Bleistein, "Besuch bei Stauffenberg", AD, 286.
20. Bleistein a Hettler, 17 jul. e 17 out. 1988, MBM/155, 4.11.2; Bleistein, AR, 31-32.
21. A respeito dos respiradouros como possíveis rotas de ingresso para os assassinos, veja, por exemplo, Heydrich, "Betrifft: Sicherungsmassnahmen zum Schutze führender Persönlichkeiten des Staates und der Partei 9 March 1940 and Reichssicherheitshauptamt – Amt IV, Richtlinien für die Handhabung des Sicherungsdienstes", fev. 1940, NARA, T-I 75, rolo 383.
22. Roeder, IfZ, ED 92, 264; "Bericht Depositenkasse", NL Panholzer 237, 7; Verfahren Roeder, MB 6/3, 461.
23. Müller, "Breidbachberichte und Führerbunker", LK, 179.
24. Hoffmann, "Hitler's Itinerary", xxx.
25. Dohnanyi, declaração, 12 maio 1943, BA Berlin-Lichterfelde, Nachlass Dohnanyi, 13 II/33,16. Bericht Depositenkasse", NL Panholzer 237, 2; Ficht, "Eidesstattliche Versicherung", 8 maio 1950, IfZ, ED 92, 249; Huppenkothen, "Aussage", IfZ, ZS 249/1, 22-23; Kraell a Witzleben, 3 nov. 1952, IfZ, ZS 657, 1; Verfahren Roeder, MB 6/3, 399-400. Schmidhuber, IfZ, ZS 616, 7; Kraell a Witzleben, 3 nov. 1952, IfZ, ZS 657, 1; Verfahren Roeder, MB 6/3, 399-400; Hettler, "Das Verfahren beginnt", MBM/155, 4.11.2.
26. Roeder, depoimento escrito, II, 329.
27. Roeder, "Deeds of the Accused", 21 set. 1943, DBW, 16, 1/229.2.
28. Gisevius, *Bitter End*, 472.
29. Bethge, *Bonhoeffer*, 686-692.
30. "Indictment against Dohnanyi and Oster", 9-10.

31. Gisevius, *Bitter End*, 472.
32. "Indictment against Dohnanyi and Oster", 9.
33. Müller, "Die ersten Verhaftungen", LK, 168.
34. Ficht, Verfahren Roeder, MB 6/1, 146.
35. Müller, "Die ersten Verhaftungen", LK, 169.
36. Müller, "Statement", OSS/MI6, Capri, 23 maio 1945, NARA, RG 226, entrada 125, cx. 29.
37. Hoffmann, *Stauffenberg*, 185.
38. Sonderegger, "Bericht", Verfahren Sonderegger, MC-5, 207.
39. Müller, "Die ersten Verhaftungen", LK, 168.
40. Müller, "Breidbachberichte und Führerbunker", LK, 177.
41. "A list of the items of clothing which his secretary Anni Haaser brought to him in the Munich Wehrmacht prison before she herself was arrested", 4 ago. 1943, HDP, III, I/7.
42. Müller, "Die ersten Verhaftungen", LK, 169.
43. Müller, "Die Ersten Verhaftungen", LK, 173; compare com Ficht, Verfahren Roeder, MB 6/5, 662.
44. Pfuhlstein, relatório do interrogatório, 10 abr. 1945, DNTC, XCIC, Sec. 31; Müller, "Statement", OSS/MI6, Capri, 23 maio 1945, NARA, RG 226, entrada 125, cx. 29.
45. Müller, "Drohungen und Geschrei", LK, 190.
46. Müller, "Lebenslauf", 7, n. 1945, DNTC, vol. XVII, sub. 53, pt. 2, seç. 53.041.

Capítulo 18: O cavaleiro branco

1. Gisevius, *Wo ist Nebe?*, 231.
2. Ibid., 230-233, 221.
3. Moltke, 9 abr. 1943, LF, 294.
4. Gisevius, *Bitter End*, 483.
5. Hoffmann, *Stauffenberg*, 179-180, citando Balser, declarações, 23 jan. e 4 mar. 1991; Schönfeldt, declaração, 22 mar. 1991; Schotts, declaração, 13 mar. e 20 e 26 abr. 1991; Nina Stauffenberg a Hoffmann, 9 ago. 1991; Schott, declaração, 20 abr. 1991; Burk, declaração, 28 fev. 1991.
6. Nina Stauffenberg a Hoffmann, 30 jul. 1968, SFH, 180; Deutsche Dientstelle, 30 out. 1991, BA-MA, 15 nov. 1991; compare com Zeller, *Flame*, 182, 184, 195; Huppenkothen, "The 20 July Plot", relatório do interrogatório, 17 maio 1946, DJ 38, pasta 31; Schlabrendorff, "Events", 1945, DNTC/93, 71.
7. Vigilância, 18-19 set. 1944, CSDIC (UK), GRGG 196 [UKNA, WO 208/4363], THG, doc. 158.
8. Vigilância sem data [após 20 jul. 1944], CSDIC (UK), GRGG 161 [UKNA, WO 208/4363], THG, doc. 145.
9. Vigilância, 18-19 set. 1944, THG, doc. 158.
10. Halder, carta, 26 jan. 1962, Kramarz, *Stauffenberg*, 81.
11. Erwin Topf in *Die Zeit*, 18 jul. 1946.
12. Trevor-Roper, "Germans", mar. de 1947, *Wartime Journals*, 293.
13. Reile, declaração, 17 mar. 1991, SFH, 165.
14. Berthold Stauffenberg a Fahrner, 2 set. 1943, Nachlass Fahrner, StGA, SFH, 190.
15. Broich, declaração, 14 e 20 jun. 1962, SFH, 164.
16. Trevor-Roper, "Germans", mar. 1947, *Wartime Journals*, 294, n. 27.
17. Herre, declaração, 7 dez. 1986, e Berger, declaração, 7 maio 1984, SFH, 151-152.
18. Walter Reerink, relatório, jun. 1963, Kramarz, *Stauffenberg*, 71.
19. Trevor-Roper, "Germans", março de 1947, *Wartime Journals*, 291.
20. Hoffmann, *Stauffenberg*, 106.

21. Zeller, *Flame*, 186.
22. Guttenberg, *Holding the Stirrup*, 194.
23. A evidência primária a respeito da motivação católica de Stauffenberg é substancial. Veja, por exemplo, Schlabrendorff, "Events", 1945, DNTC/93, 71, 73; Kaltenbrunner a Bormann (22 out. 1944, KB, 465-466; 4 out. 1944, KB, 435; 7 ago. 1944, KB, 167; 8 out. 1944, KB, 434-439; 4 out. 1944, KB, 434-439; Kaltenbrunner a Bormann, 16 out. 1944, KB, 448-450); Staedke, declaração, 13 jan. 1963, SFH, 118; Elsbet Zeller, declaração, 23 set. 1984, SFH, 2, 17; Alfons Bopp, declaração, 6 ago. 1983, SFH, 27; Kramarz, *Stauffenberg* (27-28, citando Dietz Freiherr von Thungen, memorando, 1946; Halder, declaração, 26 jan. 1962; Nina Stauffenberg, carta, 17 mar. 1962; Ulrich de Maiziere, declaração, 20 jan. 1963); Pfizer, "Die Brüder Stauffenberg", *Freundesgabe für Robert Boehringer*, 491; Wassen, "Hie Stauffenberg – Hie Remer", *Die österreichische Furche* 7 (fev. 1953).
24. Kaltenbrunner a Bormann, 4 out. 1944, KB, 434 (*"kirchlichen Beziehungen in der Verschwörerclique eine große Rolle gespielt haben"*).
25. Kaltenbrunner a Bormann, 7 ago. 1944, KB, 167.
26. Zeller, *Flame*, 173.
27. Hoffmann, *Stauffenberg*, 15.
28. Caroline Schenk, "Aufzeichungen", set. 1916, SFH, 8.
29. Berger, declarações, 7 maio e 12 jul. 1984, SFH, 152.
30. Stauffenberg a Partsch, 22 abr. 1940, SFH, 78 (em abr. 1940, Stauffenberg estava lendo os papéis de Frederico II).
31. Zeller, *Flame*, 175.
32. Hoffmann, *Stauffenberg*, 65.
33. Bussche, declaração, 6-7 dez. 1992, in Baigent e Leigh, *Secret Germany*, 158.
34. Kaltenbrunner a Bormann, 4 out. 1944, KB, 435.
35. Berger, declarações, 7 maio e 12 jul. 1984, SFH, 152.
36. Kramarz, *Stauffenberg*, 148.
37. Veja a discussão a respeito de sua visita a Stauffenberg, em 6 jun. 1944, *supra*.
38. Guttenberg, *Holding the Stirrup*, 1972, 190 (Delp era o "famoso jesuíta", postulado por dedução; Rupert Mayer já estava em Ettal; Friedrich Muckermann já estava no exílio; Hermann Muckermann morava em Berlim; na ocasião, Delp estava em Munique).
39. Angermaier a Berninger, 9 maio 1943, in Leugers, *Angermaier*, 111-112.
40. Roeder, "Eidesstattliche Erklärung", 23 maio 1947, HStAH, Nds. 721 Lüneburg, Acc. 69/76, II, 213.
41. Müller, "Lebenslauf", 7 nov. 1945, DNTC, vol. XVII, Sub. 53, Pt. 2, Sec. 53.041.
42. Müller, "Die Ersten Verhaftungen", LK, 173.
43. Müller, "Breidbachberichte und Führerbunker", LK, 180.
44. Müller, "Die ersten Verhaftungen", LK, 170.
45. "Bericht Depositenkasse", NL Panholzer 237, 7-8; Verfahren Roeder, MB 6/3, 406.
46. "Die ersten Verhaftungen", LK, 169.
47. Müller, "Die ersten Verhaftungen", LK, 170.
48. Hapig, diário, 15 ago. 1944, *Tagebuch*, 35.
49. Maria Müller, declaração, 12 nov. 1948, IfZ, ZS 659, 88.
50. Heinrich Kreutzberg, *Franz Renisch, Ein Martyrer unserer Zeit* (Limurg, 1952); Müller, "Pfarrer Kreutzer", LK, 205.
51. Müller, "Pfarrer Kreutzberg", LK, 206.
52. Müller, "Pfarrer Kreutzberg", LK, 206.
53. Müller, "Die ersten Verhaftungen", LK, 170.
54. Müller, "Hart auf hart", LK, 175.

55. Müller, "Die ersten Verhaftungen", LK, 169, 173; "Pfarrer Kreutzberg", LK, 206; "Drohungen und Geschrei", LK, 187.
56. Müller, "Drohungen und Geschrei", LK, 189.
57. Müller, "Breidbachberichte und Führerbunker", LK, 177.
58. Müller, "Breidbachberichte und Führerbunker", LK, 179.
59. Müller, "Unsichtbare Helfer", LK, 184.
60. Roeder, IfZ, ED 92, 264; "Bericht Depositenkasse", NL Panholzer 237, 7; Verfahren Roeder, MB 6/3, 461.
61. Müller, "Aussage", 23 maio 1945, 1.
62. Müller, "Pfarrer Kreutzberg", LK, 204, 207.
63. Kreutzberg, declaração, Verfahren Roeder, MB 6/6, 732.
64. "Datenüberblick", GM, 402 (König em Munique, em 30 abr.; de volta a Munique em 2 maio; em 4 maio, "König: Vortrag in Führerhauptquartier München von Hitler wg. Pullach"; em 6 maio, "König doente, com febre").
65. Tacchi Venturi a Maglione, 14 abr. 1943, ADSS, IX, n. 152.
66. Constantini, diário, 20 abr. 1943, SVC, 162.
67. Preysing a Pio XII, 6 nov. 1943, citado em BPDB, n. 105.
68. Pio XII a Preysing, 30 abr. 1943, BPDB, n. 105.
69. "O teor do memorando [18 dez. 1942], que o episcopado alemão enviou aos escalões mais elevados do Reich, está diante de nós. Agora, você mesmo sabe que pequena perspectiva de sucesso um documento enviado em segredo ao regime tem; no entanto, de qualquer modo, o memorando será uma justificativa valiosa do episcopado ante a posteridade." Ibid. O professor emérito Phayer, por sua própria iniciativa trabalhando a partir de um trecho do documento, e não a partir do texto completo, escreve: "Aconselhados pelo papa Pio XII, infelizmente, os bispos entenderam que aquilo que eles já tinham dito em 1942 era suficiente para ganhar o respeito mundial (...) O conselho do papa [sic] foi decisivo, pois uma parte dos bispos, liderada por Konrad Preysing, estava pronta para pôr de lado o nacionalismo e o patriotismo e forçar um confronto com Hitler em relação ao Holocausto. O momento da verdade, no auge do Holocausto, foi perdido. Dessa maneira, os líderes da Igreja católica alemã deixaram passar a oportunidade de aproveitar a superioridade moral e resistir abertamente ao genocídio." "Questions about Catholic Resistance", Church History, 70: 2 (2001), 332, citando Friedlander, Pius XII, 135-145. Não vejo como a declaração de Phayer esteja de acordo com a evidência citada. (1) Pio não dirige as palavras em questão aos bispos alemães, mas só ao bispo Preysing. (2) As palavras em questão não "aconselham" Preysing de que os bispos tinham feito o "suficiente". Em vez disso, como o contexto deixa claro, Pio consolou Preysing pela incapacidade de a petição dos bispos em dez. 1942 influenciar os nazistas, registrando que, ao menos, a Igreja tinha tentado – e tinha, principalmente, definido um padrão. Pio não disse, nem insinuou, que os bispos tinham com isso esgotado suas obrigações. (3) A petição em questão, e a discussão dela por Pio, não se centrou nos judeus ou no genocídio do Holocausto, mas na perseguição da Igreja pelos nazistas. Portanto, se o papa, nessa carta, livrou os bispos de uma situação difícil, não foi pelo silêncio em relação à perseguição dos judeus, mas sim pelo *silêncio em relação à perseguição dos católicos*. Pio XII a Preysing, 30 abr. 1943, BPDB, n. 105: "Der Wortlaut der Denkschrift, den [!] der deutsche Episkopat an die höchsten Stellen des Reichs gelangen liess, liegt Uns vor. Nun wisst ihr ja selbst, wie geringe Aussicht auf Erflog ein Schriftstück hat, das das als vertrauliche Eingabe an die Regierung ist; doch wird die Denkschrift auf Fälle den Wert einer Rechtfertigung des Episkopats vor der Nachwelt haben."
70. Cornwell, *Hitler's Pope*, 124, citando o original de Brüning, memórias, 351-352, Harvard University Archive FP 93.4, in Patch, *Heinrich Brüning*, 295-296.
71. Preysing, sermão, 15 nov. 1942, citado em BPDB, n. 105.

72. Pio XII a Preysing, 30 abr. 1943, BPDB, n. 105.
73. Ibid.
74. Ibid.
75. Hoffmann, *Stauffenberg*, 184.
76. Zeller, *Flame*, 195.
77. Homero, *Odyssey*, 7: 58-59, 235.
78. Moltke, LF, 321.
79. Bleistein, "Dritte Kreisauer Tagung", DKK, 239-240; Delp, "Neuordnung", Dritte Kreisauer Tagung, n. 7, DKK, 278-95; Mommsen, *Alternatives to Hitler*, 218-219; Roon, *German Resistance*, 343-347; Schwerin, *Köpfe*, 313.
80. Schmäing, "Aussage", Verfahren Roeder, MB 6/6, 786.
81. Moltke, 20 jun. 1943, LF, 315.
82. Müller, transcrição, 8 ago. 1963, fita VI, HDP, III, I/7.
83. Moltke, 20 jun. 1943, LF, 315.
84. Müller, "Drohungen und Geschrei", LK, 189; Keller, "Zeugenschriftum", 4 jul. 1967, IfZ, ZS 2424. "Minutes of Proceedings of an Interrogation of Wilhelm Canaris", 15 jun. 1943, DBW, 16, 1/227; BA Berlin-Lichterfelde, Nachlaß Dohnanyi 1311/33,17-18; reproduzido com hectógrafo.
85. Müller, "Hart auf hart", LK, 175; Hettler, "Gespräch mit Josef Feulner", 26 out. 1989; Hettler, "Die Verhaftung", MBM/155, 4.11.2.
86. Müller, "Unsichtbare Helfer", LK, 181.
87. Müller, "Drohungen und Geschrei", LK, 187.
88. Müller, "Unsichtbare Helfer", LK, 182.
89. Huppenkothen, "Verhaltnis Wehrmacht Sicherpolitzei", HDP, cx. 2, pasta 10.
90. Keitel: Huppenkothen, "Verhaltnis Wehrmacht Sicherpolitzei", HDP, cx. 2, pasta 10.
91. Kraell, "Bericht Depositenkasse", NL Panholzer 237, 13-14; Roeder, "Aussage", IfZ, ED 92, 266.
92. Christine von Dohnanyi, IfZ, ZS 603, 77.
93. "Information obtained from Gentile [Gisevius]", 10 set. 1943, AWDP, 15a.
94. Schwerin, *Köpfe*, 297.
95. Christine von Dohnanyi, IfZ, ZS 603, 77.

Capítulo 19: Prisioneiro do Vaticano

1. Constantini, diário, 27 jul. 1943, SVC, 186.
2. Idem, 19 jul. 1943, SVC, 172-174.
3. Kessel como ligação dos conspiradores com Pio: Magruder a JCS, 16 mar. 1945, NARA, RG 226, entrada 180, cx. 376.
4. Weizsäcker, *Memoirs*, 289.
5. Kessel, "Verborgene", 12 abr. 1945, VS, 241.
6. Müller, transcrição, 31 ago. 1955, IfZ, ZS 659/1, 35.
7. Müller, "Die Depositenkasse", LK, 167.
8. Müller, transcrição, 31 ago. 1955, IfZ, ZS 659/1, 34.
9. Müller, transcrição, 27 maio 1970, IfZ, ZS 659/4, 183.
10. Müller, "Colloquium", 31 ago. 1955, IfZ, ZS 659/1, 35.
11. Müller, "Aussage", 11 jun. 1952, IfZ, ZS 659/2, 25.
12. Müller, "Colloquium", 31 ago. 1955, IfZ, ZS 659/1, 35.
13. Montini, anotações, 24 nov. 1942, ADSS, VII, n. 32.

14. Müller, "Unkorr. NS üb. Gespräch", 1963, IfZ, ZS 659/3, 30.
15. Müller, "Die Depositenkasse", LK, 167.
16. Badoglio a Maglione, 21 dez. 1942, ADSS, VII, n. 67.
17. Müller, "Protokoll des Colloquiums am 31. August 1955", IfZ, ZS 659/1, 44-45.
18. Gumpel, entrevista, 1º jun. 2014.
19. Taylor a Roosevelt, 10 nov. 1944, Taylor Papers, FDRL.
20. Pio XII a Mussolini, 12 maio 1943, ADSS, VII, n. 186.
21. Maglione, anotações, 12 maio 1943, ADSS, VII, n. 187; Gumpel, entrevista, 1º jun. 2014.
22. Gumpel, entrevista, 1º jun. 2014.
23. Gumpel, entrevista, 1º jun. 2014.
24. Tardini, anotações, 31 maio 1943, ADSS, VII, n. 223.
25. Tardini, anotações, 11 jun. 1943, ADSS, VII, n. 242; Montini, anotações, 11 jun. 1943, ADSS, VII, n. 243.
26. Borgongini Duca a Maglione, 17 jun. 1943, ADSS, VII, n. 252.
27. Constantini, diário, 22 jul. 1943, SVC, 180.
28. Idem, 18 jul. 1943, SVC, 171.
29. Tittmann, *Inside the Vatican*, 172.
30. ADSS, VII, p. 55.
31. Blet, *Pius XII*, 212.
32. Hatch e Walshe, *Crown*, 163.
33. Derry, *Rome Escape Line*, 61.
34. Constantini, diário, 11 set. 1943, SVC, 195.
35. Weizsäcker, "Rundbrief", 10 set. 1943, WP, 349.
36. Graham, "Voleva Hitler", *Civiltà Cattolica* (1972), 1: 319 ss.
37. Ibid., 321.
38. Transcrição, 26 jul. 1943, 12h25 às 12h45, ed. Gilbert, *Hitler Directs*, 54.
39. Goebbels, diário, 27 jul. 1943, ed. Lochner, 416.
40. Ibid., 409.
41. Karl Wolff, testemunho, IMT, processo 11, liv. 1e; liv. 5, doc. 68; Enno von Rintelen, testemunho, IMT, processo 11, liv. 1e, doc. 195, também em Rintelen, *Mussolini als Bundesgenosse. Erinnerungen des deutschen Militärattaches in Rom 1936-1945* (Tübingen, 1951), 235; gravação do interrogatório de Erwin Lahousen, 15 mar. 1946, United States Counsel for the Prosecution of Axis Criminality, Interrogations and Interrogation Summaries, NARA, RG 238, cx. 11, "Kesselring-Lammers".
42. Wolff, "Niederschrift", *Posito Summ* II, 28 mar. 1972; Wolff, "Excerpts from Testimony", 26 out. 1945, IMT, XXVIII; gravação do interrogatório de Karl Wolff, 27 out. 1945, NARA, RG-238, cx. 24, "Wolf-Zolling"; compare com Müller, "Vor dem Reichskriegsgericht", LK, 197.
43. Constantini, diário, 27 jul. 1943, SVC, 186.
44. Ritter, *Goerdeler*, 246.
45. Goebbels, diário, 27 jul. 1943, ed. Lochner, 411.
46. Mommsen, *Alternatives*, 243; Rothfels, *German Opposition*, 75; KB, 157; Kramarz, *Stauffenberg*, 135; Hoffmann, *History*, 301-311.
47. Balfour e Frisby, *Moltke*, 235; Hoffmann, *History*, 201, 360; Hoffmann, *Stauffenberg*, 187, 190, 295; Kaltenbrunner a Bormann, KB, 145; Osas, ed., *Walküre* (processo v. Goerdeler); KB, 357; Zeller, *Flame*, 195, 219, 227, 232, 232-233, 248, 272, 273.
48. John, *Twice*, 120.
49. *Shadow*, 84-87, 91, 133, 139, 140-146.
50. Kaltenbrunner a Bormann, 29 nov. 1944, "Verbindungen zum Ausland", KB, 503.

51. Schwarz, *Adenauer*, 272.
52. Por seu próprio relato, Franken se encontrava com os monsenhores Kaas, Krieg e Schönhöffer; com os jesuítas Robert Leiber e Ivo Zeiger; com Hubert Noots, abade-geral da Ordem Premonstratense; Pancratius Pfeiffer, superior-geral dos Salvatorianos; padre Schulien, etnologista de renome e membro dos Missionários do Verbo Divino. Graham e Alvarez, *Nothing Sacred*, 34.
53. AA, Politisches Archiv, Inland Ilg. 83, Italien, Berichtverzeichnisse des Pol. Att. in Rom, Ka2302: Paul Franken.
54. Alvarez, *Spies*, 185.
55. "An interview with Father Georg [sic] Leiber in the Vatican", 18 ago. 1944, NARA, RG 226, entrada 136, cx. 14.
56. A respeito da conspiração em meados out. 1943, veja Goerdeler, "Idee", nov. 1944, Bundesarchiv, Coblença, Nachlass Goerdeler, 25; Ritter, *Goerdeler*, 337; Hoffmann, *Stauffenberg*, 188; Rudolf Fahrner, declaração, 9 maio 1977, SFH, 226; Zeller, Oberst, 362; Ritter, *Goerdeler*, 337; Bleistein, "Nach der dritten Kreisauer Tagung", DKK, 301; Alvarez, *Spies*, 186, citando entrevistas de Franken, 26 abr. 1969, Graham Papers; Hesslein, "Material Axel von dem Bussche, Teil I [1968-1993], Kopien Korrespondenz [Franken]", IfZ, ED 447/62; Engert, "Er wollte Hitler töten. Ein Porträt des Axel v. dem Bussche", Sendemanuskript, 20 jul. 1984 [Franken], IfZ, ED 447/62; Hoffmann, *Stauffenberg*, 225, citando I. Stieff, "Helmuth Stieff", 75; Goerdeler, "Idee", nov. 1944, Bundesarchiv, Coblença, Nachlass Goerdeler, 25; Zeller, Oberst, 525, n. 1; Schlabrendorff, "Events", 1945, DNTC/93, 84; Leiber, entrevista, OSS 2677th Regiment, 18 ago. 1944, NARA, RG 226, entrada 136, cx. 14.
57. Gumpel, entrevista, 17 maio 2014; Graham e Alvarez, *Nothing Sacred*, 33, citando informação da irmã Pascalina.
58. "Mordplan Hitlers gegen der Pabst", *Salzburger Nachrichten*, 20 jan. 1946.
59. Lahousen, testemunho, 1º fev. 1946, Nachlass Loringhoven, PWF; Wolff, "Niederschrift", *Posito Summ*, II, 28 mar. 1972; Nicholas Freiherr Freytag von Loringhoven a Egr. Sig. Dino Boffo, 16 mar. 2010, PWF.
60. Toscano, *Nuova Antologia*, mar. 1961, 299 ss., e *Pagine di Storia diplomatica contemporanea* (Milão, 1963), 249-281.
61. Balfour e Frisby, *Moltke*, 300.
62. Deichmann, "Mitteilung", c. 1953; Bartz, *Tragödie*, 189.
63. Schwerdtfeger, *Preysing*, 128; Kramarz, *Stauffenberg*, German ed., 160; Knauft, *Christen*, 35 s.; Adolph, *Kardinal*, 181; Kaltenbrunner a Bormann, 4 out. 1944, *Spiegelbild*, 437 s.
64. Alexander Stauffenberg, "Erinnerung at Stefan George", discurso, 4 dez. 1958, Kramarz, *Stauffenberg*, 148.
65. Wassen, "Hie Stauffenberg – Hie Remer", *Die österreichische Furche*, 7 fev. 1953.
66. Leiber a Preysing, 22 abr. 1944, ADSS, X, n. 163.
67. Alexander Stauffenberg, "Erinnerung an Stefan George", discurso, 4 dez. 1958; Kramarz, *Stauffenberg*, 148.
68. Müller, "Aussage", 23 maio 1945, 2.
69. Müller, "Vor dem Reichskriegsgericht", LK, 191.
70. "Bericht Depositenkasse", NL Panholzer 237, 7.
71. Hettler, "Vor dem Reichskriegsgericht", MBM/155, 4.12.5.
72. Müller, transcrição, 8 ago. 1963, Fita VI, HDP, III, 1/7.
73. Sonderegger, "Aussage", IfZ, ZS 303/2, 19; Sachs a Witzleben, 19 nov. 1952, IfZ, ZS 1983, 3.
74. Müller, "Statement", OSS/MI6, Capri, 23 maio 1945, NARA, RG 226, entrada 125, cx. 29.
75. Müller, "Lebenslauf", 7 nov. 1945, DNTC, vol. XVII, sub. 53, pt. 2, seç. 53.041.
76. Kraell a Witzleben, 3 nov. 1952, IfZ, ZS 657, 2-3.

77. Pio XII na Rádio Vaticano, 2 jun. 1944; texto in Giovanetti, *Roma*, 287-288.
78. Tittmann, *Inside*, 208-209.
79. Clark, *Calculated Risk*, 365.
80. Sevareid, *Not So Wild*, 412.
81. Clark, *Calculated Risk*, 365-366.
82. Giovanetti, *Roma*, 298n.
83. Scrivener, *Inside Rome*, 202.
84. Texto do discurso de Pio XII em AG, 297.
85. Giovanetti, *Roma*, 297.
86. Kurzman, *Race*, 409-410.
87. Sevareid, *Not So Wild*, 415.
88. Barrett, *Shepherd of Mankind*, 200.
89. Chadwick, *Britain and the Vatican*, 288-89; Gilbert, *The Righteous*, 314; Zuccotti, *Under His Very Windows*, 181-186, 200.

Capítulo 20: Deve acontecer

1. A respeito desses acontecimentos, Kershaw, *Nemesis*, concorda com Irving, *Hitler's War*, 634-638; compare com Fest, *Hitler*, 704-705, Atkinson, *Guns*, 83-83.
2. MVD a Stalin, 29 dez. 1949, CPSU/462a, 2148-2149.
3. Below, *Hitler's Side*, 202-203.
4. Gerhard Boss a Bleistein, 31 jul. 1984 e 1º out. 1987, AD, 283.
5. "Anklage des Volksgerichtofs gegen Alfred Delp", 16 dez. 1944, AD, 365.
6. Kaltenbrunner a Bormann, 31 ago. 1944, KB 331-332; compare com Coady, *Bound Hands*, 65.
7. Gerhard Boss a Bleistein, 31 jul. 1984 e 1º out. 1987, AD, 283; compare com Coady, *Bound Hands*, 65.
8. "Delp e a mulher de Stauffenberg, desconhecida até então, entraram na residência. Aparentemente, o conde Stauffenberg o estava esperando e se refugiou com Delp num aposento. A condessa Stauffenberg não participou da conversa. Delp ficou com Stauffenberg até cerca de uma hora antes do horário de partida de seu trem, às onze e meia da noite". Kuningunde Kemmer ao doutor H. Oeller, 25 fev. 1985, AD, 284.
9. Bleistein, "Besuch bei Stauffenberg", AD, 286, n. 18.
10. Delp, "Gespräch mit Stauffenberg", 9 jan. 1945, aproximadamente, GS, IV, 349-356.
11. Moltke, LF, 400n.
12. Smolka a Bleistein, 12 abr. 1979, AD, 284.
13. Kuningunde Kemmer ao doutor H. Oeller, 25 fev. 1985, AD, 284.
14. Hans Hutter a Bleistein, 16 set. 1987, AD, 288-289.
15. Bonhoeffer a Bethge, 30 jun. 1944, LPP, 340-341.
16. Müller, "Der 20. Juli 1944", LK, 197-198; Hettler, "Episoden aus der Lehrterstrasse", MBM/155, 4.12.6.
17. Por exemplo, Wassen, "Hie Stauffenberg – Hie Remer", *Die österreichische Furche*, 7 fev. 1953. Supostamente, Stauffenberg pediu à esposa que garantisse, independentemente do que acontecesse, que ele não deveria morrer sem receber a extrema-unção. Nina Stauffenberg, carta, 17 mar. 1962; Kramarz, *Stauffenberg*, 27-28. Embora não possa ser estabelecido com segurança se Stauffenberg recebeu a extrema-unção nessa visita, a doutrina ou prática da Igreja não teria impedido. Em 442, são Leão Magno, escrevendo para Teodoro, bispo de Fréjus (França), disse: "Nem a satisfação deve ser proibida nem a reconciliação deve ser negada para aqueles que, em momento de necessidade e

de iminente perigo, imploram a ajuda da penitência e, então, da reconciliação." Hanna, "Sacrament of Penance", in *CE*, vol. 11, citando são Leão, *Epístolas*, cviii.

18. Os relatos variam a respeito da visita de Stauffenberg à igreja, em 19 de julho, gerando a dúvida se ele fez visitas similares antes de suas duas tentativas de assassinato prévias. Certa retrospecção ou confusão parecem prováveis; naturalmente, relatos de visitas à igreja anteriores se agrupariam em torno da véspera do histórico acontecimento de 20 jul., "sagrado e assombroso em sua memória" (Braun, "Widerstand aus Glauben", c. 1951, ACDP, 1-429). Uma versão tem até Stauffenberg rezando na igreja *protestante* de Dahlem: "Sabe-se que, naquela noite, quando Stauffenberg estava em Dahlem, ele foi à igreja de [Martin] Niemöller, de Santa Ana, e rezou" (Sykes, *Troubled Loyalty*, 432). Esse acontecimento inesperado pode ser importante se, de fato, o bispo Preysing, ou algum outro padre católico, se abrigou na Igreja de Santa Ana depois que sua própria igreja foi destruída; Moltke tentou conseguir espaço para Preysing na catedral protestante depois que a catedral católica de Santa Edwiges foi destruída em 1º ou 2 mar. 1943 (Moltke, 20 abr. 1943, LF, 299). Para versões diferentes, veja sobretudo SFH, 263: Karl Schweizer, motorista de Stauffenberg, declaração, 18 jun. 1965, situa a igreja em Steglitz; Schweizer, entrevista a Joachim Fest, "Operation Valküre", Bavaria Atelier GmbH, Munique, 1971, situa a igreja em Wannsee; Zeller, *Flame*, 300, 376, citando informação de irmã de Schweizer, situa a igreja em Dahlem. Veja também Kramarz, *Stauffenberg*, 200; FitzGibbon, *20 July*, 150-152. Galante, *Valkyrie*, 5, afirma (sem fontes) que Stauffenberg se encontrou com o capelão Hermann Wehrle, mas, provavelmente, confunde com um episódio de dez. 1943, quando Wehrle tomou conhecimento dos planos de Stauffenberg por um intermediário.
19. Hoffmann, *Stauffenberg*, 263.

Capítulo 21: Sagrada Alemanha

1. Huppenkothen, "Der 20. Juli 1944", HDP, 2/10.
2. A respeito dos acontecimentos no quartel-general de Hitler, em 20 jul., veja sobretudo Hoffmann, "Zu dem Attentat im Führerhauptquartier 'Wolfschanze' am 20. Juli 1944", VfZ 12 (1964): 266-284. Os tremores das mãos de Hitler e sua rotina diária são bem estabelecidos a partir dos primeiros relatos do pós-guerra de seu séquito e pessoal de apoio sobrevivente. Joachimsthaler, *Last Days of Hitler*, 65, atribui as mãos trêmulas ao mal de Parkinson.
3. A respeito do *timing* da reunião: Below a Hoffmann, 15 maio 1964; Interrogation Report 032/CAS n. 0279, texto datilografado, 23 jan. 1946; e "Hitlers Adjutant über den 20. Juli im FHQu", *Echo der Woche*, 15 jul. 1949; Heinz Buchholz, "Das Attentat auf Adolf Hitler am 20. Juli 1944", texto datilografado, Berchtesgaden, 14 jul. 1945, University of Pennsylvania Library 46 M-25; Buchholz citado em Knauth, "The Hitler Bomb Plot", *Life*, 28 maio 1945, 17-18, 20, 23; e Knauth, *Germany in Defeat*, 175-182.
4. Peter, *Spiegelbild*, 85; Wehner, "Spiel", 31. Berthold Stauffenberg disse à Gestapo que havia uma camisa na pasta que continha a bomba (*Spiegelbild*, 2).
5. Hoffmann, *History*, 398.
6. Heusinger a Hoffmann, 6 ago. 1964, in Hoffmann, *History*, 400.
7. Peter, *Spiegelbild*, 85-86; "Tätigkeitsbericht des Chefs des Heerespersonalamts", NARA, NA, microcópia T-78, rolo 39; Scheidt, "Wahrheit gegen Karikatur," *Neue Politik*, 27 maio 1948, 1-2; Hoffmann, *History*, 400-401.
8. Huppenkothen, "The 20 July Plot", relatório do interrogatório, 17 maio 1946, DJ 38, Pasta 31; CS-DIC, GG Report, RGG 1295(c), 10 jun. 1945, TRP, DJ 38, Pasta 26; BAOR Interrogation Report 032/CAS n. 0279/Von Below, 23 jan. 1946, TRP, DJ-38; Neitzel, org., Abgehört, doc. 153, CSDIC

(UK), GRGG 183, relatório a respeito das informações obtidas de oficiais superiores, em 29 ago. 1944 [TNA, WO 208/4363].
9. "Eyewitness Account July 20th", s.d. [1945-1946], CSDIC, SIR-1583, TRP, DJ 28, Pasta 26; Hoffmann, *Hitler's Personal Security*, 248-249.
10. Galante, *Valkyrie*, 4-5; Hoffmann, *History*, 397; Hoffmann, *Stauffenberg*, 264-267; Fest, *Plotting*, 308; Toland, *Hitler*, 903-904; Papen, *Memoirs*, 496; Schlabrendorff, *Secret War*, 287-288.
11. Toland, *Hitler*, 799; Loringhoven, *In the Bunker with Hitler*, 49.
12. Zeller, *Flame*, 306.
13. Gisevius, *Bitter End*, 546-547; Schlabrendorff, *Secret War*, 287-288; SFS, 270; Hoffmann, *History*, 422-423.
14. Hoffmann, *History*, 422-423, 501-503, 507-508; Hoffmann, *Stauffenberg*, 267-270; RSHA Report, 7 ago. 1944 (US Dept. of the Army, MS, 105/22); mensagem por teletipo II, 20 jul. 1944, in Hoffmann, *History*, an. 2, 755-756.
15. "Record of Hitler's activities 11 August 1943-30 December 1943", NARA, RG 242 Miscellaneous, cx. 13 EAP 105/19; Hoffmann, *History*, 300; mas Eugen Gerstenmaier in "Der Kreisauer Kreis: Zu dem Buch Gerritt van Roons Neuordnung im Widerstand", VfZ 15 (1967), 231, repete a história de Lukaschek como "confiável, acho".
16. Müller, "Aussage", abril de 1958, HDCP; Müller, "Tresckow-Attentat", LK, 160; Müller, "Der 20. Juli 1944", LK, 198.
17. Tattenbach, "Das enstsheidende Gespräch", *Stimmen der Zeit* 155 (1954-1955): 321-329; Delp, GS, IV, 343, n. 58; Siemer, AB, 132.
18. Toland, *Hitler*, 799.
19. Bross, *Gespräche mit Hermann Göring*, 221.
20. Toland, *Hitler*, 801-802; Hoffmann, *Hitler's Personal Security*, 252.
21. Hoffmann, *Stauffenberg*, 193; Hassell, *Vom andern Deutschland*, 394, 399, 418, 608, n. 9; Hoffmann, *Widerstand*, 367-368.
22. Buchholz, "Das Attentat Adolf Hitler", University of Pennsylvania Library (manuscrito 46M-25).
23. Hoepner, 7 ago. 1944, in IMT, XXXIII, 41.
24. Hoffmann, *History*, 422 ss., 501-503, 507-508; Hoffmann, *Stauffenberg*, 267-270; Speer, *Inside*, 494; RSHA Report, 7 ago. 1944 (US Dept. of the Army, MS, 105/22).

Capítulo 22: O tesouro

1. Hitler, discurso radiofônico, 20 jul. 1944, 4: 2924-2925; compare com "Hitler's Six-Minute Broadcast," *The Guardian* (Londres), 21 jul. 1944.
2. Bleistein, "Die Verhaftung", AD, 294-295.
3. Tattenbach a Volk, 2 nov. 1964, e Tattenbach a Bleistein, 25 abr. 1979, AD, 295.
4. Papecke a Bleistein, 10 jan. 1979, AD, 293.
5. Tattenbach, entrevista a Bleistein, 25 abr. 1979; e Tattenbach, entrevista a Volk, 2 nov. 1964 (AD).
6. Müller, "Der 20. Juli 1944", LK, 198.
7. Ibid., 199.
8. Smolka a Bleistein, 12 abr. 1979, AD, 296.
9. Kessler, declaração, 25 abr. 1979, AD, 296.
10. Coady, *Bound Hands*, 70.
11. "Prayer of St. Ignatius of Loyola", in *Handbook for Catholics*, 2.

12. Kessler, declaração, 25 abr. 1979, AD, 296.
13. Geisler, "Gespräch", 3 fev. 1981, AD, 297.
14. Oestreicher, in Hapig, *Alfred Delp: Kämpfer*, AD, 30.
15. Rocca, entrevista, janeiro de 1992.
16. Frend, "Ein Beweis der tiefen Uneinigkeit", *Frankfurter Allgemeine Zeitung*, 12 jul. 1997, B3.
17. OSS, "Informed German Sources in Rome", 22 jul. 1944, NARA, RG 226, entrada 16, cx. 1015.
18. Rocca, entrevista, jan. 1992.
19. OSS, "The Protestant and the Catholic Churches in Germany", 22 jul. 1944, NARA, RG 59, R&A 1655.22.
20. Brandt, "Oppositional Movements in Germany", 25 set. 1943, NA, RG 226, entrada 100 (AIGR, 103 ss.).
21. OSS Morale Branch (Londres), "The Hamilton Plan and the Organization of the German Underground", 31 ago. 1943, NARA, RG 226, cx. 175, pasta 2316, AIGRH, doc. 17.
22. Brandt, "Oppositional Movements in Germany", 25 set. 1943, NA, RG 226, entrada 100 (AIGRH, 103 ss.).
23. Rocca, entrevista, jan. 1992.
24. Scheffer, an. E, Poole a Dulles, 10 out. 1944, NARA, RG 226, 16/1131.
25. Rocca, entrevista, jan. 1992.
26. Leiber, entrevista, OSS 2677th Regiment, 18 ago. 1944, NARA, RG 226, entrada 136, cx. 14.
27. A respeito da fuga de Siemer, veja: Siemer, DB, 132, 134, 135; "Rundbrief Siemers", 18 ago. 1945, DPB. Para obter detalhes a respeito da fuga de Braun, veja: Reimann a Leugers, 30 ago. 1989, GM, 305; Braun, "Lebendig"; Vogelsberg, mensagem clandestina, fev. 1945, ACDP, I, 429; Bauer, declaração, nov. 1979, NLB; Vogelsberg a Leugers, 27/28 set. 1987, GM, 185, 305.
28. Müller, "Neue Verhare-alte Fragen", LK, 222.
29. Müller, "Im Kellergefängnis der Gestapo", ibid., 212.
30. Ibid., 213.
31. Embora o habitualmente confiável Joachimsthaler (*Last Days*, 65) afirme que Hitler "colapsou" em 18 set., a evidência primária de Bormann data o episódio em 27-28 set.: "Infelizmente – mas mantenha isso para si –, o Führer não se sentiu bem nos últimos dois dias. Por causa de todas as preocupações (...) ele (...) perdeu quase três quilos em dois dias." Bormann à sua mulher, 30 set. 1944, in *Bormann Letters*, 127. No dia seguinte, Bormann referiu-se aos "três dias desde que o Führer adoeceu (...) O relato da situação teve de ser cancelado hoje pelo terceiro dia seguido!" Bormann à sua mulher, 1º out. 1944, in *Bormann Letters*, 128-129.
32. Günsche, declaração, s.d., in Morell, *Diaries*, 188.
33. Bormann à sua mulher, 26 set. 1944, in *Letters*, 123-124: "Imagine: a conspiração sanguinária contra o Führer e a liderança nacional socialista foi planejada já em 1939 por Gördeler, Canaris, Oster, Beck e outros! Num cofre, cuja chave estava perdida até agora, encontraram provas incontestáveis que deveriam ter sido destruídas, mas foram mantidas por descuido de uma das pessoas participantes. Todos os planos de nosso ataque no front ocidental foram divulgados, foram entregues ao inimigo, como a evidência mostra. É quase impossível acreditar na existência de uma traição tão vil e abismal! O fato de estarmos conseguindo superar as dificuldades dessa guerra, apesar dessa traição em grande escala, é, no mínimo, um milagre."
34. Morell, anotação de 28-29 set. 1944, *Diaries*, 190-191n2.
35. Joachimsthaler, *Last Days of Hitler*, 65-67.
36. Giesing, diário, e declaração, 1971, in Toland, *Hitler*, 826.
37. O fato de os médicos de Hitler ministrarem cocaína é algo bem estabelecido em seus próprios relatos. Morell, *Diaries*, 177; Giesing, "Protokol von Hitlers Hals-, Nasen- und Ohrenarzt Dr. Erwin Giesing vom 12.6.1945 über den 22.7.1944", NARA, RG 242, HL-7241-3; Giesing, in "Hitler as

Seen by His Doctors", an. II, IV, Headquarters USET-MISC Consolidated Interrogation Report n. 4, 29 nov. 1945.
38. A Gestapo tinha interceptado e copiado as cartas. Aparentemente, Linge, criado de Hitler, ou Günsche, ajudante do Führer, ouviu por acaso o comentário de Hitler. MVD a Stalin, 29 dez. 1949, CPSU/462a, 160 (não dando, porém, data para a citação). Stieff foi enforcado em 8 ago. 1944.
39. Giesing, diário e declaração, 1971, Toland, *Hitler*, 827, compare com Schenk, *Patient Hitler: Eine medizinische Biographie*, 131.
40. Kaltenbrunner a Bormann, 29 nov. 1944, KB, 509.

Capítulo 23: Inferno

1. Müller, "Lebenslauf", 7 nov. 1945.
2. Hettler, "In der Prinz-Albrecht-Strasse", MBM/155, 4.13; Müller, "Aussage", Verfahren Huppenkothen, MB/5/T, 157; Müller, "Pfarrer Kreutzberg", LK, 212.
3. Kessel, "Verborgene", 12 abr. 1945, VS, 245.
4. Müller, "Aussage", 10 out. 1947, IfZ, ED 92, 59.
5. Müller, "Im Kellergefängnis der Gestapo", LK, 213.
6. Pfuhlstein, relatório do interrogatório, 10 abr. 1945, DNTC, vol. XCIC, Sec. 31; CSDIC (UK), GRGG 286, relatório a respeito das informações obtidas de oficiais superiores, em 19-21 fev. 1945, Neitzel, ed., *Abgehört*, doc. 165 (UKNA, WO 208/4177).
7. Müller, "Letztes Gespräch mit Canaris", LK, 226.
8. Müller, "Aussage", IfZ, ED 92, 86.
9. Müller, "Statement", OSS/MI6, Capri, 23 maio 1945, NARA, RG 226, entrada 125, cx. 29.
10. Müller, "Neue Verhare-alte Fragen", LK, 220.
11. Müller, "Meine Rettung", LK, 281.
12. Müller, "Neue Verhare-alte Fragen", LK, 221.
13. Sonderegger, "Brief", 14 jan. 1951, IfZ, ZS 303/1, 13.
14. Müller, "Aussage", Verfahren Huppenkothen, MB 3/5/T, 156.
15. Hettler, "Der Leiber-Brief", MBM/155, 4.13.1.1.
16. Müller, "Neue Verhare-alte Fragen", LK, 222.
17. Sonderegger, "Brief", 14 jan. 1951, IfZ, ZS 303/1, 13; Sonderegger, "Aussage", IfZ, ZS 303/2, 17-16.
18. Müller, "Neue Verhare-alte Fragen", LK, 223.
19. Moltke, LF, 22.
20. Moltke, 28 dez. 1944, LF, 394-395.
21. Hapig/Pünder, anotação, 17 dez. 1944, Ehrle, 203.
22. Moltke, LF, 386.
23. Moltke a Freya, 11 jan. 1945, LF, 397.
24. Delp a M., 3 jan. 1945, GS, IV, 86.
25. Delp a M., 29 dez. 1944, GS, IV, 71-72.
26. Delp a M., "Neujahrsnacht 1944/45", GS, IV, 78-83.
27. Delp a M., "Neujahrsnacht 1944/45", GS, IV, 78-83.
28. Delp a Marianne Hapig e Marianne Pünder, 11 jan. 1945, GS, IV, 73.
29. Balfour e Frisby, *Moltke*, 316.
30. Bleistein, "Prozess", AD, 376.
31. Coady, *Bound Hands*, 161.
32. Kempner, *Priester*, 66; compare com "Prozess", AD, 376.

33. Delp a Tattenbach, 10 jan. 1945, GS, IV, 97-98.
34. Kempner, *Priester*, 66; compare com "Prozess", AD, 377.
35. "Mitteilung des Oberreichsanwalts beim Volksgerichtshof", 15 fev. 1945 (O J 21/44 g Rs); Kempner, *Priester*, 70.
36. Bleistein, "Prozess", AD, 380-381.
37. Moltke, 10 jan. 1945, LF, 400.
38. Moltke, 11 jan. 1945, LF, 412.
39. Rösch, "Kampf", 17-22 out. 1945, KGN, 270 ss.; Rösch, dep., 8 out. 1945; Leugers, *Mauer*, 309.
40. Rösch, "Dem Tode entronnen", 1945-1946, KGN, doc. 29, 301 s.
41. Bleistein, "In Händen der Gestapo", AR, 132.
42. Bleistein, "König", *Stimmen der Zeit* 204 (1986): 313 s.
43. Rösch, "Konfrontation mit der Gestapo," 10-17 fev. 1946, AR, 260.
44. "Lieber ein Scharskopf als gar kein Kopf." Gerstenmaier, "Gespräche," 14 maio 1982, AR, 392.
45. Delp, "Nach der Verteilung", 11 jan. 1945, aproximadamente, GS, IV, n. 70.
46. Coady, *Bound Hands*, xiii, 173.
47. Delp a Luise Oestreicher, 11 jan. 1945, GS, IV, n. 72.
48. Delp a Hapig e Pünder, 26 jan. 1945, GS, IV, 146.

Capítulo 24: A forca

1. Hapig, diário, 18 out. 1944, *Tagebuch*, 50.
2. Bleistein, "Im Gestapogefängnis Berlin-Moabit", AR, 135.
3. Delp a Braun, 14 e 18 jan. 1945, GS, IV, 180-184.
4. Rösch a Braun, fev. 1945, ACDP, I, 429 (GM, 308).
5. Rösch, "Kassiber", 12 fev. 1945, ACDP, I, 429 (GM, 310).
6. Rösch, "Kirchenkampf", 22 out. 1945, AR, 229.
7. Leugers, *Mauer*, 309, citando Simmel, "Rösch", 101.
8. Rösch, "Escape", 321; Rösch, "Lebenslauf", 4 jan. 1947.
9. Bleistein, "Im Gestapogefängnis Berlin-Moabit", AR, 135.
10. Rösch, "Kirchenkampf 1937-1945", 22 out. 1945, AR, 230.
11. Rösch, "Zum Gedächtnis von P. Alfred Delp SJ", 26 jan. 1946, AR, 255.
12. Coady, *Bound Hands*, 209.
13. "Rösch, "Zum Gedächtnis von P. Alfred Delp SJ", 26 jan. 1946, AR, 257.
14. Bleistein, "Verhaftung", AD, 302.
15. Gernstenmaier, *Streit*, 204 s.; compare com Schlabrendorff, *Offiziere*, 138; Bleistein, "Verhaftung", AD, 305-306.
16. Kempner, *Priester*, 64; compare com Hartl a respeito de Neuhaus, "The Orthodox Church", 9 jan. 1947, CI-FIR/123, an. VIII.
17. Neuhaus a Bleistein, 11 jul. 1989, AD, 307.
18. Rösch, "Gedächtnis", 26 jan. 1946, AR, 255.
19. Delp afirmou a respeito das cicatrizes em suas costas: "Foram obra de Neuhaus." Gerstenmaier, em Delp, *Kämpfer*, 41; Gerstenmaier a Bleistein, 22 jan. 1988, AR, 304. Posteriormente, Neuhaus passou dois anos na prisão por maus-tratos aos prisioneiros.
20. Hoffmann, *History*, 522-523.
21. Portanto, "não surpreende que nada além de um indício de uma declaração de Delp seja encontrado nos relatórios de Kaltenbrunner do RSHA". Bleistein, "Verhaftung", AD, 305.

22. Hoffmann, *History*, 528, citando Erich Stoll, declaração, 1º jul. 1971; e Heinz Sasse, declaração, 20 nov. 1964; Maser, *Hitler*, 255, 472; Stegmann, "Betreft: Fillmmaterial zum Attentat auf Hitler am 20. Juli 1944", texto datilografado, Deutsche Wochenschau GmbH, 3 jun. 1970; Kiesel, "SS-Bericht uber den 20 Juli: Aus den Papieren des SS-Obersturmbahnführeres Dr. Georg Kiesel", *Nordwestdeutsche Hefte* 2 (1947), n. 1/2, 34.
23. Fraser, "Revelations sur l'execution des conjures antinazis", *XX Siècle*, 3 jan. 1946.
24. Helmsdorffer, "Scharfrichter seit 200 Jahren", *Pivatal* 7 (1949): 22-24; "Der Henker des 20 Juli", *Hannoversche Neuste Nachrichten*, 24 ago. 1946; Rossa, *Todesstraffen*, 31-40; Poelchau, *Die letzten Stunden*, 53-54, 86-87, 100, 107-108.
25. Coady, *Bound Hands*, 199-200.
26. Leugers, *Mauer*, 309, citando as anotações de Hapig/Pünder de 13 fev. e 5 mar. 1945, in Ehrle, *Licht über dem Abgrund*, 221, 223.
27. Rösch, carta [para uma pessoa desconhecida], depois de 15 fev. 1945, ACDP/ St. Augustin, espólio de Odlio Braun, 1-429-008/3.
28. Edmund Rampsberger SJ, "Einige Angaben zur Flucht von P. August Rösch", 26 fev. 1982, AR, 199.
29. Rösch a Leiber, 8 jul. 1945, KGN, doc. 24, 234 ss.
30. Schlabrendorff, "In Prison", IKDB, 218; Müller, "Letztes Gespräch mit Canaris", LK, 230.
31. Ibid., 231.
32. Huppenkothen, "The 20 July Plot", relatório do interrogatório, 17 maio 1946, DJ 38, Pasta 31.
33. O'Donnell, *Bunker*, 181n.
34. Müller, "Wieder in Deutschland", LK, 303.
35. Müller, "Statement", OSS/MI6, Capri, 23 maio 1945, NARA, RG 226, entrada 125, cx. 29.
36. Müller, "Letzes Gespräch mit Oster", LK, 233.
37. Era Jakob Dzhugashvili.
38. Pastores-alemães da SS os tinham localizado: após a recaptura, Dzhugashvili fez um movimento na direção da cerca elétrica e os guardas atiraram nele, matando-o (14 abr. 1943).
39. Müller, "Buchenwald", LK, 238.
40. Müller, "Flossenbürg", LK, 246.
41. Huppenkothen, transcrição, 5 fev. 1951, HDP, 2/10.
42. Hoffmann, *Stauffenberg*, 476.
43. Höhne, *Canaris*, 591.
44. Huppenkothen, deposição, registro do depoimento das testemunhas, 4-14 fev. Dia 1º, 193; fotocópia em IfZ.
45. Entre o grupo de pessoas presentes no furgão de Müller, incluíam-se: Kokorin, o capitão Gehre, Hugh Falconer, o ex-embaixador na Espanha doutor Erich Heberlein e esposa, o capitão de corveta Franz Liedig, o ex-ministro das Relações Exteriores Hermann Pünder, os generais Falkenhausen e Von Rabenau, Dietrich Bonhoeffer e o notório médico da SS Sigmund Rascher.
46. Müller, "Fahrt in die Oberpfalz", LK, 243.
47. Müller, ibid., 242
48. De acordo com Brissaud, *Canaris*, 330, Rattenhuber entregou os "diários" para Kaltenbrunner em 6 abr.
49. Buchheit, *Der deutsche Geheimdienst*, 445; Fest, *Plotting*, 310; Höhne, *Canaris*, 591.
50. Müller, "Fahrt in die Oberpfalz", LK, 243.
51. Sullivan e Frode, "Facsimile of the Message Forms for Nr. 14 and 24".
52. Höhne, *Canaris*, 592.
53. Dünninger, "Prisoners", 11; Müller, "Fahrt in die Oberpfalz", LK, 244.
54. Irmingard, *Jugend-Erinnerunge*, 313 ss.

55. Müller, "Flossenbürg", LK, 247.
56. Brissaud, *Canaris*, 328.
57. Thompson, "Flossenbürg", 14 jan. 1989; Müller, "Augenzeuge", LK, 256.
58. Müller, "Eidesstattliche Erklarung", 16 jan. 1946, S.3, WNRC, RG 332, ETO-MIS-YSect., cx. 66.
59. Buchheit, *Geheimdienst*, 478.
60. Höhne, *Canaris*, 594.
61. Julgamento de Augsburg, 31.
62. *Die Welt*, 14 fev. 1951.
63. Toland, *Last 100 Days*, 404.
64. Müller, "Ein Augenzeuge berichtet", LK, 256.
65. Müller, "Flossenbürg", LK, 246.
66. Müller, "Flossenbürg", LK, 251; compare com Bonhoeffer, "Night Voices in Tegel", 8 jul. 1944, aproximadamente, LPP, 349-356.
67. Müller, "Augenzeuge", LK, 256.
68. Müller, "Lebenslauf", 7 nov. 1945, DNTC, vol. XVII, Sub. 53, Pt. 2, Sec. 53.041; Fischer, "Aussage", Augsburg, outubro de 1955, aproximadamente, Bartz, *Downfall*, 198.

Capítulo 25: Um homem morto

1. Kirschbaum, in Hollis, *The Papacy*; Guarducci, *Retrouvé*, 118-122.
2. Curran, "Bones of Saint Peter?", *Classics Ireland*, vol. 3 (1996).
3. "St. Peter's Bones", *The Express*, 21 abr. 2000.
4. Guardacci, *Reliquie-messa*, 65-74; "Pope Says Bones Found Under Altar Are Peter's", *The New York Times*, 27 jun. 1968, 1; Guarducci, *Retrouvé*, 147-148; Guarducci, *Le Reliquie di Pietro*, 96-103.
5. Inge Haberzettel, interrogatório, nov. 1945, aproximadamente, Trevor-Roper, *Last Days*, 100; compare com Fest, *Hitler: Eine Biographie*, 734; compare com Rösch, "Kirchenkampf 1937-1945", 22 out. 1945, AR, 231.
6. Müller, "Meine Rettung", LK, 280.
7. Plaut, "Report on Trip to Italy", 5 maio 1945, NARA, RG 226, entrada 174, cx. 123, pasta 933.
8. "Verborgene", 12 abr. 1945, VS, 252.
9. Pio XII a Truman, 13 abr. 1945, ADSS, XI.
10. Pio XII, *Intérprete da angústia universal*, 15 abr. 1945.
11. Schroeder, anotações taquigráficas, maio 1945; Irving, *Hitler's War*, 794.
12. Rösch, "Kirchenkampf 1937-1945", 22 out. 1945, AR, 232.
13. Leugers, *Mauer*, 312; Rösch, "Dem Tode Entronnen", KGN, 328.
14. Guttenberg, *Holding the Stirrup*, 255.
15. Um dos prisioneiros, Herbert Kosney, virou a cabeça na hora do tiro, e a bala atravessou seu pescoço e seu rosto. Ele desfaleceu e fingiu que estava morto. Depois da partida da Gestapo, Kosney se arrastou para longe, e, posteriormente, levou as famílias das vítimas ao local, onde a SS tinha enterrado os outros na cratera aberta por uma bomba. Rösch, "Dem Tode," 1945/46, KGN, 313.
16. Thompson, "Flossenbürg Concentration Camp", 14 jan. 1989.
17. Müller, "Meine Rettung", LK, 280.
18. Müller, "Dachau", LK, 259.
19. Müller, "Schlusswort", LK, 360-361.
20. Müller, "Dachau", LK, 260.
21. Ibid., 260.

Capítulo 26: O lago cor de esmeralda

1. Anni Oster a Richardi, 25 jun. 2004, SSHAF, 338, n. 8.
2. Loringhoven, transcrição, 13 mar. 1948, MMC, FF 51, Pasta 41.
3. Matteson, "Last Days of Ernst Kaltenbrunner", CIA, 1960, NARA, 263, 2-11-6; Lischka, interrogatório, 10 abr. 1946, e Kopkow, relatório, 9 abr. 1946, TRP, DJ 38, Pasta 25; Deutsch, "Questions", *Central European History* 14, n. 4 (dez. 1981): 325.
4. Relatório do interrogatório n. 5.747 (Von Rintelen), 6 set. 1945, DNTC, vol. VIII, Sec. 14.07.
5. Julgamento de Huppenkothen, 2 dez. 1952, HJ, I, 1 StR 658/51; Kunkel, transcrição, 8 out. 1951, 2nd Regional Court, arq. 1 Js Gen. 106/50, Dachau Memorial Archive; Kaltenbrunner a Bormann, 20 ago. 1944, an. 1, KB, 275-278; compare com Hitler, "Night and Fog Decree", 7 dez. 1941, NCA, vol. 7, doc. n. L-90. ("No caso de as autoridades alemãs ou estrangeiras inquirirem acerca desses prisioneiros, deve ser informado que eles foram presos, mas que os processos judiciais não possibilitam qualquer informação adicional.")
6. Müller, "Meine Rettung", LK, 280.
7. Müller, "Statement", OSS/MI6, Capri, 23 maio 1945, NARA, RG 226, entrada 125, cx. 29.
8. Russo, "Mémoire", 12 mar. 1945, 7-18, 10-14, 16, HDP, III, 1/9.
9. Anni Oster a Richardi, 25 jun. 2004, SSHAF, 338, n. 8.
10. Müller, "Flossenbürg", LK, 249. Portão do campo: Loringhoven, "Kaltenbrunner und 'Der Ochsensepp' Josef Müller", maio 2010; Müller, "Statement", OSS/MI6, Capri, 23 maio 1945, NARA, RG 226, entrada 125, cx. 29.
11. Müller, "Statement", OSS/MI6, Capri, 23 maio 1945, NARA, RG 226, entrada 125, cx. 29.
12. Müller, "Flossenbürg", LK, 249.
13. Gumpel, entrevista, 1º jun. 2014; Müller, declaração, 23 maio 1945, NARA, RG 226, entrada 125, cx. 29.
14. Müller, "Unkorr. NS üb. Gespräch", 1963, IfZ, ZS 659/3, 25.
15. Müller, "Flossenbürg", LK, 250.
16. Müller, "Statement", 23 maio 1945, NARA, RG 226, entrada 125, cx. 29.
17. Müller, "Aussage", Verfahren Huppenkothen, MB 3/5/T, 182-183; Thomas, "Gedanken und Ereignisse", IfZ, ZS 310/1, 21; Bonin, "Aussage", 21 nov. 1951, IfZ, ZS 520, 3.
18. Müller, "Flossenbürg", LK, 250-251.
19. Loringhoven, "Kaltenbrunner und 'Der Ochsensepp' Josef Müller", maio 2010; Müller, "Flossenbürg", LK, 252.
20. Müller, "Statement", OSS/MI6, Capri, 23 maio 1945, NARA, RG 226, entrada 125, cx. 29.
21. Müller, "Flossenbürg," LK, 251-252.
22. Müller, "Aussage", Verfahren Huppenkothen, MB 3/5/T, 183-184.
23. Müller, Vermahren Huppenkothen, MB 3/5/T, 184.
24. Müller, testemunho a E.P., 31 ago. 1953, IfZ.
25. Fest, *Plotting Hitler's Death*, 310.
26. Müller, "Augenzeuge", LK, 254.
27. Müller, "Statement", 23 maio 1945, NARA, RG 226, entrada 125, cx. 29; Richardi, "Consolidation of the Special Prisoners", SSHAF; Müller, "Augenzeuge", LK, 257.
28. Müller, "Buchenwald", LK, 238.
29. Müller, "Dachau", LK, 263.
30. Weidling, *Voennoistoricheskii Zhurnal*, out.-nov. de 1961.
31. Trevor-Roper, *Wartime Journals*, 247, datando a cena em 22 abr.; compare com Trevor-Roper, *Last Days*, 127, com data de 23 abr., e com a descrição de Hitler posta na voz de Berger de Trevor-Roper.

32. Berger, interrogatório, nov. de 1945, aproximadamente, in "Götterdammerung".
33. Müller, "Dachau", LK, 265.
34. Müller, "Dahinten ist Schuschnigg", LK, 269.
35. Rösch, "Kirchenkampf 1937-1945", 22 out. 1945, AR, 234.
36. Rösch, "Zum Gedächtnis von P. Alfred Delp SJ", 26 jan. 1946, AR, 257; Rösch, "Dem Tode entronnen", 1945/1946, KGN, doc. 29, 332 s.
37. Rösch, "Kirchenkampf 1937-1945", 22 out. 1945, AR, 235.
38. Bleistein, "Dem Tode Ertronnen", KGN, 332.
39. James, "Great Escape".
40. Müller, "Dachau", LK, 265.
41. Bader "era só chamado pelo primeiro nome". Müller, *"Dahinten ist Schuschnigg"*, LK, 268.
42. Müller, "Protokoll des Colloquiums am 31. August 1955", IfZ, ZS 659/1, 45.
43. Müller, "Dahinten ist Schuschnigg", LK, 271.
44. James, "Great Escape".
45. Müller, "Dahinten ist Schuschnigg", LK, 271.
46. James, "Great Escape".
47. Müller, "Dahinten ist Schuschnigg", LK, 271.
48. Müller, "Befreiung und Abschied", LK, 274.
49. No domingo, 29 abr., os padres católicos tinham efetivamente se liberado e procurado alojamentos privados na residência paroquial de Niededorf, sem levar muito em consideração as ordens do *Obersturmführer* Stiller. O bispo de Clermont-Ferrant, Gabriel Piquet, seu amigo, o deão Johannes Neuhäusler, e os dois capelães, o doutor Anton Hamm e Karl Kunkel, e também diversos parentes das famílias Stauffenberg e Goerdeler, foram bem recebidos pelo pároco. Müller, "Befreiung," LK, 273.
50. Müller, "Dahinten ist Schuschnigg", LK, 271.
51. James, "Great Escape".
52. Trevor-Roper, *Last Days*, 193.
53. Payne, *Life and Death*, 567.
54. MVD a Stalin, 29 dez. 1949, CPSU/462a, 268-269, 271, 288; Joachimsthaler, *Ende*, 339, 346-347, 349.
55. Payne, *Life and Death*, 568; O'Donnell, *The Bunker*, 230.
56. CSDIC, interrogatórios de Kempka, Gerda Christian, Traudl Junge e Ilse Krüger, TRP.
57. Fest, *Inside Hitler's Bunker*, 188.
58. James, "The Great Escape". A transcrição da BBC identifica erroneamente a força de resgate como do Exército americano, mas as tropas americanas só chegaram em 4 maio.
59. Müller, "Befreiung", LK, 273.
60. James, "Great Escape".
61. Heiss-Hellenstainer "[Original Report]", 13 ago. 1945, família Heiss (dra. Caroline M. Heiss), 2 s.; Niemöller, anotação de diário, 30 abr. 1945, Lutheran Archives Hesse/Nassau, vol. 35/376; Auer, "Fall Niederdorf", 23 jun. 1956, IfZ, ZS 1131; Bonin, "Aussage", 21 nov. 1951, IfZ, ZS 520, 5.
62. Müller, "Befreiung und Abschied", LK, 274.
63. Essa designação remonta à Guerra da Crimeia, quando a Inglaterra apoiou os turcos e eles derrotaram os russos.
64. Müller, "Befreiung", LK, 275.
65. Müller, "Befreiung", LK, 276.
66. Reitlinger, *SS*, 439.
67. Junge, *Final Hour*, 193.

68. Ibid., 193-194.
69. Müller, "Italien", LK, 282.
70. Thomas, "Thoughts and Events", 20 jul. 1945, DNTC, vol. II, 6.13.
71. Neuhäusler, "Nochmals in grösster Gefahr", AH, 200.
72. Müller, "Meine Rettung", LK, 277.
73. Müller, "Italien", LK, 282, NTNT.

Epílogo

1. "Pope Pius XII's Radio Broadcast on War's End", *The New York Times*, 9 maio 1945.
2. Gisevius, *Wo Ist Nebe?*, 221, 230-233; compare com Müller, "Unternehmen Avignon", LK, 197.
3. Gaevernitz, *They Almost Killed Hitler*, 2.
4. Ibid., 3.
5. Gaevernitz, "Between Caserta and Capri", 5.
6. Müller, "Italien", LK, 281.
7. Gaevernitz, "Between Caserta and Capri", 6.
8. Müller, "Italien nach der Befreiung", LK, 285.
9. Gaevernitz, *They Almost Killed Hitler*, 6.
10. Müller considerou que "esse homem [Dale Clark] não devia ser esquecido". Müller, "Italien", LK, 283.
11. Hartl, interrogatório, 9 jan. 1947, CI-FIR/123.
12. Ibid., an. IX, "Hartl's Trip to Russia".
13. Hartl, interrogatório, 9 jan. 1947, CI-FIR/123.
14. Hartl, *Lebe gesund, lange und glücklich!*.
15. Leugers, *Mauer*, 312.
16. Rösch, "Dem Tode entronnen", KGN, doc. 29, 334-335.
17. Bleistein, "Heimweg nach Munich", 22 out. 1945, AR, 140-141.
18. Rösch, "Dem Tode entronnen", 1945/1946, KGN, doc. 29, 375 s.
19. Bleistein, "Heimweg nach Munich", AR, 142.
20. Neuhäusler a Pio XII, [11] maio 1945, ADSS, X, an. 8, n. 6, referência "fogli d'Udienze".
21. Müller, "Privataudienz beim Papst", LK, 291.
22. Ibid., 292.
23. Müller, "Privataudienz beim Papst", LK, 293; Müller, "Befragungen [Widerstand II]", 26 mar. 1963, IfZ, ZS 659/4, 217-218.
24. Müller, "Privataudienz beim Papst", LK, 294; "Besprechung mit Josef Müller", fev. 1952, IfZ, ZS, A-49, 22.
25. Müller, "Privataudienz beim Papst", LK, 295; Gumpel, entrevista, 1º jun. 2014; Leiber, "Gespräch mit Elsen", 10 e 23 abr. [sem ano], NL Elsen.
26. Müller, "Privataudienz beim Papst", LK, 294-295; Müller, transcrição, 22 set. 1966, HDP, III, 1/7.
27. Müller, "Privataudienz beim Papst", LK, 294-295; Müller, transcrição, 3 ago. 1963, fita I, HDP, III, 1/7.
28. Müller, "Privataudienz beim Papst", LK, 295; Müller a CSU, 5 abr. 1978, HDP, IV, 20/5.
29. Pio XII, discurso para o Colégio dos Cardeais, 2 jun. 1945, ADSS, III, n. 600.
30. Tittmann a Taylor, 4 jun. 1945, Taylor Papers, FDRL.
31. SCI Detachment, Munich to Commanding Officer, OSS/X-2, Alemanha, "Semi-Monthly Operations Report SCI Munich", 30 set. 1945, G-TSX-3747, in DO Records [redacted], cx. 3, pasta 21,

CIA ARC; Ruffner, "Eagle and Swastika", CIA, Draft Working Paper, II 37, citando "SC Munich Present and Discontinued Contacts"; NARA, "Research Aid: Cryptonyms and Terms in Declassified CIA Files, Nazi War Crimes and Japanese Imperial Government Records Disclosure Acts", junho de 2007, p. 40, 50 (PDF).

32. Franklin Ford [Perry Miller], "Political Implications of the 20th of July", 15 out. 1945, US Army Military Archives, Lexington, VA. Francis P. Miller Papers, cx. 8, pasta 10.
33. Müller, "Buchenwald", LK, 239.
34. Veja, em particular, Kaiser, *Christian Democracy and the Origins of European Union*, 119, 193, 214, 242, e, num amplo sentido, 22-42, a respeito da unificação europeia como resultado do catolicismo político, do transnacionalismo católico, da cooperação da esquerda católica e das redes de partidos supranacionais, remontando aos contatos do tempo de guerra entre exilados e líderes clandestinos.
35. O criador do euro, Theo Waigel (posteriormente ministro das Finanças alemão e autor de *Pact for Stability and Growth*, adotado pelo Conselho Europeu, em Dublin, em 1996), "inspirou-se durante toda a sua vida" em Müller e, frequentemente, citava o discurso de 1946, em que Müller declarou: "Se os europeus desejarem ter segurança hoje, então a melhor segurança será ter uma moeda única. Se existir uma moeda única na Europa, nenhum país poderá se mobilizar contra o outro. Essa é a melhor garantia de segurança para os europeus." Collignon e Schwarzer, *Private Sector Involvement in the Euro*, 179.
36. Tittmann a Taylor, 4 jun. 1945, Taylor Papers, FDRL.
37. Tittmann, *Inside the Vatican*, 116, citando seu memorando ao Departamento de Estado, 16 jun. 1942.
38. Ibid., 117.
39. Ibid., 123.
40. F.C.G. [Francis C. Gowen] a Taylor, 7 nov. 1944, NARA, RG 59, entrada 1069, cx. 4, loc. 250/48/29/05.
41. SSU (Londres), memorando para o interrogatório de Müller por CIC, 24 out. 1945, in Ruffner, CIA Draft Working Paper, abr. 2003, III, 32. Uma transcrição capturada do serviço estenográfico do Führer citou Hitler dizendo ao general Keitel, em 25 jul. 1943: "Temos de ser muito cuidadosos. Nosso pessoal deve ser preso junto com os outros, para que os outros não percebam quem eles são. Devem até ser interrogados e condenados juntos com os outros. Na realidade, eles são nossos agentes. Os outros jamais devem se dar conta de quem os traiu." Hitler, transcrição de reunião, 25 jul. 1943, ed. Gilbert, 46. Dois dias antes, Keitel, oralmente, emitiu ordens de acusação de traição contra Müller, Dohnanyi, Schmidhuber e Bonhoeffer; um dia depois, ele pôs por escrito as ordens para o promotor Roeder (Kraell, "Bericht Depositenkasse", NL Panholzer 237, 13-14; Roeder, "Aussage", IfZ, ED 92, 266). Nada na transcrição estenográfica, porém, indica que Hitler estava falando de Müller. Além disso, mesmo se Hitler ou Keitel tivessem considerado Müller um informante leal, isso teria simplesmente mostrado como Canaris fora inteligente ao camuflar a traição de Müller como uma investigação de traição.
42. AB-17 [identidade desconhecida] para Holtsman, "Summary of Preliminary Vetting of Dr. Josef Mueller", 31 dez. 1945, LX-003-1231, in Ruffner, CIA Draft Working Paper, abr. 2003, III, 33.
43. Inquirição em 30 out. 1955, "Johan Rattenhuber (Brigadenführer, Chef RSD)", IfZ, ZS 0637.
44. Loringhoven, "Kaltenbrunner und 'Der Ochsensepp' Josef Müller". A respeito da sorte de Müller, Trevor-Roper, *Last Days of Hitler*, 33, compara a política da corte nazista, em abr. 1945, a uma aglomeração de "influências aleatórias" e maquinações de "palhaços flatulentos".
45. Compare com Lucas 17: 33, Mateus 16: 25, Marcos 8: 35.

FONTES

Esta lista exclui as edições de autores clássicos (por exemplo, Tomás de Aquino), referenciadas por meio de números-padrão de capítulo/seção. Onde uma fonte aparece apenas uma vez nas Notas, a informação bibliográfica é fornecida ali e a referência à fonte é omitida aqui.

ABSHAGEN, Karl Heinz. *Canaris:* Patriot und Welburger. Stuttgart: Union Deutsche Verlagsantalt, 1950.
ALBRECHT, Conrad. "Kriegstagbuch, 22 August 1939". In BAUMGART, Winfried. "Zur Ansprache Hitlers vor den Führern der Wehrmacht am 22. August 1939", VfZ 16: 2, 120-149.
ALBRECHT, Dieter (org.). *Der Notenwechsel zwischen dem heiligen Stuhl und der deutschen Reichsregierung*. 2 vols. Mogúncia: KfZ, 1965.
ALBRECHT, Johannes. "Erinnerungen (nach Diktat aufgez. v. P. Thomas Niggl...)". Ettal [mosteiro beneditino], impressão privada, 1962.
ALVAREZ, David. "Faded Lustre: Vatican Cryptography, 1815-1920". *Cryptologia*, 20, 97-131, abril de 1996.
_____. *The Pope's Soldiers*. Lawrence: University Press of Kansas, 2003.
_____. "The Professionalization of the Papal Diplomatic Service, 1909-1967". *Catholic Historical Review*, 72, 233-248, abril de 1989.
_____. *Secret Messages:* Codebreaking and American Diplomacy, 1930-1945. Lawrence: University Press of Kansas, 2000.
_____. *Spies in the Vatican*. Lawrence: University Press of Kansas, 2003.
ALVAREZ, David; GRAHAM, Robert. *Nothing Sacred:* Nazi Espionage Against the Vatican, 1939-1945. Londres: Frank Cass, 1997.
AMÈ, Cesare. *Guerra segreta in Italia, 1940-1943*. Roma: Gherardo Casini, 1954.
AMORT, Cestmir. *Heydrichiáda*. Praga: Nase Vojsko-SPB, 1965.
ANON. "Roman Tombs Beneath the Crypt of St. Peter's". *Classical Journal*, 42, n. 3, 155 e 156, 1946.
APPOLONJ-GHETTI, B.M. et al. (orgs.). *Esplorazioni sotto la Confessione di san Pietro in Vaticano*. 2 vols. Cidade do Vaticano: Tipografia Poliglotta Vaticana, 1951.
ATKINSON, Rick. *Guns at Last Light:* The War in Western Europe 1944-1945. Nova York: Henry Holt, 2013.
AVELING, J.H.C. *The Jesuits*. Nova York: Stein and Day, 1982.
BAIGENT, Michael; LEIGH, Richard. *Secret Germany:* Claus von Stauffenberg and the True Story of Operation Valkyrie. Nova York: Skyhorse, 2008.
BAKER, W.J. *A History of the Marconi Company, 1874-1965*. Londres: Routledge, 2013.
BALFOUR, Michael; FRISBY, Julian. *Helmuth von Moltke:* A Leader against Hitler. Londres: MacMillan, 1972.
BANCROFT, Mary. *Autobiography of a Spy*. Nova York: Morrow, 1983.
BARRETT, William. *Shepherd of Mankind:* A Biography of Pope Paul VI. Nova York: Doubleday, 1964.
BARTOLONI, Bruno. *Le orecchie del Vaticano*. Florença: Mauro Pagliai Editore, 2012. [Selecionado excerto como "All the Mystery Surrounding St. Peter's Tomb". *L'Osservatore Romano*, 29 ago. 2012, 6. Edição semanal em inglês.]
BARTZ, Karl. *Die Tragödie der deutschen Abwehr*. Salzburg: Pilgrim, 1955. [Em inglês: *The Downfall of the German Secret Service*. Tradução de Edward Fitzgerald. Londres: William Kimber, 1956.]

BAUER, Klaus. "Die Tätigkeit von Pater Johannes Albrecht für das Kloster Ettal und seine Verbindung zum Müllerkreis während der nationalsozialistischen Herrschaft (Facharbeit für das Abitur)." Ettal [mosteiro beneditino], impressão privada, 1979.

BAUMGART, Winfried. "Zur Ansprache Hitlers vor den Führern der Wehrmacht am 22. August 1939 (Erwiderung)". VfZ 19 (1971): 301 ss.

BEDESCHI, Lorenzo. "Un episodio di spionaggio antimodernista". *Nuova Revista Storica*, 56, 389-423, maio-ago. 1972.

BELOW, Nicholas von. *At Hitler's Side*: The Memoirs of Hitler's Adjutant 1937-1945. South Yorkshire: Pen and Sword, 2012.

BELVEDERI, G. "La tomba di san Pietro e I recenti lavori nelle Grotte Vaticane". *Bolletino degli Amici Catacombe*, 13, 1-16, 1943.

BENZ, Wolfgang; PEHLE, Walter H. (orgs.). *Lexikon des deutschen Widerstandes*. Frankfurt: S. Fischer, 1994. [Em inglês: *Encylopedia of German Resistance to the Nazi Movement*. Tradução de Lance W. Garmer. Nova York: Continuum, 1997.]

BERGER, John. "High Treason." Original inédito, 21 mar. 2000. Coleção do autor.

BERNABEI, Domenico. *Orchestra Nera*. Turim: ERI, 1991.

BERTOLAMI, Ugo. "Dossier: La Vera Tomba Di San Pietro". Artigo inédito, 2008, coleção do autor.

BESIER, Gerhard. *Die Kirchen und das Dritte Reich*. Berlim: Propyläen, 2001. [Em inglês: *The Holy See and Hitler's Germany*. Tradução de W.R. Ward. Nova York: Palgrave, 2007.]

BEST, S. Payne. *The Venlo Incident*. Londres: Hutchinson, 1950.

BETHGE, Eberhard. *Dietrich Bonhoeffer*: A Biography. Rev. ed. Minneapolis: Fortress, 2000.

BIERBAUM, Max. "Pius XII: Ein Lebensbild". Panfleto. Kölna: Bachem, 1939.

BIESINGER, Joseph A. "The Reich Concordat of 1933". In: COPPA, Frank J. (org.). *Controversial Concordats*. Washington, DC: Catholic University of America Press, 1999, 120-181.

BIFFI, Monica. *Monsignore Cesare Orsenigo:* Nuncio Apostolico in Germania. Milão: NED, 1997.

BLEISTEIN, Roman. *Alfred Delp:* Geschichte eines Zeugen. Frankfurt: Knecht, 1989.

_____. *Augustinus Rösch:* Leben im Widerstrand: Biographie und Dokumente. Frankfurt: Knecht, 1998.

_____. *Dossier: Kreisau Kreis:* Dokumente aus dem Widerstand gegen den Nationalsozialismus aus dem Nachlass von Lothar König, SJ. Frankfurt: Knecht, 1987.

_____. "Jesuiten im Kreisauer Kreis". *Stimmen der Zeit*, 200, 595-607, 1982.

_____. "Josef Roth und Albert Hartl: Priesterkarrieren im Dritten Reich". *Beiträge zur altbayerischen Kirchengeschichte*, 42, 71-109, 1996.

_____. "Kirche und Politik im Dritten Reich". *Stimmen der Zeit*, 205, 147-158, 1987.

_____. "Lothar König". *Stimmen der Zeit*, 204, 313-326, 1986.

_____. "Nationalsozialschte Kirchenpolitik und Katholische Orden". *Stimmen der Zeit*, 203, 1985.

_____. "Rösch Kreis". In: BENZ, Wolfgang; PEHLE, Walter H. (orgs.). *Lexikon des deutschen Widerstandes*. Frankfurt: S. Fischer, 1994.

_____. "Überlaufer im Sold der Kirchenfeinde: Joseph Roth und Albert Hartl, Preisterkarrieren im Dritten Reich". *Beiträge zur Altbayrischen Kirchensgeschichte*, 42, 71-110, 1996.

BLET, Pierre. *Pius XII and the Second World War*. Nova York: Paulist Press, 1999.

BLET, Pierre et al. (org.) *Actes et Documents du Saint Siege relatifs a la Seconde Guerre mondiale*. 11 vols. Cidade do Vaticano: Libreria Editrice Vaticana, 1965-1981. [Em inglês: Vol. 1 (somente). NOEL, Gerard (org.). *The Holy See and the War in Europe March 1939-August 1940*. Dublin: Clonmore and Reynolds, 1968.]

BOBERACH, Heinz. *Berichte des SD und der Gestapo über Kirchen und Kirchenvolk in Deutschland, 1934-1944*. Mogúncia: Kommission für Zeitgeschichte, 1971.

BOESELAGER, Phillipp Freiherr von. *Valkyrie:* The Story of the Plot to Kill Hitler, by Its Last Member. Tradução de Steven Rendall. Nova York: Vintage, 2010.

BOLTON, John Robert. *Roman Century*: A Portrait of Rome as the Capital of Italy, 1870-1970. Nova York: Viking, 1971.
BONHOEFFER, Dietrich. *Ethics*. Ed. Eberhard Bethge. Tradução de Neville Horton Smith. Nova York: Touchstone, 1995.
_____. *Works*. 16 vols. Minneapolis: Fortress, 1993-2006.
BOOTHE, Claire. *Europe in the Spring*. Nova York: Knopf, 1940.
BORMANN, Martin. *The Bormann Letters:* The Private Correspondence Between Martin Bormann and His Wife from January 1943 to April 1945. Ed. H.R. Trevor-Roper. Londres: Weidenfeld and Nicholson, 1954.
BRAKELMANN, Günter. *Peter Yorck von Wartenburg 1904-1944*. Eine Biographie. Munique: C.H. Beck, 2012.
BRAUN, Odlio. "Lebendig in der Erinnerung". In: DELP, Alfred. *Kämpfer, Beter, Zeuge*. Freiburg: Herder, 1962, 111-114.
_____. "Wie sie ihren Kreuzweg gingen: Ansprache zur Gedenkfeier der Opfer des 20 Juli 1944 in Berlin--Plötzensee am 20 Juli 1954". In *Bekenntnis und Verpflichtung*: Reden und Aufsätze zur zehnjährigen Wiederkehr des 20. Juli 1944. Stuttgart: Stuttgart Vorwerk, 1955.
BREITMAN, Richard. *Architect of Genocide:* Himmler and the Final Solution. Nova York: Knopf, 1991.
_____. *Official Secrets:* What the Nazis Planned, What the British and Americans Knew. Nova York: Hill and Wang, 1998.
BREITMAN, Richard (org.). *U.S. Intelligence and the Nazis*. Washington, DC: National Archives Trust Fund Board, s.d. [2005].
BREITMAN, Richard; GODA, Norman J.W. "OSS Knowledge of the Holocaust". US National Archives Trust Fund Board, Nazi War Crimes, and Japanese Imperial Government Records Interagency Working Group, Washington, DC, 2005.
BRISSAUD, André. *Canaris*. Tradução e edição de Ian Colvin. Nova York: Grosset and Dunlap, 1970.
BROSZAT, Martin. *Der Staat Hitlers*. Wiesbaden: Marix, 2007.
_____. *Nationalsozialistische Polenpolitik, 1939-1945*. Stuttgart: Deutsche Verlagsantalt, 1961.
_____. "Zur Perversion der Strafjustiz im Dritten Reich". *Vierteljahrshefte für Zeitgeschichte*, 4, 1958.
BROSZAT, Martin; FROHLICH Elke; WIESEMANN, Falk (orgs.) *Bayern in der NS-Zeit: Soziale Lage und politisches Verhalten der Bevölkerung im Spiegel vertraulicher Berichte*. Munique: Institute für Zeitgeschichte, 1977.
BROWDER, George. *Foundations of the Nazi Police State:* The Formation of Sipo and SD. Lexington: University Press of Kentucky, 1990.
BUCHHEIT, Gert. *Der deutsche Geheimdienst*. Beltheim-Schnellbach: Lindenbaum, 2010.
BUCHSTAB, Gert et al. *Christliche Demokraten gegen Hitler:* Aus Verfolgung und Widerstand zur Union. Freiburg: Herder, 2004.
BUNSON, Mathew. *The Pope Encyclopedia*. Nova York: Crown, 1995.
BURIAN, Michal et al. "Assassination: Operation Anthropoid, 1941-1942". Arquivo PDF. Praga: Ministério da Defesa da República Tcheca, 2002.
BURLEIGH, Michael. *The Third Reich:* A New History. Nova York: Hill and Wang, 2001.
BURNS, James MacGregor. *Roosevelt:* The Soldier of Freedom, 1940-1945. Francis Parkman Prize edition. Nova York: History Book Club, 2006.
BURNS, Tom. *The Use of Memory*. Londres: Sheed and Ward, 1993.
BURTON, Katherine. *Witness of the Light:* The Life of Pope Pius XII. Nova York: Longmans, Green, 1958.
BUTOW, Robert. "The FDR Tapes". *American Heritage*, 13-14, fev./mar. 1982.
_____. "How FDR Got His Tape Recorder". *American Heritage*, 109-112, out./nov. 1982.

CABASÉS, Félix Juan (org.). "Cronistoria Documentata e Contestualizzata della Radio Vaticana". Rádio Vaticana, Cidade do Vaticano, 2011, www.radiovaticana.va/it1/cronistoria.asp?pag. Acessado em 22 maio 2014.

CADOGAN, Alexander. *The Diaries of Sir Alexander Cadogan, 1938-1945*. Org. David Dilks. Nova York: G.P. Putnam's Sons, 1971.

CASTAGNA, Luca. *A Bridge Across the Ocean:* The United States and the Holy See Between the Two World Wars. Washington, DC: Catholic University of America Press, 2014.

CAVALLI, Dimitri. "Jewish Praise for Pius XII". *Inside the Vatican*, 72-77, out. 2000.

CHADWICK, Owen. *Britain and the Vatican During the Second World War*. Nova York: Cambridge University Press, 1986.

_____. *A History of the Popes, 1830-1914*. Nova York: Oxford University Press, 1998.

CHALOU, George (org.) *The Secrets War:* The Office of Strategic Services in World War II. Washington, DC: National Archives and Records Administration, 1992.

CHARLES-ROUX, François. *Huit ans au Vatican, 1932-1940*. Paris: Flammarion, 1947.

CHEETHAM, Nicolas. *A History of the Popes*. Nova York: Scribners, 1982.

CHENAUX, Philippe. *Pio XII, Diplomatico e Pastore*. Milão: Cinisello Balsamo, 2004.

CIANFARRA, Camille. *The Vatican and the War*. Nova York: Dutton, 1944.

CIANO, Galeazzo. *The Ciano Diaries*. Org. Hugh Gibson. Nova York: Doubleday, 1946.

CLARK, Mark W. *Calculated Risk*. Nova York: Enigma Books, 2007.

COADY, Mary Frances. *With Bound Hands:* A Jesuit in Nazi Germany. The Life and Selected Prison Letters of Alfred Delp. Chicago: Loyola Press, 2003.

COLLIGNON, Stefan; SCHWARZER, Daniela (orgs.). *Private Sector Involvement in the Euro*: The Power of Ideas. Londres: Routledge, 2003.

COLVIN, Ian. *Chief of Intelligence*. Londres: Victor Gollancz, 1951.

_____. *Master Spy*. Nova York: McGraw-Hill, 1951.

_____. *Vansittart in Office*. Londres: Victor Gollancz, 1965.

CONNELLY, John. *From Enemy to Brother:* The Revolution in Catholic Teaching on the Jews, 1933-1965. Cambridge, MA: Harvard University Press, 2012.

CONSTANTINI, Celso. *Ai margini della Guerra (1838-1947):* Diario inedito del Cardinale Celso Constantini. Veneza: Marcianum Press, 2010. [Em inglês: *The Secrets of a Vatican Cardinal: Celso Constantini's Wartime Diaries, 1938-1947*. Org. Bruno Fabio Pighin. Tradução de Laurence B. Mussio. Montreal: McGill-Queen's University Press, 2014.]

CONWAY, John. "The Meeting Between Pope Pius XII and Ribbentrop". *CCHA Study Sessions*, 35, 103-116, 1968.

_____. "Myron C. Taylor's Mission to the Vatican, 1940-1950". *Church History*, 44, n. 1, 85-99, 1975.

_____. *The Nazi Persecution of the Churches, 1933-1945*. Nova York: Basic Books, 1968.

_____. "Pope Pius XII and the German Church: An Unpublished Gestapo Report". *Canadian Journal of History*, 2, 72-83, mar. 1967.

COOPER, H.H. "English Mission: Clandestine Methods of the Jesuits in Elizabethan England as illustrated in an Operative's Own Classic Account". *Studies in Intelligence*, 5, n. 2, A43-A50, primavera de 1961.

COPPA, Frank. *Cardinal Giacomo Antonelli and Papal Politics in European Affairs*. Albany: State University of New York Press, 1990.

_____. *The Italian Wars of Independence*. Nova York: Longman, 1992.

_____. *The Modern Papacy Since 1789*. Nova York: Addison Wesley Longman, 1998.

COPPA, Frank (org.). *Controversial Concordats:* The Vatican's Relations with Napoleon, Mussolini, and Hitler. Washington, DC: Catholic University of America Press, 1999.

CORMENIN, Louis-Marie de Lahaye. *A Complete History of the Popes of Rome*. 2 vols. Filadélfia: J.B. Smith, 1850.

CORNWELL, John. *Hitler's Pope:* The Secret History of Pius XII. Nova York: Viking, 1999.

_____. *The Pontiff in Winter:* Triumph and Conflict in the Reign of John Paul II. Nova York: Doubleday, 2005.

COUSINS, Norman. *The Improbable Triumvirate:* John F. Kennedy, Pope John, Nikita Khrushchev. Nova York: W.W. Norton, 1972.

CURRAN, John. "The Bones of Saint Peter?". *Classics Ireland*, 3, 18-46, 1996.

DEDERICHS, Mario. *Heydrich: The Face of Evil*. Londres: Greenhill, 2006.

DELP, Alfred. "Bereitschaft". *Chrysologus*, 75, 353-357, 1935.

_____. "Die Moderne Welt und Die Katholische Aktion". *Chrysologus*, 75, 170-178, 1935.

_____. *Gesammelte Schriften*. Org. Roman Bleistein. 5 vols. Frankfurt: Knecht: 1982-1984, 1988.

_____. *Kämpfer, Beter, Zeuge*. Freiburg: Herder, 1962.

DERRY, Sam. *The Rome Escape Line*. Nova York: Norton, 1960.

DESCHNER, Gunther. *Heydrich: The Pursuit of Total Power*. Londres: Orbis, 1981.

DEUTSCH, Harold C. *The Conspiracy Against Hitler in the Twilight War*. Minneapolis: University of Minnesota Press, 1968.

_____. "The German Resistance: Answered and Unanswered Questions". *Central European History*, 14, n. 4, 322-331, 1981.

_____. Letter to Josef Müller. 2 dez. 1965, HDP, II, 1/7.

_____. "Pius XII and the German Opposition in World War II". Artigo lido no congresso da American Historical Association, dez. 1965, HDP, VII, 4/8.

DIPPEL, John V.H. *Two Against Hitler: Stealing the Nazis' Best-Kept Secrets*. Nova York: Praeger, 1992.

Documents on British Foreign Policy, 1919-1939. D Series, vol. 5. Londres: Her Majesty's Stationery Office, 1956.

DOHNANYI, Christine von. "Aufzeichnung (Mier das Schicksal der Dokumentensammlung meines Mannes)". IfZ, ZS 603.

_____. Declaração, 26 jun. 1958, HDP.

DOMARUS, Max (org.) *Hitler:* Reden und Proklamationen, 1932 bis 1945. Wiesbaden: Löwit, 1973. [Em inglês: *Hitler:* Speeches and Proclamations, 1932-1945. Tradução de Mary Fran Golbert. Wauconda, IL: Bolchazy-Carducci, 1990.]

DORNBERG, John. *Munich 1923:* The Story of Hitler's First Grab for Power. Nova York: Harper and Row, 1982.

DOYLE, Charles Hugo. *The Life of Pope Pius XII*. Sydney: Invincible Press, 1947.

DREHER, K. *Der Weg zum Kanzler:* Adenauers Griff nach der Macht. Düsseldorf: Econ, 1972.

DUCE, Alessandro. *Pio XII e la Polonia (1939-1945)*. Roma: Edizioni Studium, 1997.

DUFFY, James P.; RICCI, Vincent. *Target Hitler*. Boulder: Praeger, 1992.

DULLES, Allen. *Germany's Underground*. Nova York: MacMillan, 1947.

EDSEL, Robert. *Saving Italy:* The Race to Rescue a Nation's Treasures from the Nazis. Nova York: W.W. Norton, 2013.

EHRLE, Gertrud; BROEL, Regina. *Licht über dem Abgrund*. Freiburg im Breisgau: Herder, 1951.

EIDENSCHINK, Georg. "Interrogation [statement taken] by Capt. O.N. Nordon (Present: Dr. Josef Müller)". 6 nov. 1945. DNTC, vol. XVII, Sec. 53.015.

ENNIO, Caretto. "Olocausto, le denunce ignorate dagli Alleati". *Corriere della Sera*, Roma, 16, 4 set. 2001.

EPSTEIN, Klaus. *Mathias Erzberger and the Dilemma of German Democracy*. Princeton, NJ: Princeton University Press, 1959.

EVANS, Richard J. *The Coming of the Third Reich*. Nova York: Penguin, 2004.

_____. *The Third Reich at War*. Nova York: Penguin, 2009.

_____. *The Third Reich in Power*. Nova York: Penguin, 2005.

FALCONI, Carlo. *Silence of Pius XII*. Tradução de Bernard Wall. Boston: Little, Brown, 1970.

FATTORINI, Emma. *Germania e Santa Sede: Le nunziature de Pacelli tra la Grande Guerra e la Repubblica di Weimar*. Bolonha: Società Editrice il Mulino, 1992.

FAULHABER, Michael von. *Judentum, Christentum, Germanentum: Adventspredigten gehalten in St. Michael zu München*. Munique: Druck und Verlag der Graphischen Kunstanstalt A. Huber, 1934.

FELDKAMP, Michael F. "Paul Franken". In: BUCHSTAB, Gert et al. *Christliche Demokraten gegen Hitler: Aus Verfolgung und Widerstand zur Union*. Freiburg: Herter, 2004, 172-178.

_____. *Pius XII und Deutschland*. Göttingen: Vandenhoeck und Ruprecht, 2000.

FERDINAND, Louis. *The Rebel Prince:* Memoirs of Prince Louis Ferdinand of Prussia. Chicago: Henry Regnery Co., 1952.

FERRUA, Antonio. "Il sepolcro di san Pietro e di certo nella Basilica Vaticana". *Il Messaggero*, 16 jan. 1952.

_____. "La crittografia mistica ed i graffiti Vaticana". *Rivista di Archeologia Cristiana*, 35, 231-247, 1959.

_____. "La storia del sepolcro di san Pietro". *La Civiltà Cattolica*, 103 (1952): 15-29.

_____. "Nelle Grotte di san Pietro". *La Civiltà Cattolica*, 92, 358-365, 424-433, 1941.

_____. "Nuove scoperte sotto san Pietro". *La Civiltà Cattolica*, 92, 72-83, 228-241, 1942.

_____. "Sulle orme san Pietro". *La Civiltà Cattolica*, 94, 81-102, 1943.

FEST, Joachim C. *Hitler:* Eine Biographie. 2 vols. Frankfurt: Ullstein, 1978. [Em inglês: *Hitler*. Tradução de Richard e Clara Winston. Nova York: Harcourt Brace, 1974.]

_____. *Plotting Hitler's Death:* The Story of the German Resistance. Nova York: Owl, 1996.

FITZGIBBON, Constantine. *20 July*. Nova York: Norton, 1956.

FLYNN, George Q. "Franklin Roosevelt and the Vatican: The Myron Taylor Appointment". *Catholic Historical Review*, 58, n. 2, 171-194, jul. 1972.

FORSCHBACK, Edmund. *Edgar J. Jung:* Ein konservativer Revolutionar 30. Juni 1934. Pfullingen: G. Neske, 1984.

FRALE, Barbara. "Petrusgrab: Ort einer Verschwörung gegen Hitler?". Vatikanische Dokumente (rv 21.03.2012 gs), Radio Vatican (de), 2 fev. 2012.

FRANK, Hans. *Im Angesicht des Galgens: Deutung Hitlers und seiner Zeit auf Grund eigener Erlebnisse und Erkenntnisse*. Munique: Neuhaus, 1953.

FRANKEN, Paul. "20 Jahre später". *Akademische Monatsblätter des KV* 68 (jan. 1956).

FREEMANTLE, Anne (org.) *A Treasury of Early Christianity*. Nova York: Viking, 1953.

FREND, William. "Ein Beweis der tiefen Uneinigkeit". *Frankfurter Allgemeine Zeitung*, B3, 12 jul. 1997.

_____. "The Vatican Germans and the Anti-Hitler Plot". *History Today*, 54, 2004: 62 ss.

FRIEDLÄNDER, Saul. *Pius XII and the Third Reich*. Nova York: Knopf, 1966.

_____. *The Years of Extermination:* Nazi Germany and the Jews 1939-1945. Nova York: Harper Collins, 2007.

FROHLICH, Elke (org.) *Die Tagebücher von Joseph Goebbels, Teil Aufzeichnungen 1923-1941*. Munique: K.G. Saur, 1998.

GAEVERNITZ, Gero von. "From Caserta to Capri". In: SCHLABRENDORFF, Fabian von. *They Almost Killed Hitler*. Nova York: MacMillan, 1947, 1-7.

GALANTE, Pierre. *Operation Valkyrie:* The German Generals' Plot Against Hitler. Nova York: Harper and Row, 1981.

GALLAGHER, Charles. "Cassock and Dagger: Monsignor Joseph P. Hurley and American Anti-Fascism in Mussolini's Italy, 1938-1940". Artigo apresentado na reunião da American Catholic Historical Association, Indianapolis, 28 mar. 1998.

_____. "Personal, Private Views: Newly Discovered Report from 1938 Reveals Cardinal Pacelli's Anti-Nazi Stance". *America*, 189, n. 5, 2003.

_____. *Vatican Secret Diplomacy:* Joseph Hurley and Pope Pius XII. New Haven, CT: Yale University Press, 2008.
GALLAGHER, J.P. *The Scarlet and the Black:* The True Story of Monsignor Hugh O'Flaherty. São Francisco: Ignatius Press, 2009.
GASBARRI, Carlo. *Quando il Vaticano confinava con il Terzo Reich*. Pádua: Edizioni Messaggero, 1984.
GERARD, John. *The Autobiography of a Hunted Priest*. Tradução de Philip Caraman. São Francisco: Ignatius Press, 1988.
GERSDORFF, Rudolf-Christoph von. *Soldat im Untergang*. Frankfurt/M; Berlim; Viena: Ullstein, 1977.
GERSTENMAIER, Eugen. *Streit und Friede hat seine Zeit*. Berlim: Propyläen: 1981.
_____. "Zur Geschichte des Umsturzversuchs vom 20. Juli 1944". *Neue Züricher Zeitung*, 23-24 jun. 1945.
GHETTI, B.M. et al. *Esplorazioni Sotta La Confessione Di San Pietro in Vaticano Eseguite Negli Anni, 1940-1949*. 2 vols. Cidade do Vaticano: Tipografia Poliglotta Vaticana, 1951.
GILBERT, Felix (org.). *Hitler Directs His War:* The Secret Records of His Daily Military Conferences. Oxford: Oxford University Press, 1950.
GILBERT, Martin. *Auschwitz and the Allies*. Londres: Michael Joseph/Rainbird, 1981.
GIOVANETTI, Alberto. *Roma: Città aperta*. Milão: Ancora, 1962.
GISEVIUS, Hans Bernd. "Political Background of the German Resistance Movement and of the Events Which Led to the Conspiracy Against Hitler and the Up-Rising Attempt of July 20th, 1944". Sem data [1945-1946]. AWDP, cx. 29, pasta 2 (PDF, 29-37).
_____. *To the Bitter End:* An Insider's Account of the Plot to Kill Hitler. Nova York: Da Capo, 1998.
_____. *Wo ist Nebe?*. Zurique: Droemersche Verlangstalt, 1966.
GISKES, Hermann J. *Spione überspielen Spione*. Hamburg: Thoth, 1951.
GODMAN, Peter. *Der Vatikan und Hitler*. Munique: Knaur TB, 2005. [Em inglês: *Hitler and the Vatican*. Nova York: Basic Books, 2004.]
GOEBBELS, Josef. *Final Entries 1945:* The Diaries of Josef Goebbels. Trad. de Richard Barry. Nova York: G.P. Putnam's Sons, 1978.
_____. *The Goebbels Diaries 1939-1941*. Tradução de Fred Taylor. Nova York: G.P. Putnam's Sons, 1983.
_____. *The Goebbels Diaries 1942-43*. Org. Louis P. Lochner. Garden City, NY: Doubleday, 1948.
_____. *Journal 1939-1942*. Paris: Tallandier (Archives contemporaines), 2009.
GOLDMANN, Gereon Karl. *The Shadow of His Wings*. São Francisco: Ignatius Press, 2000.
GORDON, Harold J. *Hitler and the Beer Hall Putsch*. Princeton, NJ: Princeton University Press, 1972.
GRAHAM, Robert A. "Il vaticanista falsario: L'incredibile successo di Virgilio Scattolini". *Civiltà Cattolica*, 3, 467-478, set. 1973.
_____. "La strana condotta di E. von Weizsäcker ambasciatore del Reich in Vaticano". *Civiltà Cattolica*, 2, 455-471, 1970.
_____. "The 'Right to Kill' in the Third Reich: Prelude to Genocide". *Catholic Historical Review*, 62, n. 1, 56-76, jan. 1976.
_____. "Spie naziste attorno al Vaticano durante la seconda guerra mondiale". *Civiltà Cattolica*, 1, 21-31, jan. 1970.
_____. *The Vatican and Communism During World War II:* What Really Happened?. São Francisco: Ignatius, 1996.
_____. *Vatican Diplomacy:* A Study of Church and State on the International Plane. Princeton, NJ: Princeton University Press, 1959.
_____. "Voleva Hitler allontanare da Roma Pio XII?". *Civiltà Cattolica*, 1, 319-327, fev. 1972.
_____. "Voleva Hitler Che Fosse Pio XII A Negoziare La Pace?". *La Civiltà Cattolica*, 4, 219-233, 1976.
GRIESINGER, Theodor. *The Jesuits:* A Complete History of Their Open and Secret Proceedings from the Foundation of the Order to the Present Time. 2. ed. Londres: W.H. Allen, 1885.

GRISAR, Hartmann. *Analecta Romana*. Vol. 1. Roma: Desclée Lefebvre, 1899.

_____. *Le Tombe Apostoliche di Rome*: Studi de Archeologia e di Storia. Roma: Tipografia Vaticana, 1892.

GRITSCHNEIDER, Otto. "Die Akten des Sondergerichts über Pater Rupert Mayer S.J". *Beiträge zur altbayerischen Kirchengeschichte*, 28, 1974.

GROSCURTH, Helmuth. *Tagebücher Eines Abwehroffizers, 1938-1940. Mit weiteren Dokumenten zur Militäropposition gegen Hitler*. Org. Harold C. Deutsch et al. Stuttgart: Deutsche Verlags-Anstalt, 1970.

GUARDUCCI, Margherita. *Cristo e san Pietro in un documento preconstantiniano della Necropoli Vaticana*. Roma: Bretschneider, 1953.

_____. *Dal gioco letterale alla crittografia mistica*. Berlim: Walter de Gruyter, 1978.

_____. *I Graffiti sotto La Confessione di san Pietro in Vaticana*. 3 vols. Cidade do Vaticano: Libreria Editrice Vaticana, 1957.

_____. "Il fenomino orientale dal simbolismo alfabetico e i svoi svilluppi nel mondo cristiano d'occidente". *Accademia Nazionale dei Lincei*, 62, 467-497, 1964.

_____. "Infundate reserve sulle Reliquie di Pietro". *Archeologia Classica*, 2, 352-373, 1968.

_____. *Le Reliquie di Pietro*. Cidade do Vaticano: Libreria Editrice Vaticana, 1965.

_____. *Le Reliquie di Pietro: Una messa a punto*. Roma: Coletti Editore, 1967.

_____. *Peter: The Rock on Which the Church Is Built. A Visit to the Excavations Beneath the Vatican Basilica*. Cidade do Vaticano: Rev. Fabricca di S. Pietro, 1977.

_____. *St. Pierre Retrouvé*. Paris: Éditions St. Paul, 1974.

_____. *The Tomb of St. Peter*. Nova York: Hawthorn, 1960.

GUIDUCCI, Pier Luigi. *Il Terzo Reich Contro Pio XII*: Papa Pacelli nei documenti nazisti. Milan: Edizioni San Paolo, 2013.

GUMPEL, Peter. Entrevistas do autor, 17 maio e 1º jun. 2014.

GUTTENBERG, Elisabeth von. *Holding the Stirrup*. Nova York: Little, Brown, 1952.

GUTTENBERG, Karl Ludwig Freiherr zu. "Zusammenmassung meiner Angaben vor Standartenführer Huppenkothen". 7 nov. 1944. Reeditado em DONOHOE, James. *Hitler's Conservtive Opponents in Bavaria*: a study of monarchist, and separatist anti-Nazi activities, an. F (A Political Statement of Karl Ludwig Freiherr zu Guttenberg). Leiden: E.J. Brill, 1961, 258-267.

GVOSDEV, Nikolas K. "Espionage and the Ecclesia". *Journal of Church and State*, 22 set. 2000, 803 ss.

HAASIS, Hellmut G. *Tod in Prag*: Das Attentat auf Reinhard Heydrich. Reinbek: Rowohlt, 2002.

HALDER, Franz. *The Halder War Diary, 1939-1943*. Orgs. Charles Burdick e Hans-Adolf Jacobsen. Novato, CA: Presidio, 1988.

_____. *Kriegstagebuch*: Tägliche Aufz. des Chefs des Generalstabes des Heeres, 1939-1942. 3 vols. Stuttgart: Kohlhammer, 1962-1964.

HALES, Edward Elton Young. *The Catholic Church in the Modern World*: A Survey from the French Revolution to the Present. Garden City, NY: Hanover House, 1958.

HAPIG, Marianne. *Tagebuch und Erinnerung*. Orgs. Elisabeth Prégardier. Plöger: Edition Mooshausen, 2007.

HARRISON, E.D.R. "The Nazi Dissolution of the Monasteries: A Case-Study". *English Historical Review*, 99, 1994.

HARTL, Albert [como Dieter Schwarz, com Reinhard Heydrich]. *Attack Against the National Socialist World-View*. Tradução de *Angriff auf die nationalsozialistische Weltanschauung* (1936). Lincoln, NE: Preuss, 2001.

HARTL, Albert [como Alfred Harder]. "Papst Pius XII. Der Mensch – der Politker". Berlim: Theodor Fritsch, 1939. Panfleto elaborado com os auspícios da SS; nenhuma referência a acontecimentos depois de meados de mar. 1939.

HARTL, Albert [como Anton Holzner]. *Priestermacht*. Berlim: Nordlandverlag, 1939. [Em inglês: *Priest Power*. Lincoln, NE: Preuss, 2001.]

HARTL, Albert (org.) *Lebe gesund, lange und glücklich!*. Schlachters bei Lindau: Wohlmuth, 1956.

HASSELL, Ulrich von. *Die Hassell-Tagebücher, 1938-1944*: Aufzeichnungen vom Andern Deutschland. Berlim: Siedler, 1988.

_____. *The Ulrich von Hassell Diaries*: The Story of the Forces Against Hitler Inside Germany. Tradução de Geoffrey Brooks. South Yorkshire, UK: Frontline Books; Pen and Sword, 2011.

HASTINGS, Derek. *Catholicism and the Roots of Nazism*: Religious Identity and National Socialism. Nova York: Oxford University Press, 2010.

HATCH, Alden; WALSHE, Seamus. *Crown of Glory*: The Life of Pope Pius XII. Nova York: Hawthorn Books, 1956.

HEBBLETHWAITE, Peter. *In the Vatican*. Bethesda, MD: Adler and Adler, 1968.

_____. *Paul VI*: The First Modern Pope. Nova York: Paulist Press, 1993.

HEHL, Ulrich von. *Priester unter Hitlers Terror*: Eine biographische und statistische Erhebung. Mogúncia: Matthias Grünewald, 1985.

HEIDEN, Conrad. *A History of National Socialism*. Reedição. Londres: Routledge, 2013.

HELD, Heinrich. "Ditkiert Minsterpräsident Dr. Heinrich Held unmittlebar nach dem 9 Marz 1933 über die Vorgange bei der Machübernahme der Nationalsozialisten in Bayern". Müller, "Niederschrift", LK, 373-378.

HELD, Joseph. *Heinrich Held*: Ein Leben für Bayern. Regensburg: Held, 1958.

HELMREICH, Ernst. *The German Churches Under Hitler*. Detroit: Wayne State University Press, 1979.

HENNESSEY, James. "An American Jesuit in Wartime Rome: The Diary of Vincent A. McCormick, S.J., 1942-1945". *Mid-America*, 56, n. 1, jan. 1974.

HESSEMANN, Michael. *Der Papst, der Hitler trotzte*: Die Wahrheit über Pius XII. Augsburg: Sankt Ulrich, 2008.

_____. "Pius XII, Stauffenberg und Der Ochsensepp". *Kath.Net*, 19 jul. 2009.

HETTLER, Friedrich Hermann. "Josef Müller (Ochsensepp): Mann des Widerstandes und erster CSU-Vorsitzender". *Miscellanea Bavarica Monacensia*, vol. 55, Kommissionsverlag UNI-Druck München, Neue Schriftenreihe des Stadtarchivs. Munique, 1991.

HEYDECKER, Joe J.; LEEB, Johannes. *The Nuremberg Trial*: A History of Nazi Germany as Revealed Through the Testimony at Nuremberg. Tradução de R.A. Downie. Londres: Heinemann, 1962.

HILBERG, Raul. *The Destruction of the European Jews*. Nova York: Octagon, 1978.

HILGENREINER, K. "Tyrannenmord". In *Lexicon für Theologie und Kirche*, 10. Freiburg im Breisgau: Herder, 1938, 346-348.

HILL, Leonidas. "The Vatican Embassy of Ernst von Weizsäcker, 1943-1945". *Journal of Modern History*, 39, 138-159, jun. 1967.

HILTON, Stanley E. "The Welles Mission to Europe, February-March 1940: Illusion or Realism?". *Journal of American History*, 58, n. 1, 93-120, jun. 1971.

HIMMLER, Heinrich. *Rassenpolitik*. Panfleto. Berlim, s.d. [1943]. Tradução de Randall Bytwerk. German Propaganda Archive.

HINSLEY, F.H. *British Intelligence in the Second World War*. Ed. compacta. Nova York: Cambridge University Press, 1993.

HITLER, Adolf. *Hitlers Tischgespräche*. Org. Henry Picker. Wiesbaden: VMA-Verlag, 1983.

HOEK, Kies van. *Pope Pius XII*: Priest and Statesman. Nova York: Philosophical Library, 1945.

HOFMANN, Paul. *O Vatican!*: A Slightly Wicked View of the Holy See. Nova York: Congdon and Weed, 1982.

HOFFMANN, Peter. *The History of the German Resistance 1939-1945*, 3. ed. Cambridge, MA: MIT Press, 1996.

_____. *Hitler's Personal Security*. Nova York: Da Capo, 2000.

_____. *Stauffenberg: A Family History*. Nova York: Cambridge University Press, 1995.
HOFFMANN, Peter (org.). *Beyond Valkyrie:* German Resistance to Hitler: Documents. Montreal: McGill-Queen's University Press, 2011.
HOFMEISTER, Corbinian. Transcrição. 6 ago. 1963, HDP, III, 1/7.
HÖHNE, Heinz. *Canaris:* Hitler's Master Spy. Nova York: Doubleday, 1979.
_____. *The Order of the Death's Head:* The Story of Hitler's S.S. Tradução de Richard Barry. Nova York: Coward-McGann, 1970.
HÖLLEN, Martin. *Heinrich Wienken, der "unpolitische" Kirchenpolitiker:* Eine Biographie aus drei Epochen des deutschen Katholizismus. Mogúncia: Veröffentlichungen der Kommission für Zeitgeschichte, 1981.
HOLLIS, Christopher. *The Jesuits:* A History. Nova York: MacMillan, 1968.
HOLMES, Derek J. *The Papacy in the Modern World:* 1914-1978. Nova York: Crossroad, 1981.
_____. *The Triumph of the Holy See*. Londres: Burns and Oates, 1978.
HÖTTL, Wilhelm [sob o pseudônimo de Walter Hagen]. *Die geheime Front*. Viena: Nibelungen, 1950. [Em inglês: HOETTEL, Wilhelm. *The Secret Front:* The Inside Story of Nazi Political Espionage. Londres: Phoenix, 2000.]
HUDEC, L.E. "Recent Excavations Under St. Peter's Basilica in Rome". *Journal of Bible and Religion*, 20, n. 1, 13-18, 1952.
HUGHES, John Jay. "Hitler, the War, and the Pope". *First Things*, out. 2000.
HUPPENKOTHEN, Walter. "Der 20. Juli 1944". Declaração sem data. HDP, 2/10.
_____. "The 20 July Plot Answers of Walter Huppenkothen". USFET/CIC. Relatório do interrogatório, Hersbruck, 17 maio 1946. Respostas em alemão (19 pp.) de um questionário em inglês de três páginas. Papel-carbono. Lord Dacre Papers, DJ 38, Pasta 21.
_____. "Verhältnis Wehrmacht Sicherpolitzei...". Declaração, s.d., HDP, 2/10.
IHNHASS, Michael J. [L.M. Telepun]. "The Bloody Footprints". Impresso pessoalmente, 1954.
Irmingard von Bayern [Prinzessin]. *Jugend-Erinnerungen: 1923-1950*. Erzabtei St. Ottilien: EOS, 2010.
IRVING, David. *Hitler's War*. Nova York: Viking, 1977.
JACOBSEN, Hans-Adolf. "10. Januar 40 - Die Affäre Mechlin". *Wehrwissenschaftliche Rundschau*, 4, 497-515, 1954.
_____. *Fall Gelb*. Wiesbaden: Steiner, 1957.
JACOBSEN, Hans-Adolf (org.). *July 20, 1944*: Germans Against Hitler. Bonn: Federal Government of Germany, 1969.
JOACHIMSTHALER, Anton. *Hitlers Ende*. Munique: Herbig, 2004.
JOACHIMSTHALER, Anton; BÖGLER, Helmut. *The Last Days of Hitler*. Londres: Brockhampton, 1999.
JOHN, Otto. *Twice Through the Lines:* The Autobiography of Otto John. Nova York: Harper and Row, 1972.
JOSI, Enrico. "Gli scavi nelle Sacre Grotte Vaticana.". In: *Il Vaticano nel 1944*. Roma: Tipographia Vaticana, 1945, 2-13.
_____. "Ritrovamenti Archeologici". *L'Osservatore Romano*, 13 mar. 1941, 6.
JUNGE, Traudl. Until the *Final Hour:* Hitler's Last Secretary. Tradução de Anthea Bell. Nova York: Arcade, 2004.
KAAS, Ludwig. "The Search for the Bones of St. Peter". *Life*, 79-85, 27 mar. 1950.
KAHN, David. *The Codebreakers:* The Story of Secret Writing. Nova York: MacMillan, 1967.
_____. *Hitler's Spies:* German Military Intelligence in World War II. Nova York: MacMillan, 1978.
KAISER, Wolfram. *Christian Democracy and the Origins of European Union*. Nova York: Cambridge University Press, 2007.
KALTEFLEITER, Werner; OCHSWALD, Hanspeter. *Spione im Vatikan:* Die Päpste im Visier der Geheimdienste. Munique: Pattloch, 2006.

KALTENBRUNNER, Ernest. "The Defense Case. VII. Final Argument" com "Final Plea", 20 nov. 1945, NCA, II, Pt. 1, 275 ss. Kurt Kauffmann era o advogado de defesa.
KEITEL, Wilhelm. *The Memoirs of Field-Marshal Keitel*. Org. Walter Gorlitz. Nova York: Stein and Day, 1966.
KELLER, Hermann. "Zeugenschriftum", 4 jul. 1967, IfZ, ZS 2424.
KEMPNER, Benedicta Maria. *Priester vor Hitlers Tribunalen*. Leipzig: Rütten u. Loening, 1966.
KENNAN, George. *Memoirs, 1925-1950*. Nova York: Pantheon, 1983.
KERSHAW, Ian. *Hitler 1889-1936*: Nemesis. Nova York: W.W. Norton, 1998.
_____. *Hitler 1936-1945*: Nemesis. Nova York: W.W. Norton, 2000.
_____. *The 'Hitler Myth'*: Image and Reality in the Third Reich. Nova York: Oxford University Press, 2001.
_____. *Hitler, the Germans and the Final Solution*. New Haven, CT: Yale University Press, 2008.
_____. *Popular Opinion and Political Dissent in the Third Reich*: Bavaria, 1933-1945. Oxford: Clarendon, 1983.
_____. *The Nazi Dictatorship*: Problems and Perspectives of Interpretation. 3. ed. Londres: Arnold, 2000.
Kertzer, David I. *The Pope and Mussolini*: The Secret History of Pius XI and the Rise of Fascism in Europe. Nova York: Random House, 2014.
KESSEL, Albrecht von. "Umschwung in D". Original escrito a mão, s.d., 6 nov. 1942, Nachlass Kessel. Reeditado em SCHWERIN, *Köpfe*, 447-452.
_____. *Verborgene Saat*: Aufzeichnungen aus dem Widerstand, 1933 bis 1945. Org. Peter Steinbach. Berlim: Ullstein, 1992.
KIMBALL, Warren F. (org.). *Churchill and Roosevelt*: The Complete Correspondence. Vol. 3. Alliance Declining. February 1944-April 1945. Princeton, NJ: Princeton University Press, 1984.
KIRSCHBAUM, Engelbert. "Gli scavi sotto la Basilica di San Pietro". *Gregorianum*, 29: 3-4, 544-557, 1948.
_____. *The Tombs of St. Peter and St. Paul*. Nova York: St. Martin's, 1959.
_____. "Zu den Neuesten Entdeckengen unter der Peterskirche in Rom". *Archivum Historiae Pontificiae*, 3, 309-316, 1965.
KLEMPERER, Klemens von. *German Resistance Against Hitler*: The Search for Allies Abroad, 1938-1945. Nova York: Oxford University Press, 1992.
KNAUTH, Percy. *Germany in Defeat*. Nova York: Knopf, 1945.
KOCH, Laurentius. "Die Benediktinerabtei Ettal". In: SCHWAIGER, Georg (org.) *Das Erzbistum München und Freising in der Zeit der nationalsozialistischen*, 2: 381-413.
KOCHENDÖRFER, Sonja. "Freising unter dem Hakenkreuz Schicksale der katholischen Kirche". In: SCHWAIGER, Georg (org.). *Das Erzbistum München und Freising in der Zeit der nationalsozialistischen*, n. 1: 676-683.
KOLAKOVIC, Tomislav. *God's Underground*. Nova York: Appleton-Century Crofts, 1949. [Originalmente com o subtítulo "Father George as told to Greta Palmer".]
KORDT, Erich. *Nicht aus den Akten*. Stuttgart: Union Deutsche Verlagsgesellschaft, 1950.
KRAMARZ, Joachim. *Stauffenberg*: Architect of the Famous July 20th Conspiracy to Assassinate Hitler. Tradução de R.H. Barry. Nova York: MacMillan, 1967.
KURTZ, Lester. *The Politics of Heresy*: The Modernist Crisis in Roman Catholicism. Berkeley: University of California Press, 1986.
KURZMAN, Dan. *Special Mission*: Hitler's Secret Plot to Seize the Vatican and Kidnap Pius XII. Nova York: Da Capo, 2007.
KWITNY, Jonathan. *Man of the Century*: The Life and Times of Pope John Paul II. Henry Holt, 1997.
LADD, Brian. *The Ghosts of Berlin*: Confronting German History in the Urban Landscape. Chicago: University of Chicago Press, 2008.
LAHOUSEN, Erwin. "Testimony of Erwin Lahousen taken at Nurnberg, Germany, 1 Feb. 1946, 1330-1430 by Lt. Col. Smith W. Brookhart, Jr., IGD. Also present: Leo Katz, Interpreter; John Wm. Gunsser, Reporter". Fac-símile, 16 mar. 2010, Nachlass Loringhoven, PWF.

LAPIDE, Pinchas. *Three Popes and the Jews.* Nova York: Hawthorn, 1967.
LAPOMARDA, Vincent A. *The Jesuits and the Third Reich.* Lewiston, NY: Edwin Mellen, 1989.
LAQUEUR, Walter. *The Terrible Secret.* Boston: Little, Brown, 1980.
LARGE, David Clay. *Where Ghosts Walked:* Munich's Road to the Third Reich. Nova York: Norton, 1977.
LAVELLE, Elise. *The Man Who Was Chosen:* Story of Pope Pius XII. Nova York: McGraw-Hill, 1957.
LEASE, Gary. "Denunciation as a Tool of Ecclesiastical Control: The Case of Roman Catholic Modernism". *Journal of Modern History*, 68, n. 4, 819-830, 1996.
LEES-MILNE, James. *Saint Peter's:* The Story of Saint Peter's Basilica in Rome. Boston: Little, Brown, 1967.
LEHNERT, irmã M. Pascalina. *His Humble Servant.* Tradução de Susan Johnson. South Bend, IN: St. Augustine's Press, 2014. [Em alemão: *Ich durfte ihm dienen: Erinnerungen an Papst Pius XII*, 10 ed. Würzburg: Naumann, 1996.]
LEIBER, Robert. "Bandaufnahme eines Vortrages von HH Pater Leiber am... mit angeliessender Diskussion". Transcrição sem data de palestra e discussão gravada, Berlin Pastoral Conference [c. outono] 1963. Título: Juliusz Stroynowski Collection (CN 92019), Hoover Institution, Palo Alto, CA.
_____. "Mit Brennender Sorge". *Stimmen der Zeit* 169, 417-426, 1961-1962.
_____. "Pius XII". *Stimmen der Zeit*, nov. 1958. Reeditado em *Der Streit um Hochhuth's Stellvertreter* (Basileis: Bassillius Presse, 1963); e em Bentley (org.). *The Storm Over the Deputy.* Tradução de Salvator Attars, 173-194.
_____. "Pius XII and the Third Reich". Comentários por escrito. Tradução de Charles Fullman. Excerto em *Look*, 36-49, 17 maio 1966.
_____. "Unterredung", 26-27 ago. 1960. IfZ, ZS, 660, 2-7.
_____. "Zum Gutachten Seiner Eminenz Card. Faulhaber", 5 [ou 6] mar. 1939, ADSS, II, an. IV, "Note du Secretariat Privé de Pie XII."
_____. "Zweite Konferenz des Heiligen Vaters mit den deutschen Kardinälen 9 März 1939. Zu behandelnde Punkte", 7 [ou 8] mar. 1939, ADSS, II, an. VII, "Note du Secrétariat Privé de Pie XII".
LERNOUX, Penny. *People of God.* Nova York: Viking, 1989.
LESOURD, Paul. *Entre Rome et Moscou:* Le jésuite clandestine, Mgr. Michel d'Herbigny. Paris: Éditions Lethielleux, 1976.
LEUGERS, Antonia. *Gegen eine Mauer bischöflichen Schweigens:* Der Ausschuss für Ordensangelegenheiten und seine Widerstandskonzeption, 1941 bis 1945. Frankfurt: Knecht, 1996.
LEWY, Guenter. "Pius XII, the Jews, and the German Catholic Church". *Commentary*, 37: 2, 23-35, fev. 1964.
_____. "Secret Papal Brief on Tyrannicide". *Church History*, 26: 4, 319-324, 1957.
LICHTEN, Joseph. *A Question of Judgment.* Washington, DC: National Catholic Welfare Conference, 1963.
LOCHNER, Louis. *Always the Unexpected:* A Book of Reminiscences. Nova York: MacMillan, 1956.
LORINGHOVEN, Bernd Freytag von. *In the Bunker with Hitler:* The Last Witness Speaks. Londres: Weidenfeld and Nicolson, 2006.
_____. "Kaltenbrunner und 'Der Ochsensepp' Josef Müller". *Austria-Forum*, maio 2010.
LUDECKE, Kurt G.W. *I Knew Hitler.* Londres: Jarrolds, 1938.
LUDLOW, Peter. "Papst Pius XII, die britische Regierung und die deutsche Opposition im Winter 1939/40". VfZ n. 3, 1974.
LUGLI, G. "Recent Archaeological Discoveries in Rome and Italy". *Journal of Roman Studies*, 36, n. 1-2, 1-17, 1946.
LUKACS, John. *At the End of an Age.* New Haven, CT: Yale University Press, 2002.
_____. "The Diplomacy of the Holy See During World War II". *Catholic Historical Review*, 60, jul. 1974.
_____. *Historical Consciousness:* Or, the Remembered Past. Nova York: Harper and Row, 1968.
_____. *The Hitler of History.* Nova York: Knopf, 1997.

_____. "In Defense of Pius". *National Review*, 51, n. 22, 22 nov. 1999.

_____. *The Last European War, 1939-1941*. Nova York: Doubleday, 1976.

_____. "Questions About Pius XII" *Continuum*, 183-192, verão de 1964. Reeditado em MALVASI, Mark G.; NELSON, Jeffrey O. (orgs.). *Remembered Past*: Johan Lukacs on History, Historians, and Historical Knowledge. Wilmington, DE: ISI Books, 2005.

MACHIAVELLI, Niccolò. *Discourses on the First Decade of Titus Livius*. Tradução de Ninian Hill Thomson. Filadélfia: Pennsylvania State University Electronic Classics, 2007.

MARCHASSON, Yves. *La Diplomatie Romaine et la République Française*. Paris: Beauchesne, 1974.

MATTESON, Robert E. "The Last Days of Ernst Kaltenbrunner". *Studies in Intelligence* (CIA), primavera de 1960; CIA Historical Review Program Release, 22 set. 1993, NARA, RG 263, 2-11-6.

McCARGAR, James [como Christopher Felix]. *A Short Course in the Secret War*. 3. ed. Lanham, MD: Madison, 1992.

McKAY, C.G. *From Information to Intrigue*: Studies in Secret Service Based on the Swedish Experience, 1939-1945. Londres: Frank Cass, 1993.

MEEHAN, Patricia. *The Unnecessary War*: Whitehall and the German Resistance to Hitler. Londres: Sinclair-Stevenson, 1992.

MENGES, Franz. "Müller, Josef". *Neue Deutsch Biographie*, 18, 430-432, 1997.

MEYER, Winifred. *Unternehmen Sieben*: Eine Rettungsaktion für vom Holocaust Bedrohte aus dem Amt Ausland/Abwehr im Oberkommando der Wehrmacht. Frankfurt: Hain, 1993.

MOLTKE, Freya von. *Memories of Kreisau and the German Resistance*. Tradução de Julie M. Winter. Lincoln: University of Nebraska Press, 2005.

MOLTKE, Helmuth James von. *Briefe an Freya, 1939-1945*. Munique: C.H. Beck'sche Verlagsbuchhandlung, 1988. [Em inglês: *Letters to Freya*. Nova York: Knopf, 1990.]

_____. "Ueber die Grundlagen der Staatslehre" [On the Foundations of Political Science], out. 1940. In: MOLTKE, Papers, Bundesarchiv, Coblença N 1750 vol. 1, trad. Hoffmann, BV, 44-53.

MOMMSEN, Hans. *Alternatives to Hitler*: German Resistance in the Third Reich. Tradução de Angus McGeoch. Princeton, NJ: Princeton University Press, 2003.

MOORHOUSE, Roger. *Berlin at War*. Nova York: Basic Books, 2012.

MORELL, Theo. *The Secret Diaries of Hitler's Doctor*. Org. David Irving. Nova York: MacMillan, 1983.

MORSEY, Rudolf. "Gelehrter, Kulturpolitiker und Wissenschaftsorganisator in vier Epochen deutscher Geschichte: Georg Schreiber (1882-1963)". In: HEIN, Bastin et al. (orgs.). *Gesichter der Demokratie*: Porträts zur deutschen Zeitgeschichte: Eine Veröffentlichung des Instituts für Zeitgeschichte München-Berlin, 7-20. Munique: Oldenbourg, 2012, 7-20.

MUCKERMANN, Friedrich. *Der Deutsche Weg*: Aus der Widerstandsbewegungen der deutschen Katholischen von 1930-1945. Zurique: NZN, 1945.

_____. *Im Kampf zwischen zwei Epochen*. Org. Nikolaus Junk. Mogúncia: Matthias Grünewald, 1973.

MUCKERMANN, Hermann. "April 2, 1946-Friedrich Muckermann S.J.". *Mitteilungen aus den deutschen Provinzen der Gesellschaft Jesu XVII*, 113-116, 325-328, 1953-1956.

MUELLER, Michael. *Canaris*: The Life and Death of Hitler's Spymaster. Tradução de Geoffrey Brooks. Annapolis, MD: Naval Institute Press.

MUELLER, Richard; LICHTMAN, Allan J. *FDR and the Jews*. Cambridge, MA: Belknap Press of Harvard University Press, 2013.

MÜLLER, Josef. "Besprechung in Rom beim Vatikan 612.11.39". Reeditado em Groscurth, *Tagebücher*, 506-509.

_____. "Betrifft: Halder". Declaração não assinada, com origem pouco depois da guerra, provavelmente elaborada para a US Office of Strategic Services, HDP.

_____. *Bis Zur Letzten Konsequenz*. Munique: Süddeutscher, 1975.

_____. "Fragen und Erläuterungen von Dr. Müller", jul. 1947. LStA (Roeder), vol. 5, Land Niedersachsen, Luneburg, 1951.

_____. [Josef Müller Private Papiere, 1947-1956.] IfZ, ED 63.

_____. "Lebenslauf", 7 nov. 1945. 5 pp, Alemanha (cópia datilografada de papel-carbono), DNTC, vol. XVII, Subdivisão 53, "Others Investigated or Interrogated", 53.041.

_____. [Papers and documents] IfZ, ZS 659.

_____. "Protokoll der Siztung vom 1.2.1952." IfZ, ZS 603.

_____. "Statement by Josef Müller", 21 out. 1948. LStA (Roeder), vol. 5, Land Niedersachsen, Luneburg, 1951.

_____. "Statement of Mueller Josep[f], Lawyer (Munich) Gedonstrasse A. Munich." Capri, 23 maio 1945, NARA, RG 226, entrada 125, cx. 29.

_____. Transcripts of debriefings by Harold C. Deutsch (1958; April 1958; 5 and 31 May 1958; June 1958; 31 June 1958; 3 Aug. 1958; 12 Aug. 1958; 4 Aug. 1960; July 1963; Aug. 1963; 5 Aug. 1963; 6 Aug. 1963; 8 Aug. 1963; 1966-1967?; 23 and 24 March 1966; Sept. 1966; 22 Sept. 1966; c. 1966). HDP, III, 1/7.

_____. "Vernehmung des Zeugen Dr. Josef Müller, 49 Jahre Alt, Rechtsanwalt in München". Original inédito, 29 abr. 1947, HDP.

MÜLLER, Klaus-Jürgen. *Der deutsche Widerstand 1933-1945*. Paderborn: Schöningh, 1990.

MURPHY, Paul I. *La Popessa*. Nova York: Warner, 1983.

NAFTALI, Timothy. "ARTIFICE: James Angleton and X2 Operations in Italy". In: CHALOU, George C. *The Secrets War:* The Office of Strategic Services in World War II. Washington, DC: National Archives and Records Administration, 1992, 218-245.

NATIONAL Security Agency [US Signal Security Agency]. "Vatican Code Systems", s.d. [25 set. 1944]. NARA, RG 437, HCC, cx. 1284 (documento NR 3823 ZEMA100 37012A 19430000 Cryptographic Codes and Ciphers: Vatican Code Systems).

NEBGEN, Elfriede. *Jakob Kaiser*. Stuttgart: Kohlhammer, 1967.

NEITZEL, Sönke. *Abgehört:* Deutsche Generäle in britischer Kriegsgefangenschaft, 1942-1945. Berlim: Ullstein Buchverlage, 2005. [Em inglês: Tapping Hitler's Generals: Transcripts of Secret Conversations, 1942-45. Tradução de Geoffrey Brooks. St. Paul: MBI, 2007.]

NEUHÄUSLER, Johannes. *Amboss und Hammer:* Erlebnisse im Kirchenkampf des Dritten Reiches. Munique: Manz, 1967.

_____. *What Was It Like in the Concentration Camp at Dachau?* 31. ed. Dachau: Trustees for the Monument of Atonement in the Concentration Camp at Dachau, 2002.

NICOLOSI, Giuseppe. "I lavori ampliamento risanamento e sistemanzione delle Sacre Grotte Vaticane". *L'Osservatore Romano*, Roma, 6, 13 mar. 1941.

O'CALLAGHAN, Roger T. "Recent Excavations Underneath the Vatican Crypts". *Biblical Archaeologist*, 12, n. 1, 1-23, fev. 1949: 1-23.

_____. "Vatican Excavations and the Tomb of Peter." *Biblical Archaeologist* 16, n. 4 (dez. 1953): 69-87.

O'DONNELL, James. *The Bunker*. Nova York: Da Capo, 2001.

OESTERREICHER, John M. *Wider die Tyrannei des Rassenwahns:* Rundfunkansprachen aus dem ersten Jahr von Hitlers Krieg. Viena: Geyer, 1986.

OSAS, Veit. *Walküre*. Hamburgo: Adolf Ernst Schulze, 1953.

PACELLI, Eugenio. *Gesammelte Reden*. Org. Ludwig Kaas. Berlim: Buchverlag Germania, 1930.

PACEPA, Ion Mihai; RYCHLAK, Ronald J. *Disinformation*. Washington, DC: WND, 2013.

PADELLARO, Nazareno. *Portrait of Pius XII*. Tradução de Michael Derrick. Nova York: Dutton, 1957.

PAGANO, Sergio. "Documenti sul modernismo romano dal Fondo Benigni". *Ricerche per la Storia Religiosa di Roma*, 8, 223-300, 1990.

PAPEN, Franz von. *Memoirs*. Tradução de Brian Connell. Nova York: Dutton, 1953.

PARPAROV, Fyodor; SALEYEV, Igor [MVD/NKVD]. "Dyelo" [Dossiê] [para Stalin], 29 dez. 1949, CPSU, doc. 462a. [Em inglês: EBERLE, Henrik; UHL, Matthias (orgs.). *The Hitler Book:* The Secret Dossier Prepared for Stalin from the Interrogations of Hitler's Personal Aides. Tradução de Giles Macdonough. Nova York: Public Affairs, 2005.

PATIN, Wilhelm. "Beiträge zur Geschichte der Deutsch-Vatikanischen Beziehungen in den letzten Jahrzehnten. Quellen und Darstellungen zur politischen Kirche, Sonderband A". Cópia 0470 SD, 1942, coleção do autor. Estudo interno da SS para Heinrich Himmler.

_____. "Document Room Intelligence Analysis: Dr. Wilhelm August Patin". Office of US Chief of Counsel for the Prosecution of Axis Criminality [Col. Brundage], Nuremberg, 24 set. 1945.

_____. "Preliminary Interrogation Report: Patin, Wilhelm". US 7th Army Interrogation Center, 14 jul. 1945. Coleção do autor.

_____. "Testimony of Dr. Wilhelm August Patin, taken at Nuremberg, Germany, 24 Sept 1945, 1050-1230, by Howard A. Brundage, Colonel". Office of US Chief of Counsel for the Prosecution of Axis Criminality [Nuremberg].

_____. "Testimony of Wilhelm Patin, taken at Nurnberg, Germany, 3 November 1945, 1030-1130, by Lt. John B. Martin". Coleção do autor.

PAWLEY, Edward. *BBC Engineering, 1922-1972*. Londres: British Broadcasting Corporation, 1972.

PAYNE, Robert. *The Life and Death of Adolf Hitler*. Nova York: Barnes and Noble, 1995.

_____. The *Rise and Fall of Stalin*. Nova York: MacMillan, 1968.

PERRIN, Henri. *Priest-Workman in Germany*. Tradução de Rosemary Sheed. Nova York: Sheed and Ward, 1948.

PERSICO, Joseph. *Roosevelt's Secret War:* FDR and World War II Espionage. Nova York: Random House, 2001.

PETER, Karl Heinrich (org.). *Spiegelbild einer Verschörung*. Stuttgart: Seewald, 1961.

PETERS, Walter H. *The Life of Benedict XV*. Milwaukee: Bruce Publishing, 1959.

PETRARCA [Francesco Petrarca]. *Petrarch's Remedies for Fortune Fair and Foul*. Org. Conrad H. Rawski. 5 vols. Bloomington: University of Indiana, 1991.

PETROVA, Ada; WATSON, Peter. *The Death of Hitler:* The Full Story with New Evidence from Secret Russian Archives. Nova York: Norton, 1995.

PHAYER, Michael. *The Catholic Church and the Holocaust, 1930-1965*. Bloomington: Indiana University Press, 2000.

_____. *Pius XII, the Holocaust, and the Cold War*. Bloomington: Indiana University Press, 2008.

_____. "Questions about Catholic Resistance". *Church History* 70, n. 2, 328-344, jun. 2001.

PIO XII. *Summi Pontificatus*. Cidade do Vaticano: Libreria Editrice Vaticana, 1939.

POLLARD, John. *The Papacy in the Age of Totalitarianism*. Nova York: Oxford University Press, 2014.

_____. *The Unknown Pope:* Benedict XV (1914-1922) and the Pursuit of Peace. Londres: Geoffrey Chapman, 1999.

_____. *The Vatican and Italian Fascism, 1929-32*. Nova York: Cambridge University Press, 1985.

POULAT, Émile. *Integrisme et Catholicisme integral*. Tournai: Casterman, 1969.

PRADOS, John. *The White House Tapes:* Eavesdropping on the President. Nova York: New Press, 2003.

PRANDI, Adriano. *La zona archeologica della Confessio Vaticana del II secolo*. Cidade do Vaticano: Tipografia Poliglotta Vaticana, 1957.

PRIDHAM, Geoffrey. *Hitler's Rise to Power:* The Nazi Movement in Bavaria, 1923-1933. Nova York: Harper and Row, 1973.

PRITTIE, Terence. *Germans Against Hitler*. Boston: Little, Brown, 1964.

QUIGLEY, Martin. *Peace Without Hiroshima:* Secret Action at the Vatican in the Spring of 1945. Lanham, MD: Madison, 1991.

RÁDIO VATICANA. "Summario," 1º abr. 2014, www.aireradio.org/articoli/img/vaticano_2.pdf. Acessado em 27 maio 2014.

RAUSCHER, Anton (org.). *Wider den Rassismus:* Entwurf einer nicht erschienenen Enzyklika (1938). Texte aus dem Nachlass von Gustav Gundlach SJ. Paderborn: Ferdinand Schöningh, 2001.

RAUSCHNING, Hermann. *The Revolution of Nihilism and Warning to the West.* Nova York: Alliance Book Corporation, 1939.

RECK-MALLECZEWEN, Friedrich Percyval. *Diary of a Man in Despair.* Tradução de Paul Rubens. Londres: Duck Editions, 2000. [Em alemão: *Tagebuch eines Verzweifelten.* Stuttggart: Buerger, 1947.]

REESE, Thomas J. *Inside the Vatican.* Cambridge, MA: Harvard University Press, 1996.

REILLY, Michael F. *Reilly of the White House.* Nova York: Simon and Schuster, 1947.

REITLINGER, Gerald. *The SS:* Alibi of a Nation, 1922-1945. Nova York: Viking, 1957.

RESPIGHI, C. "Esplorazioni recenti nella Confessione Beati Petri". *Rivista di Archeologia Cristiana,* 19, 19-26, 1942.

RHODES, Anthony. *The Power of Rome in the Twentieth Century.* Nova York: Franklin Watts, 1983.

_____. *The Vatican in the Age of the Dictators.* Nova York: Holt, Rinehart and Winston, 1973.

RIBBENTROP, Joachim von. "Testimony of Joachim von Ribbentrop taken at Nurnberg, Germany, on 5 October 1945, by Mr. Justice Robert H. Jackson, OUSCC". Office of United States Chief Counsel for Prosecution of Axis Criminality. *Nazi Conspiracy and Aggression. Supplement B* [Red Book], 1232-1239. Washington, DC: US Government Printing Office, 1948.

RITTER, Gerhard. *Carl Goerdeler und die deutsche Widerstandsbewegung.* Stuttgart: Deutsche Verlags--Anstalt, 1956.

_____. *The German Resistance:* Carl Goerdeler's Struggle Against Tyranny. Tradução de R.T. Clark. Londres: Allen and Unwin, 1958.

ROON, Ger van. *German Resistance to Hiden Count von Molike and the Kreisau Circle.* Tradução de Peter Ludlow. Londres: Van Nostrand Reinhold, 1971.

_____. *Neuordnung im Widerstand:* Der Kreisauer Kreis innerhalb der deutschen Widerstandsbewegung. Munique: Oldenbourg, 1967.

RÖSCH, Augustinus. "Dem Tode entronnen", 1946, KN, 398-301.

_____. "Gottes Gnade in Feuer und Flamme", 1947, KN, 412-453.

_____. *Kampf gegen den Nationalsozialismus.* Orgs. Roman Bleistein. Frankfurt: Knecht, 1985.

_____. "Kampf gegen den NS", 22 out. 1945, KN, 268-270.

_____. "Lebenslauf", 14 dez. 1916, BHStAM, War Archives Department, OP2455.

_____. "Zum Abschiedsbrief Moltkes", 1945-1946, KN, 286, 288 s.

ROTHE, Alfred. "Pater Georg von Sachsen". Mitteilungen aus den deutschen Provinzen der Gesellschaft Jesu 17, n. 113 (1953-1956).

ROTHFELS, Hans. *The German Opposition to Hitler:* An Assessment. Tradução de Lawrence Wilson. Londres: Oswald Wolff, 1961.

RUFFNER, Kevin Conley. "Eagle and Swastika: CIA and Nazi War Criminals and Collaborators". Draft Working Paper, US Central Intelligence Agency History Staff, Washington, DC, abr. 2003. Deixou de ser secreto em 2007.

RÜRUP, Reinhard (org.) *Topographie des Terrors.* 4 ed. Berlim: Verlag Willmuth Arenhövel, 1987.

RUSSO, Domenico. Manuscrito sem título ["Mémoire"], 12 mar. 1945 (20 pp.), HDP, III, 1/9.

RYCHLAK, Ronald J. *Hitler, the War and the Pope.* Huntington, IN: Genesis Press, 2000.

SAFIRE, William. "Essay: Happy to Watergate You". *The New York Times,* 14 jun. 1982.

SALE, Giovanni. "L'Attentato a Hitler, La Sante Sede e i Gesuiti". *La Civiltà Cattolica,* 1, 466-479, 2003.

SÁNCHEZ, José. *Pius XII and the Holocaust:* Understanding the Controversy. Washington, DC: Catholic University of America Press, 2002.

SCHELLENBERG, Walter. *The Labyrinth.* Nova York: Harper and Brothers, 1956.

_____. *Memorien.* Colônia: Verlag für Politik und Wirtschaft, 1956.

SCHEURIG, Bodo. *Henning von Tresckow ein Preuße gegen Hitler*. Berlim: Propyläen, 2004.
SCHLABRENDORFF, Fabian von. "Events Leading Up to the Putsch of 20 July (1944)". Transcrito para a US Office of Strategic Services (cópia), s.d. [julho de 1945, aproximadamente]. DNTC, vol. XCIII.
_____. *Offiziere gegen Hitler*. Berlim: Siedler, 1984.
_____. *Revolt Against Hitler*: The Personal Account of Fabian von Schlabrendorff. Londres: Eyre and Spottiswoode, 1948.
_____. *The Secret War Against Hitler*. Tradução de Hilda Simon. Boulder: Westview, 1994.
_____. *They Almost Killed Hitler*. Nova York: Macmillan, 1947.
SCHMUHL, Hans-Walter. *The Kaiser Wilhelm Institute for Anthropology, Human Heredity, and Eugenics, 1927-1945*. Dordrecht: Springer Science and Business Media, 2008.
SCHNEIDER, Burkhart (org.).; BLET, Pierre; MARTINI, Angelo. *Die Briefe Pius XII an die Deutschen Bischöfe, 1939-1944*. Mogúncia: Matthias Grünewald, 1966.
SCHOLL, Inge. *Students Against Tyranny*: The Resistance of the White Rose, Munich, 1942-1943. Tradução de Arthur R. Schultz. Middletown, CT: Wesleyan University Press, 1970.
_____. *The White Rose*: Munich, 1942-1943. Tradução de Arthur R. Schultz. Middletown, CT: Wesleyan University Press, 1983.
SCHRAMM, Percy Ernst. "Ahlmann, Wilhelm". In: *Neue Deutsche Biographie*. Berlim: Duncker and Humblot, 1953.
SCHUSCHNIGG, Kurt. *Im Kampf gegen Hitler*: Die Überwindung der Anschlussidee. Viena; Munique: Fritz Molden, 1969.
SCHWAIGER, Georg (org.). *Das Erzbistum München und Freising in der Zeit der nationalsozialistischen*. 2 vols. Munique: Schnell and Steiner, 1984.
SCHWARZ, Hans-Peter. *Konrad Adenauer*: A German Politician and Statesman in a Period of War, Revolution, and Reconstruction. Vol. 1. Providence, RI: Berghahn, 1995.
SCHWERIN, Deltef von. *"Dann Sind's die Besten Köpfe, Die Man Henkt"*: Die junge Generation im deutschen Widerstand. Munique: Piper, 1991.
SCOCCIANTI, Sandro. "Apunti sul servizio informazioni pontificio nelle Marche nel 1859-60". *Atti e Memorie della Deputazione di Storia Patria per le Marche*, 88, 293-350, 1983.
SCRIVENER, Jane. *Inside Rome with the Germans*. Nova York: MacMillan, 1945.
SEVAREID, Eric. *Not So Wild a Dream*. Nova York: Knopf, 1946.
SHERIDAN, Michael. *Romans*: Their Lives and Times. Nova York: St. Martin's, 1994.
SHUSTER, G.N. *In Amerika und Deutschland*: Erinnerungen eines amerikanischen College Präsidenten. Frankfurt: Knecht, 1965.
SIEMER, Laurentius. *Erinnerungen*: Aufzeichnungen und Breife. Frankfurt: Knecht, 1957.
SLEZKINE, Yuri. *The Jewish Century*. Princeton, NJ: Princeton University Press, 2004.
SMOTHERS, Edgar. "The Bones of St. Peter". *Theological Studies*, 27, 79-88, mar. 1966.
_____. "The Excavations Under St. Peters" *Theological Studies*, 17, 293-321, 1956.
SORONDO, Marcelo Sánchez. "The Pontifical Academy of Sciences: A Historical Profile". *Pontificia Academia Scientiarum*, extra, 16, 2003.
SPEER, Albert. *Inside the Third Reich*. Tradução de Richard e Clara Winston. Nova York: MacMillan, 1970.
SPENGLER, Oswald. *The Decline of the West*. Vol. 2. *Perspectives of World History*. Tradução de Charles Francis Atkinson. Nova York: Knopf, 1928.
STEHLE, Hansjakob. *Eastern Politics of the Vatican, 1917-1979*. Athens: Ohio University Press, 1981.
_____. "Ein Eiferer in der Gesellschaft von Mördern: Albert Hartl, der Chef des anti-kirchlichen Spitzeldienstes der SS". *Die Zeit*, 7 out. 1983, www.zeit.de/1983/41/ein-eiferer-in-der-gesellschaft-von--moerdern. Acessado em 28 ago. 2104.

STEHLIN, Stewart. *Weimar and the Vatican, 1919-1933*: German-Vatican Diplomatic Relations in the Interwar Years. Princeton, NJ: Princeton University Press, 1983.
STEIGMANN-GALL, David. *The Holy Reich*: Nazi Conceptions of Christianity, 1919-1945. Cambridge, UK: Cambridge University Press, 2002.
STEINACHER, Gerald. *Nazis on the Run*: How Hitler's Henchmen Fled Justice. Nova York: Oxford University Press, 2012.
STEINHOFF, Johannes et al. *Voices from the Third Reich*: An Oral History. Washington, DC: Regnery Gateway, 1989.
STICKLER, Wolfgang. "Odlio Braun: Dominikaner im Nationalsozialismus". Artigo não publicado, out. 1998. Claustro da Ordem Dominicana, Braunschweig.
STONE, I.F. *The War Years, 1939-1945*: A Nonconformist History of Our Times. Boston: Little, Brown, 1988.
STRAUSS, Franz Josef. Discurso, 6 abr. 1978, Munique. HDP, IV, 20/5.
SULLIVAN, Geoff; WEIERUD, Frode. "Breaking German Army Ciphers". *Cryptologia*, 29, n. 3, 193-232, 2005.
SYKES, Christopher. *Troubled Loyalty*: A Biography of Adam von Trott. Londres: Collins, 1968.
TARDINI, Domenico. *Memories of Pius XII*. Tradução de Rosemary Goldie. Westminster, MD: Newman Press, 1961.
TATTENBACH, Franz. "Das enstsheidende Gespräch". *Stimmen der Zeit*, 155, 321-329, 1954-1955.
THOMPSON, Leslie A. "Flossenbürg Concentration Camp". 14 jan. 1989. Artigo não publicado. Coleção do autor.
TILLEY, John; GASELEE, Stephen. *The Foreign Office*. Londres: Putnam's, 1933.
TITTMANN, Harold H. *Inside the Vatican of Pius XII*. Nova York: Image, 2004.
_____. "Vatican Mission". *Social Order*, 10, 113-117, março 1960.
TOLAND, John. *Adolf Hitler*. Nova York: Doubleday, 1976.
TOWNEND, Gavi. "The Circus of Nero and the Vatican Excavations". *American Journal of Archaeology*, 62, n. 2, 216-218, 1958.
TOYNBEE, Jocelyn. "The Shrine of St. Peter and Its Setting". *Journal of Roman Studies*, 43, 1-26, 1953.
TOYNBEE, Jocelyn; PERKINS, J.W. *The Shrine of St. Peter and the Vatican Excavations*. Nova York: Pantheon, 1957.
TREVOR-ROPER, Hugh. "Admiral Canaris". In: _____. *The Philby Affair*: Espionage, Treason, and Secret Services. Londres: William Kimber, 1968, 102-120.
_____. "The European Witch-craze of the Sixteenth and Seventeenth Centuries". In: _____. *The Crisis of the Seventeenth Century*: Religion, the Reformation, and Social Change. Nova York: Harper and Row, 1968, 90-192.
_____. *The Last Days of Hitler*. Nova York: MacMillan, 1947.
_____. *The Philby Affair*. Londres: William Kimber, 1968.
_____. *The Secret World*. Org. Edward Harrison. Londres: I.B. Tauris, 2014.
_____. *The Wartime Journals*. Org. Richard Davenport-Hines. Londres: I.B. Tauris, 2012.
TULLY, Grace. *F.D.R.: My Boss*. Nova York: Charles Scribner's Sons, 1949.
UNITED KINGDOM WAR OFFICE. *Field Engineering and Mine Warfare Pamphlet n. 7*: Booby Traps. Londres: The Office, 1952.
US ARMY. Headquarters Counter Intelligence Corps. "Dr. Mueller, a Good German, Tells of 'Resistance in Reich'". Allied Force Headquarters, Nápoles, 9 jun. 1945. NARA, RG 226, entrada 125, cx. 29.
US FORCES IN AUSTRIA, Air Division Headquarters. "The Last Days in Hitler's Air Raid Shelter". Resumo de interrogatório, 8 out. 1945. 16 pp. DNTC, vol. IV, 8.14.
US NATIONAL SECURITY AGENCY. *Eavesdropping on Hell*: Historical Guide to Western Communications Intelligence and the Holocaust, 1939-1945. 2. ed. Org. Robert J. Hanyok. United States Cryptologic History, série IV, vol. 9. Washington, DC: Center for Cryptologic History, 2005.

US SEVENTH ARMY. "Hitler's Last Session in the Reichs Chancellery, 24 Feb 45". Relatório do interrogatório, Karl Wahl e Max Amann, 24 maio 1945, DNTC, vol. IV, 8.14.
VENTRESCA, Robert A. *Soldier of Christ:* The Life of Pope Pius XII. Cambridge, MA: Belknap Press of Harvard University Press, 2009.
VEYNE, Paul. *Writing History:* Essay on Epistemology. Tradução de Mina-Moore Rinvolucri. Middletown, CT: Wesleyan University Press, 1984.
VOCKE, Harald. Albrecht von Kessel. *Als Diplomat für Versöhnung mit Ostereuropa.* Freiburg: Herder, 2001.
VOLK, Ludwig (org.). *Akten Kardinal Michael von Faulhabers (1917-1945).* 3 Vols. Mogúncia: VfZ, 1975, 1984.
VOLLMER, Antje. *Doppelleben:* Heinrich und Gottliebe von Lehndorf im Widerstand gegen Hitler und von Ribbentrop. Berlim: Die Andere Bibliotek, 2012.
WAIGEL, Theo. *Pact for Stability and Growth.* Bruxelas: Europe Documents n. 1962, 1-3, 24 nov. 1995).
WALL, Bernard. *The Vatican Story.* Nova York: Harper and Brothers, 1956.
WALL, Donald D. "The Reports of the Sicherheitsdienst on the Church and Religious Affairs in Germany, 1939-1944". *Church History,* 40, n. 4, 437-456, dez. 1971.
WALLACE, Robert; MELTON H. Keith; SCHLESINGER, Henry R. *Spycraft:* The Secret History of the CIA's Spytechs from Communism to Al-Qaeda. Nova York: Dutton, 2008.
WALPOLE, Hugh. "The Watch on St. Peter's Square". In: _____. *Roman Fountain.* Londres: Rupert Hart-Davis, 1940. [Reeditado em SWEENEY, Francis (org.). *Vatican Impressions.* Londres: Sheed and Ward, (1962), 205-221.]
WALSH, John Evangelist. *The Bones of St. Peter:* The First Full Account of the Search for the Apostle's Body. Nova York: Doubleday, 1982.
WARD, Geoffrey C. (org.). *Closest Companion:* The Unknown Story of the Intimate Friendship Between Franklin Roosevelt and Margaret Stuckley. Nova York: Simon and Schuster, 1989.
WEBER, Max. "Politik Als Beruf". In: _____. *Gesammelte Politische Schriften,* 2. ed. Tübingen: J.C.B. Mohr (Paul Siebeck), 1958, 533-548. [Em inglês: "Politics as a Vocation". WEBER, Max. *Selections in Translation.* Org. W.G. Runciman. Tradução de E. Matthews. Nova York: Cambridge University Press, 1978, 212-225.
WEHNER, Bernd. "Das Spiel ist aus". *Der Spiegel,* n. 12, 31, março 1950.
WEIGEL, George. *Witness to Hope:* The Biography of Pope John Paul II. Nova York: Harper Perennial, 2005.
WEINBERG, Gerhard. *The World at Arms:* A Global History of World War II. Nova York: Cambridge University Press, 1994.
WEISBROD, Bernd. "Terrorism and Performance: The Assassinations of Walther Rathenau and Hanns-Martin Schleyer". In: HEITMEYER, Wilhelm; HAUPT, Heinz-Gerhard; MALTHANER, Stefan; KIRSCHNER, Andrea (orgs.). *Control of Violence:* Historical and International Perspectives on Violence in Modern Societies. Springer, 2011, 365-394.
WEISSAUER, Ludwig. *Die Zukunft der Gewerkschaften.* Stuttgart: Neske, 1970.
WEITZ, John. *Hitler's Diplomat.* Londres: Ticknor and Fields, 1992.
WEIZSÄCKER, Ernst von. *Die Weizsäcker-Papiere, 1933-1950.* Org. Leonidas E. Hill. Frankfurt: Propyläen, 1974.
_____. *Memoirs.* Chicago: Regnery, 1951.
WELLES, Sumner. "Report by the Under Secretary of State (Welles) on His Special Mission to Europe". 29 mar. 1940, FRUS, 1940, I, 21-113.
_____. *Time for Decision.* Nova York: Harper Brothers, 1944.
WENGER, Antoine. *Catholiques en Russie d'après les archives du KGB, 1920-1960.* Paris: Desclée de Brouwer, 1998.
_____. *Rome et Moscou, 1900-1950.* Paris: Desclée de Brouwer, 1987.
WHEELER-BENNETT, John W. *The Nemesis of Power:* The German Army in Politics, 1918-1945. Londres: Macmillan, 1953.

WIENER, Jan G. *Assassination of Heydrich*. Nova York: Grossman, 1969.
WILSON, Hugh. *Diplomat Between the Wars*. Nova York: Longmans, 1941.
WISTRICH, Robert S. *Hitler and the Holocaust*. Nova York: Modern Library, 2001.
_____. "Reassessing Pope Pius XII's Attitudes toward the Holocaust". Entrevista de Manfred Gerstenfeld. Jerusalem Center for Public Affairs, 19 out. 2009.
WOLF, Hubert. *Papst und Teufel:* Die Archive des Vatikan und Das Dritte Reich. 2. ed. Munique: C.H. Beck, 2009. [Em inglês: *Pope and Devil:* The Vatican's Archives and the Third Reich. Tradução de Kenneth Kroneburg. Cambridge, MA: Belknap Press of Harvard University Press, 2010.
WOLFF, Karl. "Excerpts from Testimony of Karl Wolf, taken at Nuremberg, Germany, 26 October 1945, 1430-1650, by Col. Curtis L. Williams, IGD". IMT, vol. XXVIII.
_____. "Niederschrift über meine Besprechungen mit Adolf Hitler September 1943 über die Anweisungen zur Besitzung das Vatikans under die Verschalung des Papsten Pius XII". *Posito Summ*, Pars. II, 836 ss., 28 mar. 1972, PWF.
WOLF, Kilian. "Erinnerungen an Erlebnisse des Ettaler Konvents während der Nazi-zeit". Ettal [mosteiro beneditino], impressão privada, 1979.
WORLD JEWISH COMMITTEE et al. *The Black Book:* The Nazi Crime Against the Jewish People. Nova York: Jewish Black Book Committee/American Book-Stratford Press, 1946.
WUERMELING, Henric L. *Die weisse Liste*. Frankfurt: Ullsteinhaus, 1981.
WULF, Peter. "Vom Konservativen zum Widerständler. Wilhelm Ahlmann (1895-1944). Eine biografische Skizze". *Zeitschrift für Geschichtswissenschaft*, 59, n. 1, 5-26, 2011.
WYMAN, David. *The Abandonment of the Jews:* America and the Holocaust, 1941-1945. Nova York: Pantheon, 1984.
WYTWYCKY, Bohdan. *The Other Holocaust*. Washington, DC: Novak Report, 1982.
ZEIGER, Ivo. "Betr.: Vernehmung von Pater Zeiger durch Dr. Kempner und Dr. Becker, Nürnberg, 9. Juli 1948". Aktennotiz nr. 12 Prinz Konstantin [org. Pflieger], IfZ, ZS A-49, 25 ss.
ZELLER, Eberhard. *The Flame of Freedom:* The German Struggle Against Hitler. Tradução de R.P. Heller e D.R. Masters. Boulder: Westview, 1994.
_____. *Oberst Claus Graf Stauffenberg:* Ein Lebensbild. Paderborn: Schöningh, 2008. Zipfel, Friedrich. Kirchenkampf in Deutschland 1933-1945. Berlim: Walter de Gruyter, 1965.
ZIEGLER, Walter. "Nationalsozialismus und kirchliches Leben in Bayern, 1933-1945". In: SCHWAIGER, Georg (org.). *Das Erzbistum München und Freising in der Zeit der nationalsozialistischen*. Vol. 2. Munique: Schnell and Steiner, 1984, 49-76.
ZUCCOTTI, Susan. *Under His Very Windows:* The Vatican and the Holocaust in Italy. New Haven, CT: Yale University Press, 2000.

ÍNDICE

A

Abwehr (serviço de inteligência militar alemão)
  operação U-7 169
  plano para o show do Vaticano 75
  recrutamento de Müller 56
  serviço de inteligência católico e 63
Ação Católica 63, 64, 68
Adenauer, Konrad 46, 160
Adriano III 51
Agostinho 175
Albrecht, Johannes, 121, 177
Albrecht, Robert Johannes 149
Alemanha Decente
  conspiradores militares e 133
  Goerdeler e 155
  planos para o pós-guerra 159
Alexander, Harold, 254
Alfieri, Dino 113
Aliados
  exigência de rendição incondicional 158
  invasão da Normandia 200
  ocupação de Roma e 195
  Pio XII e negociações de paz 160
Angermaier, Georg 176
Angleton, James 238, 262
Aquino, Tomás de
  doutrina da guerra justa 51
  tiranicídio e 70, 79, 80, 121
Arquivos Secretos do Vaticano 18, 117
Ascher, Gabriel 92, 117
Associação Alemã de Pesquisa 191
Associação Esportiva da Juventude Católica 69

B

Bader, oficial da SS 246, 250
Badoglio, Pietro 184, 189
Batalha da Grã-Bretanha 119
Bauer, Pia 53
Baviera
  operações secretas na 64
  Putsch 66
  sinais da revolta contra Klostersturm 66
Bayerische Motoren Werke (BMW) 211
Beaulieu, François de 144
Beck, Ludwig
  como líder dos conspiradores 120
  Moltke e 125
  Müller e, 156
  Pacelli e 68
  queda de Mussolini e 183
  recusa de destruir papéis implicando a Igreja 119
  tentativa de assassinato de Stauffenberg e 205
  tentativa de diálogo com Roosevelt 136
  tranquilização do papa 160
Bélgica
  alertas referentes ao plano de invasão de Hitler 99
  conhecimento nazista do alerta 116
  invasão nazista da 113
Below, Nicolaus von 203
beneditinos
  nazistas e 131
Benigni, Umberto 63
Bento VI 51
Bento XV 63
Berchmanskolleg, *bunkers* Siegfried e 168
Bergen, Diego von 274
Berger, Gottlob 245
Berghof (chalé de Hitler) 39
Bernardini, Filippo 90
Bertram, Adolf 24
Best, Payne 86
Bethge, Eberhard 227

Birkner, Joachim 18
Biron (juiz) 194
Bismarck, Otto von 64
Bock, Fedor von 40
Bonhoeffer, Christel 105
Bonhoeffer, Dietrich
    ajuda aos judeus 142
    conversas na cripta 141
    execução de 235
    Müller e 231
    resistência e 120
    transferência para o campo de concentração 229
Bonifácio, são 64
Bonifácio VII 51
Bonin, Bolgislav von 247
Bormann, Martin 41, 122, 149, 249
Bornewasser, Franz Rudolf 125
Boucher, Jean 79
Brandt, Heinz 165
Brandt, Willy 213
Brauchitsch, Walther von 40, 81, 107, 128, 136
Braun, Eva 84, 248
Braun, Odlio 162
Brüning, Heinrich 255
Buhle, Walter 231
Bürgerbräukeller 83
Burzio, Giuseppe 143

C

Cadogan, Alexander 104
Calvino, João 78
Caminho do Segredo (Disciplina Arcani) 50
Caminho Reto (revista) 69
campo de concentração de Auschwitz 197
campo de concentração de Buchenwald 230
campo de concentração de Dachau 48
    transferência de Müller para o 240
    transferência de Rösch para o 224
    transferências dos prisioneiros para os Alpes 238, 245
campo de concentração de Flossenbürg 11
campo de concentração de Reichenau 245
campo de concentração de Theresienstadt 54
Canaris, Wilhelm
    alerta à Suíça a respeito do plano de invasão de Hitler 95
    atrocidades nazistas na Polônia e 77
    Badoglio e 185
    complô em Smolensk e 164
    documentação de crimes nazistas 231
    estratégia de guerra de Hitler e 39
    execução de 235
    Hitler e 76
    Igreja Católica Apostólica Romana e 44
    invasão da Noruega e 108
    invasão da Polônia e 43
    julgamento de 234
    Keller e 91
    Müller e 91
    operação U-7 e 142
    Pacelli e 45
    Pio XII e 77
    plano de golpe e 41
    plano para o "show" 75
    plano Valquíria e 190
    prisão de 218
    prisão de Müller e 170
    resistência tcheca e 146
    Rösch e 172
    Schmidhuber e 142
    tentativa de diálogo com Roosevelt 136
    Tresckow e 129
Canísio, Pedro 64
capela Quo Vadis 59
Caritas 29
Carlos Magno 33
Carta do Atlântico 156
Caso de Venlo 87
Castel Gandolfo 36
Castelo da Ordem de Sonthofen 55
castelos da ordem 55
Chamberlain, Neville 86
Charles-Roux, François 97
Choltitz, Dietrich von 44
Christenschaft 139
Churchill, Peter 243
Churchill, Winston 119, 156, 161, 175
Ciano, Edda 165
Ciano, Galeazzo 95, 118
Civitas Dei 175
Clark, Dale 255
Clark, Mark 195

Clube de Pilotos Esportivos Bávaros 47
codinomes para Müller, Leiber e Pio XII 83
coletivismo 259
Comitê das Ordens
  Beck e 157
  conferência de Kreisau 138
  criação do 132
  ecumenismo e 141
  insígnia secreta 139
  Müller como ligação com Roma 158
  perseguição pela SS do 214
  Pio XII e 134
  prisão de Moltke e 193
  Rösch e 246
  segunda conspiração contra Hitler e 136
  Stauffenberg e 176
complô de Smolensk contra Hitler 164
comunicações codificadas, Vaticano e 54
Concílio Vaticano II 261
conclave, eleição de Pio XII 13, 21, 34
concordata 18, 19, 52
concordata do Reich com a Igreja
  violações da 52
condições britânicas para a paz com a
  Alemanha Decente 104
Congresso Mundial Judaico 143
conspiradores militares alemães
  "Alemanha Decente" e 74, 119, 159
  complô de Smolensk contra Hitler e 154, 157, 164
  grupo Beck-Goerdeler 156
  pedindo tratamento justo da Alemanha pós-Hitler 94
Constantini, Celso 179, 184, 187, 190
contrarreforma 28, 51, 64, 68
convite ao heroísmo 131
cristãos luteranos
  ética do assassinato e 78
cristianismo, Hitler no 71

D

Decker, Otmar 214
Declaração de Casablanca 160, 161
Declaração dos Ideais de Paz Alemães 156
Delp, Alfred
  bunkers de Siegfried e 169

como membro inconformista do Comitê 133
coordenação de histórias com Rösch 226
Declaração dos Ideais de Paz Alemães 156
ecumenismo e 141
Goerdeler e 155
julgamento de 222
manifesto da conferência de Kreisau e 138
mensagem do sermão do Advento 154
planos para governo fantasma 190
prisão de 211
Rosa Branca e 255
sobre tiranicídio 162
Stauffenberg e 175
tentativa de assassinato fracassada e 210
tortura e assassinato de 214, 228
Delrio, Martin Anton 79
democracias social-cristãs 255
Denk, Johannes 29
dez mandamentos 146, 232
Dia D 198
Dietz, Johannes 220
d'Herbigny, Michael, 65
Dohnanyi, Hans von 105
  cativeiro de 169
  como líder da resistencia 122
  documentos do golpe de Estado 219
  Moltke e 125
  Operaçao U-7 e 142
  planos de golpe de Estado de Stauffenberg e 190
  prisão de 169
  prisão de Schmidhuber e 170
  Relatório X e 105
  sobre pássaros marrons 116
  vazamento dos planos de guerra contra a Bélgica e 119
Domiciano 70
dominicanos
  investigação da Gestapo e 214
Donovan, William 161
Dorn, Max 119
doutrina da guerra justa 51
Dreyfus, Alfred 62
Dulles, Allen 161

E

ecumenismo
  Comitê das Ordens e 145
  conversas na cripta e 145
Elizabeth, baronesa von und zu Guttenberg 174
Elser, Georg 84
Erzberger, Matthias 64, 65
espionagem, serviço de inteligência católico
  missões e 63
Estados Pontifícios, Pacelli e 34
Estados Unidos
  aberturas de negociações de paz por Pio XII
    e 160
  captura de Hartl 255
  corroboração da história do tempo de guerra
    de Müller 262
  Hitler e a entrada dos EUA na guerra 137
  interrogatório de Müller 255
  pedido ao Vaticano para identificação de
    alemães antinazistas 213
Estêvão VI 51
Estêvão VII 51
Estêvão VIII 51
Ética (Bonhoeffer) 121
Etscheit, Alfred 90
Etzdorf, Hasso von 136

F

Fahrner, Rudolf 174
Faulhaber, Michael von
  armas secretas e 28
  carta "Sugestões mais respeitosas" 20
  encontros com Pio XII 21
  Goerdeler e 155
  Pacelli e 66
  política preferida para lidar com os nazistas 26
  recrutamento de Müller com o espião e 50
  sobre o alívio da importunação da Igreja pelos
    nazistas 69
Federalist Papers 136
Ferrero (tenente-coronel) 247
Ficht, Nikolaus 170
Flávio Agrícola 120
Forças Armadas alemãs (Wehrmacht) 249
  Batalha da Grã-Bretanha 119
  campanha russa 128
  falta de apoio aos planos de guerra de Hitler
    entre 40, 42, 44, 81
  fim da guerra 248
  invasão da Polônia 36
  movimento de prisioneiros no fim da guerra
    249
  Operação Tempestade 214
  plano Valquíria 192, 205, 207
  prisão de Müller 194
França
  alerta papal com respeito aos planos de
    invasão de Hitler 112
  crise de Montagnini na Moltke na ocupação
    alemã da 62, 124
  invasão aliada da Normandia 198
  invasão nazista da 44, 113
Franken, Paul 191
Frank, Hans 43, 49, 86
Frederico II 175
Freisler, Roland 163, 214, 221, 222, 223
Fritsch, Werner von 92
Fromm, Bella 67

G

Gabčík, Jozef 147
Gaevernitz, Gero von 253
Galen, Clemens von 66
Garibaldi, Sante 247, 250
Gartmeier, Johann 29
Gasparri, Pietro 61
Georgiev, Leonid 47
Gerlach, Rudolph 64
Gerlich, Fritz 69
Gerow, Leonard T. 251
Gersdorff, *Freiherr* Von 157
Gersdorff, Rudolf von 167
Gerstenmaier, Eugen 222
Gestapo
  descoberta dos papéis do golpe de Estado em
    Zossen 216
  informações do Comitê das Ordens da 132
  investigação da resistência 132, 163, 173, 191,
    199, 214
  investigação de Müller 11, 46, 49, 171, 176,
    194, 218

Giesing, Erwin 216
Giobbe, Paolo 98
Gisevius, Hans Bernd 41, 42, 82, 95, 172, 253
Goebbels, Josef 189, 190, 237, 249
Goerdeler, Carl 78, 155, 219
Goldmann, Gereon 191
Göring, Hermann 71, 116
Gowen, Francis C. 262
Grã-Bretanha
    alerta papal a respeito dos planos de invasão de Hitler 111
    atitude em relação à resistência alemã 119
    caso de Venlo e 96
    condições para a paz com a "Alemanha Decente" 105
    desejo dos militares alemães por tratamento justo pela 87
    invasão da Noruega e 108
    negociações de paz e 103, 161
    Pio XII como agente da resistência alemã em relação à 77, 94, 96, 98, 161
Gröber, Conrad 29
Groscurth, Helmuth 74
Gumpel, Peter 186
Günther, Rolf 228

H

Haaser, Anni 240
Haeften, Werner von 202
Halder, Franz
    apoio ao golpe de Estado 42, 82, 88, 92, 107, 128
    Comitê das Ordens e 133
    prisão de 238
    sobre Stauffenberg 173
Halifax, lorde (Edwin Wood) 97
Hamilton, Alexander 136
Hapig, Marianne 229
Hartl, Albert
    captura de 255
    como espião dos católicos antinazistas 17
    dossiê a respeito de Pio XII 16, 61
    espiões da SS no episcopado alemão 131
    espiões em Roma 82
    espionagem da correspondência dos bispos e 53

Keller e 92
    sobre a concordata 18
    sobre o papa e a Igreja ortodoxa tcheca 149
    sobre possíveis táticas de Pacelli 26
    suspeitas contra Müller 89
Hase, Paul von 178, 201
Hassell, Ulrich von 107, 136, 156
Held, Heinrich 48
Helferich, Otto 117
Henrique III 28
Henrique IV 28
Hewel, Walther 188
Heydrich, Reinhard
    assassinato de 147
    liquidação do judaísmo europeu e 143
    liquidação dos padres católicos e 43
    Rede Negra e 93
    sobre Hartl 17
Himmler, Heinrich 16, 190, 207, 246, 248
    anticatolicismo de 72
    caso de Venlo e 87
    julgamentos dos monges 70
    Kaltenbrunner e 242
    Keitel e 150, 182
    Leeb e 79
    Müller e 49, 55, 263
    na Tchecoslováquia 33
    perseguição dos padres do Comitê 214
    Ribbentrop e 118
    Stauffenberg e 191
Hitler, Adolf
    acusação contra Pio pela queda de Mussolini 188
    anticatolicismo de 39, 55, 69, 149
    Canaris e 76
    castelos da ordem e 55
    católicos alemães e 21
    complô de Smolensk contra 154, 157, 164
    concordata e 274
    descontentamento doméstico e 154
    desejo de sequestrar o papa 191
    desprezo dos militares pelos planos de guerra 39, 81
    diários de Canaris e 232
    dossiê de Pio XII e 17
    em Bürgerbräukeller 84
    encíclica papal e 26

entrada dos Estados Unidos na guerra e 137
espionagem por áudio de 22
estratégia de guerra 39
fim da guerra e 239
invasão da França e 43
invasão da Noruega e 108
invasão da Polônia e 42
invasão da Tchecoslováquia 33
invasão do Vaticano e 188
medo de assassinato 40
Müller e a conspiração para assassinar 11
no cristianismo 71
nos *bunkers* subterrâneos 167
ofensiva alemã através da Bélgica e dos Países Baixos 99
Operação Barbarossa 128
papéis de Zossen e deterioração mental 215
perda da França 198
plano de invasão da Suíça 94
plano de invasão do front ocidental 110
Putsch na Baviera e 66
relatos incorretos da morte 205
resistência tcheca e 146
sobre as notícias da morte de Roosevelt 237
sobrevivente de tentativa de assassinato 83, 167, 203
Stauffenberg e 173
sucesso político de 68
suicídio de 248
tentativa de assassinato por Stauffenberg e 203
tiranicídio e 70
última defesa 244
Weizsäcker e 41
Hoffmann, Hans 228
Hofmeister, Corbinian 293
Holanda
  alerta a respeito dos planos de invasão de Hitler 112
  condenação dos bispos das políticas nazistas contra os judeus 143
  invasão alemã planejada da 113
  invasão nazista da 113
Homem e história (Delp) 201
Huber, Kurt 164
Huppenkothen, Walter 229
Hutter, Hans 201

I

Igreja católica alemã
  concordata com os nazistas 17, 51, 67
  encontros de Pio XII com cardeais 20, 23, 30
  Hitler e 50
  Klostersturm e 122
  papel no planejamento da ordem pós-nazista 127
  perseguição nazista da 68
  serviço de envio de mensagens do Vaticano para os bispos 30
Igreja ortodoxa
  resistência tcheca e 148
Imgart, Dagmar 215
Infiltração da Gestapo na Pontifícia Universidade Gregoriana 212
Innitzer, Theodor
  apoio aos nazistas 21
  encontros com Pio XII 24, 31
  Goerdeler e 155
  sobre o anticatolicismo nazista 32
Instituto Pontifício de Arqueologia Cristã 15
Interceptores 103, 191, 211
Intérprete da angústia universal (Pio XII) 239

J

James, Jimmy 246
jesuítas
  campanha nazista contra 33
  preocupações a respeito das ligações de Pio com a resistência alemã 114
  teoria da guerra justa e 51
Jesus Cristo, O Caminho do Segredo e 50
Jewish Telegraphic Agency 37
João VIII 51
João X 51
João XII 51
João XIV 51
João XXIII 135
Jorge VI 100
judeus
  ajuda aos judeus pela resistência alemã 142
  assassinato de judeus em Röttingen 231
  assassinato de judeus na Polônia 58, 71
  judeus croatas 179

pedido de Preysing de ajuda pelo Vaticano 179
perseguição aos 174
Pio XII e ajuda aos 179
prisão e deportação de judeus romanos 197
refúgio na Cidade do Vaticano 197
relatórios a respeito dos judeus como alvo dos nazistas 37
silêncio público de Pio XII a respeito da perseguição aos 135
Jung, Edgar 69
Junge, Traudl 216, 251

K

Kaas, Ludwig
  Ascher e 92
  Bonhoeffer e 141
  como intermediário durante as negociações de paz 103
  criptas do Vaticano e 14, 237
  Franken e 191
  informando Pio a respeito dos planos de golpe de Estado 61
  Müller e 59, 74, 120
  Osborne e 94, 108
  preocupação a respeito das ligações do Vaticano com a resistência 114
  Rocca e 212
  sobre conversações de paz 94
  sobre perspectivas de mudança de regime na Alemanha 87
  sobre perspectivas de mudança na Alemanha 87
  tentativa de assassinato de Hitler e 86
Kaiser, Jakob 136
Kaltenbrunner, Ernst 240
  diários de Canaris e 231
  encontro entre Canaris e Müller e 151
  Rattenhuber e 241
Kant, Immanuel 133
Keitel, Wilhelm 150
Keller, Hermann
  como espião da SS 89, 242
  Müller e 89, 118, 179, 181, 194
Kerensky, Alexander 156
Kessel, Albrecht von 184
Kessler, Ernst 211

Kirk, Alexander C. 42
Kirschbaum, Engelbert 237
Klaussner, Erich 68
Klop, Dirk 87
Klostersturm [Tempesdade no claustro] 122
Kokorin, Vassili 230
König, Lothar
  como mensageiro e intermediário 132, 136, 178
  mandado de prisão contra 214
  plantas do *bunker* de Siegfried e 169
  tentativas de assassinato fracassadas e 168, 206
Kordt, Erich 79, 85
Kreutzberg, Heinrich 179
Krieg, Paul 95
Krystalnacht 174
Kubiš, Jan 147

L

Lahousen, Erwin 43
laicidade católica
  assassinato da liderança laica pela SS 68
  assassinato de poloneses pelos nazistas 36
  Pacelli e potencial de informações da 63
Landesverweser 151
Leão V 51
Leão XIII 62
Leeb, Ritter von 79
Lehnert, Pascalina 92
Leiber, Robert
  alerta aos Aliados a respeito da invasão alemã 112
  alerta a respeito da Operação Barbarossa 128
  atitude em relação ao assassinato de Hitler 28
  Bonhoeffer e 141
  carreira no Vaticano de 19
  Comitê das Ordens e 134
  como intermediário durante as negociações de paz 103
  como ligação do papa com respeito ao complô de Smolensk 158
  conditio sine qua non para o fim da guerra 104
  dissuadindo Pio XII de denunciar a conduta nazista contra os judeus 143
  documentação de Hitler e das atrocidades nazistas 72

Müller e 55, 82, 109, 117, 158
ocultando as pastas do papa 188
Pacelli na nomeação de Hitler como chanceler e 68
plano da SS para pôr o papa sob custódia e 114
planos de golpe de Estado de Stauffenberg e 191
receio a respeito da documentação do papel do papa na resistência 151
relacionamento com Pio XII 19
Rocca e 213
Roeder e 178
Rösch e 172
segunda conspiração contra Hitler e 137
sistema de vigilância por áudio e 22
sobre a resposta britânica à intervenção de Pio 102
sobre a tomada de decisão de Pio 61
tentativa de dissuadir o papa de envolvimento na resistência alemã 72
Zähringer e 92
Lemnitzer, Lyman 253
Lênin, V.I. 156
Leo Haus 50
Leonrod, Ludwig von 205
Ley, Robert 33
Lichtenberg, Bernhard 180
Linge, Heinz 203
Linha Maginot 124
localismo comunitário, proposta do Vaticano de 139
Lochner, Louis 136
L'Oservatore Romano (jornal) 26
Ludendorff, Erich 65
Lunding, Hans 233
Lutero, Martinho 68, 78, 133, 175
Luxemburgo, Rosa 145

M

Maas, Otto 177, 178
Maass (major) 201
maestro di camera 257
Maglione, Luigi 36, 91, 97, 113, 185
manifesto da conferência de Kreisau 141
Manstein, Erich von 160

Marchetti-Selvaggiani, Francisco 14
Marco Aurélio 51
Marconi, Guglielmo 22
Maria da Iugoslávia 101
Maria José 111, 118
Maritain, Jacques 35
Martinho I 51
Matt, Franz 66
Mayer, Rupert 121
McCormick, Vincent 161, 212
Mella, Arborio 24
Mendelssohn, Felix 155
Mercado Comum Europeu 261
Metzger, Max Josef 215
Micara, Clemente 98
militância
  serviço de inteligência católico 63
Milkau, Herbert 182, 215
Miller, Perry 260
Mit brennender Sorge [Com ardente preocupação] (encíclica de 1937) 18, 31
Möllar, Walther 178
Molotov, V.M. 230
Moltke, Freya 239, 255
Moltke, Helmuth James Graf von
  carta para a mulher 145
  Comitê das Ordens e 132
  complô de Smolensk e 155
  compromisso com a mudança de regime 124
  conferência de Kreisau e 138
  julgamento de 222
  planos para governo fantasma 193
  prisão de 220
  Rosa Branca e 255
  Rösch e 125
  segunda conspiração contra Hitler e 135
  sobre a prisão de Müller 181
  sobre tentativas de assassinato fracassadas 168
  tentativa de unir grupos civis de resistência 156
Montagnini, Carlo 62
Montini, Giovanni 97, 112, 185
Moravec, Atta 147
Morell, Theo 205, 207
motim
  serviço de inteligência católico e 28

motu proprio 149
Movimento dos Trabalhadores Católicos 136
Muckermann, Friedrich 161
Muçulmanos, Hitler e 72
Müller, Christa 171, 176
Müller, Heinrich 221
Müller, Josef ("Zé Boi")
   alerta para a Suíça sobre os planos de invasão de Hitler 95
   audiência depois da guerra com Pio XII 257
   Beck e 157
   Bonhoeffer e 232
   Canaris e 75, 90, 151
   carreira pós-guerra 260
   casamento no Vaticano e 54
   cativeiro de 11, 177, 210, 218, 229, 232, 240, 242
   codinome *Herr* X 82
   Comitê das Ordens e 131, 134, 158
   como espião do Vaticano 49
   complô de Smolensk e 155, 166
   conversas na cripta com Bonhoeffer 141
   defesa de Pio XII a respeito do silêncio no tempo de guerra 261
   disseminação do nazismo e 47
   em Buchenwald 229
   em Nápoles 252
   evidência de oportunidade de mudança de regime e 88
   evidência para tiranicídio e 71
   fuga da SS 246
   Held e 47
   Himmler e 48, 57
   interrogatório da SS de 48
   interrogatório de Schmidhuber e 150
   interrogatório pela Luftwaffe de 151
   interrogatório pós-guerra de 254
   invasão da Noruega e 108
   julgamento de 193
   Kaas e 59
   Keller e 89
   Leiber e 54
   liderança da resistência e 120
   Maas e 215
   Moltke e 125
   na forca 242
   negociações de paz e 103
   ocultando o papel do papa no assassinato 162
   Operação Barbarossa e 128
   panfleto da Rosa Branca e 163
   pássaros marrons e 166
   plano da SS com respeito ao papa e 115
   planos de golpe de Estado de Stauffenberg e 190
   preparação para a morte 235
   prisão pela Gestapo 48
   prisão pela SS 170
   queda de Mussolini e 181
   Rattenhuber e 49
   recrutamento por Oster 56
   rede de agentes 53
   Relatório X e 105
   Roeder e 170
   Sachsens e 107
   segunda conspiração contra Hitler e 137
   sobre Hitler 47
   sobre planejadores protestantes de golpe de Estado 77
   suspeitas de Hartl a respeito de 89
   tentativa de assassinato de Elser e 84
   transferência para os Alpes 238
   transmitindo os planos de invasão de Hitler para Roma 95
   vida antes do Reich 46
   violações da concordata e 52
Müller, Maria 230
Müller, Toni 199
Mussolini, Benito
   queda de 182
   Vaticano e 113

N

Nações Unidas 239
nazistas (nacional-socialistas)
   anticatolicismo dos 68
   ascensão e sucesso dos 68
   atrocidades na Polônia 71
   concordata com a Igreja Católica Apostólica Romana 18, 52, 66
   espiões no Vaticano 117
   guerra contra a religião 127
   Igreja e a Noite dos Longos Punhais 248
   invasão da Polônia 36

invasão da Tchecoslováquia 33
resposta à mensagem de Natal de Pio XII 144
retirada da Itália 246
ritos sacramentais dos 21
Nebe, Arthur 77
Nero 51
Neuhaus, Karl 227
Neuhäusler, Johannes
　mensageiros ao Vaticano e 30
　Müller e 50
　violações da concordata e 52
New York Times (jornal) 75
Niemöller, Martin 246
Nietzsche, Friedrich 133
Nieuwenhuys, Adrien 97, 112
Noack, Erwin 178
Noite dos Cristais 56, 174
Noite dos Longos Punhais 248
Noots, Hubert 110, 117
Noruega, invasão da 108
núncios 20, 36, 53, 63, 64, 67, 86, 90, 91, 131, 143, 187

O

Oestricher, Luise 212
Office of Strategic Services 212, 238, 253
Olbricht, Friedrich 155, 164, 181, 192
Operação Barbarossa 128
Operação Tempestade 214
Operação U-7 169
Opressores
　tiranicídio e 70
Ordem social do pós-guerra, planejamento da 136
Ordinariato de Munique 52
Organisation Todt 168, 200
Orsenigo, Cesare 53
Osborne, D'Arcy
　alerta a respeito da invasão da Noruega 96
　em refúgio no Vaticano 114
　encontros com Pio XII 96
　indiferença em relação aos alertas papais de invasão iminente 112
　Kaas e 114
　negociações de paz e 87
　sobre o temor de o papa perturbar Stalin 96

tentativa de assassinato contra Hitler e 165
Oster, Hans
　complô de Smolensk e 154
　declaração de Keller e 91
　estudo para golpe de Estado 219
　execução de 235
　julgamento de 234
　Müller e 56, 57, 115, 128
　negociações de paz e 103
　Pacelli e 67
　papéis com detalhes da resistência 119
　Pio e 77
　plano de Kordt e 80
　plano para governo fantasma 77
　planos de assassinato e 42, 56, 129
　plantas do *bunker* de Siegfried e 169
　prisão de 219
　Roeder e 169
　Rohleder e 118
　segunda conspiração contra Hitler e 137
　sobre o juramento do general a Hitler 80
　sobre Schmidhuber 143
Owens, Jesse 18

P

Pacelli, Eugenio
　Canaris e 20
　carreira no serviço papal de Relações Exteriores 61
　casamento de Müller e 54
　concordata com o Reich e 52
　concordata dos direitos da Igreja com a Prússia e 67
　coroação como papa 32
　eleição ao papado 13
　Erzberger e 63
　Hitler e 66
　igualdade racial e 17
　política e 34
　rezando por Müller 56
　São Pedro e a cripta do Vaticano e 14
　serviço de Relações Exteriores na Alemanha 64
padres católicos
　assassinato de poloneses 43
　ordem de Hitler para liquidar 40

Palestine Post (jornal) 135
Pannwitz, Heinz 147
papas
 perseguição romana dos 51
Papéis de Zossen 215
Papen, Franz von 68
Partido Democrata-Cristão 260
Partido do Centro Católico 59, 64, 120, 136, 212
Partido Popular Bávaro 46, 64, 66, 67, 182
Partido Social-Democrata 215
pássaros marrons 115
pasta "Z Grau" 169
Paulo VI 97, 112
Pavlík, Matěj 149
Pearl Harbor
 bombardeio japonês de 137
perseguição romana dos papas 51
Perúgia 52
pesquisa de armas atômicas, e serviço de inteligência do Vaticano 35
Petřek, Vladimír 147
Pfuhlstein, Alexander von 161
Philby, Kim 161
Pio X 62, 63
Pio XI 67, 138
Pio XII
 abstendo-se de crítica pública da política alemã 37
 ajuda aos judeus e 179
 alerta aos Aliados sobre os planos de invasão de Hitler 95
 audiência depois da guerra com Müller 98
 celebração do quarto aniversário da coroação 164
 codinome "Chefe" 83
 como ligação entre inimigos internos e externos de Hitler 58
 complô de Smolensk e 160
 compromisso com a resistência alemã 61
 controle do canal entre Londres e Berlim 82
 defesa de Müller e 160
 denúncia de ataques contra o judaísmo 37
 descoberta de papéis ligando-o aos planos de golpe de Estado 220
 descoberta do túmulo de são Pedro 55
 desejo de Hitler de sequestrar 190
 discurso depois da guerra aos cardeais 239
 discurso radiofônico sobre o fim da guerra 253
 dossiê da SS a respeito de 16
 eleição de 16
 encontros com cardeais alemães 22
 encontros com Osborne 96
 evidência por escrito ligando-o à resistência alemã 104
 Igreja ortodoxa tcheca 149
 intérprete da angústia universal 239
 invasão da Polônia e 36
 Keller e 143
 Leiber e 19
 mensagem de Natal 144
 Müller e 46
 negociações de paz e 103
 ocupação de Roma pelos Aliados e 195
 orientação por escrito ao Comitê das Ordens 134
 Osborne e 96
 papéis de Leiber e 119
 planos do pós-guerra da Alemanha Decente e 159
 política e 35
 política secreta 94
 postura pública silenciosa a respeito dos crimes nazistas 135
 prisão de Müller e 172
 protesto contra a invasão alemã dos países do front ocidental 112
 queda de Mussolini e 184
 silêncio sobre o nazismo e a perseguição aos judeus 135
 sistema de vigilância por áudio e 22
 Summi Pontificatus (*Darkness over the Earth*) 37
 tiranicídio e 70
Piquet, Gabriel 249
planos de golpe de Estado
 Canaris e 41
 Comitê das Ordens e 136
 complô em Smolensk 154
 de Elser 85
 de Kordt 79
 descoberta dos papéis em Zossen 219
 de Stauffenberg 176
 de Tresckow 258

discussão de como e quem matar Hitler 78
documentação dos 81
Groscurth e 74
Halder e 82
liderança 120
Moltke e 127
momento para 79
Müller confrontado com 11
Oster e 42
plano do Abwehr para o "show" do Vaticano 75
tradições éticas protestantes *versus* católicas e 77
Plano Valquíria 192, 205
plantas arquitetônicas do *bunker* Siegfried 169
Plaut, James S. 238
Polônia
  assassinato de católicos e padres católicos 71
  assassinato de judeus 58
  atrocidades nazistas na 71
  Canaris e 76
  invasão nazista da 36
  mobilização da 36
Pontifícia Academia de Ciências 159
possibilidades atuais para a paz
  relatórios de Müller e 77
Prange, Maximilian 179
Preysing, Konrad von
  Goerdeler e 155
  Moltke e 138
  Müller e 162
  pedido ao papa de ajuda aos judeus 179
  sobre Hitler como chanceler 68
  Stauffenberg e 175
Primeira Guerra Mundial
  Vaticano e 44
prisão da Lehrterstrasse
  Müller na 194
  Rösch na 239
Privalov, Pyotr 235
Probst, Adalbert 69
Projeto Órion 238
proposta de unificação europeia 104
protestantes
  ética de assassinato e 78
  nazismo e ministros 127
  resistência alemã e 78

Prússia
  situação dos católicos na 67
Pucci, Enrico 24

Q

Quadragesimo anno (Pio XI) 138

R

Rádio Vaticano 98, 186
Raeder, Erich 33
Ratline 142
Rattenhuber, Hans
  amizade com Müller 88
  intervenção em favor de Müller 241
  prisão de Müller e 181
  suicídio de Hitler e 249
  tentativa de fuga dos russos 250
Rede Negra
  acusações de traição contra 93
  investigação da 90
Reichart, Johan 228
Reichenau, Walter 92
Relatório X 105
resistência alemã
  ajuda aos judeus 141
  atitude de Churchill em relação à 119
  caso de Venlo e 87
  exigências para conversações de paz 94
  negociações de paz e 94
  Pio XII como agente secreto estrangeiro da 158
  prisões após tentativa fracassada de assassinato 210
  Relatório X e 105
  Rosa Branca 163
Respondek, Charlotte 137
Ribbentrop, Joachim von 144
Riegner, Gerhard 143
Rivière, Jean 112
Rocca, Raymond G. 212
Roeder, Manfred
  caso de Müller e 170
  Dohnanyi e 169
  julgamento de Müller e 194

Schmidhuber e 150
Rohleder, Joachim 118
Roma
　ocupação pelos Aliados de 194
romanos 195, 196, 197, 237
Rommel, Erwin 154, 198
Roncalli, Angelo 288
Roosevelt, Franklin D. 75, 91
　Beck e 136
　Carta do Atlântico 156
　espionagem por áudio e 22
　Morte de 237
　Pio e a queda de Mussolini e 186
Rosa Branca 255
Rösch, Augustinus
　bombardeio de Berlim e 239
　cativeiro de 225
　Comitê das Ordens e 131
　como substituto após a prisão de Müller 172
　frustração em relação às tentativas fracassadas de assassinato 168
　fuga do Exército russo 256
　interrogatório de 226
　Leiber e 134
　libertação da prisão 245
　mandado de prisão contra 214
　manifesto da conferência de Kreisau e 138
　Moltke e 125
　morte de Delp e 229
　Müller e 158
　orientação do papa e 158
　prisão de 225
　segunda conspiração contra Hitler e 134
Rosenberg, Alfred 71, 79
Rote Kapelle 151
Rotta, Angelo 143
Röttingen
　assassinato de judeus em 231
Rubner, Josef 245

S

Sachsens, George 107
Sack, Karl 182
Sagrada Congregação dos Negócios Eclesiásticos Extraordinários
　carreira de Pacelli na 62

são Pedro
　Caminho do Segredo e 50
　local de sepultamento 55
Sauermann, Karl 151
Scavizzi, Pirro 143
Schaeffer, Fritz 260
Schaemel 87
Schellenberg, Walter 87
Schlabrendorff, Fabian von 154
Schmidhuber, Wilhelm
　confissão de 169
　Operação U-7 e 142
　prisão e interrogatório de 150
Schmidhuber, William 56
Schneersohn, Joseph Isaac 142
Schneider, Jupp 199
Schneidhuber, Ida Franziska Sara 54
Scholl, Hans 163
Scholl, Sophie 163
Schönhöffer, Johannes 172
Schroeder, Christa 239
Schulte, Josef 24
Schutzstaffel (SS)
　anticatolicismo da 18
　assassinato dos líderes laicos católicos e 71
　caso de Venlo e 87
　conhecimento do papel do papa no plano de golpe de Estado 88
　dossiê sobre Pio XII 16
　interrogatório de Müller 176
　investigação de Müller 176
　investigação do assassinato de Heydrich 17
　plano para colocar o papa sob prisão preventiva 114
　prisão de Müller 170
　prisão de Scholls 163
　serviço de inteligência do Vaticano e 28
　Sicherheitsdienst e 31
　unidades especiais 40
Schwarte (Frau) 170
Schwarze Kapelle 93
Secretum Pontificatum 60
Serviço de envio de mensagens entre o Vaticano e os bispos alemães 132
Serviço de inteligência do Vaticano
　Hartl a respeito do 194
Sevareid, Eric 196

Sextel (padre) 67
"Show" do Vaticano 75
Sicherheitsdienst (SD) 31
Siemer, Laurentius 155
Sisto V 20
Smolka, Georg 200
Solz, Adam von Trott zu 157
Sonderegger, Franz 169
Speer, Albert 208
Sperr, Franz 199
Stalingrado
  sorte alemã em declínio em 190
Stalin, Josef 221, 222, 250, 262
Stauffenberg, Berthold 190
Stauffenberg, Claus von
  execução 208
  fracasso da tentativa de assassinato 207
  julgamento de Müller e 194
  ligação com o Comitê das Ordens 181
  ligação com o papa 184
  planos de assassinato 206
  tentativa de assassinato 202
Stauffenberg, Nina 199
Stavitzki, Kurt 234
Steffens, Heinz 224
Stein, Edith 89
Steiner, Felix 244
Stempfle, Bernhard 69
Stevens, Richard 86
Stieff, Helmuth 165
Stiller, Edgar 244
suástica 21, 26, 33, 113
Suíça
  plano de invasão de Hitler 95
Summi Pontificatus (*Darkness over the Earth*)
  (Pio XII) 37

T

Tácito 51
Tardini, Domenico 98
Tattenbach, Franz von 209
Taylor, Myron 238
Tchecoslováquia
  ataque nazista contra 33
  movimento de resistência na 146
Thomas, Georg 107

Thompson, Leslie A. 240
Thorbeck, Otto 234
tiranicídio 175
Tiroler Graphik (jornal) 245
Tittmann, Harold 260
Toca do Lobo 129
Tratado de Latrão de 1929 187
Tresckow, Henning von 129
  complô contra Hitler em Smolensk 166
  queda de Mussolini e 183
  segunda tentativa de assassinar Hitler e 154
  sobre acordos de paz 161
Truman, Harry S. 238
Truscott, Lucien 255
Tunísia 173, 176, 185, 190, 204

U

União Democrata-Cristã 255
União Econômica Europeia
  Müller e 120
Universidade de Munique 163, 164
usurpadores
  tiranicídio e 209

V

Vaticano
  ajuda aos judeus europeus 180
  cercado por soldados alemães 188
  como refúgio de diplomatas dos Aliados 114
  como refúgio de judeus 197
  comunicações codificadas 54
  conferência de Kreisau e 138
  espiões nazistas no 117
  planos de Hitler para invasão do 188
  Putsch bávaro e 66
  queda de Mussolini e 184
  serviço de envio de mensagens aos bispos alemães 29
  visita de Pio às criptas 14
Venturi, Pietro Tacchi 179
vigilância por áudio no Vaticano 22
Vítor Emanuel III 185
Vogelsberg, Anne 132

W

Walzer, Raphael 89
Weber, Max 59
Weisse Blätter (revista), 126
Weizsäcker, Ernst von 42
Wolff, Karl 189
Württemberg, Carl Alexander Herzog von (dom Odo) 90

Y

Yorck, Peter 156

Z

Zähringer, Damasus 92
Zé Boi 108, 176, 177, 182, 240, 242, 261, 263
Zeiger, Ivo 121

1ª edição	*Setembro de 2018*
papel de miolo	*Offset 75g/m²*
papel de capa	*Cartão Supremo 250g/m²*
tipografia	*Minion Pro*
gráfica	*Maistype*